Pierre Gascar
Der Schatten Robespierres

Pierre Gascar

Der Schatten Robespierres

Eine subjektive Geschichte der Französischen Revolution

Deutsch von Rita Höner

claassen

Der Titel der 1979 bei Editions Gallimard, Paris,
erschienenen Originalausgabe lautet: L'OMBRE DE ROBESPIERRE

1. Auflage 1982

Gesetzt aus der Times der Fa. Hell
Satz: Dörlemann-Satz, Lemförde
Papier: Papierfabrik Schleipen GmbH, Bad Dürkheim
Druck und Bindearbeiten: Ebner Ulm
Printed in Germany
ISBN 3 546 43082 4

Inhalt

Statt eines Vorworts

Im Jahre 1829 sitzt in einer bürgerlich ausgestatteten Wohnung irgendwo am rechten Seineufer in Paris ein Mann mit der Schreibfeder in der Hand nachdenklich vor einem jener etwas dickeren Registerbücher, die damals für standesamtliche oder geschäftliche Eintragungen allgemein verwendet wurden. Sein rundliches Gesicht läßt auf die gutmütige Behäbigkeit eines mit sich und der Welt zufriedenen Menschen schließen, aber ein bitterer Zug um den Mund und der müde Blick der Augen widerlegen den ersten Eindruck. Auf dem Schreibtisch stapeln sich Briefe. Er nimmt einen nach dem anderen auf und vergleicht ihn mit der Abschrift in dem Buch. Von Zeit zu Zeit korrigiert er einen Satz, streicht ein Wort durch oder schreibt eine Anmerkung an den Rand.

Dafür bleibt freilich genügend Platz, denn jede Seite des Registers ist wie ein Rechnungsbuch durch einen Strich in der Mitte unterteilt. Auf der Innenseite des Einbandes aus dickem grünen Karton klebt ein Etikett: *»Im Tete D'or, Rue de la Harpe, gegenüber der Rue de la Parcheminerie, hält der Kaufmann Mandar holländisches und französisches Büttenpapier, Bank- und andere Register in allen Größen, Schreibfedern, Siegellacke, extradicke und glänzende Tinten usw. vorrätig.«*

Die erste Seite des Buches trägt den mit gotischen Schnörkeln verzierten Titel: *»Sammlung einzelner Briefe einer Mutter an ihren Sohn, die einige Anekdoten und historische Fragmente über die Französische Revolution enthält«*. Die schöne Handschrift des Kopisten wird man noch auf jeder der 224 Seiten des Registers bewundern können. Gegenüber ihren feinen, eleganten Zügen nimmt sich die Schrift des Kommentators fast grob aus. Er scheint mit einer Gänsefeder geschrieben zu haben, während der Kopist offensichtlich eine Stahlfeder benutzt hat, die damals seit knapp zwölf Jahren aus Birmingham importiert wurden und deren Gebrauch sich noch nicht allgemein verbreitet hat. Besonders Leute, die wie dieser Mann die Fünfzig bereits überschritten haben, tun sich mit ihrem Gebrauch noch schwer und haben oft den Eindruck, als wolle die Härte der Feder ihren Gedankenfluß zügeln, ihn in eine bestimmte Richtung lenken. Freilich, die ausgefeilte Schönschreibkunst des Kopisten vermag die Spontaneität und die heftige Gewalt der Gefühle der ursprünglichen Verfasserin genausowenig zum Ausdruck zu bringen wie die ein wenig ungefüge Schrift des Kommentators, die hier zur männlichen Stimme in einem Duo wird.

Denn es handelt sich in der Tat um einen Dialog, der über die Zeiten hinweg wiederaufgenommen wird: Der bereits grauhaarige Mann, der nun die Briefe sortiert, ist der Sohn der Schreiberin und einst ihr hauptsächlicher Empfänger gewesen. Obwohl nur einige von ihnen an seinen Vater gerichtet waren, hat er das Bedürfnis verspürt, auf dem Vorsatzblatt des Registers einen neuen, ergänzenden Titel anzubringen: *»Familienbriefe, die Anekdotisches und Historisches enthalten, geschrieben von einer französischen Dame, einer glühenden Verehrerin der Freiheit, an ihren Mann und ihren Sohn, größtenteils betreffend die öffentlichen Angelegenheiten und die Hauptereignisse der Französischen Revolution während der Jahre 1791, 1792 und 1793«.* Diese Richtigstellung und insbesondere der Ausdruck »glühende Verehrerin der Freiheit« lassen den Leser nicht nur erwarten, einer ergreifenden Persönlichkeit zu begegnen, sondern auch einer jener fesselnden weiblichen Gestalten, an denen die Geschichte der Französischen Revolution so reich ist.

Es ist vor allem die historische Gestalt, die für den Mann lebendig geblieben ist und mit der er sich nun unterhält; die seit ungefähr zehn Jahren tote Mutter dagegen ist nur noch ein Schattenbild, das auch die zärtlichste Sohnesliebe nicht mehr zum Leben erwecken könnte. Marc-Antoine Jullien, über dessen Schulter gebeugt wir mitlesen, hat sich nie von diesen Briefen getrennt. Er kennt sie fast auswendig, und wir können uns nur fragen, was ihn nun dazu bewogen hat, sie in diesem dicken grünen Buch zusammenzustellen. Alles – der erklärende Charakter gewisser Anmerkungen, die genauen Angaben zur zeitlichen Abfolge der Ereignisse – deutet darauf hin, daß er zunächst beabsichtigte, die Korrespondenz zu veröffentlichen oder sie zumindest seiner nächsten Umgebung zugänglich zu machen. Dann aber hat er sich zu Kommentaren hinreißen lassen und nicht nur unbedingt notwendige Erläuterungen, sondern auch weiterführende Überlegungen und zustimmende oder ablehnende Bemerkungen an den Rand geschrieben. Sie machen die Briefe nicht nur zu einem historischen Dokument, sondern lassen auch familiäre Spannungen und Konflikte erahnen, die der Kommentator eigentlich möglichen Lesern nicht aufdecken wollte.

In der Form einer anonymen Kopie, ohne den Zauber des vergilbten Papiers und die verwirrende Verstrickung durch die Handschrift der Mutter, erscheint ihm die Korrespondenz in einem neuen Licht. Fast sein ganzes Leben findet sich darin vorgezeichnet; sie enthüllt die Wurzeln seiner moralischen Bildung und den Ausgangspunkt seines Schicksals. Durch die Niederschrift im Register haben die Briefe eine fast amtliche Klarheit erhalten, und erst jetzt ist Marc-Antoine Jullien in der Lage, sie in dem Prozeß, den er seit Jahren gegen sich selber führt und in den auch seine Mutter verwickelt ist, unvoreingenommen zu betrachten. Die vielschichtige Liebe, die er einst für sie empfunden hat, und seine eigene politische und moralische Entwicklung bringen es mit sich, daß er in diesem Prozeß gleichzeitig Ankläger und Verteidiger ist – die beiden Rollen verschmelzen oft.

»Was für falsche und unheilvolle Vorstellungen!« schreibt er beim Lesen mancher Zeilen, die durch die gefälligen Schriftzüge des Kopisten etwas Provozierendes, Aufreizendes bekommen haben, das sie im Original nicht besessen hatten. Sein Unbehagen ist um so größer, als es gerade diese Vorstellungen waren, die er in seiner Jugend von seiner Mutter übernommen und zu den eigenen gemacht hatte. Er weiß nun, wohin dieser Einfluß ihn geführt hat. So ist die Erinnerung an die »liebevollste der Mütter« – wie sie selbst sich genannt hatte – immer auch mit Gewissensqualen verbunden. »Wenn man allzu eifrig alle Vorurteile loswerden will, kommt man schließlich dahin, alle Arten von Verbrechen in Ehren zu halten!« ruft er an einer Stelle aus, seine Jugend, seine Mutter vor Augen, die nun in dem etwas düsteren, bereits im Geschmack Louis-Philippes eingerichteten Zimmer als bedrückende Sinnbilder seiner Selbstvorwürfe erscheinen. Dann wieder merkt er schwungvoll an: »Erstaunliche Prophezeiung! Bemerkenswertes Urteil!« und scheint glücklich, diesmal – wieder für zwei – Vergeltung üben zu können.

An anderer Stelle streicht er Wörter und ganze Zeilen durch, ohne sie jedoch vollends unleserlich zu machen: Es ist, als hielte der kindliche Respekt oder der Zweifel ihn zurück, das sich selbst übertragene Amt eines Zensors konsequent auszuüben. Nur bestimmte Personennamen, darunter die seiner eigenen Familie, verschwinden völlig unter einem besonders dichten Gekritzel des Gänsekiels. Die schwarzen Flecke scheinen den Text mit Ballast zu beladen wie Bleistücke, die das Fischernetz ins Wasser hinabziehen, in die Tiefe, ins Dunkel, ins Vergessen. Marc-Antoine Jullien möchte, daß das, was von der Geschichte noch sichtbar und lesbar ist, anonym bleibt und so beispielhaften Wert bekommt. Man soll erkennen, wie die hochherzigsten Ideen, die »glühende Liebe zur Freiheit« bei einer eher sanften und gefühlvollen Frau zu blinder politischer Leidenschaft führen können und wie sehr das Schicksal ihres Sohnes von ihnen gelenkt und vielleicht – sofern man dies überhaupt sagen kann – seiner eigentlichen Bestimmung entzogen wurde. Marc-Antoine Jullien mag vergessen, daß diese Geschichte nur ihm und seiner Mutter gehört und daß selbst unter völlig gleichen Umständen niemand anders sie so hätte erleben können, daß sie beide der Geschichte ihren Stempel aufgedrückt haben und daß man ihre Eigenart nur bewahren kann, wenn man ihr die Namen wiedergibt. Was hiermit geschieht ...

Erster Teil

I
Eine Familie im Geiste Jean-Jacques'

Der erste einer langen Reihe von Briefen stammt aus dem Jahre 1785, als Marc-Antoine zehn Jahre alt ist. Er ist zum erstenmal von seiner Mutter getrennt, und die Briefe, die sie ihm von nun an fast täglich schreiben wird, enthalten die aktuellen Ereignisse des Tages ebenso wie die aus ihnen zu ziehenden moralischen Belehrungen. In der Familie wird viel geschrieben. So führt Marc-Antoine auf Wunsch seiner Mutter seit seinem achten Lebensjahr ein Tagebuch; da er wegen der täglichen Schulaufgaben nun nicht mehr dazu kommt, es fortzuführen, hofft seine Mutter, daß wenigstens ihre Briefe ihn zum Schreiben anregen und so die begonnene Chronik fortsetzen. Der um vier Jahre jüngere Bruder Auguste-Etienne wird bald ebenfalls damit anfangen, die kleinen Ereignisse seines Lebens schriftlich festzuhalten. Darin ist keine übertriebene Manie zu sehen: Für diese Zeit ist der Akt des Schreibens die Voraussetzung geistiger Entwicklung. Das Schreiben ist ein erster Ausdruck der Freiheit, ist eine erste konkrete Bestätigung der Unabhängigkeit des Denkens.

Marc-Antoine Jullien, der Vater, der entsprechend der patriarchalischen Tradition seine Vornamen an seinen ältesten Sohn weitergegeben hat, hat vor Zeiten ein Gedichtbändchen veröffentlicht, das zum Grundstein seiner Karriere wurde. Aus einer Familie mit vierzehn Kindern stammend, die der Vater, ein Wundarzt und Barbier aus dem in der Dauphiné gelegenen Bourg-de-Péage, nicht alle auf weiterführende Schulen schicken konnte, brachte er es durch Eigenstudium bis zum Erzieher und schaffte dank seiner zwar wenig umfangreichen und ohne allzuviel Geist verfaßten Schriften den Sprung in die besseren Kreise: Die Literatur öffnet in diesem

Jahrhundert viele Türen. Das gezeigte Talent genügte, um die Protektion des wie er aus der Dauphiné stammenden Abbé de Mably zu erhalten, der ihn bei der Herzogin d'Anville einführte. Marc-Antoine Jullien wird zum Erzieher ihres Enkelkindes, des Prinzen von Leon. Später werden andere Kinder der liberalen Aristokratie, die keine geistlichen Erzieher mehr wünscht, seine Schüler. Mit vierzig Jahren ist er so wohlhabend, daß er auf das Unterrichten verzichten kann und in seine Heimat zurückkehrt, um sich den schönen Künsten zu widmen.

Daß er ein Leben als Rentier verwirklichen kann, liegt allerdings nicht zuletzt an der Mitgift seiner Frau Rosalie, geborene Ducrolay, einer Kaufmannstochter aus Pontoise. Die geistige Verwandtschaft, die zwischen den beiden Eheleuten besteht, läßt leicht darüber hinwegsehen, daß Jullien aus dieser Heirat keinen geringen finanziellen Nutzen gezogen hat. Rosalie, deren Erziehung über das bei jungen Mädchen sonst übliche Maß weit hinausging, hat sich erst spät verheiratet, sei es, daß akzeptable Partien lange auf sich warten ließen, sei es, daß sie diese ausschlug, um ihre Studien fortsetzen zu können. Sie spricht perfekt Latein, Englisch und Italienisch und hat darüber hinaus einiges von dem neuen Gedankengut, das in der mittleren Bourgeoisie an Boden gewinnt, mitbekommen.

Jullien seinerseits hat diese Ideen aus erster Hand, nämlich aus dem Salon von Madame d'Anville, der von Denkern wie Mably, Turgot, Condorcet und Marmontel besucht wird. Diese Männer haben, ausgehend vom freiheitlichen Geist der *Enzyklopädie*, neue ökonomische Prinzipien entwickelt, und Jullien erhält so ein fundiertes Wissen über politische Zusammenhänge zu einem Zeitpunkt, zu dem die meisten seiner Zeitgenossen nur eine sehr vage Vorstellung über das Funktionieren von Wirtschaft und Staat haben. Trotzdem ist er noch genügend Dichter, um mit seiner Frau die Emotionen teilen zu können, die sein Jahrhundert beim Anblick der Natur verlangt – ein Anblick, der am Fuß der Alpen, wo das Paar zu leben beschlossen hat, besonders eindrucksvoll sein muß.

Das Schauspiel der Natur bietet Jullien und seiner Frau Rosalie Anlaß zu Gefühlsäußerungen, an die sich ihr Sohn Marc-Antoine sein ganzes Leben erinnern wird. 1784, als Marc-Antoine neun Jahre alt ist, rät der Arzt wegen der anfälligen Gesundheit des Knaben zu einem Aufenthalt im nicht allzuweit entfernten Kurort Aix-les-Bains. Die Familie verbindet dies mit einem Ausflug und macht auf dem Weg in Eychelles Rast, das Jean-Jacques Rousseau im ersten Teil seiner zwei Jahre vorher erschienenen *Bekenntnisse* beschreibt. Auf einem seiner Streifzüge hat er hier einmal als junger Mann haltgemacht und lange dem Brausen des aus der Tiefe des Felsens dringenden Wasserfalls gelauscht. Mehr noch als die doch gleichfalls unveränderte Landschaft erinnert das ununterbrochene, in regelmäßigen Abständen an- und wieder abschwellende Tosen des Wassers, dessen Echo von den steilen Felswänden weithin zurückgeworfen wird, an den Schriftsteller. Ist nicht in dem helleren Plätschern eines Bächleins, das sich von den übrigen Wassermassen getrennt hat, das Trällern eines jungen Mannes zu erkennen, der sich eilt, nach Chambéry zu seiner zweideutigen »Mama«, Madame de Warens, zu kommen . . .?

Für die Julliens, die sich ihr ganzes Leben lang moralisch auf Rousseau berufen, wird der Ausflug zur Wallfahrt. Gut vorstellbar ist, daß Rosalie Jullien unter dem breitkrempigen Hut, der ihre Augen verdeckt, zu weinen beginnt und daß ihr Mann nicht wagt, sie anzusehen, aus Angst, seinerseits der aufsteigenden Rührung nachgeben zu müssen. Zum Schutz vor aufkommenden Gefühlen flüchtet er sich in hochtrabende Reden, die dem kleinen Marc-Antoine die Größe des Augenblicks bewußtmachen sollen. Man mag heute über die Szene lächeln. Aber sie bietet ein anschauliches Beispiel für die tiefgreifende Wandlung in der Beziehung zwischen Eltern und Kindern, die in zweifacher Hinsicht eins der wichtigsten Ergebnisse dieses Jahrhunderts ist: zum einen als Faktum an sich, zum anderen, weil die Aufwertung des Kindes innerhalb der Familie in gewisser Weise die Emanzipation des Volkes innerhalb der Gesellschaft ankündigt.

Hundert Jahre früher wäre es keinem Erwachsenen in den Sinn gekommen, einem Kind die eigenen Gefühle mitzuteilen, geschweige denn, diesen Gefühlen vor einem Kind nachzugeben. Rousseau, der das Ideal einer Eltern-Kind-Beziehung im *Emile* entworfen hat, ist der Urheber einer geistigen Einheit, die groß und klein vor den Wundern der Natur zusammenführt. Auch die *Enzyklopädie* hat viel für eine freiheitlichere Erziehung getan: Sie sieht die Aufgabe der Eltern nicht mehr darin, den Kindern Befehle zu erteilen, sondern sie – durch die Beseitigung hemmender Tabus – zu einem sittlichen Leben anzuleiten. So erklärt Diderot (Brief an Sophie Volland) seiner zwölfjährigen Tochter, die ihn danach gefragt hatte, die Beziehungen zwischen den Geschlechtern und den Vorgang der Zeugung, weist aber gleichzeitig auf die Größe und Erhabenheit der Liebe hin. Die bürgerliche Revolution beginnt in der Familie.

Jullien und seine Frau haben es nicht nötig, Diderot nachzuahmen. Ihre Kinder leben auf dem Lande und erhalten die erforderlichen Unterweisungen direkt von der Natur. Nicht zuletzt diese Überlegung hat die von der Lektüre des *Emile* stark beeinflußten Eltern dazu bewogen, ein Landgut in der Dauphiné zu erwerben. Außerdem gibt es keine bessere Art, sein Geld anzulegen: In dieser inflationären Zeit – nur die Sache, nicht das Wort ist bekannt – sind einzig die Einkünfte aus Grund und Boden in der Lage, der steigenden Preiskurve zu folgen. Den Julliens, die Pizançon am Ortsrand von Bourg-de-Péage zum ständigen Wohnsitz gewählt haben, gehören fünf Bauernhöfe, die sie verpachtet haben, und ein Haus in Mantes. Außerdem haben sie 70 000 Livres (wenn man mit zwölf multipliziert, erhält man den entsprechenden Gegenwert in Franc) beim staatlichen Schatzamt und bei einem Notar angelegt, der dafür sorgt, daß dieses Geld Früchte trägt. Insgesamt beläuft sich ihr jährliches Einkommen auf annähernd 5000 Livres, wozu noch Sachwerte wie Wohnung, Holz, Obst und Gemüse, Geflügel, billiges Hauspersonal usw. kommen. Die Familie lebt also in relativem Wohlstand, der um so angenehmer ist, als er wie »von selbst« zustande kommt. Jullien, der von der Verwaltung seines Besitzes, die sich auf die Einnahme des jährlichen Pachtgeldes beschränkt, nur wenig in Anspruch genommen wird, beschäftigt sich mit geistigen Dingen: Er liest viel und widmet sich in zunehmendem Maße der Politik, worunter im Zeitalter der absoluten Monarchie nur die Kontaktaufnahme und -pflege mit all denen, die dem neuen Gedankengut aufgeschlossen gegenüberzustehen scheinen, verstanden werden kann.

Dieses neue Gedankengut verbreitet sich in der Dauphiné schneller als in anderen Gegenden Frankreichs. Zum einen, weil dieser Landstrich eine lange freiheitsliebende Tradition hat; zum anderen aufgrund der wirtschaftlichen Entwicklung dieser Region. Roland, der später seinen politischen Standort bei den Girondisten finden wird und der im Moment noch Inspekteur der Manufakturen ist, gibt 1785 in einem Bericht der Dauphiné wegen der Bedeutung und der Vielfalt ihrer Erzeugnisse den Vorrang vor allen anderen Regionen Frankreichs. Jullien, der ja bei Madame d'Anville aufmerksam den Ausführungen von Mably, Turgot, Condorcet und anderen Philosophen* gefolgt ist, findet in seiner Heimatstadt, in der die quasi industrielle Aktivität ständig zunimmt, die praktischen Beispiele für die theoretischen Erörterungen seiner Lehrmeister.

Bourg-de-Péage, von dem dreimal größeren Romans nur durch die Isère getrennt, ist trotz dieser Tatsache kein einfacher Vorort dieses Städtchens. Die Brücke zum Beispiel, die die beiden Orte verbindet, unterstand lange der Gerichtsbarkeit von Bourg-de-Péage, an das die Reisenden auch ihr Wegegeld zu zahlen hatten (woran der Name noch erinnert).**

---

* Mit dem Ausdruck »Philosoph« werden zu dieser Zeit alle Intellektuellen bezeichnet, die, wenn sie auch nicht alle die gleiche Meinung vertreten, so doch generell den Unterschied zwischen den »formalen« und den realeren Freiheiten machen, die das Ergebnis einer besseren Organisation der Gesellschaft sein könnten; dazu wären jedoch als erstes eine Stabilisierung des Geldwertes, ein leichterer Warenumlauf, eine stärkere Industrialisierung, eine gerechtere Steuergesetzgebung usw. erforderlich.

** »Péage« = deutsch: Brückenzoll, Brückengeld.

Da der Ort also, zumindest von einer Seite her, den Zugang nach Romans kontrollierte, kann er nicht völlig von ihm abhängig gewesen sein.

Die Lage auf dem linken Ufer der Isère, dort, wo die Gütersendungen darauf warteten, ans andere Ufer verladen zu werden, scheint seine Entwicklung begünstigt zu haben: Neben den Waren erreichten auch Arbeitsmethoden und Kultur aus der unteren Dauphiné und der Provence zunächst Bourg-de-Péage. Wahrscheinlich ist, daß der in Südfrankreich kultivierte Maulbeerbaum zuerst auf diesem Ufer der Isère heimisch wurde und eine Zeitlang das wirtschaftliche Leben bestimmte.

Die Seidenraupenzucht bringt die Seidenspinnerei mit sich, deren Produktion sich innerhalb von fünfzig Jahren verfünffacht. Diese wiederum sorgt für Entstehung und Ausweitung des Färbereigewerbes. Vom Oberlauf der Isère bringen die Schiffe den Hanf mit, der in den Seilereien des kleinen Städtchens verarbeitet wird, und die von den Weißgerbern verwendete Gerberlohe, die das Wasser der Isère schwarz färbt. Das Bild sollte man sich merken: Zum erstenmal in der Geschichte der Erde verändert die Geschicklichkeit des Menschen – wenn auch in nur geringfügigem Umfang – das Aussehen der natürlichen Elemente. Zu den schwarzen, stinkenden Abwässern, die aus den Beizwerkstätten dringen und die Rinnsteine entlanglaufen, gesellt sich das vielfarbige Wasser der Färbereien, die Krapp, Waid, Scharlachkörner und Wau in Massen verwenden. Die Schornsteine der Fabriken und der Ölmühlen, die Nüsse aus der Gegend von Grenoble zerkleinern, geben einen schwärzlichen Rauch in den manchmal unversehens in südländischer Heiterkeit erstrahlenden Himmel ab.

Der Besitz der Julliens liegt zwanzig Fußminuten vom Zentrum des Ortes entfernt, und Marc-Antoine kommt zu Einkäufen oder Besuchen oft dorthin. Als Einheimischer hat sein Vater viele Freunde und Verwandte unter den Handwerkern und Kaufleuten. In den engen Gassen ist das regelmäßige Klappern der Webstühle zu vernehmen, und vom Ortsrand her dringt das Knirschen der schlechtgeölten Seilwinden, die die ganze Länge einer baumbestandenen Allee einnehmen und von kräftigen Männern bedient werden. Die von den zeitgenössischen Graveuren so sehr geschätzten, im Unendlichen sich verlierenden Perspektiven finden hier ihre reale Entsprechung.

Im Ort in der Nähe des Flusses kann man den Gerbern bei der Arbeit zuschauen, vorausgesetzt, man erträgt den über ihren Arbeitsstätten liegenden Geruch nach Fäulnis. In den Boden der kaum eingefriedeten Höfe sind Gruben eingelassen, die die zum Beizen bestimmten Häute enthalten. Anderswo im Schatten der Maulbeerbäume sitzen die Arbeiterinnen der Seidenmanufakturen vor wassergefüllten Bassins, in denen die Konkons schwimmen, und verknüpfen wie im Traum unsichtbare Fäden ... Die traditionellen Gewerbe wurden seit jeher bei schönem Wetter in der freien Natur und die übrige Zeit in Werkstätten ausgeübt, deren Türen weit offen standen. Der Wagner, der Sattler, der Hufschmied haben immer den öffentlichen Raum in Anspruch genommen. Die sich ausbreitende Industrie führt dies fort, sie zögert, sich einzuschließen. Die frühen »Fabriken« sind nichts anderes als zurechtgemachte Scheunen; der größte Teil der Arbeit wird weiterhin im Freien verrichtet. Die Industrie bleibt mit der Natur verbunden oder benutzt zumindest den bäuerlichen Rahmen als Dekor. Der im Extremfall zum reinen Schäferspiel geratende Kult des ländlichen Lebens schließt das Interesse für die Ideen des Fortschritts, für die mechanischen Künste oder die mehr erahnten als wirklich entdeckten Wunder der Elektrizität nicht aus: Die gegenseitige Durchdringung spiegelt die Dualität des Geistes dieser Epoche.

Marc-Antoine erhält durch die Ausführungen des Vaters ebenso wie durch das Schauspiel des geschäftigen Treibens von Bourg-de-Péage die Anstöße, die seine spätere politische Ausrichtung bestimmen werden. Jullien hat es nicht versäumt, seinen Sohn darauf hinzuweisen, daß keiner dieser Arbeiter mehr als 40 Sous am Tag verdient und daß die

Hälfte davon für den Kauf von Brot zur Ernährung der Familie aufgewandt werden muß. Er hat ihn auch darauf aufmerksam gemacht, daß außer den Betroffenen selbst kaum jemand etwas daran auszusetzen hat.

Anzeichen einer »Modernität«, die das letzte Viertel dieses Jahrhunderts mit unserer Zeit verbindet, sind neben der beginnenden Verwendung von Maschinen und der Entstehung eines Proletariats auch das Äußere und die Kleidung der Menschen. Haartracht und Kleidung sind weniger oberflächliche Zeichen einer veränderten Lebenseinstellung und neuer Verhaltensmuster, als es scheinen mag. Um 1785 beginnen die männlichen Angehörigen des Bürgertums (in seltenen Fällen auch die des Adels), Halsbinden, Spitzenmanschetten und Perücken – die, falls möglich, durch die eigenen, halblangen Haare ersetzt werden – abzulegen. Die Angehörigen des Handwerks ersetzen die allgemein übliche Kniebundhose durch lange Hosen – eine Änderung, aus der die Revolution von 1789 ein Symbol machen wird. Die Frauen verzichten auf den Reifrock; Künstliches ist mehr und mehr verpönt.

Dank der weiten Verbreitung des *Cabinet des modes*, der ersten Frauenzeitschrift, erreicht die Pariser Mode nicht mehr mit allzu großer Verspätung auch die Provinz, und Rosalie Jullien wird Kleider im Stil der Zeit tragen. Die Röcke ruhen zwar nicht mehr auf einem Gerüst aus Fischbein, haben aber ihre Weite beibehalten, und der Stoff, meist ein schwerer Satin, wirft von der Taille abwärts zahlreiche Falten. Die Hüften der Frau werden so optisch betont, was ganz im Stile des neuen Frauenbildes ist, das die Gemälde von Greuze, die im Gefolge Rousseaus erscheinende moralisierende Literatur und das bürgerliche Drama von Sedaine verbreiten. Das Bild vermittelt Wärme und Sinnlichkeit, aber eine Sinnlichkeit, die auf die Zeugung von Kindern ausgerichtet ist, und verdeutlicht damit die Rückkehr von Literatur und Malerei zur Natürlichkeit.

Der ländliche Stil tut ein übriges. So sind das Kopftuch

und das über der Brust gekreuzte Tuch, das das oft freizügige Dekolleté der vorangegangenen Zeit zumindest teilweise verhüllen soll, der Tracht der Bäuerinnen entlehnt, und die breitkrempigen, mit Bändern und Blumen geschmückten Hüte verlangen nach Sonne und frischer Luft. Trotz der gewollten Einfachheit und der Anklänge an die Ungezwungenheit des Landlebens steht diese Mode auch Frauen »in den besten Jahren« und verleiht ihnen ein vornehmes, würdevolles Aussehen. Rosalie Jullien, die gerade die Vierzig überschritten hat und eine voll erblühte Frau ist, mag an manchen Tagen fast majestätisch gewirkt haben. Das bürgerliche Selbstbewußtsein wird auf den von ihr als Mutter existierenden Porträts, deren Genre Madame Vigée-Lebrun und Madame Labille-Guyard salonfähig gemacht haben und auf denen vier- bis sechsjährige Kinder (man mag keine Babys) sich schalkhaft-verschämt in den viel zu weiten Falten des Kleides ihrer Mutter verbergen, durch ein zartes, ein wenig melancholisches Lächeln gemildert.

Der Kult der Vernunft, die die Religion dieser Zeit ist, verlangt, daß man sich für Kinder erst interessiert, wenn sie sich der Logik der Erwachsenen zugänglich zeigen. Sobald dies der Fall ist, beeilt man sich, sie von den kindlichen Spielen abzubringen und die Phantasien ihrer Vorstellungswelt durch wirkliches Wissen zu ersetzen. Noch vor dem schulischen Lernen allerdings beginnen die moralischen Lektionen. Nie ist die Tugend so hoch eingeschätzt worden wie jetzt, da man die Freiheit für sich reklamiert: Die Schutzwälle gegen ihren schrankenlosen Gebrauch werden bereits im voraus errichtet. Alles, was das Kind tut, wird nach einem strengen Kodex beurteilt und hat entweder Belohnung oder Strafe zur Folge: Niemand kann sich aus seiner Verantwortung davonstehlen. Die Revolution wird diesen Manichäismus bis zu seinen letzten Konsequenzen treiben.

»Sobald das Kind sich durch eine löbliche Eigenschaft ausgezeichnet hat, hindert nichts, ihm einen Beinamen zu geben, der diese Eigenschaft zum Ausdruck bringt, wie etwa ›der Vernünftige‹, ›der Wahrheitsliebende‹, ›der Wohltätige‹,

›der Höfliche‹, und daß man es in einem Brief mit der Bezeichnung anredet, die es verdient, bzw. daß man ihm androht, diese wegzulassen, falls es sich ihrer als unwürdig erweisen sollte. So kann man die Seele des Kindes verfeinern und seine geistige Entwicklung beschleunigen«, liest man in der *Enzyklopädie* unter dem Stichwort »Erzieherin«.

Rosalie Jullien hat diesen Rat beherzigt. Wenn sie mit dem Betragen von Marc-Antoine zufrieden ist, nennt sie ihn zärtlich »mein lieber Jules«, im entgegengesetzten Fall reicht ein kühles »mein Freund«. Der Beiname Jules, Abkürzung des Familiennamens, hat den zusätzlichen Vorteil, jede Verwechslung zu vermeiden, wenn im Haus nach einem der beiden Marc-Antoines gerufen wird. Aber – die Briefe zeigen dies – Rosalie Jullien verwendet die Bezeichnung nur als Belohnung oder in Fällen, in denen die mütterliche Zuneigung alle anderen Erwägungen zurückstehen läßt.

Während der Ferientage in Pizançon wird der Ausdruck »mein lieber Jules« sehr häufig gefallen sein; die Schönheiten des Sommers verleiten zur Nachsicht. Das Besitztum der Julliens endet in zur Isère hin abfallenden Wiesen, wo mächtige Bäume Schatten spenden. Das Bild erinnert an eine Illustration für die *Idyllen* des Schweizer Schriftstellers Geßner, dessen bukolische Gedichte wesentlich zur Entwicklung des Kults der Natur beigetragen und eine Empfindsamkeit geschaffen haben, die u. a. von Rousseau und Bernardin de Saint-Pierre weitergeführt wurde. Der Hang zur Empfindsamkeit ist ein Zeichen der Spiritualität, die durch die Ablehnung des traditionellen Glaubens zum Vorschein kommt. Der Deismus, der nun das Christentum verdrängt, umgibt sich mit Blattwerk und Blüten, wird eins mit einer glühenden Liebe zur Schöpfung, die mehr und mehr nicht einem göttlichen Wesen, sondern einem Prinzip zugeschrieben wird.

Die Julliens jedenfalls genießen diesen Sommer 1785, ohne allzuviel zu philosophieren – was nicht heißt, daß die neuen Ideen in den Gesprächen, die sie mit aufgeschlossenen Nachbarn auf der Terrasse ihres Hauses führen, zu kurz kommen. Es sind Tage voller Sonnenschein, deren Licht in allen Schriften dieser Zeit Erwähnung findet. Da diese jedoch meist die Natur verherrlichen, sollte man vielleicht eher den Untersuchungen der Paläontologen vertrauen, die für das Jahrzehnt vor 1789 einen Rückgang der Gletscher und eine verhältnismäßig frühe Reife der Trauben konstatieren.

Für Marc-Antoine bedeuten die Sommer in Pizançon darüber hinaus die unersetzlichen Sommer der Kindheit. Rosalie Jullien, sonst leicht ein wenig zu schulmeisterlich, folgt jetzt dem im *Emile* vertretenen Liberalismus in der Erziehung. Sie freut sich, daß der »liebe kleine Jules« »überschäumend, lebhaft, sorglos und unbeschwert ganz in der Gegenwart ist und sich seines Daseins freut«. Die positive Entwicklung des Kindes reicht jedoch nicht aus, sie völlig von den Vorteilen der natürlichen Erziehung zu überzeugen, denn diese kann ihrer Meinung nach nur sinnvoll sein, wenn alle Kinder gleichermaßen an ihr teilhaben. Nur die Einheitlichkeit des Unterrichts nach Inhalt und Form kann den Zusammenhalt des Gemeinwesens sicherstellen und eine harmonische Gesellschaft begründen.

Da die pädagogischen Lehren des *Emile* in Frankreich noch keine Gesetzeskraft erlangt haben, erhält Marc-Antoine die gleiche Erziehung wie alle seine Altersgenossen aus dem Bürgertum. Er wird den Jesuiten in Lyon anvertraut. Die Wahl mag überraschen. Zwar haben die Geistlichen das Monopol dessen inne, was man heute als »weiterführende Schulen« bezeichnen würde, und die Auswahl ist daher sowieso begrenzt. Aber man sollte doch annehmen, daß ein Verfechter des neuen Gedankengutes für die Erziehung seiner Kinder einen anderen Orden aussucht als ausgerechnet die Jesuiten. Im Salon der Herzogin von Anville, die mit Voltaire in brieflichem Kontakt stand – sie hatte auf sein Verlangen hin sogar bei Hof interveniert, um die Rehabilitierung des wegen Gotteslästerung hingerichteten Chevalier de la Barre zu erreichen –, war Jullien frühzeitig mit den Ideen des »Weisen von Fernay« vertraut gemacht worden; auch Mably und Condorcet hielten die Jesuiten für die gefährlichsten Feinde der Aufklärung.

Das zweimalige Verbot der »Gesellschaft Jesu« (1762 und 1764) hat nicht verhindern können, daß ehemalige Mitglieder des Ordens nun als einfache Priester die Lehranstalten in ihrem Sinne weiterführen. Die Jesuiten, die Marc-Antoine in eine – nach heutigen Maßstäben – 5. Klasse aufnehmen könnten, sind im allgemeinen ausgezeichnete Erzieher, jedenfalls die besten, die in der nächstgrößeren Stadt, nämlich Lyon, zu finden sind. Die ebenfalls dort unterrichtenden Oratorianer sind Jansenisten, denen Voltaire mindestens ebensoviel Übles nachsagt wie ihren Konkurrenten. Daß die Wahl auf die Jesuiten gefallen ist, liegt vielleicht an Rosalie Jullien, die sich sowohl den Glauben ihrer Kindheit wie auch – in den Augen ihres Ehemannes ein weit schlimmeres Vergehen – den Respekt vor dem Klerus unversehrt bewahrt hat.

Um seinen Sohn nicht ganz dem Einfluß der Jesuiten zu überlassen, hat Jullien beschlossen, ihn als Externen anzumelden, was von Rosalie, die ihrem Sohn gern das harte Leben eines Internatszöglings erspart, gebilligt worden sein wird. Marc-Antoine kann bei einer befreundeten Familie in Lyon wohnen. Bevor diese Beschlüsse gefaßt worden waren, hatte Jullien erwogen, seinen Sohn selbst zu unterrichten. Aber seine Geschäfte und seine politischen Aktivitäten nehmen ihn nun zu sehr in Anspruch. Außerdem weiß er, daß die eigenen Eltern immer die schlechtesten Lehrer sind, weil die gegenseitige Zuneigung die Beziehung zwischen Schüler und Lehrer verfälscht. Also die Jesuiten! Was diesen Punkt anbelangt, braucht man bei ihnen keine Sorge zu haben.

Marc-Antoine wird nicht lange in ihrer Obhut bleiben. Als seine Eltern ihn zum erstenmal besuchen, fleht er sie an, ihn mitzunehmen. Die Jesuiten scheinen wahre Tyrannen zu sein. So ist einige Tage vorher ein Klassenkamerad von Marc-Antoine mit der Rute für ein Vergehen bestraft worden, das er gar nicht begangen hatte. Der »liebe kleine Jules« ist vor Entrüstung noch ganz außer sich. Die Julliens, für die die Gerechtigkeit über alles geht (»Von allen Tugenden ist die Gerechtigkeit diejenige, die am meisten zum Allgemeinwohl beiträgt«, hatte Rousseau geschrieben), sind davon bis zu

Tränen gerührt und nehmen ohne Zögern ihr Kind wieder mit nach Hause.

Allerdings muß nun schnell eine neue Entscheidung getroffen werden, denn schon seit einigen Wochen quälen sich Tausende von Jungen in Marc-Antoines Alter durch die Regeln der lateinischen Grammatik. Als ehemaligem Autodidakten ist Jullien nur allzusehr bewußt, welches manchmal nicht wiedergutzumachende Versäumnis die verlorene Zeit zwischen zehn und fünfzehn Jahren darstellt. Nun denn: Er wird Marc-Antoine nach Paris begleiten und ihn im Collège de Navarre, wo einer seiner Brüder gerade eine 5. Klasse unterrichtet, anmelden. Am Abend wird der Vater in der Wohnung, in der ein Dienstmädchen den Haushalt führen wird, das Gelernte wiederholen. Rosalie Jullien bleibt mit dem sechsjährigen Auguste-Etienne, der noch ein wenig die Freiheit des Landlebens genießen soll, in Bourg-de-Péage, wo sie sich auch um die Verwaltung des Besitzes und die Erhebung des Pachtgeldes kümmern wird. Die getroffene Entscheidung hat keinen anderen Nachteil als den, die Gefühle zweier Eheleute der Vernunft zu opfern.

Jullien ist erst einundvierzig Jahre alt, und man sollte annehmen, daß er für seine Frau noch eine Liebe empfindet, die eine lange Abwesenheit nicht erträgt. Das Studium, das heißt die Zukunft des »kleinen Jules«, verlangt die Trennung, wiederholt Jullien, und Rosalie zieht es vor, daran zu glauben. Sie verdächtigt ihren Mann nicht der Untreue (zumindest bringen ihre Briefe das nie zum Ausdruck). Allerhöchstens könnte sie sich vorstellen, daß er sich nicht nur im Interesse seines Sohnes, sondern auch im Interesse einer Intensivierung seiner politischen Aktivitäten entschlossen hat, in der Hauptstadt zu leben, wo sich im zentralisierten Frankreich alle wichtigen Ereignisse des staatlichen Lebens abspielen.

Jullien hat in Paris noch zahlreiche Beziehungen zu den Kreisen, aus denen heraus sich die Opposition zur absoluten Monarchie entwickelt. Madame d'Anville, die ihn nicht vergessen hat, versammelt in ihrem Salon immer noch die fortschrittlichen Geister. Ihr Sohn, La Rochefoucauld d'Anville, der eine im übrigen reichlich zwielichtige Rolle zu Beginn der Revolution spielen wird, bringt ständig neue Gäste mit. Jullien ist außerdem ein langjähriger Freund des in Romans geborenen Joseph Servan de Gerbey, der Kriegsminister im Kabinett der Gironde werden wird und der jetzt noch Unterhofmeister der Pagen des Königs ist. Er hat gerade ein Buch mit dem prophetischen Titel »Der Soldat als Bürger« veröffentlicht. Niemand anders als Jullien ist besser geeignet, die Einwohner der Dauphiné wie etwa den jungen Barnave oder Mounier, denen der Kampf um die Freiheit am Herzen liegt, über das Geschehen in Paris und bei Hof zu unterrichten.

Gesprächsstoff liefern im Moment nicht so sehr die Angriffe auf die persönlichen Rechte und Freiheiten als vielmehr das staatliche Defizit. Calonne, der Finanzminister, hat bei seinem Amtsantritt einen beträchtlichen Schuldenberg übernehmen müssen. Die Teilnahme am amerikanischen Unabhängigkeitskrieg hat ein kaum zu füllendes Loch in den Staatshaushalt gerissen, der wegen der Verschwendung des Hofes und der Mißwirtschaft der schwerfälligen Bürokratie sowieso auf wackligen Beinen steht. Trotz der nicht konsequent fortgeführten Bemühungen von Ludwig XVI., der Verschwendung Einhalt zu gebieten, verschlingt der Hof 6 Prozent der Staatseinnahmen, das heißt dreimal mehr, als für Erziehung und öffentliche Wohlfahrt ausgegeben wird. Ein Viertel geht an die Armee, und der größte Teil dessen, was übrigbleibt, muß für die Rückzahlung der Anleihen und die Tilgung der Schulden aufgewandt werden. Am Vorabend der Revolution betragen die staatlichen Schulden 5 Milliarden Livres (was nach heutigem Geldwert 60 Milliarden Franc entspricht; dabei ist zu berücksichtigen, daß die Bevölkerungszahl damals zweieinhalbmal kleiner war als heute).

Die wegen der unzureichenden Produktion (besonders in der Landwirtschaft), der Spekulation und der drückenden Steuern ständig steigenden Lebenshaltungskosten belasten besonders das Volk, dessen Löhne den Preisen nicht zu folgen vermögen. Kaufleuten und Handwerkern gelingt es im allgemeinen, sich der Preisentwicklung anzupassen, aber ihre Kundschaft wird rarer. Nur die Einkünfte der wie die Julliens von ihren Vermögenswerten lebenden Bürger (sie machen etwa 5 Prozent der Bevölkerung aus) steigen regelmäßig. Aber außer einigen Spekulanten und Steuerpächtern ist mit dieser gesellschaftlichen Situation, die den baldigen Staatsruin vermuten läßt, niemand zufrieden.

Im kleinen und mittleren Bürgertum (das große ist oft mit der Macht liiert) ist man einstimmig der Meinung, daß eine Neuordnung der öffentlichen Angelegenheiten unverzüglich unternommen werden muß. Ein Teil der Bevölkerung sollte durch von ihm gewählte Repräsentanten an der Führung der Staatsgeschäfte beteiligt werden. Die Volksvertreter hätten sich für die Beseitigung der Mißstände und den Abbau der heftig angeklagten sozialen Ungleichheiten einzusetzen. Auch Jullien, obwohl Grundbesitzer und Rentier, befürwortet grundlegende Veränderungen. Sein Lehrer, der soeben verstorbene Abbé de Mably, hat ihn zwar nicht ganz zu seinem utopischen Kommunismus bekehren können, ihn aber immerhin davon überzeugt, daß in der »neuen« Gesellschaft neben die Gleichheit der Rechte so etwas wie die gleichmäßige Verteilung des Wohlstands treten sollte.

Aber die politische Chronik besteht nicht nur aus »historischen« Ereignissen oder den Auseinandersetzungen der Ideen. Die kleinen Ereignisse, die Skandale, das Getuschel über Personen haben dort ebenso ihren Platz. So wird etwa gegen Ende des Sommers die Affäre des Halsbands der Königin eins der hauptsächlichen Gesprächsthemen bei den Julliens und ihren Freunden gewesen sein. Die Korruption des Hofes wird einhellig verurteilt und Marie-Antoinette – deren Schuld nie eindeutig erwiesen wurde – zum Sündenbock gemacht. In die aufrichtige Entrüstung mag sich das Prickeln gemischt haben, das diese aus einer anderen Welt stammenden Nachrichten auslösen – einer Welt, die sicher hassenswert, aber auch lebendiger, überraschender und glanzvoller ist als die ihre. Diese Welt ist nicht so sehr der Hof als vielmehr bestimmte Kreise von Paris, in denen alles, was in Versailles geschieht, ein tausendfältiges Echo findet. Als junger Mann hat Jullien dort gelebt. Könnte es nicht sein, daß er Lust verspürt, seinen Platz wieder einzunehmen?

Die geringe Rührung, die er beim Besteigen der Postkutsche nach Paris zeigt, läßt dies vermuten.

II
Die Schule der Freiheit

Eine Woche nach der Ankunft in Paris schreibt Marc-Antoine den ersten Brief an seine Mutter. Sie antwortet ihm gleich und wird von nun an die Feder für lange Jahre nicht aus der Hand legen.

Rosalie Jullien an Marc-Antoine
20. September 1785

»Tausend Dank, mein guter Jules, für Deinen reizenden kleinen Brief und die Einzelheiten Eurer Reise. Ich hatte dies wirklich nötig, um wieder ruhig schlafen zu können. Stell Dir vor, mein Kleiner, aus Sorge um Euch habe ich meine Abgeschiedenheit aufgegeben und bin gestern eigens in die Stadt gegangen, um Deinen Brief schneller zu erhalten. Heute habe ich ihn nun, diesen teuren Brief, und wieder und wieder habe ich die kostbaren Versicherungen Deiner Freundschaft gelesen.

Ich schreibe Dir aus meinem neuen kleinen Kabinett. Es ist schon ganz fertig. Die gute Marion verrichtet ruhig ihre Arbeit, und der kleine Auguste, der brav wie ein Lamm geworden ist, spielt, ohne dabei zu lärmen. Deine Tanten und Dein Onkel haben sich versammelt, als die Post kam, und mit Tränen der Freude und der Rührung habe ich ihnen mitgeteilt, was Du mir schreibst ...

Unsere Freunde, Deine Tanten, Dein Onkel, Dein Bruder, unsere Hausangestellten, der Dienstbote, unsere Pächter, sie alle nennen Dich den guten Jules. Das ist ein Name, den Du Dir immer verdienen mußt, mein Sohn. Es ist die schmeichelhafteste und die liebenswerteste aller Bezeichnungen. Sei gut, mein Sohn, gewinne alle Herzen, die Deiner Lehrer durch respektvollen Gehorsam, die Deiner Kameraden durch unaufdringliche Gefälligkeit.

Du hast mich um Einzelheiten gebeten, und dies ist der schwierigste Teil meines Briefes, denn seit Eurer Abreise finde ich an nichts mehr Interesse. Geistesabwesend und gelangweilt gehe ich hierhin und dorthin. Meine Studien habe ich aufgegeben, und ich lese kaum noch. Ich beschäftige mich mit dem Tagebuch Deines Bruders und lasse ihn das Deinige von 1784 lesen. Heute hat er Deinen Brief gelesen und mit Vergnügen seinen Namen darin entdeckt. Vergiß ihn nie!

Mein lieber Jules, ich bitte Dich, Deine Briefe so abzufassen, daß es Deinem Papa unmöglich ist, noch etwas hinzuzufügen. Wenn er sich gezwungen sehen wird, ein neues Blatt Papier zu nehmen, wird er es auch ganz beschreiben, dessen bin ich sicher. Mach Du es ebenso. Beschreib alle neuen Dinge, die Dir ins Auge fallen; erzähl mir von Deinen Freunden; schildere ihre Persönlichkeit; berichte mir von ihrem Charakter, ihren Ideen, Euren Spielen, Euren Gesprächen und Euren Beschäftigungen. Ich umarme Dich.«

Die beiden Julliens wohnen in der Rue Saint-Jacques, ungefähr dort, wo diese die neue breite Straße (die spätere Rue Soufflot) kreuzt, die von hier zur kürzlich fertiggestellten Kirche Sainte-Geneviève (dem heutigen Panthéon) führt. Den nicht weit entfernten Jardin du Luxembourg erreicht man statt über eine breite Straße jedoch weiterhin durch ein Labyrinth enger Gassen, deren volkstümliches Leben der damals als modern, heute als neoklassizistisch bezeichnete Baustil des 18. Jahrhunderts noch nicht zerstören konnte.

In dem von den Julliens bewohnten Abschnitt der Rue Saint-Jacques hat sich eine Anzahl kleiner Händler zusammengefunden, deren unter freiem Himmel oder einem Schutzdach angebotene Waren viele Passanten anlocken und zum Stehenbleiben verleiten. Das Stimmengewirr der Menge und die Rufe der Verkäufer übertönen den Lärm der wenigen Fuhrwerke, und trotz der Enge der Straße erhält man den Eindruck eines Marktes. Diesem sympathischen, aber eher vergangenheitsorientierten Bild der Hauptstadt setzt der nahe gelegene, meist verlassene Platz mit dem gewaltigen Gebäude der neuen Kirche Sainte-Geneviève die kalte und düstere Harmonie einer zukünftigen Ordnung entgegen. Das Meisterwerk Soufflots zeugt von der Nachahmung antiker Größe, die sich bald auch viele Männer der Revolution zu eigen machen werden.

Die meisten von ihnen erhalten im übrigen ihre intellektuelle Ausbildung im Schatten des zukünftigen Panthéon, denn in seiner Nähe liegen alle »großen« Schulen. Noch vor kurzem waren Robespierre und Desmoulins Schüler am Collège Louis-le-Grand. Marc-Antoine, der auf seinem morgendlichen Schulweg den ganzen Platz zu überqueren hat, erhält so gleich die richtige Einstimmung in die üblichen Themen der Übersetzungen, die sich mit Cicero und Seneca beschäftigen. Den einzigen Lichtblick inmitten so viel kalter Pracht bilden die fast schon barocke Unebenmäßigkeit der Kirche Saint-Etienne-du-Mont sowie die Baumwipfel einiger versteckter Gärten; ihr Anblick wird jedoch sicher nicht ausreichen, Marc-Antoine ganz über die verlorene Freiheit des Landlebens hinwegzutrösten.

Aber er entdeckt bereits, daß dieser Verlust durch die ganz anders geartete Freiheit wettgemacht werden kann, von der die antiken Autoren sprechen. Schon seit dem Beginn der Renaissance gelten die Schriften des klassischen Altertums als unverzichtbare Quelle für alle, die nach einer vom Despotismus des Königs und der Kirche befreiten Welt streben. In der zweiten Hälfte des 18. Jahrhunderts entlehnt man der römischen Geschichte gleichzeitig die Modelle der Befreiung und die Anweisungen für eine neue Ordnung sowie Beispiele der Tugend. Der bestehenden Tyrannei und der von ihr geförderten Frivolität und Korruption der Sitten, die das moralische Gewissen des Volkes einschläfern und es so leichter regierbar machen, wird die Gestalt des Brutus entgegengesetzt.

Marc-Antoine wird später selbst auf die Bedeutung eingehen, die die klassisch ausgerichtete Erziehung für die geistigen Ursachen der Revolution hatte. Seiner Meinung nach hat sie zur Entstehung eines staatsbürgerlichen Bewußtseins geführt und politische Modelle geliefert, die oft eine theatralische, fast schon romantische Auffassung von der Geschichte gefördert haben. »Die öffentliche Erziehung ließ alle republikanischen Ideen bereits im Schoße der Monarchie entstehen«, schreibt er. »Sie verwandelte unsere Schulen in eine Anzahl kleiner Staatsgebilde, in denen weder Herkunft noch Reichtum irgendeine Überlegenheit begründeten, in denen Unabhängigkeit und Gleichheit die obersten Werte waren und wo die Schüler, deren Bezugspunkt nie Frankreich, sondern stets ein imaginäres Vaterland war, die Beredsamkeit von Demosthenes und Cicero und die Freiheitsliebe von Thrasybulos und Brutus studierten.« Die Vertrautheit mit den tapfersten und tugendhaftesten Gestalten des Altertums macht im Denken der Schüler den fast religiösen Begriff des geschichtlichen Schicksals heimisch und bringt sie dazu, im Kampf für die Freiheit zunächst einmal die Möglichkeit zu sehen, das ihre mit Glanz zu bestehen.

Über die Schriften der antiken Autoren gebeugt, deren meisterlicher Stil sich erst nach langen Studien ganz erschließt und die neben den bedeutenden moralischen Prinzipien nicht zuletzt den Respekt vor Regeln und Formen lehren, träumen die Schüler von Ludwig dem Großen oder der heiligen Barbara, von Freiheitskämpfen, Proklamationen und weisen Verfassungen; aber diese edlen Gedanken vermischen sich, ihrem jugendlichen Alter entsprechend, mit der Liebe zum Ruhm und der Faszination eines erhabenen Todes.

Daß das Verhängnis in diesen Jahren bereits »in der Luft liegt«, zeigt sich auch in der Architektur: Der neoklassizistische Stil, in dem seit 1775 eine Reihe von Gebäuden in Paris errichtet wurden, bekommt etwas Düster-Unheimliches. So hat etwa Soufflot die Fassade der neuen Kirche Sainte-Geneviève mit dicken, in Stein gehauenen Blumengirlanden geschmückt, deren weitgeöffnete Blütenkelche sich wie unter einem zu großen Gewicht nach unten neigen. Staub und Ruß haben schwarze Schatten darauf gelegt und verleihen der Kirche so eher das Aussehen eines Mausoleums.

Verständlich, daß Marc-Antoine sich abends eilt, in die Rue Saint-Jacques zu kommen, wo ihn das volkstümliche Leben mit seinen vertrauten und alltäglichen Ereignissen umfängt und ihn der Faszination entreißt, die die antiken Gestalten eines Gaius oder eines Gracchus auf ihn ausüben. Wollen sie ihm nicht, Erlkönigen gleich, zu Ruhm und einem erhabenen Tod verhelfen? Schnell steigt er die engen Stiegen hinauf. Der Vater übergibt ihm einen Brief der Mutter. Er hat ihn nicht geöffnet, weil er selbst einen erhalten hat, in dem sicher ungefähr das gleiche steht und den er hastig überflogen hat. Mit einem Schlag ist Marc-Antoine sehr weit weg von seiner Pariser Welt, wo im Schatten Catilinas und des zukünftigen Panthéon die Generation der Guillotine heranwächst.

Rosalie Jullien an Marc-Antoine
29. September 1785

»Das Neue, das meinen Sohn umgibt, vermag also nicht, die Erinnerung an mich aus seinem Gedächtnis zu löschen, und die Annehmlichkeiten seiner neuen Stellung lassen ihn die Einfachheit unserer ländlichen Vergnügungen nicht vergessen. An diesen Charakterzügen, die das Kennzeichen eines guten Herzens sind, erkenne ich Dich wieder, mein teurer Jules, und der sanfte Schmerz, den Du zum Ausdruck bringst, verdoppelt den meinen. Auf den Feldern, wo wir doch so vergnügt gewesen sind, finde ich keine Freude mehr. Gesenkten Hauptes und trauriger Stimmung wandre ich hinaus, und vergebens leuchtet die Sonne im reinsten Glanz. In meiner Phantasie türmen sich dunkle Wolken auf, die sie nicht durchdringen kann, und nur vom Hörensagen weiß ich, daß wir das schönste Wetter haben. Nur eines kann mich in meinem Kummer trösten, mein lieber Jules: Dein Fleiß beim Studium. Arbeite mit Eifer, denk an die zärtlichen Empfehlungen Deiner Mutter, und vor allem praktiziere die liebenswürdigen Tugenden, die wir immer in Dir zu wecken gesucht haben ...

Aber ich habe Dir so viel zu erzählen, was Deine Neugier befriedigen wird, daß ich gleich zu den Einzelheiten kommen will. Wir haben Weinlese gehalten, aber wir hatten nur zwanzig Bütten Trauben. Es gab hier überall viele schreckliche Gewitter, und wir sind nicht die einzigen, denen übel mitgespielt wurde. Am Sonntag ist der Bezirk von Génisseux vom Hagel verwüstet worden: Trauben und Buchweizen wurden vernichtet. Deinen armen Vetter François hat es besonders hart getroffen: In seinem Weinberg hat der Hagel die Lese gehalten.

Am Dienstag morgen haben sich Fräulein Reine Servan, Fräulein Félicité von M., die beiden Fräulein P.,* Deine beiden Tanten und unser Vetter Chevalier eingefunden, um eine fröhliche Landpartie zu veranstalten. Sie sind mit unserem Wagen um neun Uhr angekommen. Nach einem zusätzlichen Frühstück sind wir zum Schloß von Tendillon gefahren. Es wurde geplaudert; wir sind nach ›Les Délices‹** zurückgekehrt, wo das Mittagessen serviert wurde. Die gute Marion hatte sich übertroffen: Zwei schöne Gerichte, feines Backwerk, Creme, ausgezeichnetes Brot, Vorspeise, Braten, nichts fehlte; zum Dessert gab es eine Flasche Wein aus Lunel, was unsere hübschen Fräulein so in Stimmung brachte, daß sie zu singen und zu tanzen begannen.

Nach einer Partie Lotto und einem Gang zum Weinberg, wo sie eine Bütte Trauben gepflückt haben, gleich das nächste Vergnügen: Den lieblichen Bach entlang sind wir zu unserer Wiese spaziert, wo die übermütige Bande einen Reigen getanzt hat. Schließlich haben wir uns auf der Anhöhe am Rand des Parks niedergelassen. Fräulein Félicité, die eine

---

* Vom Kommentator in der Kopie der Briefe unkenntlich gemachte Namen.

** Name des Besitztums der Julliens in Pizançon.

schöne Stimme hat, hat mit Deiner Tante zusammen gesungen. Das Echo, daran gewöhnt, nur meine Klagen zu vernehmen, hat sich sehr darüber gefreut und gerne das schallende Gelächter meiner fröhlichen Truppe zurückgeworfen. Von der Anhöhe bis zum Ufer der Isère wurden Wettläufe veranstaltet. Mehr als einmal habe ich geseufzt, weil mein guter Jules bei einem für sein Alter so passenden Fest nicht dabeisein konnte, und oft bin ich mehr als zwanzig Schritte hinter den anderen zurückgeblieben, um an meine liebsten Freunde zu denken.

Mit großer Freude und viel Charme hat Dein Bruder den Fräulein Deinen Brief vorgelesen. Fräulein Flavie, die ältere der beiden Fräulein P., hat ihm eine Bonbonniere mit der Aufschrift ›Ich werde immer lieben‹ gegeben. Er wollte weder die Schachtel noch die Bonbons, denn man hatte ihm gesagt, daß er dann der kleine Verlobte von Flavie wäre. Sobald man von Heirat sprach, gab er die Schachtel zurück. Wir haben sehr gelacht, und er hat die Schachtel behalten. Als wir um sechs Uhr abends von unserem Spaziergang zurückkamen, war ein schöner Imbiß für uns vorbereitet, und meine jungen Fräulein, die sich körperlich verausgabt hatten, haben zugegriffen, als ob es die erste Mahlzeit des Tages wäre. Dann hieß es ›Adieu, Brotkörbe, die Ernte ist vorbei‹; der Wagen wird von neuem bespannt, und Meister Joseph, ganz stolz, auf dem Kutschbock zu sitzen, bringt die hübsche Gesellschaft wieder dahin, wo er sie abgeholt hat . . .

Ich habe vergessen, Dir zu sagen, daß wir, um den Wein aus Lunel zu würdigen, auf das Wohl von Monsieur Jullien, von Monsieur Servan und von Monsieur Jules angestoßen haben. Freust Du Dich nicht, Deinen Namen zusammen mit dem dieser beiden berühmten Männer genannt zu hören? Ich hoffe, daß er der Ehre eines Tages würdig sein wird . . . Leb wohl, mein Jules. Umarme für mich tausend- und aber tausendmal meinen teuersten Freund: Du kennst ihn.«

In diesem Brief findet Marc-Antoine zum letztenmal die Welt seiner Kindheit wieder. Mit sicherem Instikt ist es Rosalie Jullien gelungen, sie ihm wieder nahezubringen: Sie weiß, daß ihr Sohn ihr nie wieder so nah sein wird wie noch vor einigen Wochen. Die Sommertage in Pizançon und das noch ungetrübte familiäre Glück versinnbildlichen auch den Traum von einem Frankreich, das die Freiheit ersehnt, ohne noch nach ihrem Preis zu fragen, das glaubt, daß die Gerechtigkeit von selbst »vom Himmel fällt«, und das die Einführung der bürgerlichen Gleichheit mit den Attributen des Schäferspiels verbrämt.

Von 1785 an nehmen die wirtschaftlichen Schwierigkeiten zu; die große Trockenheit des vorangegangenen Jahres hat in einigen Landstrichen zu Hungersnöten geführt. Den Staat würde dies wenig kümmern, wenn als Folge nicht auch der Handel zurückginge, was wiederum die Steuereinnahmen vermindert und das Land an den Rand des Bankrotts bringt. Das von Calonne vorbereitete Sanierungsprogramm besteht aus Halbherzigkeiten und ist von vornherein zum Scheitern verurteilt. Der Plan, einige Privilegien des Adels und des Großbürgertums zu beschneiden, führt in diesen Kreisen zu regierungsfeindlichen Reaktionen, die zwar in keiner Weise revolutionär sind, aber der Revolution den Weg ebnen. Die Fronten verhärten sich bereits, und Rosalie Jullien, die dies zu spüren scheint, folgt ihrem Bedürfnis, sich wenigstens der beständigen Gefühle der Menschen zu versichern, die sie liebt.

Rosalie Jullien an Marc-Antoine
Oktober 1785

»Das Ausbleiben Deines Briefes gestern hat mir großen Kummer bereitet. Denk an die Empfindsamkeit Deiner Mutter, mein gutes Kind, und erspare ihr die Schmerzen, die Du ihr ersparen kannst. Es gibt andere Arten von Leid, die niemand ihr abnehmen kann. Die Qualen der Trennung sind zu groß, als daß man ihnen auch noch die des Schweigens hinzufügen sollte. Wenn ich weiterhin über Eure Abwesenheit so betrübt bin wie jetzt, weiß ich nicht, was aus mir werden soll.

Schreib mir, mein guter Freund; schreib mir oft. Meine Gesundheit und meine Ruhe hängen von Deiner Pünktlichkeit ab. Die frühzeitige Empfindsamkeit, die jedermann an meinem Jules bemerkt, gibt mir die Sicherheit, daß er bereits einen Teil meines Kummers fühlt und teilt . . .

Leb wohl, mein lieber Kleiner; ich umarme Dich tausendmal. Deine Tante Clarisse umarmt Dich, Marion und Françon umarmen Dich. Sie alle weinen über meine Traurigkeit; ich werde geliebt. So hab auch Du mich lieb, Kind meines Herzens.«

Rosalie Jullien an Marc-Antoine
November 1785

»Mein guter armer Jules, heute vor zwei Monaten und drei Tagen habe ich Dich zum letztenmal gesehen, zum letztenmal mit Dir gesprochen, Dich zum letztenmal umarmt. Und ist es nicht mit Deinem Vater ebenso? Erzähl mir oft von ihm; erzähl mir immer von ihm. Wie geht es ihm? Was macht er? Was sagt er? Denkt Ihr immerzu an mich wie ich an Euch? Sorgt Ihr Euch um mich, wie ich mich um Euch sorge? Sprecht Ihr von mir, wie wir ständig von Euch sprechen? Mein Gott, wie liebe ich Euch! Dieses Gefühl empfinde ich so stark, daß ich es unaufhörlich zum Ausdruck bringen muß.«

Selbst wenn man den damals üblichen Gefühlsüberschwang abzieht, läßt der Ton dieser Briefe erkennen, daß Rosalie Jullien nicht nur unter der Trennung von ihrem Sohn, sondern vor allem unter dem Schweigen ihres Ehemannes leidet. Er schreibt ihr nur selten und läßt damit uns – und sicher auch Rosalie – die wahren Gründe seiner Abreise nach Paris ahnen, die durch den »notwendigen« Schulbesuch Marc-Antoines nur unzureichend gerechtfertigt ist. Die Trennung hat jedoch nichts Endgültiges und bedeutet nicht, daß Jullien an Scheidung denkt. Vielleicht möchte er nur einmal eine Zeitlang der Nähe seiner manchmal allzu besitzergreifenden Frau entfliehen – was ihm die Möglichkeit gibt, ihre Trennung aus der Ferne zu bedauern. Dies ändert aber nichts daran, daß Rosalie eine verlassene Ehefrau ist, die die verlorene Zuneigung nun bei ihren Kindern zu finden hofft. Man wäre versucht, auch ihr späteres leidenschaftliches Interesse für die Politik derselben Ursache zuzuschreiben, wenn sie nicht schon seit ihrer Jugend Rousseau, den Lehrmeister Robespierres und der Sansculotten, verehrt hätte.

Jedenfalls scheint Rosalie das Schweigen ihres Mannes nicht übelzunehmen, und in ihren Briefen an Marc-Antoine rühmt sie stets seine Intelligenz und seine Tugend. Da die allgemeine Unzufriedenheit nun auch dem Hof nahestehende Kreise ergriffen hat und jedermann seine Meinung frei zu äußern wagt, kann sie sich leicht vorstellen, daß Jullien vollständig von der Politik in Anspruch genommen wird. Diese spielt sich von nun an mehr und mehr auf der Straße ab und ist im Getriebe des volkstümlichen Lebens, das Jullien umfängt, sobald er seine Wohnung verläßt, allgegenwärtig.

Obwohl selbst in Paris ein Großteil der Bevölkerung weder lesen noch schreiben kann, ist der »Mann auf der Straße« besser informiert als früher und bringt für die öffentlichen Angelegenheiten um so mehr Interesse auf, als unerwartete Ereignisse ständig Abwechslung ins politische Leben bringen. Die Ablösung eines Ministers ist oft schon im voraus abzusehen und wird entsprechend kommentiert. »Minister« muß dabei im Singular bleiben, denn nur der Finanzminister zählt . . . und »fliegt« von Zeit zu Zeit. Frankreich steuert auf den Staatsbankrott zu, was dem Vernehmen nach dem Hof nicht ungelegen käme: Der Staat würde um die lähmenden öffentlichen Schulden erleichtert, und die Macht des immer dreister auftretenden Bürgertums, das den größten Teil der staatlichen Anleihepapiere in Händen hält, würde sich vermindern.

Aber die Finanzminister – der leichtfertige Calonne und nach ihm Loménie de Brienne und Necker – legen Wert auf die Ehre ihres Berufsstandes und bestehen auf der Ausarbeitung von Rettungsplänen, an deren Verwirklichung die ganze Nation beteiligt werden soll. Durch diesen geschickten Schachzug liegt im Falle eines Scheiterns die Verantwortung nicht nur bei ihnen: Die Demokratie – oder besser das, was man dafür ausgibt – wird nur eingeführt, um sogleich in Mißkredit gebracht zu werden. Die Falle wird jedoch schnell entdeckt. Die aus Notabeln – unter Einschluß des dritten Standes – bestehenden Provinzialversammlungen, die den König unterstützen sollen, ohne eine andere als eine beratende Funktion auszuüben, geben sich mit ihrer Rolle nicht mehr zufrieden. Sie weisen zahlreiche vom Finanzminister vorgeschlagene Maßnahmen zurück, insbesondere solche, die darauf abzielen, die Steuerlast gerechter zu verteilen. Dies ist nicht weiter erstaunlich, wenn man bedenkt, daß Adel, Geistlichkeit und Großbürgertum, aus denen die Versammlungen bestehen, schon immer die Nutznießer der steuerlichen Ungleichheit waren. Dem Königtum ist es so mit seltenem Geschick gelungen, den schon vorhandenen Schwierigkeiten auch noch die Opposition der gesellschaftlichen Klassen hinzuzufügen, die es traditionsgemäß unterstützen.

In der Rue Saint-Jacques ist man über diese politischen Ereignisse, die sich zum Großteil in der Provinz abspielen und deren Auswirkungen auf das tägliche Leben nicht ohne weiteres ersichtlich sind, sehr wenig unterrichtet. Spürbarer sind da schon die ständige Verteuerung der Lebensmittel, der Kleidung, der Mieten und das Anwachsen der Arbeitslosigkeit vor allem im Baugewerbe, und hinter dem bunten Leben und den trügerischen Farben eines Marktes unter freiem Himmel verbirgt sich das Elend. Die Ursache für diesen Zustand sieht das Volk nicht so sehr in der Wirtschaftskrise – das Wort ist noch unbekannt – als vielmehr in der Verschwendung des Hofes, die durch den Luxus der Stadtpaläste des Adels, die reiche Ausstattung mancher Equipagen und das Geschwätz der Dienstboten über ihre »hohe« Herrschaft hinreichend belegt wird.

Die Verschwendung wird nicht so sehr dem König vorgeworfen, dessen behäbige Rundlichkeit das Volk rührt, als vielmehr Marie-Antoinette, die man seit der Halsbandaffäre nur noch die »Österreicherin« nennt und die beschuldigt wird, ihrem Mann »auf der Nase herumzutanzen«. Es ist zwar richtig, daß der König leicht beeinflußbar ist. Aber jedesmal, wenn er seinen eigenen Willen durchsetzt, treibt er den Absolutismus noch ein wenig mehr auf die Spitze: so bei der königlichen Sitzung am 19. November 1787, in der das Parlament sich weigert, die Verordnung über eine neue Anleihe zu registrieren. Um über die Opposition hinweggehen zu können, verwandelt der König die Sitzung kurzerhand in eine Kissensitzung*, woraufhin der Herzog von Orléans, dem seine Sittenlosigkeit allerdings kaum das Recht gibt, sich zum Hüter von Gesetz und Ordnung zu erheben, dem König sagt: »Sire, das ist illegal!«

»Es ist legal«, erwidert Ludwig XVI., »weil ich es will!«

Die herrischen Worte aber sind unsicher und zögernd ausgesprochen. Ludwig XVI. ist kein selbstbewußter Herrscher: Er hat zuerst einen roten Kopf bekommen wie jedesmal, wenn er wütend ist (noch auf dem Schafott wird ihm das passieren), er hat sich verhaspelt und schließlich mit zorniger, aber gleichzeitig verlegener Stimme den Satz herausgebracht. Diese Anflüge von Herrschsucht, hinter denen sich Unsicherheit und Ohnmacht verbergen, machen ihn gefährlich.

Das Parlament allerdings zeigt sich von dieser absolutistischen Machtdemonstration nicht sonderlich beeindruckt. In den folgenden Monaten verabschiedet es einen Antrag gegen die willkürlichen königlichen Haftbefehle, fordert die Achtung vor der individuellen Freiheit und erklärt, daß die Steuern von den Generalständen festgelegt werden sollen, deren baldiges Zusammentreten es befürwortet. Der König antwortet mit der von Lamoignon ausgearbeiteten Justizreform, die die Möglichkeiten des Parlaments von Paris sowie der Provinzialparlamente auf ein Minimum reduziert. In Zukunft

* Feierliche Parlamentssitzung, in der der königliche Wille ohne Einspruch hingenommen werden mußte.

soll an ihrer Stelle eine aus Herzögen und Pairs bestehende Große Hofversammlung die Verordnungen des Königs empfangen und weitergeben.

Die Auseinandersetzung des Königs mit den Parlamenten bewegt die Bevölkerung der Rue Saint-Jacques ebensowenig wie kurz zuvor seine Streitigkeiten mit der Versammlung der Notabeln: Hier wie dort handelt es sich nur um Rivalitäten unter Privilegierten. Der Liberalismus einiger Parlamentsangehöriger wird nicht von demokratischen Bestrebungen, sondern allerhöchstens vom Wunsch nach einer stärkeren Beteiligung der führenden Klassen an der Leitung der Staatsgeschäfte getragen. Nicht der demokratisch ausgerichtete *Gesellschaftsvertrag* Rousseaus, sondern der feudal orientierte *Geist der Gesetze* Montesquieus ist die Leitfibel der oppositionellen Parlamentsangehörigen.

Wie schon seit Jahrhunderten heben sich in der Rue Saint-Jacques vom dumpfen Gewirr der Stimmen nur die Rufe der Händler ab, die in kurzem Singsang ihre Waren anpreisen. Um sich voneinander zu unterscheiden und die Aufmerksamkeit der Hausfrauen auf sich zu lenken, hat jede dieser Stimmen eine andere Intonation und Färbung angenommen, und einem geübten Beobachter gelingt es zuweilen, die Art der angebotenen Ware bereits an der Stimme des Verkäufers zu erkennen: Frisches Gemüse, Salat und Quark werden im allgemeinen von hellen, klaren Frauenstimmen angeboten, während der Kesselflicker in einen Topf zu sprechen scheint und der Glaser das »s« in seinem Namen so betont, daß man einen über Glas schleifenden Diamanten zu hören vermeint.

Das diffuse Konzert dieser kleinen ambulanten Gewerbetreibenden, die unermüdlich Kleider und Schuhe, Möbel und Hausrat ausbessern und instand halten, zeugt von der Armut einer Gesellschaft, deren Gebrauchsgegenstände »ewig« halten müssen. Dem vielfältigen Echo dieser wirklichen Not wird die Revolution bald ihre eigenen charakteristischen Rufe hinzufügen: Proklamationen, Beifallsrufe, Hohngelächter, die an den Straßenkreuzungen ausgerufenen Schlagzeilen der Zeitungen, sie alle befriedigen Bedürfnisse, die lange schlummerten und durch diese Rufe nun geweckt worden sind.

In der Provinz dagegen werden die Parlamente von der Bevölkerung aktiv unterstützt. Die Menschen hier sind vertrauensvoller und glauben sich den Notabeln um so eher in einer Interessengemeinschaft verbunden, als es darum geht, Paris, der verhaßten Zentralgewalt, zu trotzen. In der Dauphiné, genauer in Grenoble, nehmen die Unruhen den gewalttätigsten Charakter an. Das Parlament der Stadt hat sich genau wie das Parlament von Paris geweigert, die auf die Justizreform Lamoignons zurückgehenden Verordnungen zu registrieren, weil dies politischem Selbstmord gleichkäme. Loménie de Brienne verfügt daraufhin, daß die Angehörigen des Parlaments auf ihre Ländereien verbannt werden sollen (sie haben natürlich alle welche). Aber als der Generalstatthalter, der Herzog von Clermont-Tonnerre, den Beschluß bekanntgeben will, geht die Bevölkerung von Grenoble auf die Straße.

Das ist allerdings nur eine Redensart, denn in Wirklichkeit steigen die Menschen auf die Dächer und lassen auf die vom Generalstatthalter befehligten Truppen Dachziegel herabregnen, was dem Aufstand seinen Namen geben wird. Der fünfjährige Henri Beyle, der spätere Stendhal, erlebte den »Tag der Dachziegel« so: »... Ich sah eine alte Frau, die ihre Schuhe in der Hand hielt und aus Leibeskräften schrie: ›Ich revortier'! Ich revortier'!‹ Sie zog von der Place Grenette bis zur Grande-Rue. Das Lächerliche dieser Revolte frappierte mich sehr« *(Leben des Henri Brulard).*

Die alte Frau weiß sicher nicht genau, gegen was sie an diesem Tag revoltiert; die Zwistigkeiten des Parlaments von Grenoble mit dem König werden ihr gänzlich unbekannt sein. Aber sie hat die Menschen auf der Straße gesehen und ist ihnen gefolgt, um der Wut und der Empörung eines ganzen Lebens Ausdruck zu geben. Lächerlich, aber gleichzeitig zu Herzen gehend, faßt diese Szene blitzlichtartig das zusammen, was »1789« heißt. Die Revolution in Paris wird von den

Ereignissen in der Dauphiné gleichsam vorweggenommen. Auf Initiative des dreißigjährigen Richters Jean-Joseph Mounier sowie des siebenundzwanzigjährigen Rechtsanwalts Antoine Barnave hält der Allgemeine Rat von Grenoble eine Sitzung ab, an der auch eine Anzahl Notabeln teilnimmt. Sie verabschieden einen Beschluß, der die Aufhebung der jüngsten Verordnungen des Königs, die Zurückberufung der Abgeordneten (sie haben sich schließlich doch, wie befohlen, auf ihre Ländereien begeben), die Einberufung der Generalstände der Provinz und schließlich die Einberufung der Generalstände des Königreichs fordert. Als letzten Punkt beschließen die Teilnehmer eine Vollversammlung aller Magistrate der Dauphiné, die ihre Wünsche aufgreifen und ihnen mehr Gewicht verleihen soll. Diese Versammlung tritt im Juli 1788 in Vizille im Schloß eines reichen Industriellen namens Claude Perrier zusammen, der die politische Agitation in der Dauphiné angeblich finanziell unterstützt.

Die Versammlung, die aus Vertretern aller drei Stände besteht – wobei der dritte Stand die gleiche Anzahl von Mitgliedern hat wie die beiden anderen Stände, Adel und Geistlichkeit, zusammen –, bleibt nicht in provinziellen Forderungen stecken, sie weist auf die nationale Einheit hin, die allein imstande ist, das Land zu retten. »Die drei Stände der Dauphiné werden ihre Angelegenheiten niemals von denen der anderen Provinzen trennen, und wenn sie ihre besonderen Rechte verfolgen, vernachlässigen sie darüber nicht die der Nation«, erklären sie in einem Antrag. Gegen Ende 1788 findet die Versammlung der Generalstände der Dauphiné mit Genehmigung des Königs in Romans statt.

Das heißt bei den Julliens. Aber Rosalie Jullien hat schon vor einiger Zeit die Dauphiné verlassen, um nach Paris überzusiedeln, und Jullien ist noch nicht in seine Heimat zurückgekehrt. Die Ereignisse, die er seit Jahren erwartete und die er als Berichterstatter für Mounier und Barnave in gewisser Weise vorbereitet hat, verlaufen also zunächst ohne seine direkte Teilnahme. Jullien, der, wie er eingesteht, »ein friedliches Leben« liebt, findet an einem persönlichen Engagement keinen Gefallen. Als ehemaliger Erzieher zieht er es vor, jüngere Leute zu schulen und anzuleiten. Mounier und Barnave sind zwar schon erwachsene Männer; da sie aber ungefähr fünfzehn Jahre jünger sind als Jullien, können sie immer noch als seine Schüler gelten.

Allerdings hat Jullien schon bemerkt, daß die politischen Ziele der beiden weit hinter den seinen zurückbleiben. Die Ereignisse in der Dauphiné stellen sicher einen Angriff auf die absolutistische Staatsform dar, tasten jedoch das Prinzip der Monarchie nicht an und zielen nur darauf, den führenden Klassen eine angemessene Beteiligung an der Führung der Staatsgeschäfte zu sichern. Sowohl in Romans als auch im prachtvollen Schloß von Vizille ist der dritte Stand ausschließlich durch das Großbürgertum vertreten. Das Volk ist nicht da. Die Revolution kündigt sich als eine Revolution der Reichen an. Jullien weiß, daß viel zu tun bleibt, um das zu ändern.

III
»Die Bastille? Das ist zuwenig!«

Die Familie Jullien ist am 14. Juli 1789 vollständig in Paris versammelt. Marc-Antoine, der jetzt vierzehn Jahre alt ist, besucht nicht mehr das Collège de Navarre, sondern das Collège de Montaigu, das schon seit Jahrhunderten für seine kasernenhofartige Strenge, aber auch für seinen ausgezeichneten Unterricht in den Sprachen des klassischen Altertums berühmt ist. Es liegt an der Place du Panthéon und bringt Marc-Antoine der elterlichen Wohnung näher, wo, wie man sich leicht vorstellen kann, seit der Ankunft von Rosalie Jullien das glücklichste Familienleben herrscht.

Am 14. Juli 1789, einem Dienstag, nimmt der »gute Jules« an einem von der Universität ausgeschriebenen Wettbewerb für die Schüler seiner Jahrgangsstufe teil. Schon seit Tagen befindet sich die Bevölkerung von Paris aufgrund der um die Hauptstadt zusammengezogenen deutschen und schweizerischen Truppen in einer spannungsgeladenen Unruhe, die durch die am 12. Juli ausgesprochene Entlassung des Finanzministers Necker noch verstärkt wird. Dies hat die Universitätsbehörden jedoch nicht veranlassen können, die Prüfungstermine zu verschieben. Während also am Morgen des 14. Juli von überall her das Läuten der Sturmglocken und das Rasseln der Trommeln zu vernehmen ist, begibt sich Marc-Antoine zum Franziskanerkloster in der heutigen Rue de L'Ecole-de-Médicine. Hastig an ihm vorbeieilende Menschen rufen einander an, rotten sich zu Gruppen zusammen, geben Versammlungsorte weiter; sie sind auf der Suche nach Waffen ... Wie gerne wäre der junge Mann ihnen gefolgt! Aber seine Eltern, die wegen der bevorstehenden Unruhen zwar selbst in heller Aufregung sind, würden es ihm nicht verzeihen, wenn er die Prüfungen »sausen« ließe. Marc-Antoine fragt sich im stillen, ob auch sein Vater, dieser erklärte Gegner der Monarchie, heute auf der Straße zu finden sein wird. Er ist so träge!

Den ganzen Vormittag und einen Großteil des Nachmittags sitzt Marc-Antoine also in einem Saal des Klosters, in dem bald die gewaltige Stimme Dantons ertönen wird, und schreibt hingebungsvoll an seinem Aufsatz. Obwohl er tief und rasch beeindruckbar ist, kann er, wenn das notwendig ist, alle Gefühle in sich verschließen und aufsteigende Emotionen unterdrücken. Im Innern des Klosters und in den benachbarten Straßen ist alles ruhig; viele Bewohner sind zur Bastille gezogen. Etliche Male hört man Kanonendonner; das Kloster liegt allerdings zu weit vom Ort des Geschehens entfernt, als daß auch der Lärm des sporadischen Gewehrfeuers – während des fünfstündigen Kampfes werden ungefähr vierzig Menschen getötet – bis hierher dringen könnte.

Gegen sechs Uhr abends werden schließlich die ins reine geschriebenen Schularbeiten abgegeben, und die Schüler können nach Hause gehen. Jetzt allmählich beleben sich die Straßen des Viertels: Die Kämpfer der Bastille (auch die, die ganz hinten standen und kaum etwas gesehen haben, nehmen diesen Titel für sich in Anspruch) kehren schweiß-, staub- und ruhmbedeckt zurück. Die Männer tragen auf ihrem Wams oder den Aufschlägen ihrer kurzen Jacken eine grüne Kokarde oder ein einfaches Band in derselben Farbe oder auch zur Not einen grünen Zweig. Die Frauen haben sich das Abzeichen ans Mieder gesteckt. Marc-Antoine brauchte über seine Bedeutung nicht zu rätseln, wenn er zwei Tage vorher im Garten des Palais-Royal gewesen wäre. Dort hatte nämlich ein noch unbekannter Journalist, Camille Desmoulins, während einer begeisternden Rede an die um ihn gescharten Anhänger der Freiheit gerufen: »Wir brauchen ein Abzeichen, um uns zu erkennen. Welche Farbe wollt ihr? Wollt ihr Grün, die Farbe der Hoffnung, oder Blau, die Farbe des Cincinnatus, die Farbe der Freiheit und der Demokratie in Amerika?«

»Grün! Grün!« schrien die Zuhörer, denen nicht klar war, was der Redner mit »Cincinnatus« meinte. Es handelte sich um den von Offizieren Washingtons gegründeten Cincinnatus-Orden, eine Art Freimaurerloge, deren Abzeichen ein blaues Band war.

»Das Grün wird den Frühling der Freiheit bedeuten«, vermutet Marc-Antoine, der ebensowenig wie Camille Desmoulins weiß, daß Grün auch die Farbe des Comte d'Artois ist, des Bruders des Königs und des späteren Karl X., einer der verhaßtesten Gestalten des Hofes – weshalb die grüne Kokarde schon am nächsten Tag durch die dreifarbige ersetzt wird. An Hunderten verschiedenen Stellen haben sich Gruppen gebildet, die dem Bericht der Kämpfer der Bastille lauschen. Marc-Antoine ist beim Zuhören etwas beklommen: Seiner Meinung nach hat sich das Volk von einem leichten Sieg berauschen lassen; es hat nur ein Symbol des Despotismus gefällt; die Grundfesten der Monarchie stehen noch.

Der Saal des Klosters, in dem die Prüfungen stattgefunden haben, ist noch offen; einzelne Bögen Papier sind auf den Bänken liegengeblieben. Marc-Antoine geht zurück, zerschneidet die Bögen in kleine Quadrate und schreibt auf jedes von ihnen in großen Buchstaben: »ES IST ZUWENIG, DIE BASTILLE GESTÜRMT ZU HABEN. MAN MUSS DEN THRON STÜRZEN!« Dann geht er auf die Straße zurück und verteilt seine »Flugblätter«. Er hat die Sache erfunden – das Wort folgt später.

Marc-Antoine ist ein wenig kleiner, als man es gemeinhin mit vierzehn Jahren ist; sein Gesicht hat einen kindlichen Ausdruck. Die Menschen, die das kleine Stück Papier nehmen, um es auf der Stelle zu lesen oder es, weil sie nicht lesen können oder einfach Angst haben, in der Tasche verschwinden zu lassen, glauben wahrscheinlich, daß er von irgendeinem Agitator, wenn nicht gar von einem in Dienst des Polizeichefs stehenden Provokateur dorthin gestellt worden ist. Die beispiellose politische Frühreife Marc-Antoines mag darauf zurückzuführen sein, daß Rosalie Jullien auf die Erziehung ihres Sohnes mehr Sorgfalt und Gewissenhaftigkeit verwandt hat als andere Mütter und daß – wie man im damaligen Sprachgebrauch zu sagen pflegte – Marc-Antoine die Liebe zu Freiheit und Tugend bereits mit der Muttermilch eingesogen hat. Jedenfalls zeigt er am Abend des 14. Juli mehr Begeisterung und politische Weitsicht als Rosalie Jullien, die von der Plötzlichkeit und der Tragweite der Geschehnisse etwas verwirrt zu sein scheint.

Aufgrund der politischen Entwicklung verzichten die Julliens in diesem Sommer darauf, Paris während der großen Ferien zu verlassen. Nur Rosalie begibt sich gegen Ende des Sommers allein in die Dauphiné, um einige Angelegenheiten zu regeln. Hier erfährt sie von den Vorkommnissen des Pariser Augustes und zeigt eine Ängstlichkeit, einen bürgerlichen Kleinmut, der sich schlecht mit ihrer sonstigen Kühnheit verträgt: ein Hinweis auf ihre Verwirrung angesichts von Ereignissen, deren gewalttätiger Charakter selbst Menschen erstaunt, die sie im nachhinein positiv bewerten. Sich mit vierzig Jahren an Revolutionäres zu gewöhnen erfordert naturgemäß ein wenig Zeit.

Vor ihrer Abreise hat Rosalie noch feststellen können, daß in Paris die Lebensmittel knapp zu werden beginnen und die Preise schnell steigen. Die Bevölkerung macht dafür noch nicht die Revolution verantwortlich, die ja, wie man weiß, ein schweres Erbe übernommen hat und den allgemeinen Wohlstand nicht von heute auf morgen einführen kann. Im Moment ist der Hunger ihr eher nützlich, denn er dient als zusätzlicher Antrieb für gewalttätige Aktionen: Wenn der Bäcker kein Brot mehr hat und seinen Laden unter den Augen der in einer langen Schlange wartenden Menschen schließt, genügt ein einziges aufrührerisches Wort, um die Menge in Bewegung zu setzen.

Am 30. August ist es ein gewisser Saint-Huruge, der im Palais-Royal eine aufgebrachte Menschenmenge um sich versammelt. Er ist einer der plötzlich aufgetauchten, mehr oder weniger psychopathischen Agitatoren, die zu Beginn der Revolution relativ zahlreich sind und die erst die Schreckensherrschaft zur Vernunft bringen wird. Wie die Mehrheit der Bevölkerung ist er gegen das absolute Veto, das einige Mitglieder der Nationalversammlung – unter ihnen Mounier, der schon viel von seinem Reformeifer verloren hat – dem König in der neuen Verfassung einräumen wollen. »Nach Versailles!« schreit Saint-Huruge, denn seit dem Sturm auf die Bastille stößt die Revolution in dem von jeder staatlichen Autorität entblößten Paris ins Leere. In Versailles wird man den König sprechen; man wird ihn dazu bringen, auf seine Forderungen zu verzichten und den Hof von den Aristokraten, diesen Feinden des Volkes, zu säubern. Aber auf den Champs-Elysées hält die von Lafayette kommandierte Pariser Bürgerwehr den Zug auf und zerstreut ihn.

Rosalie Jullien an Marc-Antoine
Romans, 6. September 1789

»Du hast mir zwei reizende Briefe geschrieben, mein teures Kind, und ich danke Dir für die große Freude, die sie mir bereitet haben. Die Unruhen in Paris und die Verlegenheit, in die sie die Nationalversammlung setzen, haben etwas recht Beängstigendes. Indes hege ich immer noch die schönsten Hoffnungen. Bis jetzt hat alles, was uns bedrohlich schien, nur Gutes gebracht, und ich schmeichle mir mit der Erwartung, daß es dieses Mal ebenso sein wird. Unsere beherzten Abgeordneten, die schon den Stürmen des Despotismus getrotzt haben, werden sich von dem Geschrei einer zügellosen Menge nicht einschüchtern lassen. Und wenn sie sich zu gefährlichen Ausschreitungen hinreißen lassen sollte, so wäre der Held, der an der Spitze der Pariser Bürgerwehr steht, wohl in der Lage, diese zu verhindern.

In unserer Provinz und in allen, die ich auf dem Wege hierher durchquert habe, ist es derzeit sehr ruhig. Es gab jedoch viele verbrannte Schlösser, und, was weit grausamer ist, eine große Zahl von Bauern ist von den Soldaten der Bürgerwehr niedergemetzelt oder von der Hand des Henkers hingeschlachtet worden. Diese Unglücklichen sind von gefälschten Verordnungen, die man ihnen zu lesen gegeben hatte, getäuscht worden und glaubten, den Befehlen des Königs zu gehorchen, als sie die Schlösser und Urkunden ihrer Herren verbrannten. Wenn es je Schuldige gab, die Nachsicht verdienten, so sind sie es. Aber man hat sie mit äußerster Grausamkeit behandelt; das Schlimmste daran ist, daß sie für diese Ausschreitungen von ihren Brüdern vom dritten Stand bestraft wurden, für die sie das alles doch getan hatten! All dies ist sehr beklagenswert und widersprüchlich. Aber wenn man die Menschen und ihre Leidenschaften und Vorurteile kennt, ist man eher betrübt als erstaunt.«

Es ist nicht weiter erstaunlich, daß Rosalie, die in Pontoise, einem damals etwas größeren Marktflecken, aufgewachsen ist und die seit ihrer Heirat die meiste Zeit in der Dauphiné verbracht hat, den Aufstand der Bauern besser versteht als den der Bevölkerung von Paris. Die Bauern haben die Schlösser angegriffen – und manchmal auch ganz niedergebrannt –, um die alten urkundlichen Rechtstitel zu vernichten, in denen die Bedingungen ihrer Knechtschaft seit Jahrhunderten festgeschrieben waren; für sie geht es um das materielle Überleben ihrer selbst und ihrer Kinder. Auch die Bevölkerung von Paris kämpft um bessere materielle Existenzbedingungen; aber da sie in einer riesigen Gemeinschaft lebt, in der die Arbeitsteilung weiter fortgeschritten ist und wo man von einem »Arbeitgeber« vielleicht nicht ganz so abhängig ist wie von einem »Herrn«, ist sie immer noch besser gestellt als die Bevölkerung auf dem Lande und kann auf die formalen Freiheiten mehr Wert legen als jene.

Als Angehörige des Provinzbürgertums ist Rosalie von der Masse der Pariser eher verschreckt und fürchtet, ohne sich dies einzugestehen, daß das »wilde Volk« seine Grenzen nicht mehr kennt. Sie ist geneigt, in den anzüglichen Rufen und der deftigen Ausdrucksweise der Männer ebenso wie in dem ein wenig zu spitzen Lachen der Frauen die ersten Anzeichen einer Zügellosigkeit zu sehen, die ein freiheitlicheres Zeitalter vielleicht mit sich bringen könnte. Rosalie ist prüde wie das Bürgertum allgemein; besonders die fortschrittliche Bourgeoisie setzt der Sittenlosigkeit des Adels gern ihre eigene Tugendhaftigkeit entgegen. Schließlich bleibt Rosalie trotz ihres Hangs zu einem unbestimmten Deismus der christlichen Morallehre mit ihren Regeln und Gebräuchen eng verbunden. Diese Haltung hat sie auch ihren beiden Söhnen vermitteln können. Der »gute Jules« etwa hat noch in der Dauphiné die erste heilige Kommunion empfangen und begleitet seine Mutter, seinen Bruder und das Dienstmädchen jeden Sonntag zur Messe in die Kirche Saint-Etienne-du-Mont.

Dies ist für Marc-Antoine durchaus keine lästige Pflicht, denn nach dem selbstverständlichen Glauben seiner Kindheit ist er jetzt wirklich auf der Suche nach Gott. Während seine Mutter im Laufe der Zeit auch die unerbittlichsten Dogmen der Revolution akzeptiert, ohne ihren religiösen Glauben in Frage zu stellen – ein bei vielen ihrer Zeitgenossen zu beobachtender Widerspruch –, macht Marc-Antoine eine Glaubenskrise durch. Unter dem Namen »Gustave« schreibt er dazu in seinen Tagebüchern:

»Erster Beichtiger sanft, gut, klug, einsichtsvoll, tolerant; er erfüllt die neue und reine Seele eines Neubekehrten von dreizehn oder vierzehn Jahren mit wahrer Frömmigkeit. Dann ein strenger, unduldsamer, verständnisloser, unkluger Beichtiger, der sich im Beichtstuhl die zudringlichsten Fragen erlaubt ... Innere Auflehnung, vollständiger Umbruch der religiösen Anschauungen Gustaves. Er kann nicht an eine Religion glauben, die von einem solchen Priester verkündet wird. Erste Hinwendung zum rational bestimmten philosophischen Denken und zur Ungläubigkeit. Innere Unruhe, bohrende Zweifel, Schwanken, Ängstlichkeit. Sein religiöser Glaube ist erschüttert; er muß sich an den tröstlichen Gedanken einer Vorsehung klammern; die Falschheit der Menschen macht ihm angst ...«

Der Heranwachsende, den diese quälenden Fragen ebenso beschäftigen wie fünfzig Jahre später die Generation der Romantik, ist sehr wohl derselbe, der am 14. Juli 1789 antimonarchistische Flugblätter verteilt. An diesem Abend hat er zum erstenmal aus einer Gewißheit heraus gehandelt, die seine ganze Existenz bestimmen wird, die aber immer nur Ergänzung und Folge eines weit umfassenderen Glaubens ist, der unmöglich exakt zu fassen und zu beschreiben ist. Marc-Antoine, der Freiheit und Gerechtigkeit leidenschaftlich liebt, weigert sich – wie übrigens die meisten seiner Zeitgenossen –, das ihnen zugrundeliegende Gefühl der Mitmenschlichkeit in die engen Grenzen eines materialistischen Weltbildes zu pressen. Die kontinuierliche Vervollkommnung der menschlichen Gesellschaft, der Durchbruch eines Geistes der Brüderlichkeit und der Tugend sind in seinen Augen ein im wahrsten Sinne des Wortes notwendiger Beitrag zur Harmonie des Universums, an der der Lauf der Gestirne ebenso teilhat wie alle Formen des Lebens. Dieses Prinzip der Harmonie kommt in den jeweils die eigene Gruppe erhöhenden Dogmen der verschiedenen Religionen nur unvollkommen zum Ausdruck. Eher zielt es auf das unfaßbar Göttliche, das schwebend Geistige, das in allem gegenwärtig ist und jeder Wesenheit den ihr gemäßen Platz in der Ewigkeit zuweist.

Marc-Antoine hat sich dieses Gedankengebäude zurechtgelegt, um seine Unsicherheit, seinen Zweifel zu überspielen, was ihm mit unterschiedlichem Erfolg auch gelingt. Bei Unternehmungen dieser Art ist ein freies, offenes Gespräch oft sehr hilfreich. Aber man braucht auch jemanden, dem man sich anvertrauen kann. Glücklicherweise hat Marc-Antoine in Paris einen Freund aus Kindertagen, den in Romans geborenen Saint-Cyr Nugues, wiedergetroffen. Er ist nur ein Jahr älter als Marc-Antoine und besucht das dem Collège de Montaigu benachbarte Collège de Navarre; da außerdem die beiden Familien befreundet sind, sehen die beiden Jungen sich recht häufig.

Saint-Cyr Nugues ist in jeder Hinsicht gemäßigter, zurückhaltender als Marc-Antoine. Sein exakt arbeitender Verstand interessiert sich mehr für Naturwissenschaften als für Literatur, was ihn aber nicht hindern wird, später ein hervorragender Militärschriftsteller zu werden. Wie Marc-Antoine ist er ein Anhänger der Republik und unterstützt beharrlich die Revolution, ohne jedoch direkt an den politischen Auseinandersetzungen teilzunehmen. Dem antiken Pylades vergleichbar, ist er für Marc-Antoine der vertraute, ergebene Freund, der stets einen weisen Rat bereithält.

Da die Revolution 1790 nicht so recht voranzugehen scheint, beschäftigen sich die beiden Jungen unter den schattenspendenden Bäumen des Jardin du Luxembourg in nicht enden wollenden Gesprächen eher mit Philosophie und Metaphysik als mit der Politik. Die Anwesenheit des Königs, der schon im vergangenen Oktober von der Menge nach Paris gebracht worden war, wiegt die Bevölkerung in Sicherheit – wobei unklar bleibt, ob sie in ihm noch einen Beschützer oder schon eine Geisel sieht. Obwohl die landwirtschaftliche Produktion trotz der Unruhen des Sommers 1789 nicht wesentlich zurückgegangen ist, bleibt die wirtschaftliche Lage in der Hauptstadt – ebenso wie im übrigen Lande – angespannt. Aber die Verfassunggebende Versammlung verlangt von den Franzosen zunächst einmal Geduld: Freiheit und Gerechtigkeit, in der Erklärung der Menschenrechte genauer definiert, sollen die Grundlagen der neu zu schaffenden Ordnung sein, von der man noch nicht zu hoffen wagt, daß sie demokratisch sein könnte.

Tatsächlich befindet sich die Revolution in einer Sackgasse, worüber auch die Debatten in der Nationalversammlung nicht hinwegzutäuschen vermögen. Schon seit Monaten versuchen die Gemäßigten vom Schlage Mouniers und Lafayettes – auch Mirabeau wäre hier einzureihen, wenn er wirklich eine eigene Meinung hätte – vergeblich, Adel und Geistlichkeit zur Annahme eines revolutionären »Minimalprogramms« zu überreden. Dieses würde sich auf die Abschaffung der feudalen Privilegien beschränken – und mithin lediglich die bereits in der Nacht des 4. August 1789 eingegangenen Verpflichtungen sanktionieren. Die Konzessionen dürften allerhöchstens zur Errichtung einer konstitutionellen Monarchie führen, in der zahlreiche Rechte – besonders das, über Krieg und Frieden zu entscheiden – in der alleinigen Entscheidungsgewalt des Königs verbleiben.

Aber den beiden privilegierten Ständen ist wohl bewußt, daß das von Lafayette repräsentierte Bürgertum gleich die ganze Macht an sich reißen wird, wenn es nur ein winziges Stückchen davon zu sehen bekommt. Denn dem Bürgertum gehört die Zukunft: Der technische Fortschritt, die zunehmende Industrialisierung und die Ausweitung des Handels haben es zur bedeutendsten gesellschaftlichen Kraft werden lassen. Adel und Geistlichkeit bleibt nur der Versuch, die Zeit aufzuhalten, was jedoch ein eher schwieriges Unterfangen ist. Von ihrer Unnachgiebigkeit entmutigt, legt Mounier sein Amt als Vorsitzender der Verfassunggebenden Versammlung nieder. Mirabeau, der kurz zuvor noch als Held der Freiheit gefeiert wurde, intrigiert bei Hofe und versucht, das bereits schwindende Vertrauen des Königs in Lafayette – er hat sich den Haß der Königin zugezogen – noch weiter zu untergraben.

In der Nationalversammlung, die schon seit einigen Monaten im Reitsaal neben dem Garten der Tuilerien tagt, dominiert die Rechte: Zu ihr zählen die Aristokraten, die in Anlehnung an die Uniform der Garden der Königin die »Schwarzen« genannt werden, die Monarchisten um Mounier, die Konstitutionellen oder »Lafayettisten« sowie die Partei des aus Barnave, Alexandre Lamath und Duport bestehenden »Triumvirats«. Die Linke, das heißt die Gruppe der Demokraten, in der sich bereits Robespierre und Pétion hervortun, ist weit davon entfernt, diesen rückschrittlichen bzw. nur in Ansätzen reformwilligen Kräften eine wirkliche Opposition entgegensetzen zu können.

Rosalie Jullien hat sich inzwischen von ihrer Verwirrung erholt und erfaßt die politische Situation schon etwas klarer. Aber sie will noch nicht wahrhaben, daß Mounier und Barnave, diese beiden hervorragenden Vertreter »ihrer« Provinz, dabei sind, die Revolution zu verraten. Jullien dagegen hat ihr

»Abgleiten« seit langem vorausgesehen und seine Beziehungen zu ihnen merklich gelockert. Allerdings hat er versäumt, dies auch seiner Frau mitzuteilen, die er immer weniger über seine politischen Aktivitäten informiert. Im übrigen hat er – der Geschäfte halber, wie er betont – Paris verlassen, um in die Dauphiné zurückzukehren. Nach kurzer Zeit glaubt Rosalie, einen Vorwand für seine Rückkehr gefunden zu haben.

Rosalie an Jullien
Paris, 1. Juni 1790

»Ich weiß nicht, wo Sie sind, weiß nicht, wo ich Sie fassen soll; aber ich muß Ihnen schreiben, um mein Herz von seinem Kummer zu erleichtern. Ich muß Ihnen ein paar liebe Worte sagen, um ein wenig angenehmer zu leben und nicht ganz zu ersticken, weil mir das Reden fehlt. Nun, mein Freund, sollten Sie heute abend zufällig in Pizançon sein, so umarme ich Sie dort von ganzem Herzen; ich versichere Sie meiner alten und starken Freundschaft, die dort begonnen hat und nirgends enden wird. In meinem und der Kinder Namen überschütte ich Sie mit Zärtlichkeiten, und ich bitte Sie, auf den Schwingen des Windes zurückzueilen, denn wir sind wie ein Körper ohne Seele, wenn Sie nicht bei uns sind.

Monsieur Boucly* hat für Donnerstag, den Fronleichnamstag, die Herren Barnave, Mounier und Charles Lameth** zum Essen geladen und würde ich weiß nicht was geben, wenn er Sie zu seinen Tischgenossen zählen dürfte. Er hat Jules gegenüber die schmeichelhaftesten Dinge dazu geäußert. Nun, wenn mein Brief Sie rechtzeitig erreicht und Ihre stoische Gelassenheit die Güte hätte, Ihrem Patriotismus zu weichen, könnten Sie, wenn Sie nichts anderes vorhaben, sich dieses Vergnügen verschaffen.

* Lehrer am Collège de Montaigne.
** Wie die beiden Vorgenannten Abgeordnete in der Verfassunggebenden Versammlung.

Am Montag hat Monsieur de Saint-Priest 2645000 Franc von der Nationalversammlung gefordert, um vierzehn Kriegsschiffe für einen Monat ausrüsten und bemannen zu können. Am Samstag ist Monsieur Necker* vor dem Senat erschienen und hat zwei Stunden lang von den unermeßlichen Schätzen des Königreiches gesprochen. Er entwarf ein wunderschönes Bild der Staatsfinanzen. Ein Vergleich der Einnahmen und Ausgaben ergibt für 1790 einen Überschuß von 12 Millionen, die im Staatssäckel verbleiben. Am Schluß klagte er über die Unruhen, die das Königreich erschüttern, und gab zu verstehen, daß eine wieder handlungsfähige Exekutive dafür sorgen würde, diese schrecklichen und betrüblichen Wirren zu beenden.

Dann wurde eine mit ›Louis‹ unterzeichnete Bekanntmachung verlesen, die süß wie Honig war und die unter anderem dazu auffordert, die dreifarbige Kokarde im ganzen riesigen Königreich Frankreich zu tragen und in Ehren zu halten. Am Sonntag morgen ist unser guter König, der auf einem schönen Pferd saß, fast allein von den Tuilerien zum Marsfeld geritten, wo er viertausend Soldaten der Bürgerwehr gemustert hat. Er hat Monsieur de Lafayette Komplimente gemacht und der Truppe die artigsten Glückwünsche ausrichten lassen; er war leutselig und zufrieden wie ein König. Das Volk war hingerissen. Der Ruf ›Es lebe der König!‹ kam allen aus tiefster Seele ... Betrachten wir die englische Geschichte;** erforschen wir den menschlichen Geist; das Feld ist für Überlegungen offen ...«

Im Frühjahr 1790 hat der von seiner religiösen Krise genesene Marc-Antoine sich in ein junges Mädchen seines Alters verliebt: Adélaide Perroud ist die Tochter einer Jugendfreundin seiner Mutter, und Marc-Antoine ist oft zu Gast in dieser Familie, die in Pontoise wohnt. Während seines letzten Besu-

* Er war nach dem Fall der Bastille erneut berufen worden.
** Prophetische Anspielung auf den enthaupteten Karl I. von England.

ches in den Osterferien hat er plötzlich aufgehört, in Adélaide nur den Spielkameraden zu sehen, der sie lange Zeit für ihn gewesen ist. Ohne daß er sich dessen bewußt war, hatte sein Verhalten allerdings schon seit einiger Zeit den Wandel seiner Gefühle angedeutet.

Rosalie Jullien geht da in ihrer Annahme nicht fehl. Sie ist während der Osterfeiertage in Paris geblieben und läßt in den an ihren guten Jules in Pontoise gerichteten Briefen eine Neugierde erkennen, die Marc-Antoine sicher als deplaziert empfunden haben wird: »... Kleinigkeiten haben einen unendlichen Reiz, wenn man sie mit seinen Freunden bespricht; Du hättest mir in Deinem Brief von Mademoiselle Adélaide erzählen sollen ... Aber ihr Männer, große wie kleine, seid immer kurz angebunden und versteht es nicht, über Nichtigkeiten zu plaudern.«

Nichtigkeiten! »Ich war heftig berührt vom Liebreiz Adélaides«, gesteht der sonst eher geistigen Dingen zugewandte Marc-Antoine später und nennt damit das, was sie für ihn so anziehend macht, beim Namen. Seine intellektuelle Frühreife scheint nur ein Indiz für eine allgemein schnelle Entwicklung zu sein, die den Fünfzehnjährigen weit über die Pubertät hinaus entwickelt erscheinen läßt, und seine Liebe ist – bis auf die körperliche Nähe – die eines Erwachsenen. Der junge Republikaner Marc-Antoine schämt sich seiner Leidenschaft nicht, er glaubt auch nicht, daß sie ihn von seinen politischen Aufgaben abhalten wird. Mit unfreiwilliger Komik schreibt er wenig später: »Der Einfluß eines Geschlechtes auf das andere ist für den einzelnen wie für die Allgemeinheit eine mächtige Triebfeder, um die Seelen zur republikanischen Glut zu erwecken.«

Leidenschaftliche Begeisterung ist für Marc-Antoine nicht aufteilbar, und da sie im vorliegenden Fall nicht zu ihrem eigentlichen Ziel führen kann, begnügt er sich damit, seine Kameradin politisch zu unterweisen. »Die Frauen dürfen bei der Liebe zum Vaterland nicht abseits stehen«, schreibt er, was damals noch eine ziemlich neue Idee ist. Auch die Bedeutung, die er dem Wort »Vaterland« beimißt, ist neu und vermittelt das Bild einer universellen, gleichsam religiösen Einheit, in die auch die persönlichsten Wünsche und Gefühle miteinfließen können. Deshalb bedauert Marc-Antoine auch sehr, daß die Familie Perroud am 14. Juli 1790 nicht mit Adélaide nach Paris gekommen ist, um am Föderationsfest teilzunehmen. Er hat sich vielleicht vorgestellt, daß Adélaide und er in der dichtgedrängten Menschenmenge auf dem Marsfeld eng aneinandergedrückt worden wären und sie bei diesem Fest so etwas wie die nationalreligiöse Weihe ihrer Liebe erhalten hätten.

Am 14. Juli 1790 ist das Volk auf dem Marsfeld immer noch »nur Zuschauer« (A. Soboul). Talleyrand, Angehöriger des Klerus und der Aristokratie, der zur Zeit die Maske des Liberalismus trägt (aber, wie die kommenden Jahrzehnte zeigen werden, auch andere Rollen zu spielen vermag), zelebriert am Altar des Vaterlandes die heilige Messe. Lafayette spricht den Eid, »der die Franzosen untereinander und mit ihrem König vereinigt, um die Freiheit, die Verfassung und das Gesetz zu schützen«. Der König schließlich schwört feierlich der Nation die Treue. Diese Zeremonie, die 300000 Menschen um den Altar des Vaterlandes vereint, steht am Beginn einer Reihe gleichsam ritueller Feste, die so zahlreich werden sollen wie einst die Kirchenfeste. Spontane Kundgebungen und öffentliche Hinrichtungen sorgen dafür, daß ein begeistertes Volk für einige Jahre die Straße zu seinem Aktionsfeld macht.

Dort kann es, solange seine demokratische Machtausübung noch nicht gesetzlich verankert ist, bereits ein Stückchen der ihm versprochenen Freiheit vorwegnehmen, denken die Republikaner nicht ohne Hintergedanken. Aber indem sie in das politische Leben die Lobpreisungen und Beschwörungen einer religiösen Gemeinschaft einbringen, entsprechen sie nur einem tiefinneren Bedürfnis des Volkes. Denn im Grunde seines Herzens weiß jeder, daß eine Revolution mit Risiken verbunden ist. Bietet es sich da nicht an, sie – zunächst zur Überwindung der Furcht, später zur Beruhigung des schlechten Gewissens – als eine der gottgewollten, großen Metamorphosen hinzustellen, die zur Geschichte der Menschheit gehören?

Die Freude über den 14. Juli 1790 währt nur kurz. Schon im August beweist die Affäre von Nancy, daß die gegenrevolutionären Kräfte erwacht sind. Die Offiziere dieser Garnisonsstadt hatten sich geweigert, ihren Soldaten das Recht auf die Überprüfung der Regimentskassen zuzubilligen, woraufhin die Soldaten rebellierten. Ohne sich genau über ihre Beweggründe zu informieren, erklärt die Verfassunggebende Versammlung sie des »Verbrechens an der Nation« für schuldig und beauftragt den Befehlshaber der benachbarten Stadt Metz, den Marquis de Bouillé, mit der Niederschlagung der Meuterei. Nachdem dieser schnell jeden Widerstand gebrochen hat, läßt er ungefähr zwanzig Soldaten erschießen und schickt vierzig Schweizer vom Regiment Châteauvieux auf die Galeeren.

Bouillé, der später die Flucht des Königs organisieren wird, ist ein Feind der Revolution. Aber er hätte wahrscheinlich nicht zu einem derart harten Vergeltungsschlag ausgeholt, wenn er nicht von den übergeordneten Behörden, von der Umgebung des Königs und vielleicht sogar von Lafayette selbst dazu aufgefordert worden wäre. Die Monarchie und die konservativen Kreise sind mit der erreichten Liberalisierung durchaus zufrieden und möchten, daß der König an der Spitze des Staates bleibt. Sie stehen bereit, seinem schon ziemlich gesunkenen Ansehen wieder Geltung zu verschaffen, und haben in Nancy ein Exempel statuieren wollen, das alle umstürzlerischen Bestrebungen im Keim ersticken soll.

Das Beispiel ist gut gewählt. Denn um der an die aufrührerischen Kräfte in Paris gerichteten Warnung ihr volles Gewicht zu verleihen, muß die Bestrafung zwei Forderungen erfüllen: Sie muß zum einen die kollektive Disziplin wiederherstellen und zum anderen an den einem Vorgesetzten traditionsgemäß geschuldeten Respekt erinnern. Die Soldaten von Nancy stehen für die Masse des Volkes, aber auch für die kleinen Rechtsanwälte und halbverhungerten Journalisten, die sich zu seinen Führern gemacht haben. Ihnen muß man wieder beibringen, was Gehorsam heißt. Da König und Adel in den Aufständischen keine politischen Gegner sehen wollen – dies würde ja bedeuten, daß man sie als gleichwertig akzeptiert –, bleibt ihnen nur, die alte hierarchische Überlegenheit hervorzukehren.

Die Anführer der Revolution zeigen beim Bekanntwerden der kriegerischen Heldentaten Bouillés mehr Trauer, als man gemeinhin von im Kampf erfahrenen, nicht unbedingt zartbesaiteten Männern erwarten würde. Bestürzt über die Grausamkeit der Unterdrückung, empfinden sie die ganze Menschenverachtung, die in dieser Tat zum Ausdruck kommt. Die Hinrichtungen von Nancy sind für sie ein beispielloser konterrevolutionärer Akt, der nie gesühnt werden kann. »Er zerreißt den Schleier«, wie man in der bilderreichen Sprache der Zeit sagt, und zeugt von der jahrtausendealten Weigerung der Aristokratie, die elementarsten Rechte des Volkes anzuerkennen.

Anzumerken bleibt allerdings, daß die so freigebig bezeigte Trauer der Demokraten vielleicht auch politischen Zwecken gedient haben mag. So stirbt etwa kurz nach den Ereignissen in Nancy der junge und brillante Journalist der Zeitschrift *Les Révolutions de Paris,* Elisée Loustalot. »Der Kummer hat ihn getötet«, bestätigten seine Freunde, die ihm ein feierliches Begräbnis bereiten. Louis Legendre, später als aufschneiderischer Maulheld der Nationalversammlung bekannt, hält über dem offenen Grab eine ergreifende Rede. Daß Loustalot unter der Grausamkeit Bouillés heftig gelitten haben wird, wird niemand bezweifeln; aber seinen Tod hat ein ansteckendes Fieber verursacht, für das moralische Ursachen augenscheinlich nicht in Betracht kommen.

Auch Marc-Antoine ist über die Affäre von Nancy heftig empört. Bald wird er seinem Zorn auch öffentlich Ausdruck verleihen, denn er ist unter die Schriftsteller gegangen. Als erstes erscheint ein elegisches, vielleicht von seinen Gefühlen zu Adélaide Perroud inspiriertes Gedicht von ihm im *Mercure de France.* Da es keinen politischen Charakter besitzt, kann es in einem eher konservativen Blatt erscheinen, ohne seinen Autor zu kompromittieren. Die wirkliche journalistische Tätigkeit Marc-Antoines beginnt nur wenig später in bescheidenerem Rahmen. Er hat noch einmal die Schule gewechselt und besucht jetzt die – wie wir sagen würden – 12. Klasse des Collège du Plessis. Einer seiner Lehrer, Monsieur Eury, ist von seinen Kenntnissen, seiner Intelligenz und dem Eifer, mit dem er seine politische Überzeugung vertritt – die im übrigen von Monsieur Eury geteilt wird –, so beeindruckt, daß er ihn bittet, ihm bei der Abfassung von Sitzungsberichten der Nationalversammlung für die Zeitung *Le Journal du Soir* behilflich zu sein.

Damit sieht Marc-Antoine sich mit einem Schlag mitten in die politische Arena versetzt. Noch ist sein Platz allerdings im Hintergrund, in der Nähe der Loge der Schnellschreiber, die in fliegender Eile die Darlegungen der Abgeordneten zu Papier bringen. Monsieur Eury und Marc-Antoine beschränken sich darauf, die Reden zusammenzufassen und die wichtigsten Ergebnisse herauszustellen. Häufig kommt es vor, daß Abgeordnete – auch die berühmtesten wie etwa Mirabeau sind darunter –, die die Aufmerksamkeit der Öffentlichkeit auf einen bestimmten Punkt ihrer Ausführungen lenken möchten, zu den Journalisten treten und sie bitten, diesen Punkt in ihrem Bericht nicht zu vergessen. Marc-Antoine wird von ihnen mit um so größerer Herzlichkeit behandelt, als sein jugendliches Alter und seine zarte Gestalt sie belustigt oder rührt.

Aber Marc-Antoine wird nicht lange in der Nationalversammlung bleiben. Artikel 10 der Erklärung der Menschen- und Bürgerrechte bestimmt, daß »die Meinungsäußerungen nicht die bestehende gesetzliche Ordnung stören« dürfen – was von den Behörden nach Belieben restriktiv ausgelegt werden kann und Monsieur Eury wegen einiger seiner Artikel ins Gefängnis bringt. Seit der Affäre von Nancy hat sowohl die bürgerliche Rechte unter ihrem Führer Lafayette wie insbesondere die Clique der Aristokraten – die durch Vermittlung der immer zahlreicher werdenden Emigranten bereits Unterstützung im

Ausland gefunden hat – nicht aufgehört, an der Wiedererlangung der Macht zu arbeiten. Im September schießt die Truppe in Angers auf Arbeiter, Frauen und Kinder, die für eine Senkung des Brotpreises demonstriert hatten: fünfzig Tote. Im Dezember kommt es in Perpignan zu Gefechten zwischen Jakobinern und der Bürgermiliz. Im März werden die royalistischen »Dolchritter« auf freien Fuß gesetzt, die geplant hatten, Ludwig XVI. zu entführen, um ihn an die Spitze der königstreuen Truppen zu stellen ...

Aber die Anwesenheit des Königs in Paris ist inzwischen für beide Seiten zu einem so wichtigen Unterpfand geworden, daß er keinen Augenblick unbeobachtet bleibt, und auch die unverdächtigste Bewegung seiner selbst oder seiner Höflinge läßt die argusäugigen Bewacher an Flucht oder Entführung denken ... Die Furcht vor dem einen wie vor dem anderen veranlaßt die Pariser im April 1791 dazu, sich seiner Abreise nach Saint-Cloud zu widersetzen, wo er angeblich nur ein wenig die frische Frühlingsluft genießen will. Lafayette, dem es angesichts der erregten Menge nicht gelingt, den Willen des Königs durchzusetzen, und der darüber mit Danton in Konflikt gerät, legt sein Amt als Kommandeur der Nationalgarde nieder. Seine Truppen schwören daraufhin, zu rebellieren, wenn er nicht an ihre Spitze zurückkehrt.

Marc-Antoine, dessen Feder seit der Verhaftung von Monsieur Eury – er ist wieder freigelassen worden, hat jedoch seine journalistische Tätigkeit nicht wiederaufgenommen – untätig bleiben mußte, kommentiert die geschilderten Ereignisse in einem langen, leidenschaftlichen Brief an seinen Vater. Dieser ist als Vater und als Republikaner vom Schreiben seines Sohnes tief gerührt.

Jullien an Marc-Antoine
9. Mai 1791

»Du hast mir einen reizenden Brief geschrieben, mein teures Kind, und Dein Vater glaubt Dir für die Ehre und das Vergnügen danken zu müssen, die er ihm bereitet hat. Ich habe ihn all unseren Freunden vorgelesen, und es gab keinen, der mich nicht voll Rührung dazu beglückwünscht hätte, daß ich einen Sohn habe wie Dich. Lieber guter Freund, während so viele entartete Kinder ihr Ansehen nur aus dem Verdienst ihrer Vorfahren beziehen, kann ich, unnützer Vater in dieser Welt, mich nur des Verdienstes meines Sohnes rühmen. Ich will nicht von Deinem Stil sprechen, wenngleich er im allgemeinen rein, edel und erhaben ist wie Deine Seele, sondern von Deinen Gefühlen, von Deiner patriotischen Entschlossenheit, vor allem aber von dem Eifer, mit dem Du zeigst, daß Du ein Freund und Verteidiger der Gerechtigkeit bist.

Ich freue mich über die Zuneigung, die Monsieur Eury Dir bezeigt, aber ich freue mich auch über die Neigungen, die er in Dir zu wecken verstanden hat. Umarme ihn zärtlich von mir. Über die Folgen seiner Verhaftung ebenso wie über die Ursachen seiner und so vieler anderer Nachstellungen hatte ich nie den geringsten Zweifel. Du und Deine Mutter werdet Euch erinnern, daß ich tausendmal gesagt habe, daß der gegenseitige Haß zwischen Lafayette und den Jakobinern am Ende noch zu einer schrecklichen Explosion führen muß. Ich wundere mich nicht, daß dieser Augenblick nun gekommen ist, sondern nur darüber, daß er so lange hat auf sich warten lassen. Der Krisenzustand, in den die Spaltung der Pariser Armee die Hauptstadt versetzt hat, wird vielleicht noch nicht so bald beendet sein. Solange Lafayette seine Stellung behauptet oder zumindest solange der Generalstab unserer sechzig Bataillone nicht durch die freie Wahl der Kommune ausgewechselt worden ist, müßt Ihr jeden Tag mit neuem Unheil rechnen.

Als ich unseren Freunden Deinen Brief vorlas, hatte ich Mühe, ihre ständig steigende Besorgnis zu besänftigen. ›Seid ruhig‹, sagte ich zu ihnen, ›entgegen dem Anschein ist es nicht wahr, daß die Mehrheit der Soldaten diesen ruchlosen Eid geschworen hat, der jeden Freund der Freiheit erzittern läßt. Lafayette selbst ist vielleicht ganz unschuldig daran.‹ Um diesen Wahnwitz zu erklären, genügt es, zu wissen, daß der Generalstab allgemein verhaßt ist, und seine Mitglieder wissen, daß ihre Existenz von dem General abhängt, der sie berufen hat. Eilig haben sie alles zusammengetrommelt, was es an fanatischen und abergläubischen Männern in ihrer Sekte gibt, und sie schwören lassen, ihre Schutzgottheit wieder zu Ehren zu bringen ...

Ich zweifle nicht daran, daß die Anhänger Lafayettes besiegt werden, aber ich fürchte, daß wir unseren Sieg teuer erkaufen müssen und daß bald Ströme von Blut in Paris fließen werden. Eine andere, weit beängstigendere Sorge, die mich seit dem Beginn der Revolution nie verlassen hat, ist die, daß die Despoten, die Frankreich umringen, eine Liga bilden könnten, um unsere aufkeimende Freiheit zu ersticken und auf diese Weise die ansteckende Wirkung dessen, was sie die ›französische Epidemie‹ nennen, zu verhindern. Ich bin sicher, daß es ihnen nicht gelingen wird, aber sie werden uns viel Ungemach bereiten. Leb wohl, mein teures, mein allerteuerstes Kind. Deiner vortrefflichen Mutter, die ich verehre, werfe ich mich zu Füßen.«

IV
Ein bartloser Jakobiner

Ludwig XVI., der von seinem Volk daran gehindert worden war, in Saint-Cloud ein wenig frische Luft zu schöpfen, holt dies auf den Straßen Richtung Lothringen nach. Seine Flucht und die Festnahme in Varennes entwürdigen zwar den König und geben ihn der allgemeinen Lächerlichkeit preis, haben aber den Vorteil, die Revolution voranzubringen: Nun endlich rückt die Demokratie, die bislang selbst von vielen ihrer Bewunderer für ein Sakrileg gehalten wurde, als akzeptable Staatsform ins öffentliche Bewußtsein, und auf dem Altar des Vaterlandes unterzeichnen Tausende von Parisern eine Petition, die die Abschaffung des Königtums fordert. Die offenkundigen demokratischen Bestrebungen beunruhigen die Royalisten und einige Anhänger der konstitutionellen Monarchie so sehr, daß sie durch blutige Zwischenfälle versuchen, die Volksbefragung zu stören.

Sie lassen das Gerücht verbreiten, Unruhestifter hätten sich unter die Antragsteller gemischt und wollten vom Marsfeld aus auf die Stadt marschieren. Um sich auf die bevorstehenden Auseinandersetzungen einzustimmen, hätten sie auf dem Marsfeld selbst erst einmal zwei Menschen niedergemacht. Tatsächlich sind zwei Männer getötet worden, die sich unter der zum Altar des Vaterlandes führenden Holzstiege postiert hatten, um den heraufsteigenden Frauen unter die Röcke schauen zu können. Die Historiker werden in den Verteidigern der Sitte und des Anstands von den Royalisten angeheuerte Provokateure sehen, deren Ziel es war, einen Vorwand für das Eingreifen der Nationalgarde zu liefern. Aber man sollte nicht vergessen, daß die Revolution die Tugend – nicht zuletzt die der Frauen – sehr hoch schätzt. Zu große Freizügigkeit wird automatisch als zur Aristokratie gehörig betrachtet, und es ist wohl möglich, daß die beiden harmlosen Voyeure für eine sexuelle Zügellosigkeit büßen mußten, die von König und Adel jahrhundertelang praktiziert worden war.

Im Rathaus indessen ist von politischen Morden und beginnendem Aufruhr die Rede. Auf Bitten von Bailly, dem Bürgermeister von Paris, schickt Lafayette die Nationalgarde aus, um die Menge zu zerstreuen. Aber die entsprechenden Aufforderungen von seiten der Truppe verhallen ungehört. Einige der Unterzeichner der Petition beginnen, von einem kleinen Erdhügel herab Steine auf die Soldaten zu werfen. Diese schießen zunächst in die Luft, dann aber – ohne ersichtlichen Grund, denn der Steinhagel hat aufgehört – auf die sich hilfesuchend um den Altar des Vaterlandes drängenden Menschen, dessen Schutz hier allerdings nur moralischer Art sein kann. Nach diesem Auftakt läuft die Niederschlagung des vermeintlichen Aufstands mit der Präzision eines Uhrwerks ab. Kavallerie greift ein und verfolgt vor Angst kopflose Männer, Frauen und Kinder; die, die fallen, werden von den Hufen der Pferde niedergetrampelt.

Im Gegensatz zu den beiden vorangegangenen Jahren, in denen die Freude über die endlich gewonnene Freiheit und die Einigkeit des Föderationsfestes für unbeschwerte Heiterkeit gesorgt hatten, liegt über diesem Sommer etwas Unheilvolles. Nichtsdestoweniger nahen auch in diesem Jahr die großen Ferien heran, und da es sich nicht lohnt, in Paris zu bleiben, fährt Marc-Antoine zu seinem Vater nach Romans. Rosalie bleibt mit Auguste-Etienne in Paris. Auch wenn Jullien nicht ungern von seiner Frau getrennt zu sein scheint und seinen Aufenthalt in der Dauphiné ohne Angabe von Gründen immer weiter ausdehnt, könnte er Rosalie doch nicht daran hindern, die Sommermonate in Pizançon zu verbringen. Mag sein, daß nur die schwache Gesundheit des kleinen Auguste-Etienne, dem man lange, ermüdende Reisen ersparen will, der Grund für die fortgesetzte Trennung der

Eheleute ist. Nichts in den Schriften der Julliens gibt Aufschluß über diesen Punkt. »Ich war für einen Monat in der Dauphiné in Ferien. Meine Mutter ist in Paris geblieben«, notiert Marc-Antoine lediglich später in dem Register, das die Kopien der Briefe seiner Mutter enthält. Wir erfahren nur, daß die an und für sich schon beschwerliche Reise wegen der politischen Einstellung und der Gespräche der Mitreisenden doppelt unangenehm gewesen ist: Marc-Antoine ist ausgerechnet in eine »Aristokratenfuhre« geraten. Sie sind also immer noch überall! Kurz nach der Ankunft in Pizançon erfährt Marc-Antoine vom Tode Adélaide Perrouds.

»Entzündliches Fieber«, heißt es in der traurigen Nachricht. Wahrscheinlich handelt es sich um Typhus, früher auch als »Nervenfieber« bekannt. Der Arzt Auguste-François Chaumel, der die Krankheit einige Jahre später zum erstenmal beschreibt, gibt an, daß sie vorzugsweise bei Jugendlichen beiderlei Geschlechts vorkommt. Da Bazillen als Krankheitserreger noch unbekannt sind, wird zur Erklärung der Wechsel der Jahreszeiten, des Klimas oder einfach der Gewohnheiten herangezogen. Aber auch Kummer und Heimweh können – ganz im Sinne der nicht mehr fernen Romantik – die Krankheit auslösen. Der Glaube, beim krankheitsbedingten Tod eines jungen Mädchens müsse immer auch ein Herzeleid beteiligt sein, wird sich noch bis zum Ende des folgenden Jahrhunderts halten. Was dies bei Adélaide für ein Kummer gewesen sein mag, wissen wir nicht; festzuhalten bleibt lediglich, daß es inmitten einer blutigen, gewalttätigen Zeit junge Mädchen gibt, die für »nichts« sterben.

Marc-Antoine, der über den Tod der Freundin schon tief betrübt ist, muß einen zweiten Verlust hinnehmen: In Romans stirbt seine Tante Clarisse, an der er zärtlich hing. Er schreibt seiner Mutter, und in ihrem Antwortbrief wird sein ganzer Schmerz deutlich.

Rosalie Jullien an Marc-Antoine
11. August 1791

»Wie Du so trefflich bemerkst, gibt es auf der ganzen Welt kein süßeres Glück als das, zu lieben und geliebt zu werden. Allerdings ist dieser mächtige Zauber so gefährlich, mein Sohn, daß ich Dir rate, Dein Herz von der Klugheit Minervas leiten zu lassen und die Dämme der Vernunft dem reißenden Strom einer Empfindsamkeit entgegenzusetzen, die mir angst macht.

Du hast mir den Tod unserer lieben Clarisse mit so viel Gefühl beschrieben, daß ich beim Lesen heiße Tränen vergossen habe. Mein lieber, zärtlicher Jules, Sie sind sehr, sehr empfindsam. Versuchen Sie, dieser Eigenschaft die höchste der Tugenden hinzuzufügen: die Stärke; denn sonst befürchte ich, daß Dein Lebensschifflein zum Spielzeug der Wellen werden wird.

Ich habe gestern Deinem Papa geschrieben, ihm von meiner Reise nach Pontoise berichtet und ihm meine Beobachtungen über die Stimmung in der Öffentlichkeit mitgeteilt, die im ganzen Bezirk voll weiser und zurückhaltender Mäßigung ist. Man betet die Verfassung an, man bewundert die Nationalversammlung; die äußeren Feinde fürchtet man wenig; die inneren verspottet man; kurzum, man lebt in einer Ruhe, die nur von einer kleinen Geldknappheit getrübt wird.

Ich hoffe, daß die neue Staatsform Tugenden hervorbringen wird, denn dies ist der Grund, der mich zur glühenden Verehrerin der Revolution gemacht hat. Du weißt, daß ich nicht zu denen gehöre, die wenig dabei aufs Spiel setzen: Meine Ruhe, meine Gesundheit und wegen der ewigen Abwesenheit Deines Vaters auch mein Glück sind heftig von ihr durcheinandergebracht worden. Ich habe darauf verzichtet, vieles zu lesen, was mich entmutigt hätte ...

In Pontoise habe ich bei Madame Soret mit zwei zukünftigen Abgeordneten zu Abend gespeist. Einer von ihnen hatte kürzlich mit Barnave diniert. Er hat mir versichert, daß er ihn merklich zum Guten verändert fand und daß er eine politische Einstellung gezeigt hat, die allen wohlmeinenden Geistern zur Zierde gereichen würde. Ich habe festgestellt, daß die Menschen in der Provinz die Revolution betrachten, als ob sie in der Oper in den Logen säßen. Die Illusion ist vollkommen. Wir Pariser aber sitzen so, daß wir auch das erblikken können, was hinter den Kulissen vorgeht; wir sehen, wie die Schauspieler Kleider und Rollen wechseln; wir sehen die Seile, die die Gottheit in den Olymp entschweben lassen ...

Es würde mich nicht wundern, wenn ich Euch bald mitzuteilen hätte, daß Ludwig XVI. verschwunden ist und daß die Wache, die am Louvre steht, nichts bemerkt hat. Man hat mir heute versichert, daß Santerre* gezwungen worden ist, zu fliehen. Die Mitglieder des Klubs der Cordeliers werden verfolgt. Seit Sonntag weht an Stelle der roten Fahne die weiße ...

Als Ihre Freundin, Ihre Mutter, als die zärtlichste der Frauen bin ich alles für meine beiden Freunde Jullien – gemäß den Ansprüchen eines jeden.«

Die Briefe, die Jullien von Rosalie erhält, sind an ihn als den angebeteten, aber selten greifbaren Ehemann gerichtet und infolgedessen besonders ausführlich.

Rosalie an Jullien
14. August 1791

»Mein guter Freund, mir scheint, daß ich Ihnen hier mehr gehöre als anderswo, und neben all den anderen Gründen, die mich mein Zuhause so leidenschaftlich lieben lassen, ist es hauptsächlich dieser, der es mir jetzt fast so süß macht, als hätte ich Sie hier angetroffen. Sag mir, mein teurer Genius, was das Schicksal mit uns vorhat. Auf meiner Reise habe ich Patrioten gesehen, die die Revolution lieben, aber oberflächlich dem Schein vertrauen und mit allem zufrieden sind. Nur

* Der Befehlshaber der Nationalgarde.

wenige lieben sie auf unsere Weise. Uns entflammen die Liebe zur Menschheit und die heiligste Liebe zur Tugend. Nun, mein Freund, diese beiden Arten von Liebe sind vielen Leuten, die einen großen Lärm veranstalten, unbekannt. Ehrgeiz und Interesse, all die kleinen menschlichen Leidenschaften üben ihre tyrannische Herrschaft aus über die, die nachdenken. Die, die nicht nachdenken, sind solche Schafköpfe, daß es nur eines Schäfers Guillot bedarf, um sie alle zur Schlachtbank zu führen.

Robespierre, Pétion und Buzot, ihr treffliches, kostbares Dreigestirn, wenn man auch nicht all das Gute tut, das ihr predigt, wieviel Böses habt ihr nicht verhindert! Ich wollte, daß die 83 Departements von ihrer Verpflichtung überzeugt wären, die sie denen gegenüber haben, die man sogar in der Hauptstadt ganz zu Unrecht als Aufwiegler bezeichnet. Ohne die Beherztheit der wilden, weisen Pariser hätten sie von ihrem erlauchten Senat nur Ketten, Schmähungen und ein Joch erhalten ...

Der Dauphin wird diesen Titel nicht mehr tragen; er wird Peter oder Paul heißen. Camus hat unter die Bestimmungen der Verfassung aufnehmen lassen, daß die Nation in Zukunft weder für die Schulden des Königs noch für die der königlichen Familie aufkommen wird. In jedem Departement sollen Wahlmänner benannt werden, die ihrerseits die jedem Departement zustehenden Abgeordneten für die Nationalversammlung bestimmen sollen, und zwar nur aus den wählbaren Bürgern. Die Anzahl der stellvertretenden Abgeordneten, die ebenfalls von den Wahlmännern bestimmt werden, soll in jedem Departement ein Drittel der Zahl der Abgeordneten betragen ...

Ich weiß nicht, weshalb ich mich damit vergnüge, Ihnen Dinge zu wiederholen, die Sie ohne Zweifel besser wissen als ich. Ich sollte Ihnen lieber sagen, was ich in Jules' Brief am reizendsten fand: nämlich daß er kein Wort von der Politik geschrieben hat. Dies spiegelt die vollständige Ruhe ihres Landes. Mit Vergnügen habe ich in seinem Brief gelesen, daß Sie dick wie ein Mönch geworden sind, was bedeutet, daß Sie glücklich und ohne Sorgen sind ...

Danton, Santerre, Desmoulins etc. sind von Vorladung und Verhör bedroht; gegen andere ist ein Haftbefehl erlassen worden. *L'Ami du peuple** und der *Orateur*** toben wie gewöhnlich. Ich lese die Zeitungen von Audoin und von Perlet, *Le journal de Paris* und *Le Moniteur*.«

Gleich nach seiner Ankunft in Romans hat Marc-Antoine sich der örtlichen Gruppierung der »Gesellschaft der Verfassungsfreunde« – der offiziellen Bezeichnung für den Jakobinerklub*** – angeschlossen. Da sein Vater dort den Vorsitz führt, stellt sein jugendliches Alter keinen Hinderungsgrund für seine Aufnahme dar. Mehr noch, er wird neben C. Pierre Nugues, dem Bruder seines Freundes, gleich zum Sekretär bestellt: Die Vetternwirtschaft ist der Revolution nicht unbekannt. Die Gesellschaft ist bereits vollständig jakobinisch ausgerichtet: Wer hier mitstreiten will, dem wird blinder Glaube an die Prinzipien der Demokratie und Konsequenz des Denkens abverlangt, für die Robespierre in Paris das beste Beispiel gibt. Marc-Antoines Freund Saint-Cyr Nugues hätte trotz seiner republikanischen Einstellung vom Eintritt in eine solche Gesellschaft Abstand genommen, denn er neigt nicht zu solch unerbittlicher Strenge. Und Marc-Antoine?

Er hat an einem dieser strahlend hellen Sommertage im Saal der Gesellschaft zu Romans den Eid gesprochen, der ihn ebenso fest bindet wie ein religiöses Gelübde: »Ich schwöre, frei zu leben oder zu sterben, den Grundsätzen der Verfassung treu zu bleiben, den Gesetzen zu gehorchen, ihnen Geltung zu verschaffen, mit all meinen Kräften an ihrer Vervollkommnung mitzuwirken und gemäß den Regeln und Gebräuchen der Gesellschaft zu leben.« Ob der gerade sechzehnjährige Marc-Antoine bereits ermessen kann, wie sehr

---

* Die Zeitung von Marat.

** L'Orateur du peuple, extremistisches Blatt von Fréron und Martel.

*** Jakobiner genannt nach ihrem Versammlungsort in einem ehemaligen Kloster; Jakobiner = Dominikaner.

die übernommenen Verpflichtungen seiner eigentlichen, eher skeptischen und friedliebenden Natur zuwiderlaufen?

Seit dem April des vergangenen Jahres zählt der Pariser Jakobinerklub nur noch unversöhnliche Demokraten. Die eher rückschrittlichen Politiker, die der Klub in seiner Gründungszeit aufgenommen hatte, haben ihn verlassen und einen anderen, den späteren Klub der »Feuillants«,* gegründet. Aus dieser Spaltung ist der Jakobinerklub gestärkt hervorgegangen. Die, die ihm jetzt noch angehören, sind bereit, ihr Bestes zu geben; unablässig sind sie dabei, ihr politisches Bewußtsein zu schärfen und neue Mitglieder heranzubilden. In Paris finden die öffentlichen Versammlungen in der Rue Saint-Honoré fast jeden Abend statt. In der übrigen Zeit tagen verschiedene Komitees: für Verwaltung, Überwachung, Korrespondenz ... Die in der Provinz zunächst spontan entstandenen Filialen werden durch den planmäßigen Einsatz von aus Paris entsandten Agenten schnell vervielfacht. Schon sind es mehr als tausend im ganzen Land, das heißt mehr als zehn in jedem Departement. Da auch sie fleißig informieren und indoktrinieren, ist Frankreich bald bis in die entferntesten Winkel von republikanischem Geist erfüllt. Aber das jakobinische Spinnennetz wird es später auch jeder verdächtigten, gesuchten, verfolgten Person unmöglich machen, der revolutionären Justiz zu entgehen, und jeden, der einst gelobt hatte, »den Gesetzen Geltung zu verschaffen«, unweigerlich in einen Spitzel oder einen Häscher verwandeln.

In diese zwar bewundernswürdige, aber auch erschreckende Organisation tritt Marc-Antoine aus freien Stücken ein, um mit all seinen Kräften an der Einführung der Demokratie zu arbeiten. In seinem Alter verbindet sich der reinste Idealismus leicht mit persönlichem Ehrgeiz, und um das selbstgewählte »große« Schicksal zu erleben, hält man sich gern selbst zum Narren. Denkbar ist auch, daß Marc-Antoine durch diese Entscheidung einer durch den Tod Adélaides ausgelösten Depression entgehen möchte.

---

* Nach einem ehemaligen Kloster des Feuillantinerordens.

Letztendlich aber wird es die politische Entwicklung gewesen sein, die ihn – wie alle wahren Republikaner – dazu gebracht hat, seine Denk- und Handlungsweise zu radikalisieren. Zwar gilt es als sicher, daß Ludwig XVI. die von der Nationalversammlung sorgsam ausgearbeitete Verfassung annehmen wird. Aber niemandem entgeht, daß er damit nur Zeit gewinnen will. Jenseits der Grenzen sammeln sich die Emigranten. Katharina II. von Rußland sowie die Könige von Preußen und Schweden haben in der Erklärung von Pillnitz beschlossen, dem französischen Hof zu Hilfe zu kommen, weil »die Situation, in der er sich befindet, ein allen Herrschern gemeinsames Interesse darstellt«. In Frankreich selbst hat eine relativ gute Ernte zwar für eine Zeitlang die drückendste Lebensmittelknappheit, nicht aber die sonstigen wirtschaftlichen Schwierigkeiten beseitigen können. Im Namen der Freiheit lehnt das Bürgertum, dessen Abgeordnete in der Nationalversammlung die Mehrheit stellen, alle Kontroll- und Reglementierungsvorschriften für den Handel ab, was der Spekulation Tür und Tor öffnet. Die Inflation macht rapide Fortschritte; unablässig werden neue Assignaten* gedruckt, deren Wert ständig sinkt . . .

Rosalie Jullien an Marc-Antoine
20. August 1791

»Heute will ich mit dem Herrn Sekretär politisieren und philosophieren. Ich bitte Dich, mein teurer Freund, die Verpflichtung Deiner Stellung mit der Weisheit und der Umsicht eines reifen Mannes zu erfüllen. Bedenke, daß von den 25 Millionen Franzosen, die dieses große Reich bevölkern, kaum ein Prozent sich auf die Höhe der Revolution erhoben hat und erfassen kann, was Deine jugendliche und tatkräftige Seele fühlt und begreift. Aber wenn man die allgemeine Ver-

* Papiergeld der Französischen Revolution, zunächst durch die Verstaatlichung der Kirchengüter gedeckt.

derbtheit und Entartung der Menschen betrachtet, die zwölf Jahrhunderte der Sklaverei geprägt haben, muß man sich mit wenig zufriedengeben, und man kann nur hoffen, daß die Zeit das Ihre tun wird, um ihre sittliche und moralische Wiederherstellung zu bewerkstelligen.

Abgesehen von den privaten Streitigkeiten ist es in Paris so ruhig wie an der Oberfläche eines Teiches. In dieser Woche wird die Verfassung vorgestellt; alle möglichen Vermutungen sind darüber in Umlauf, und nie ist Nostradamus kühner ausgelegt worden. Mir scheint, daß der König gut behandelt wird. Alle Kleinodien der Krone sind wiederaufgelesen und von unseren Gesetzgebern so kunstvoll angebracht worden, daß ich glaube, daß der Strauß, den sie ihm am Donnerstag überreichen werden, in Gnaden aufgenommen werden wird. Andere glauben, daß die Verblendung, mit der die Partei der Übelgesinnten geschlagen ist, den König zu einem Widerstand verleiten könnte, dessen Folgen unabsehbar sind. Nichts vermag, die freche Selbstsicherheit unserer Feinde zu erschüttern.

Die ausländischen Mächte, die man uns als einen schrecklichen Popanz darstellt, fürchte ich wenig; sie haben schon zu viele Probleme zu lösen und zu große Angst vor der Erklärung der Menschenrechte, die überall in Umlauf ist. Fügen Sie dem die Rivalität und die Winkelzüge ihrer Minister hinzu. Allerorten herrscht Zwietracht, und bis sie sich auf den wesentlichen Punkt, nämlich den Angriff auf unser Land, geeinigt haben, wird der Winter uns vor einem solchen bewahren.

Man sagt, daß die Jakobiner sich steigender Gunst erfreuten und daß der Stern der Feuillants im Sinken begriffen ist. Ich liebe die Politik gewisser Gesellschaften, die nach beiden Seiten korrespondieren, um wohl beurteilen zu können, wo der wahre Patriotismus zu finden ist. Im übrigen weiß ich überhaupt nichts sicher, denn ich sehe nur wenig Menschen und habe mich mit den überspannten Journalisten überworfen, die mich quälten, ohne daß dies einen Vorteil für die Sache der Allgemeinheit bedeutet hätte, für die ich nichts auszurichten vermag. Du wirst Dich erinnern, daß die Erregung, in die sie mich versetzten, wie ein Fieber war, das einem den Schlaf und den Appetit raubt.

Auguste quält mich damit, daß er aufs Land fahren will. Die Monotonie meines zurückgezogenen Lebens bietet seiner Phantasie nicht genügend Anreize. Morgens Schularbeiten, nachmittags der Jardin du Luxembourg: Das erscheint ihm als Ferienbeschäftigung ziemlich hart.

Das süße Nichtstun scheint Deinem Vater in Romans ebenso zu gefallen wie in Paris, und ich weiß nicht recht, ob er dabei nicht den letzten Rest einer Aktivität verliert, die ihn hier manchmal so belebte, daß er uns durch seine Reden in ein heiliges Entzücken versetzte. Er hat eine empfindsame Seele, die er gefühllos zu machen sucht; er vermag zu gut in der Seele der Menschen zu lesen, als daß er das, was er von ihnen erhofft, auch tatsächlich erwarten würde. Ist er immer noch Euer Vorsitzender? Haben Eure Wahlversammlungen begonnen?

Sonntag abend

Ich habe gerade die Zeitung gelesen. In der Nationalversammlung hat man sich über verschiedene Gesellschaften der Verfassungsfreunde beklagt. Besonders die von Marseille ist angegriffen worden, außerdem einige in der Normandie. Der arme Teufel, der Bischof von Calvados, ein gewisser Abbé Fauchet, soll die Gesellschaften aufgestachelt haben; anscheinend hat er Grundsätze gepredigt, die der neuen Linie zuwiderlaufen, und das Volk dazu aufgefordert, die Standbilder der Könige umzustürzen. Monsieur Vieillard hat beantragt, gegen ihn einen Haftbefehl zu erlassen. Pétion war dagegen, aber der Vorschlag ist angenommen worden. Erklären Sie mir dies, und begeben Sie sich in Ihrem Interesse und um Ihres Wohlergehens willen unter den Schutz Minervas.

Gestern hat auf den Champs-Elysées ein prächtiges Fest stattgefunden; ganz Paris war unterwegs. Wie beim Fest der Metzger in Lyon gab es ein Lamm in der Lotterie zu gewinnen. Glaube ja nicht, daß wir traurig sind; nie war die Hauptstadt glänzender, lärmender, prächtiger, geschmückter, üppiger, nie mehr zu Lustbarkeiten aufgelegt; und all das, während man über das Elend jammert und die fürchterlichste Geldknappheit herrscht. Wir sind und bleiben Franzosen; eine mutwillige, leichtsinnige Fröhlichkeit begleitet uns und verzaubert unsere Leiden.«

Zur gleichen Zeit, da Rosalie Jullien beklagt, daß ihr Mann aus Überzeugung oder Trägheit seine politischen Fähigkeiten nicht nutzt, bewirbt sich dieser um einen Sitz in der Gesetzgebenden Versammlung, die auf die Verfassunggebende Versammlung folgen und ab Oktober tagen soll. Er kandidiert in Valence, dem Hauptort der Provinz, in der er seine Güter hat, denn Abgeordneter kann nur werden, wer Grundbesitz hat und mindestens 52 Livres Steuern im Jahr bezahlt. Wählen kann nur, wer eine Mindeststeuer im Gegenwert von zehn Arbeitstagen entrichtet, was Camille Desmoulins zu der Bemerkung veranlaßt: »Rousseau, Mably, Corneille hätten nicht gewählt werden können.«

Rosalie Jullien an Marc-Antoine

4. September 1791

»Seit dem 20. und 24. August habe ich weder vom Vater noch vom Sohn ein Lebenszeichen erhalten, und nur durch die Mitwirkung des Heiligen Geistes weiß ich, daß die Wahl des Vaters angefochten worden ist. Von Seigneur, dem Journalisten und Schnellschreiber der Jakobiner, der heute zwei Stunden bei mir verbracht hat, weiß ich, daß eine ›M. A. J.‹ unterzeichnete Grußadresse aus Romans in der Gesellschaft verlesen worden ist und so großen Beifall gefunden hat, daß alles aus vollem Halse die Drucklegung verlangte. Es ist schon eine nette Geschichte, wenn man gesprächsweise das erfährt, was einen am meisten interessiert und die liebsten

Freunde betrifft! Weiß Gott, meine Herren, man fragt sich, ob ich mit Ihnen verwandt bin oder ob ich einfach die Ehre habe, denselben Namen zu tragen wie Sie, wenn man sich so gut unterrichtet sieht!

Der kleine Seigneur hat mir von den Jakobinern eine Schilderung geliefert, die Tacitus entnommen sein könnte. Alle, die es wert sind, ein wenig ›römisch‹ genannt zu werden, sind im Triumph dorthin zurückgekehrt: 37 Abgeordnete auf einmal. Die Nationalversammlung blüht auf, und den Ruhm der Feuillants hat ein kräftiger Windstoß hinweggefegt. Desmoulins ist dort; der Bischof von Calvados hat eine triumphale Rechtfertigung erfahren: Er ist zum Abgeordneten gewählt worden . . . Die Gedanken überstürzen sich in meinem Kopf, so sehr freut es mich, daß der schwarzen Verleumdung alles mißlingt. Die Wahlergebnisse von Paris übertreffen unsere Erwartungen: Garan de Coulon, Lacépède und Brissot lassen uns andere erhoffen, die dem Ruf des Patriotismus folgen werden.

Bedenke also, mein lieber Jules, wie besorgt ich über das bin, was in Valence geschehen ist und geschieht. Dort sind mein Herz und meine Seele. Ich vergehe vor Ungeduld, zu erfahren, wer als Sieger aus der Urne hervorgegangen ist. Ich stelle darüber alle meine philosophischen Überlegungen zurück, aber die Ungewißheit ist das schlimmste aller Übel.

Sechs Uhr morgens

Es ist Montag morgen, sechs Uhr, und ich bin wieder für Sie da, mein teures Kind. Die Hoffnung, heute einen Brief zu erhalten, hat mich mit angenehmen Gedanken aufwachen lassen.

Die Tuilerien waren gestern geöffnet, und es drängte eine solche Menschenmenge hinein, daß man sich nicht zu rühren vermochte. In feierlichem Aufzug wurde das Königskind gezeigt; seine Mutter und seine Tante nahmen es abwechselnd auf den Arm, um es dem Volk zu zeigen. Der König hat seinen Entschluß bekräftigt, Paris nicht zu verlassen. Die ganze

Zurschaustellerei hat wieder begonnen. Die Messe im Schloß gestern war glanzvoll wie selten, die Musik prächtig; vereinzelt wurde gerufen: ›Es lebe der König!‹ (Es hätte heißen müssen: der König und die Verfassung). In größter Ruhe und mit den schönsten Hoffnungen erwartet man die Annahme der Verfassung durch den König. Er wäre sehr verwöhnt, wenn er nicht zufrieden wäre.

Robespierre und Pétion werden von ganz Frankreich mit Weihrauch bedacht – trotz der kleinen Geister, die sie als Republikaner und heuchlerische Betrüger bezeichnen.

Madame Perroud hat mit dem, was ihr geblieben ist, drei Tage bei mir verbracht; ich habe sie mit all der Behutsamkeit meiner Freundschaft umsorgt und war so vorsichtig, Deinem Bruder nichts vom Tod der armen Adélaide zu sagen.«

Obwohl Marc-Antoine entschlossen scheint, sich von nun an nur den öffentlichen Angelegenheiten zu widmen, wird er von diesem Postskriptum nicht unberührt geblieben sein. Die in dieser Umgebung ständig gegenwärtigen Kindheitserinnerungen ebenso wie die Lieblichkeit der Landschaft und der tiefe Friede dieser Tage haben seine schöpferische Entschlossenheit vielleicht etwas ins Wanken gebracht. Er nimmt an allen Sitzungen der Gesellschaft der Verfassungsfreunde von Romans teil und fällt oft durch sein kluges Eingreifen auf. Die Grußadresse, in der die kleine Gesellschaft föderalistische Tendenzen mißbilligt* und erklärt, »der Muttergesellschaft der Jakobiner in Paris unverbrüchlich verbunden zu bleiben«, wird er zumindest verteidigt, wenn nicht gar angeregt haben. Aber man kann sich auch vorstellen, daß er sich nach den Sitzungen im Schatten der Platanen den alten Träumereien hingibt, die ihn einst dazu verleiteten, Verse zu schreiben, und daß er die neugierigen Blicke lachender Mädchen, die an ihm vorbeiflanieren, nicht unerwidert läßt.

* Um den Einfluß des ihnen zu revolutionären Paris zu schwächen, betonten die Girondisten die Gleichberechtigung der 83 Departements.

Es scheint, daß er in einem Brief an seine Mutter den Wunsch zum Ausdruck gebracht hat, den Aufenthalt in Pizançon zu verlängern. Die Gründe, die er dafür angegeben hat, werden zweifellos so vage gewesen sein – der blumige Sprachstil der Zeit wird die Unklarheit noch verstärkt haben –, daß Rosalie Jullien eine neue Verliebtheit ihres Sohnes vermutet.

Rosalie Jullien an Marc-Antoine
Oktober 1791

»Glaube mir, um herauszufinden, was zu unserem Glück notwendig ist und was nicht, bedarf es einer größeren Erfahrung als der Deinen. Bedenke, daß Du gut und gerne zehn Jahre älter sein müßtest, um für viele Dinge die nötige Reife zu haben. Nun, mein guter Freund, bleibe bis dahin Herr Deines Herzens; dies ist das schönste Reich, das der Mensch sein eigen nennen kann. Da Du die Gefahren einer allzu lebhaften Phantasie und eines allzu gefühlvollen Herzens bereits kennst und da Du gelernt hast, Dir selbst zu mißtrauen, hast Du schon den Faden, um Dich im Labyrinth der Leidenschaft nicht zu verlieren.

Doch genug davon, mein Sohn. Ich neige immer leicht zum Predigen. Dies nicht nur, weil ich Deine Mutter bin, sondern weil ich eine natürliche Neigung zum Nachdenken habe; es gehört zu meinem Stil, sowohl bei meinen Freunden wie bei Dir. Ach ja, Freunde: Ich hoffe doch, daß Du nach Deinem Vater mein wertvollster und bester Freund werden wirst. Größtes Vertrauen und zärtlichste Aufrichtigkeit sollen die Grundlagen dieser Freundschaft sein. Dann, mein Sohn, erwarte ich nur noch Freude, Vergnügen und Trost von Ihnen.

Barnave strotzt vor Leben und Gesundheit, aber die Unsterblichkeit hat er sich verscherzt. Das ist meine Meinung. Gut oder schlecht, wie immer Du sie zu finden beliebst. Leb wohl.«

Marc-Antoine hat jedoch für seinen Wunsch, länger in Romans zu bleiben, hauptsächlich andere Gründe als die von Rosalie vermuteten. Der Sechzehnjährige fühlt sich im Elternhaus zu sehr als Kind behandelt und möchte sich aus dieser einschränkenden Abhängigkeit gerne befreien. Er könnte sich gut vorstellen, als Schriftsteller und Politiker tätig zu sein, und seine Erfolge bei der Gesellschaft der Verfassungsfreunde scheinen diese Berufung zu bestätigen. Allerdings – so denkt er – wird er sich ihr nur dann voll und ganz widmen können, wenn er unabhängig ist: Wer sich der Revolution verschreibt, darf durch gefühlsmäßige Bindungen nicht belastet sein. Ein großes Schicksal verlangt nach Einsamkeit; für alltägliche Gefühle und Gewohnheiten bleibt kein Platz.

Also geht es zunächst einmal darum, das Elternhaus zu verlassen, denn damit kann man sich und anderen seine Reife und Unabhängigkeit beweisen. Obwohl Marc-Antoine weiß, daß sein Vater auch in der Erziehung großzügige Ansichten vertritt, scheut er sich, ihm die getroffene Entscheidung mit fester Stimme von Angesicht zu Angesicht mitzuteilen. Er zieht es vor, zu schreiben. Die Gelegenheit ergibt sich bald, denn Jullien, dessen Wahl zum stellvertretenden Abgeordneten nun doch als gültig anerkannt worden ist, fährt nach Paris zurück, um von den Jakobinern neue Weisungen für sein zukünftiges Amt einzuholen. Da Marc-Antoine unter irgendeinem Vorwand in der Dauphiné geblieben ist, trifft Jullien eines Morgens allein in der Rue Saint-Jacques ein.

Rosalie Jullien an Marc-Antoine
Oktober 1791

»Im Übermaß der Freude und des Entzückens schreibe ich Dir, mein teures Kind. Dein Vater ist hier, strahlend vor Glück und Gesundheit, und der segensreiche Einfluß, den er über unserer kleinen Welt verbreitet, ist nur dem der strahlenden Sonne in den ersten Tagen des Frühlings oder nach einem schrecklichen Unwetter vergleichbar. Ich weiß nicht, wie ich der Zufriedenheit, der Freude, den zärtlichen Empfindungen meines Herzens Ausdruck verleihen soll ...

Als ich Deinen Vater unten auf der Straße vor der Haustüre bemerkte, bin ich zu Deinem Bruder gelaufen, der im hintersten Zimmer der Wohnung zu Bett lag. Er wollte laufen, aber sein Bein machte ihm Schwierigkeiten. Nach einigem Hin und Her erreichen wir die Wohnungstür, aber in unserem Eifer bekommen wir sie nicht auf. Dann endlich liegen wir einander in den Armen, ringen nach Atem, weinen, lachen, sterben fast vor Freude. Ich habe meinen Beschützer wieder; schon fühle ich, wie meine Kräfte zurückkehren und mein Verstand sich belebt.

Dir, meinem Sohn, habe ich einige Dinge zu sagen, die nur für Dich bestimmt sind. Mit sorgenvollen Augen verfolge ich Dein Tun, und in Deinem Brief ebenso wie in dem Deiner Tante habe ich einige Dinge entdeckt, die mir zu traurigen Überlegungen Anlaß gegeben haben. Mißtraue Deiner Phantasie und Deiner Empfindsamkeit; nimm Dich vor Deinem natürlichen Ungestüm in acht ...«

Kaum daß Jullien in Paris ist, wagt Marc-Antoine den entscheidenden Schritt und teilt seinem Vater mit, daß er allein in Romans bleiben möchte, um hier seine Studien fortzusetzen. Als Begründung gibt er seine Gesundheit an, die nicht gerade die beste ist und der die Landluft nur guttun würde. Für den sehr wahrscheinlichen Fall, daß sein Vater mit diesem Eremitendasein nicht einverstanden sein sollte, stellt er noch zwei weitere Vorschläge zur Diskussion. Obwohl auch sie eine Rückkehr in die elterliche Wohnung ausschließen, werden sie gemäßigter, versöhnlicher gewesen sein. (Da der entsprechende Brief Marc-Antoines fehlt, ist über ihren genauen Inhalt nichts bekannt.)

Jullien an Marc-Antoine
Oktober 1791

»Von den drei Vorschlägen, die Du mir gemacht hast, erschien mir im Moment nur ein einziger vernünftig, und was mich verdrießt, ist, daß es nicht der zu sein scheint, der Dir am wichtigsten ist. Soll ich Dir etwas sagen, mein Freund? Dein Plan, Dich allein aufs Land zurückzuziehen, um Deine Studien fortzusetzen, wäre in meinen Augen das Verrückteste und Lächerlichste, was Du tun könntest. Ich will nicht einmal davon reden, daß es Dir in Deiner Abgeschiedenheit bald langweilig werden wird; aber glaubst Du, genug zu wissen, um ohne Hilfe all das, was es noch zu wissen gibt, lernen zu können? Ein Aufenthalt in Paris ist für Dich der einzig zuträgliche, der einzige, der einem erfolgreichen Abschluß Deiner Studien dienlich sein könnte. Wenn Du es vorziehst, Logik und Moral in Deinem Zimmer zu studieren und in Mathematik und Physik Privatunterricht zu erhalten, werde ich dem kein Hindernis entgegensetzen. Ich wäre auch nicht dagegen, daß Du Deine Studien an einer englischen Universität fortsetzen würdest ...

Es wird ein gutes Jahr werden, und ich hoffe, daß die Aristokratie vor Wut darüber, daß wir nicht Hungers sterben, selber krepiert!«

Die stärker gefühlsmäßige Beziehung eines Sohnes zu seiner Mutter bringt es mit sich, daß Marc-Antoine im gleichzeitigen Brief an Rosalie Jullien nicht nur rein sachliche Erwägungen und die Vorzüge neuer Arbeitsmethoden als Begründung für seinen Entschluß angibt, sondern auch seine Gefühle sprechen läßt. Da er seiner selbst nicht sicher und in Wirklichkeit über den einzuschlagenden Weg recht unschlüssig ist, macht er, um sich selbst zu rechtfertigen, seinen Eltern den Prozeß und wirft ihnen die Fehler und Unzulänglichkeiten seiner Erziehung vor. Rosalie fällt es leicht, ihm die Absurdität dieser Vorwürfe aufzuzeigen.

Rosalie Jullien an Marc-Antoine
Oktober 1791

»Armer junger Mann, weißt Du nicht, daß wir von Deinen ersten Atemzügen an alles getan haben, um Dich gesund an Körper und Seele aufwachsen zu lassen? Weißt Du nicht, daß wir in Deiner Kindheit auf dem Lande gelebt haben, um Deinen Körper zu kräftigen? Weißt Du nicht, daß andere Eltern ihre Kinder Unbekannten anvertrauen und der Erwerb einer Ausbildung dem Zufall überlassen bleibt?

Sie hatten während dieser Jahre immer eine gute Gesundheit; alle lebensnotwendigen Dinge besaßen Sie im Überfluß; Sie haben Ihre Pflichten so erfüllt, daß man denken konnte, sie machen Ihnen Freude; Sie wurden von Ihren Eltern zärtlich geliebt. Niemals wurde Ihre Seele durch Vorwürfe, Klagen oder Strafen entmutigt. Freundschaft und Wertschätzung unserer Freunde verschönten Ihre Kindheit; Sie haben sie sich sowohl durch Ihr Verhalten verdient als auch durch den Stolz, mit dem der beste aller Väter und die empfindsamste aller Mütter Sie rühmten. Nun denn, mein Sohn. Urteilen Sie selbst. Hüten Sie sich, das Schicksal herauszufordern.«

Nicht zuletzt aufgrund seiner materiellen Abhängigkeit läßt Marc-Antoines Widerstand schnell nach. Er kehrt nach Paris zurück und läßt in der Dauphiné vielleicht seine zweite Jugendliebe, ganz sicher aber seinen Traum von der großen Freiheit zurück. Immerhin hat er das Versprechen erhalten, bald vom »Joch« der Familie – worunter allerhöchstens die ein wenig zu tyrannische Mutterliebe Rosalie Julliens verstanden werden könnte – befreit zu werden: Sobald alle Vorbereitungen getroffen sind, wird er seine Studien in England fortsetzen. In der Zwischenzeit wird er unter der Anleitung von Privatlehrern zu Hause arbeiten.

Aber läßt seine politische Aktivität ihm überhaupt Zeit dazu? Gleich nach der Ankunft in Paris ist er zum Jakobinerklub in der Rue Saint-Honoré geeilt, wo er als der jüngste der

Besucher von nun an fast jeden Abend zu finden sein wird. Der Klub hatte zunächst nur die Bibliothek des ehemaligen Dominikanerklosters für sich in Anspruch genommen; seit dem Weggang der Mönche verfügt er über den gesamten Gebäudekomplex und hat seinen Versammlungsraum in die ungefähr fünfzig Meter lange Kapelle verlegt, in deren Dachstuhl sich die Verwaltung der Gesellschaft befindet. In dieser Kapelle, die durch kleine, labyrinthartige Gassen mit dem Kloster verbunden ist, wird drei Jahre lang, bis zum 9. Thermidor, dem Sturz Robespierres, über das Schicksal der französischen Nation entschieden. Dem hohen Einsatz entspricht die leidenschaftliche Erregung und die Hitzigkeit der Sitzungen. Hier lebt man in ständiger Spannung: Jeder Tag kann den endgültigen Triumph, aber auch die endgültige Niederlage der Revolution bedeuten.

V
Jener steigende Stern: Robespierre

Die Prinzipien der Freiheit scheinen inzwischen unwiderruflich zum nationalen Gemeingut zu gehören, und die Aussichten auf die Ausrufung einer Republik sind gut. Gleichzeitig aber wachsen auch die Gefahren: Die royalistische Agitation in der Vendée beginnt, und jenseits der Grenzen verstärken die Aristokraten ihre Bemühungen, die anderen europäischen Mächte zu einem Gegenschlag zu veranlassen. Besonders Österreich, das dem französischen Königshaus nicht nur durch die Solidarität der Herrscher, sondern durch die Heirat Ludwigs XVI. mit Marie-Antoinette auch dynastisch verbunden ist, unterstützt die Emigranten. Die Truppenbewegungen dieser Mächte an den Grenzen Frankreichs sind unverhüllt kriegerischer Natur; nach allgemeiner Auffassung wäre eine Kriegserklärung mehr als gerechtfertigt.

Daß Frankreich dem Ausland zuvorkommen müsse, glauben in Paris vor allem die nach ihrem Anführer Brissot benannten »Brissotins« – in den Geschichtsbüchern besser unter dem Namen »Girondisten«* bekannt. Sie sind aufrechte Republikaner, aber den gleichmacherischen Ideen, die die Interessen des von ihnen vertretenen liberalen, aufgeklärten Bürgertums verletzen könnten, abgeneigt. Von den Vorzügen der Revolution sind sie so überzeugt, daß sie in einem Krieg eine – wenn auch etwas brutale – Möglichkeit sehen, andere Länder an ihren Wohltaten teilhaben zu lassen. Ihr Wahlspruch »Krieg den Königen, Friede den Nationen« unterscheidet zum ersten Male zwischen einem Volk und denen,

* Die besten Redner dieser Fraktion stammten aus dem Departement Gironde.

die es beherrschen, und begründet damit den politischen Internationalismus.

Die Jakobiner, das heißt die Anhänger Robespierres, halten einen Krieg für gefährlich, da er in Anbetracht der schwachen, desorganisierten französischen Armee zum Fiasko werden und den Feinden der Revolution den Weg nach Paris ebnen könnte. Auch Marie-Antoinette ist diese Möglichkeit nicht entgangen, und sie setzt ihre ganze Hoffnung in sie: »Diese Dummköpfe! Sie begreifen nicht, daß sie uns damit dienen!« bemerkt sie, als sie die Flugschriften der Girondisten liest, die zum Krieg aufrufen. Der Befehl des Feldzugs, von dem die Zukunft Frankreichs abhängt, soll dem Kriegsminister Narbonne übertragen werden, der ein Anhänger der Feuillants ist und mit dem Hof zusammenarbeitet. Vergeblich mahnt Robespierre, daß dies nur heißen könne, Verrat und Niederlage heraufzubeschwören. Aber die Brissotins beharren hartnäckig auf ihrer Meinung, und Brissot wiederholt: »Das Interesse der Nation rät zum Krieg.«

Die Vorstellung eines revolutionären »Kreuzzugs« durch Europa begeistert alle seine Freunde. »Schafft bei euch selbst Ordnung, bevor ihr die Freiheit woandershin tragt«, entgegnet Robespierre. Aber seine Warnungen verhallen ungehört. Der idealistische Eifer der Girondisten ist nicht ganz uneigennützig: Sie hoffen, daß der Ruhm eines siegreichen Feldzuges auf sie zurückfallen wird und ihnen für lange Zeit die Vorherrschaft vor den Jakobinern sichert. Robespierre, der ihre Absichten durchschaut, widersetzt sich einem Krieg aus Überzeugung und politischer Weitsicht, möchte aber auch die Bestrebungen seiner Konkurrenten vereiteln.

Am 11. Januar 1792 hält er im Jakobinerklub eine Rede gegen den Krieg, am 25. eine weitere. Am 22. begibt sich ein junger Mann von noch nicht einmal siebzehn Jahren mit entschlossenem Schritt zur Rednerbühne und trägt die gleichen Gedanken vor wie der »Unbestechliche«: Es ist Marc-Antoine. Seine Stimme ist klar (den Stimmbruch hat er rechtzeitig hinter sich gebracht) und ebenso wie die Robespierres ein wenig monoton. Von seiner Jugend überrascht, lauschen die

Jakobiner und das wie fast jeden Abend auf den Galerien zusammengepferchte Publikum nur um so aufmerksamer.

»Da wir uns jeden Tropfen Blut, jedes einzelne Unglück ersparen und gleichzeitig die Vorteile unserer Freiheit sichern könnten, hätten wir uns zu viel vorzuwerfen, wenn wir uns wie die Tyrannen unnötig in einen Krieg stürzten, der doch so leicht zu vermeiden ist«, sagt Marc-Antoine. Sollten allerdings die Umstände dies erforderlich machen, so wäre er selbstverständlich einer der ersten, die »unter dem Banner des Vaterlandes zu siegen oder zu sterben verstünden«. Der Vortrag enthält kein einziges neues Argument gegen den Krieg, aber er sorgt dafür, daß die Zuhörer die Rede Robespierres nicht vergessen.

Dieser wird die Ansprache Marc-Antoines sicher wohlwollend aufgenommen haben, und man kann sich leicht vorstellen, daß der sonst nicht zu solchen Gefühlsäußerungen neigende Mann ihm herzlich dafür gedankt haben wird. Der »Unbestechliche« mag junge Leute, wie seine Freundschaft zu Saint-Just beweist. Sein asketisches Leben schließt jede Zweideutigkeit aus und verleiht seinen Freundschaften jene antike Größe, die er wie viele seiner Zeitgenossen überall zu zeigen sucht.

Der ehrgeizige Marc-Antoine wird bei der ersten Begegnung mit diesem »großen« Mann ein bewunderndes Staunen empfunden haben. Robespierre verdankt seinen kometenhaften Aufstieg der Brillanz seines Intellekts und der Wucht seines revolutionären Gefühls. Kein anderer Politiker besitzt ähnliche Schärfe des Verstandes, ähnlichen moralischen Anspruch und einen solchen Glauben. Die Unbeugsamkeit seiner Überzeugungen läßt sich bereits an seiner Körperhaltung ablesen. Ein stets mißtrauischer Stolz veranlaßt den eher kleinen Mann dazu, hochaufgerichtet und mit leicht seitlich gewandtem Kopf einherzuschreiten. Die Kälte seines Blickes kann in Sekundenschnelle zum Ausdruck abgrundtiefer Verachtung werden. Louvet – Autor eines schlüpfrigen Romans, Journalist und Redner der Gironde und damit Robespierre von vornherein zuwider – hat anschaulich beschrieben, wie dieser einen lästigen Menschen oder einen politischen Gegner vernichtet: zwei knappe Worte und zwei eisige Blicke.

Man hat begonnen, ihn den »Unbestechlichen« zu nennen, und meint die unerbittliche Geradheit, die weit über die bloße Erhabenheit über jede Art der Korruption hinausgeht. Selbst die heitere Verbindlichkeit und jene kleinen Gefälligkeiten, die im allgemeinen – dem Buchstaben des Gesetzes zum Trotz – das Zusammenleben der Menschen erleichtern, sind ihm fremd. Jede gesellschaftliche Nähe korrumpiert, und so ist Robespierre, der ständig von Jakobinern umgeben ist, unablässig Reden hält und Besucher empfängt, in Wirklichkeit ein einsamer Mensch. Obwohl die Liebe zur Tugend ihn im täglichen Leben von seinen Mitmenschen trennt, zweifelt er als gelehriger Schüler Rousseaus nicht daran, daß untadelige Sittlichkeit im öffentlichen Leben – das oberste Ziel der Revolution – das Volk erziehen wird. Wenn er sich zu jungen Leuten hingezogen fühlt – worunter mit dem gehörigen Respekt natürlich auch die noch jungen Mädchen zu verstehen sind wie etwa Eléonore Duplay, die Tochter des Tischlermeisters in der Rue Saint-Honoré, der ihn beherbergt –, so deshalb, weil sie sich noch nicht in die entwürdigenden Kompromisse der Gesellschaft verstrickt haben.

In Rosalie Julliens Briefen an ihren wieder in die Dauphiné zurückgekehrten Ehemann wird die Rede Marc-Antoines vor dem Jakobinerklub nicht erwähnt, denn Rosalie hält sich von den Zusammenkünften in der Rue Saint-Honoré fern. (Man könnte fast glauben, daß Mann und Sohn ihr zu verstehen gegeben haben, ihre Anwesenheit sei dort nicht erwünscht.) Die einzigen öffentlichen Versammlungen, die sie von Zeit zu Zeit besucht, sind die der Sektion ihres Viertels, die sich zunächst »Sainte-Geneviève«, später »Panthéon Français« nennt und in einem Saal des Collège de Navarre ihre Sitzungen abhält. Monsieur Boucly, Lehrer am Collège de Montaigu und Freund von Barnave und Lameth, hat Rosalie ganz gegen seine Absicht dazu gebracht. »Kommen Sie nur einmal in unsere Sektion«, hat er ihr angeboten, »Sie werden sehen, daß man es dort nicht aushalten kann. Es gibt da nur Sansculotten, die unvernünftig daherreden. Der Präsident hat gerade seinen Rücktritt erklärt.« Rosalie ist seinem Rat gefolgt und war gewonnen.

Die 48 Pariser Bezirke oder Sektionen spielten während der Revolution eine wichtige Rolle. Aus ihrer Mitte wurden die Wahlmänner bestimmt, die ihrerseits die Mitglieder der Kommune von Paris, der Stadtverwaltung, benannten. Allerdings war damit keineswegs die direkte Demokratie eingeführt: Nur die »Aktivbürger«, das heißt die, die einen bestimmten Steuersatz zahlen, waren stimmberechtigt. Da aber auch die vom Wahlrecht ausgeschlossenen »Passivbürger« an den Versammlungen teilnehmen und nicht zögern, ihre Meinung lautstark kundzutun, können die Sektionen als die »Stimme des Volkes« betrachtet werden. Die Ansichten der Jakobiner sind in ihnen vorherrschend und werden nur von den noch weiter gehenden Forderungen der »Maximalisten« links überholt.

Da die Bezirke Versammlungen der Stadtviertel sind, in denen man sich unter Nachbarn befindet, sind stets viele Frauen da, die hier in Pantoffeln und einem einfachen Hauskleid erscheinen können. Aber sie wären sicherlich nicht so zahlreich vertreten, wenn nicht die ständig wachsenden Schwierigkeiten des täglichen Lebens sie dazu trieben, sich in die Politik einzumischen. 1789 und 1790 haben zwei zufriedenstellende Ernten Frankreich vor Hungersnöten bewahrt. Das Brot, dessen Preis auf unter 3 Sous pro Pfund gefallen ist, wird wegen einer schlechten Ernte Ende 1791 wieder teurer. Zunächst ist es der Zuckerpreis, der die Bevölkerung beunruhigt und zu Spekulationen Anlaß gibt. Innerhalb kurzer Zeit ist das Doppelte, das Dreifache des normalen Preises zu zahlen. Der Bürgerkrieg in Santo Domingo, dem wichtigsten Zuckerlieferanten der Zeit, hat zu einem Produktionsausfall geführt. »Falsch«, antworten die, die es besser wissen, »an den Plantagen und Raffinerien von Santo Domingo liegt es nicht. Vielmehr wird der Zucker in Frankreich von Spekulanten gehortet. Darunter ist auch der Bankier Laborde, der im übrigen im Auftrag des Königs die Emigranten mit Geld versorgt.« Die aufgebrachten Männer und Frauen der Viertel Saint-Marceau, Saint-Denis und des traditionell aufsässigen Stadtteils Saint-Antoine stürmen die Kolonialwarenläden und zwingen die Händler, den Zucker statt für 3 Franc für 22 Sous zu verkaufen. In der Nationalversammlung ist man über diese Zwischenfälle auf den Straßen beunruhigt. Einige Abgeordnete schlagen heldenhaft vor, man solle dann eben keinen Zucker mehr essen, und die Debatte gipfelt in dem Satz des Abgeordneten Gonchons: »Die Männer des 14. Juli schlagen sich nicht um Bonbons!«

Knappheit und Teuerung des Brotes, die schon in den frühen Morgenstunden zu langen Warteschlangen vor den Bäkkerläden führen, haben schwerwiegendere Folgen als der Zuckermangel. In zahlreichen Gegenden hält die Bevölkerung aus Angst vor dem Hunger die für andere Provinzen bestimmten Getreidetransporte auf. In Dünkirchen kommt es zum Kampf: vierzehn Tote. Der Bürgermeister von Etampes wird bei dem Versuch, die Demonstranten zu beruhigen, getötet. Aufgrund der Schwierigkeiten der Stadtbevölkerung, sich ihr tägliches Brot zu beschaffen, nimmt die Spekulation zu, und die Frage einer staatlichen Kontrolle des Handels stellt sich mit zunehmender Dringlichkeit.

Nun müssen die großen Parteien der Revolution Position beziehen: Liberalismus oder Dirigismus? Für die bürgerlichen Revolutionäre erstreckt sich der unantastbare, um nicht zu sagen heilige Charakter des Eigentums auch auf die Gewinne, die man daraus zieht; diese dürfen weder willkürlich beschränkt noch kontrolliert werden. Für die Revolutionäre, die für die allgemeine Gleichheit – auch die materielle – eintreten, dürfen Güter, vor allem Verbrauchsgüter und Nahrungsmittel, »nicht einer schrankenlosen Freiheit überlassen werden, die für den Armen nachteilig ist«, wie Pierre Dolivier, ein jakobinischer Pfarrer, sagt. Einige Politiker, darunter auch Robespierre, unterstützen bald die eine, bald die andere Theorie und lernen, soweit ihr Verhalten nicht von bloßer Zweckmäßigkeit bestimmt ist, die Widersprüche der Freiheit aus eigener Anschauung kennen.

Trotz der durch die wirtschaftlichen Schwierigkeiten hervorgerufenen sporadischen Unruhen – über die die Feinde der Revolution sich so sehr freuen, daß sie sie manchmal auch provozieren – ist die Reglementierung von Vorräten und Preisen noch nicht der zentrale Gegenstand der politischen Diskussion. Die Jakobiner fürchten nicht ohne Grund, daß die der Revolution feindlich gesinnten Kräfte – der Hof, die Feuillants und vielleicht auch manche Brissotins – die kriegerische Stimmung eines großen Teiles der Bevölkerung für ihre Zwecke ausnützen könnten; um ihren eigenen Einfluß auf die Massen zu stärken, haben sie sich entschlossen, die Begnadigung der nach der Affäre von Nancy auf die Galeeren geschickten Soldaten des Regiments Châteauvieux mit besonderem Gepränge zu feiern. An den volksnahen, demokratischen Charakter der von ihnen erwünschten »revolutionären« Armee kann dabei angelegentlich erinnert werden. Auch Rosalie Jullien, deren Begeisterung für die Revolution seit einiger Zeit rasch zunimmt, hat das Schauspiel nicht versäumen wollen.

Rosalie an Jullien
16. April, Jahr IV der Freiheit

»In einer Art Rausch der Freude schreibe ich Dir, mein lieber Freund. Das Fest ist vorbei; es hatte die ganze Pracht, die ganze großartige Einfachheit eines Volksfestes. Wären Sie nur hier gewesen! Die elende Reise! Grausame Trennung! Aber still, mein Herz, die große allgemeine Freude soll dies private Ungemach betäuben, und ich will Ihnen nun das Fest schildern.

Ich befand mich in der ersten Reihe eines Balkons einer Wohnung auf den Boulevards, gegenüber der Rue Monmartre, unter dem Schutz des guten Fräulein Canot. Alle Fenster auf allen Boulevards waren besetzt. Der Ansturm der Menschen auf der ganzen Strecke war so groß, daß man sich nicht vorstellen konnte, wie der Festzug überhaupt hindurchkommen sollte. Von der Barrière du Trône bis zum Marsfeld bot sich das gleiche Schauspiel ... Aber die Menge bildete in wunderbarer Ruhe eine Mauer, so daß die Aufgaben der Polizei nie besser und freundlicher wahrgenommen worden sind.

Den ersten Gruppen, die verschiedene Banner zu Ehren der Freiheit trugen, folgten die von kräftigen Männern getragenen Gesetzestafeln. Hierauf kamen die Abbilder großer Männer, die mit der Bürgerkrone gekront waren, dann Steine von der Bastille, in die die Worte ›Freiheit – Gleichheit‹ eingeritzt waren; sie wurden auf Bahren getragen, die in drei Farben geschmückt waren. Das Buch mit unserer heiligen Verfassung war in einer Lade eingeschlossen, der ein Trauersarkophag folgte, der von Zypressen umrahmt und mit Trauerflor bedeckt war; er enthielt die Asche der unglücklichen Nationalgardisten, die in Nancy umgekommen waren. Ein Banner in den Trauerfarben trug in großen Lettern die traurige Aufschrift: ›Die Opfer Bouillés‹. Ein beträchtliches Musikkorps begleitete den Trauerwagen mit entsprechenden Klängen.

Unter die Bürger hatten sich Gruppen von Nationalgardisten gemischt, die einige Frauen dabeihatten und untergehakt im Zug mitmarschierten. Obwohl sie keine gesonderte Gruppe bildeten, konnte man Danton, Manuel, Santerre usw. in der Menge erkennen. Die Soldaten des Regiments von Châteauvieux marschierten zusammen mit den Nationalgardisten und anderen Militärs; an ihrer Spitze ging Collot d'Herbois. Überall gab es nur Beifall. Frauen und Kinder streckten ihnen die Hände entgegen; die Männer lüfteten den Hut, und die Rufe ›Es lebe Châteauvieux!‹ stiegen bis zum Himmel, begleitet von den Rufen ›Es lebe die Nation!‹ und ›Es lebe die Freiheit!‹.

Eine Galeere und Ruder wurden auf einem etwas höheren Holzgestell mit der Aufschrift ›Das Verbrechen ist Schande, nicht das Schafott‹ herangeführt; darauf folgten etwa hundert junge Mädchen, die als Nymphen gekleidet und ebenso schön waren wie diese; sie trugen die Ketten der unglücklichen Soldaten . . . Die 83 Departements wurden von 83 Männern dargestellt, die dreifarbige Banner mit dem Namen des jeweiligen Departements trugen. Dazwischen immer wieder Gruppen von Nationalgardisten, Bürgern und Lastträgern in ihren Trachten. Da im Zug manchmal Lücken entstanden, schloß man sich zu Tanzrunden zusammen, und das *»Ça ira!«** wurde von den Bürgern an den Fenstern so oft und laut wiederholt, daß der Tanz ganz von alleine ging.

Aber sammeln Sie Ihre Aufmerksamkeit nun wieder, denn jetzt kommt ein prächtiger Wagen, der von zwanzig Pferden gezogen wird und in den Farben der Verfassung geschmückt ist; Führer in roten Mützen begleiten ihn zu Fuß, um Unglücksfälle zu vermeiden. Dieser Wagen war zwei Stockwerke hoch. Die Fama in der Gestalt einer schönen Frau wurde von einer Statue dargestellt und stand oberhalb der ersten Stufen mit einer Aufschrift, die ich nicht lesen konnte. Die stolze Statue der Freiheit befand sich auf der Plattform an der höchsten Stelle des Wagens mit dem Füllhorn und allen Attributen des Ruhmes und des Glücks . . .

Der gute Pétion hat sich mit Ruhm bedeckt. Er hat die Klugheit besessen, endlich das Departement und die Stadtverwaltung in dem edlen Gefühl zu vereinen, das Volk sich selbst zu überlassen und ihm die Ordnung seiner Feste anzuvertrauen. Keine einzige Patrouille, kein einziger Nationalgardist in Waffen, weder im Festzug noch auf den Straßen, und trotz der 600 000 Menschen kein Gedränge! Die Polizei des Volkes ist das gegenseitige Wohlwollen. Es ist wie eine große Familie, in der man sich an Rücksicht aufeinander übertrifft. Ich war dabei, ich war dabei! Und damit meine liebe Schwester Virginie, die ich sehr vermißt habe, sicher ist, daß ich in meinem Patriotismus nichts übertreibe, sage ich, daß, wenn morgen ein ähnliches Fest stattfinden würde, ich imstande wäre, Auguste allein dorthingehen zu lassen.«

* Bekanntes Revolutionslied.

Pétion, der Bürgermeister von Paris, hatte zu diesem Fest zahlreiche Persönlichkeiten eingeladen; Dupont de Nemours, Anhänger der Feuillants und Mitglied der Nationalversammlung, entrüstet sich in zwei offenen Briefen darüber. »Sie arbeiten, vielleicht ohne es zu wissen, damit einer Partei in die Hände, die seit langem mit ebensoviel Kühnheit wie Betriebsamkeit versucht, die Verfassung zu zerstören, um die Anarchie an ihre Stelle zu setzen«, schreibt er an Pétion. Er spricht von der »weisen, tugendhaften, ehrbaren und – was Sie nicht genügend beachtet haben – beherzten Mehrheit, die Gleichheit, Freiheit, Eigentum, Sicherheit, den inneren Frieden, Arbeit, Wohlstand und den Respekt vor den Gesetzen will, eine Mehrheit, die einer unvernünftigen, ungestümen, schuldigen und umstürzlerischen Minderheit gegenübersteht«. Und er fragt: »Hat das Volk eine andere Möglichkeit, seinen Willen zum Ausdruck zu bringen, als durch seine Vertreter?« Mit anderen Worten: Darf die Macht von der Straße ausgehen? »Das Volk beweist seine Souveränität, wenn es wählt«, fährt er fort und vergißt dabei, daß es das allgemeine Wahlrecht noch gar nicht gibt. »Es genießt seine Souveränität, wenn seine Vertreter Gesetze erlassen.«

Dupont de Nemours ist einer der gelehrten Männer seiner Zeit, einer, der schon jetzt die ökonomischen Mechanismen einer modernen Wirtschaft durchschaut. Als Liberaler möchte er, daß alle Bürger – mit Ausnahme der »untersten Klassen des Volkes«, wie sein Freund Mounier sagt – an der Führung der öffentlichen Angelegenheiten beteiligt werden. Was er fürchtet, ist eine zu weitgehende Demokratisierung, die die bestehende soziale Hierarchie gefährden und zu einer Gleichsetzung führen könnte, die seiner Meinung nach der menschlichen Natur zuwiderläuft. Kurzum, er vertritt die Interessen des Großbürgertums.

Pétion läßt die Vorwürfe unbeantwortet. Der Bevölkerung von Paris, die die Kälte Robespierres oft einschüchtert, sind sein leutseliges Auftreten und seine Biederkeit sympathisch; diese Eigenschaften sind jedoch auch der Grund dafür, daß er sich mit den besitzenden Klassen und sogar den erklärten

Feinden der Revolution arrangiert. Dupont de Nemours wird nur an seinem Schweigen erraten, daß die Positionen sich annähern: Pétion, der vor nicht allzu langer Zeit noch ein so enger Vertrauter Robespierres war, daß man die beiden Männer als »die zwei Köpfe der Revolution« bezeichnete, schließt sich den Brissotins an und wird einer der Führer der Gironde werden ...

Marc-Antoine indes ahnt von dieser politischen Entwicklung des Bürgermeisters von Paris noch nichts, und mit der großzügigen Anmaßung der Jugend glaubt er, die Verteidigung dieses »aufrechten, reinen und unbestechlichen Mannes« übernehmen zu müssen. Als Antwort auf die beiden offenen Briefe Dupont de Nemours', den er auf republikanische Art einfach »Dupont« nennt, läßt er zwei kleine Broschüren drucken. »Ich habe«, schreibt er in der ersten, »alle Schriftstücke vor Augen, die sich auf die unselige Affäre von Nancy beziehen [wahrscheinlich sind sie ihm von den Jakobinern zur Verfügung gestellt worden]. Ich kann aus ihnen nur den Schluß ziehen, daß jemand, der in der Lage ist, einen solchen Brief zu schreiben, damit nur beweist, daß er entweder böswillig oder sträflich dumm ist ...« Und ein wenig weiter: »Monsieur Dupont ist ein Zwerg, der auf Stelzen gestiegen ist, um als Riese zu erscheinen, und dessen geborgte Größe nur Dummköpfe beeindrucken kann.«

Sein zweites Pamphlet ist direkt an Dupont de Nemours gerichtet. »Sie verunglimpfen, beschimpfen, verleumden die besten Patrioten!« wirft er ihm vor. Aber dann scheint er sich zu erinnern, daß der Mann, den er angreift, ungefähr im Alter seines Vaters ist, und er mäßigt seinen Ton: »Mir geht es nicht um Personen, sondern um Prinzipien; allein Gerechtigkeit und Wahrheit bestimmen mein Vorgehen ... Verzeihen Sie: Ich bin frei, ich bin offen; die Offenheit ist die Gefährtin der Freiheit.«

In Paris erscheinen im Frühjahr 1792 zu viele Flugschriften, als daß die beiden Broschüren Marc-Antoines besondere Beachtung gefunden hätten. Er hat sie zwar bei den Jakobinern verteilt und ist auch von ihnen sicher dazu beglückwünscht worden. Aber sie beschäftigen sich schnell wieder mit dem derzeit wichtigsten Thema: dem Krieg.

Der Gironde ist es gelungen, dem revolutionären Elan die von ihr gewünschte neue Richtung zu geben; begeistert melden sich die Pariser zu den Waffen, und fast ohne Gegenstimmen beschließt die Nationalversammlung die Kriegserklärung an Österreich.

Rosalie an Jullien
20. April 1792

»Jules hat seit Ihrer Abreise nicht aufgehört, sein Tagebuch zu führen, und auch die übrige Zeit hat er ständig die Feder in der Hand. Heute morgen wollte er mich zur Nationalversammlung mitnehmen, aber die Hoffnung, einen Brief von Ihnen zu erhalten, hielt mich im Hause.

In der Nationalversammlung war es heute so voll, daß die Sitzung aufgehoben wurde, sobald der König den Saal verlassen hatte. Die Rede, mit der er den Krieg forderte, war einfach und verfassungsgemäß, die Antwort des Präsidenten kurz und treffend. Die vielen Frauen, die von den Ordnungskräften bis ins Allerheiligste vorgelassen worden waren, haben unsere guten Abgeordneten sehr nervös gemacht, weshalb die Sitzung um zwei Uhr, als der König ging, beendet wurde. Das, mein lieber Freund, hat Jules mir berichtet, der jetzt in seinem Zimmer schreibt.

Der *Moniteur* von heute meldet aus Frankfurt, daß die Kaiserin von Rußland festgenommen und inhaftiert worden ist. Der König von Schweden ist tot; der Kurfürst von Mainz sehr krank. Das Sterben ist unter all denen, die über die französische Revolution verärgert sind, so verbreitet, daß ich mehr und mehr an die göttliche Vorsehung glaube . . .«

Es ist sicher nicht das letztemal gewesen, daß die von Rosalie angesprochene Abneigung der Abgeordneten gegen die

Masse der Frauen auf den Rängen der Nationalversammlung sich so deutlich gezeigt hat. Von nun an sind die Frauen in der Revolution mehr und mehr präsent, wofür die Entwicklung Rosalie Julliens nur ein Beispiel ist: Umgeben von biederen Hausfrauen und stoppelbärtigen Tagelöhnern, nutzt die ehrwürdige Matrone aus Bourg-de-Péage nun mehrmals im Monat ihre Seidenroben auf den rauhen Bänken der Sektion »Panthéon Français« ab. Selbstverständlich gab es auch Frauen, die seit dem Beginn der Revolution »dabei waren«; ihre Begeisterung steigerte sich indes oft zu einer solchen Raserei, daß sie der Sache ihres Geschlechts nicht immer förderlich war (so etwa Théroigne de Méricourt und Olympe de Gouges). Die Schauspielerin Rose Lacombe, eine Anhängerin der Jakobiner, und die kultivierte Madame Roland, in deren Salon sich die Girondisten versammeln, tauchen erst später auf und beweisen mehr politisches Verständnis. In größerer Zahl greifen die Frauen allerdings erst ins revolutionäre Geschehen ein, als es um die Bedingungen ihres täglichen Lebens geht: etwa wenn die Lebensmittel knapp und teuer werden oder ein Krieg ihnen Männer und Söhne nimmt.

Die Kriegserklärung an Österreich gibt ihnen die Möglichkeit, sich an der großen nationalen Anstrengung zu beteiligen. Die zahlreichen Frauengesellschaften, die seit 1789 gegründet wurden – der »Klub der Freundinnen des Gesetzes«, die »Patriotische und wohltätige Gesellschaft der Freundinnen der Wahrheit«, die »Schwestern der Verfassung«, die »Wahren Republikanerinnen« und später die »Gesellschaft der revolutionären Republikanerinnen« mit Rose Lacombe an der Spitze –, geben sich nun eifrig ans Scharpiezupfen und ans Stricken. Die berüchtigten »Strickweiber« werden bis zur Beendigung der Terrorherrschaft die Galerien der Nationalversammlung besetzt halten und sich von zwar patriotischen, aber braven Hausfrauen in die Schicksalsgöttinnen der Revolution verwandeln.

Um das spontane Engagement der Frauen aufzufangen und in ihrem Sinn zu lenken, beschließen die unsicher gewordenen Abgeordneten, die Frauen zum Tragen der dreifarbigen Kokarde zu verpflichten – was die meisten von ihnen sowieso schon tun. Angeblich soll diese Maßnahme auf Rose Lacombe zurückgehen, die, so hört man, den Frauen gerne auch die rote Jakobinermütze und lange Hosen als revolutionäre Garderobe vorschreiben möchte. Aber das ist nur ein dummes Gerücht – vielleicht von den traditionell royalistisch gesinnten Marktweibern aufgebracht, die damit einige weibliche Anhängerinnen der Revolution, die – leider, leider – immer noch in Röcken kämpfen müssen, in Verlegenheit bringen möchten.

Rosalie an Jullien
26. Juli, Jahr IV

»Das Vertrauen der Öffentlichkeit und der patriotische Elan haben eine solche Kraft gewonnen, daß die Börse, die für viele Leute ein Thermometer ist, wunderbar floriert; alle Wertpapiere erleben eine Hausse. Die Nationalversammlung kann sich vor patriotischen Gaben kaum retten. Nicht mehr der Rhein ist es, der mit seinen Fluten unsere Versammlung überschwemmt und Rechte und Linke trennt, wie ein gewisser Abgeordneter sagte, sondern der Paktolus.* Nach jeder Sitzung ist der Schreibtisch der Sekretäre mit Gold bedeckt; diese hochherzige Raserei, die unsere Feinde erzittern lassen muß, ist der ›römischste‹ Beweis für die Erhabenheit des öffentlichen Geistes.

Unter den Jakobinern gibt es Streitigkeiten. Collot klagt Roederer und Brissot an; Robespierre hat sein Amt als öffentlicher Ankläger aufgegeben ... Da indessen keine Dämme den revolutionären Geist zu halten vermögen und die Philosophie der Aufklärung durch ganz Europa braust, haben wir große Dinge zu erwarten. Der Herzog von Braunschweig** ist ermordet worden.«

* Goldhaltiger Fluß im alten Lydien.
** Befehlshaber des gegen Frankreich gerichteten Feldzugs.

Kurz bevor Rosalie diesen Brief schreibt und den Herzog von Braunschweig, dem es nie so gut ging, fröhlich zu Grabe trägt, hat in Straßburg ein junger Offizier namens Rouget de Lisle ein Kriegslied komponiert. An diesem zwar nicht sehr eigenständigen, dafür aber von einem kollektiven Gefühl inspirierten Werk ist die allgemeine nationale und revolutionäre Begeisterung, die Frankreich erfaßt hat, sehr deutlich ablesbar. Ein neuer Abschnitt der Revolution beginnt: Ohne die Kriegserklärung an Österreich, die der Idee der Nation neue Kraft gab, wären der Sturz des Königtums und die Errichtung der Republik sicher nicht so bald möglich gewesen.

Auch die Anhänger Robespierres können sich, obwohl sie die Kriegserklärung für unklug und in jedem Fall für verfrüht halten, nun nicht mehr von einer Bewegung ausschließen, die das ganze Land in nationalen Taumel versetzt. Allerdings bemühen sie sich, dem Volk den revolutionären Charakter dieses Krieges vor Augen zu führen und eine vollständige Verschmelzung des aufständischen Geistes mit dem kriegerischen zu erreichen. Der Wille, zugleich gegen den inneren und den äußeren Feind zu kämpfen, findet im Kult der »Piken« seinen deutlichsten Ausdruck.

Die Piken wurden 1789 von der Bevölkerung von Paris erfunden. Nach dem Sturm auf die Bastille sind in zwei Tagen fünfzigtausend dieser Spieße geschmiedet worden, und seither gelten sie als das Sinnbild kämpferischer Freiheit. Da Feuerwaffen bereits seit einiger Zeit bekannt und gebräuchlich sind, ist die von ihnen ausgehende Bedrohung eher symbolisch, und im Krieg oder im Straßenkampf werden sie nicht sehr nützlich gewesen sein. Die Pike, eigentlich eine Fahne, von der man aus Bequemlichkeit nur den Schaft bewahrt hat, wird zum Zeichen des revolutionären Geistes: Die Sektion »Place Vendôme«, in deren Gebiet der Jakobinerklub liegt, hat um die Ehre gebeten, sich in »section des Piques« umbenennen zu dürfen; ein Kriegsschiff wird auf den Namen »La Pique« getauft; die Jakobiner haben eine mythische Figur, den General »La Pique«, geschaffen, der als Schreckgespenst der Aristokraten dient.

Trotz der Fortschritte des jakobinischen Geistes geht von ihnen noch immer große Gefahr aus.

Rosalie an Jullien
[Ohne Datum, jedoch nach der chronologischen Anordnung der Kopien der Briefe vom April 1792]

»Heute war ich in der Nationalversammlung; nie habe ich einer interessanteren Sitzung beigewohnt, nie haben meine Augen ein schöneres Bild erblickt. Sie haben Angst und zeigen doch die kühnste Unerschrockenheit. Es wurde beschlossen, daß die Nationalversammlung in Permanenz tagen soll. Um den Staat zu retten, der in der allergrößten Gefahr ist, wird sie weder bei Tag noch bei Nacht auseinandergehen. Gensonné, Bazire, Brissot, Merlin, Chabot, Carnot, Isnard haben getrennt voneinander den Nachweis geführt, daß eine Verschwörung im Gange ist. Der umfassende Bericht und die Beweise sollen diese Nacht vorgelegt werden.

Das Vorspiel hat heute die Stadtverwaltung von Neuilly geliefert, die der Versammlung eine Handvoll weißer Kokarden überbracht hat; Bauern hatten sie bei einem ländlichen Fest den Schweizern entrissen. Die Schweizer sollen Säbelhiebe versetzt, auf die Nation geflucht und die Verfassung auf das schändlichste verunglimpft haben. Aber unsere wackeren Bauern haben sich tapfer geschlagen. Die Schweizer sind festgenommen und ihrem Oberst übergeben worden.

Man ist gerade dabei, diese Ereignisse zu kommentieren, als eine Depesche der Stadtverwaltung von Saint-Cloud eintrifft; in ihr wird mitgeteilt, daß Monsieur de La Porte, der Intendant der Zivilliste, gestern in einem mit 52 Kisten beladenen Wagen auf geheimnisvolle Weise in der Porzellanmanufaktur erschienen ist, daß Feuer gelegt wurde und die besagten Kisten darin verbrannt sind. La Porte wird vor die Versammlung bestellt, um Rechenschaft abzulegen; er erscheint in der Haltung eines Verbrechers; er redet sich durch freche Lügen heraus, und dank der Kunst des Präsidenten kann er gesund und munter nach Hause gehen ...*

Bazire, Lacroix und Isnard haben die Garde des Königs angezeigt. Sie haben versichert, daß sich eidverweigernde Priester,** Lakaien und Offiziere aus Koblenz*** darunter befänden. Die Orgien beginnen wieder, ebenso skandalös wie in Versailles. Um die Gesundheit von Leuten wie Artois, Condé und Bouillé wird viel Wirbel gemacht; die dreifarbige Kokarde wird mit Füßen getreten.«

Rosalie an Jullien
30. April 1792

»Ach, mein Freund, wie habe ich Sie in diesen drei Tagen vermißt! Niemals, nein niemals hat das Volk sich mächtiger und ruhiger gezeigt. Seine Majestät hat in den Augen des Philosophen und des Beobachters einen ganz anderen Glanz als die der Könige. Ich habe gesehen, wie zwei- oder dreihunderttausend Menschen die Tuilerien, die Höfe des Schlosses und die Umgebung der Nationalversammlung füllten, und niemandem wurde auch nur ein Haar gekrümmt. Nachdem ich die Nationalversammlung verlassen hatte, wollte ich die Tuilerien durchqueren, und ich glaubte, ich könnte mich überhaupt nicht mehr aus der Menge befreien. Ich war an allen vier Toren, aber ich kam nicht durch. Von dort bis zum Pont-Neuf das gleiche Gedränge.

Marion, die in den Tuilerien war und sich in alle Gruppen gedrängt hat, hat treffliche Dinge vernommen. Stolz auf seine Kraft, wollte das Volk sie doch nicht mißbrauchen;

---

* Bei den von La Porte verbrannten Papieren soll es sich um Exemplare einer in London von Madame La Motte (der Initiatorin der Halsbandaffäre) gedruckten Broschüre gehandelt haben; die vollständige Auflage wurde angeblich vom Hof aufgekauft, weil er die Veröffentlichung als ehrenrührig für Marie-Antoinette ansah.

** Priester, die den Eid auf die Verfassung verweigerten.

*** Hauptquartier der Emigranten.

aber zwanzig tollkühne Burschen, die sittenlose Reden führten, hat es in einem Wasserbecken auf die Verfassung getauft. Darauf beschränkte man sich. Die zahlreichen Patrouillen, die sich unter die Menge gemischt hatten, respektierten die Mäßigung des Volkes und hatten nichts zu tadeln.

Die Sitzung, der ich am Dienstag von acht Uhr morgens bis fünf Uhr nachmittags beigewohnt habe, war bis zum Ende von ständig steigendem Interesse; es war, als hätte die Vorsehung selbst eine großartige Tragödie geschrieben, deren Spannung von Szene zu Szene wächst. Der höchste Beamte des Volkes, der tugendhafte Pétion, hat einen Bericht über die Polizei von Paris vorgetragen. Seine Ansprache war beredt und einfach: Die Masse der Bürger dieser großen Stadt sei rein, ihr Bürgersinn wach und entschlossen, die Übelgesinnten würden es nicht wagen, sich zu zeigen.

Ungefähr zwanzig Soldaten traten vor die Schranken und brachten mit edlem Anstand die schmerzliche Notwendigkeit zum Ausdruck, ihre Offiziere wegen der Weisung, die sie für die Nacht erhalten hatten, anzeigen zu müssen. Die Weisung ging dahin, den Garden des Königs und sogar der Nationalgarde die Tore zu öffnen. Man befahl die Offiziere vor die Schranke. Sie redeten sich damit heraus, daß sie sagten, sie hätten in dieser Nacht Unruhen in Paris befürchtet und den Befehl deshalb gegeben, damit alle, die in ihren Häusern Asyl suchen wollten, dies auch tun könnten.

Bazire begann mit seiner Anklagerede gegen die Leibgarde des Königs. Drei junge Gardisten verlangten, vor der Schranke gehört zu werden; in der Art junger und freier Seelen beschrieben sie Greuel, deren Zeugen und Opfer sie wurden. Wegen ihres Bürgersinns waren sie jedweder Unterdrükkung ausgesetzt. Sie sagten, im Vorzimmer der Königin sei die Schlappe von Mons als ein glorreicher Erfolg angesehen worden. Meine Feder sträubt sich, niederzuschreiben, was ich gehört habe. Die Wildheit der Tiger ist die Menschlichkeit der Höfe.

Plötzlich kündigte eine kriegerische Musik die Sektion Gobelins und das Viertel Saint-Marceau an. Der Redner, in ärmliche Lumpen gehüllt, sprach wie Cicero. Ich weiß nicht, woher die neuen Blüten der Beredsamkeit stammen, aber niemals gab es schönere. Der Redner bat die Versammlung um die Erlaubnis, die ehrenwerten Bürger der Sektion durch den Saal ziehen zu lassen, um den Gesetzgebern zu zeigen, wie viele Herzen ihnen entgegenschlügen und wie viele Arme sie unterstützten. Sechstausend Menschen, Soldaten, Männer, Frauen, Kinder, zogen so zum Takt der Trommeln herein. Die Frauen hatten den rechten Arm erhoben; die Männer warem mit Piken, Forken und dreigezackten Spießen bewaffnet. Die Kinder hatten den Säbel gezogen, und der Saal hallte wider von Rufen wie ›Frei leben oder sterben‹, ›Die Verfassung oder der Tod‹, ›Es lebe die Nationalversammlung‹, ›Das französische Volk ist frei; es kennt nur einen Herrn: das Gesetz‹, ›Es lebe die Nation‹, und all das dauerte ein halbe Stunde.

Die Nacht verging in größter Ruhe; Paris wird sorgsam beleuchtet. Die Gesetzgeber, die gebieterisch von der öffentlichen Meinung gelenkt werden, haben heute nacht die Entlassung dieser Prätorianergarde angeordnet, die bereit stand, uns auf das kleinste Zeichen hin zu erdrosseln. Cossé-Brissac wurde in den Anklagezustand versetzt. Ich habe Sie vermißt, ich habe Sie herbeigerufen, ich habe mich nach Ihnen gesehnt, mein Freund! Diese großartigen Szenen erschöpfen die Seele . . .«

Rosalie an Jullien
3. Mai, Jahr IV

»Mein teurer Freund, ich werfe mich in Ihre Arme, traurig, sorgenvoll, und weiß nicht, was ich Ihnen sagen soll, um nichts aufs Spiel zu setzen. In Erwartung neuer Nachrichten wagt man kaum zu atmen; alle Herzen sind bewegt, alle Sinne angespannt, und einer fragt den anderen, ob er nicht etwas Neues weiß. Von der Niederlage Dillons und seinem traurigen Geschick haben Sie schon gehört. Einige private Briefe scheinen seinen Verrat zu bestätigen. Eine zweite Offensive vor Mons, die von Monsieur de Biron geführt wurde, nahm ein noch unglücklicheres Ende, aber wenigstens gab es einen geordneten Rückzug. Die Nationalversammlung macht uns angst; man merkt, daß der Kanonendonner sie betäubt hat; man ist nicht mit ihr zufrieden. Die Aristokraten zeigen eine wilde Freude, die aber, wie ich hoffe, nur von kurzer Dauer sein wird.«

Robespierre hatte recht gehabt, als er es unüberlegt fand, Österreich und damit der Koalition der europäischen Herrscherhäuser den Krieg zu erklären. Der Armee mangelte es an Soldaten, an Gewehren und Munition und vor allen Dingen an geeigneten Führern. Die Mehrzahl der höheren Offiziere, die sich in ihren Vorrechten durch ein System bedroht sah, das Beförderungen auf demokratische Art entschied, blieb dem alten System verbunden. »Nein, den Generalen traue ich nicht über den Weg, und ich behaupte, daß sie fast alle, abgesehen von einigen ehrenvollen Ausnahmen, der alten Ordnung und der Vergünstigungen des Hofes nachtrauern. Ich verlasse mich nur auf das Volk«, erklärt Robespierre, noch bevor mit dem Feind verhandelnde Befehlshaber, die oft an den militärischen Rückschlägen schuldig waren, sein Mißtrauen bestätigten.

Die militärischen Niederlagen verleihen dem seit 1789 bestehenden Problem des Verrats besondere Aktualität. Es ist bekannt, daß die Monarchie von einem Ende Europas zum anderen nur eine einzige große Familie ist. Sie ist zwar oft durch Interessenkämpfe gespalten, aber die Einigkeit wird sofort wiederhergestellt, wenn an irgendeinem Ort ihr Prinzip in Frage gestellt wird, und es ist durchaus möglich, daß es auch ohne Marie-Antoinette am französischen Hof ein »Österreichisches Komitee« gegeben hätte.

Die Jakobiner und die äußerste Linke, das heißt Marat und Hébert, hören nicht auf, die Existenz eines solchen Komitees heftig anzuklagen. Aber ist es tatsächlich so mächtig? Seine Mitglieder – unter anderem Breteuil, Bertrand de Molleville und Mercy-Argenteau, der österreichische Diplomat französischer Abstammung – stehen zwar der Königin sehr nah (weniger dem König); aber sie verfügen nicht über die Mittel, dieses breitangelegte Komplott, das die Erhebung aller royalistischen Kräfte Frankreichs anstrebt und die ausländischen Truppen mit dem Herzog von Condé an der Spitze nach Paris führen soll, auch zu verwirklichen. Die Gefahr liegt woanders: in der Vendée und in der Bretagne, wo englische Schiffe royalistische Agenten absetzen; im Norden und im Nordosten, wo der militärische Druck sich verstärkt und von wo fast jeden Tag neuer Verrat bekannt wird. Trotzdem nimmt das »Österreichische Komitee« in der Vorstellung der Pariser immer bedrohlichere Ausmaße an und wird schließlich zum Hauptgrund für die Einführung der Schreckensherrschaft werden.

VI
Sonderbeauftragter in London

Über den revolutionären Wirren haben Marc-Antoines Eltern nicht vergessen, wie wichtig eine fundierte Ausbildung ist, und auch er selbst möchte trotz der jüngsten politischen Erfolge wie geplant seine Studien in England fortsetzen. Allerdings ist er nun nicht mehr der unbekannte Student, der er noch einige Monate früher gewesen wäre. Seit der Veröffentlichung der Broschüren gegen Dupont de Nemours und seinen Interventionen im Jakobinerklub kennen ihn die wichtigsten Politiker und haben es sich nicht nehmen lassen, dem jungen Mann Empfehlungsbriefe auszustellen.

Rosalie an Jullien
10. Mai 1792

»Unser ältester Sohn hat von den Herren Pétion, Dumouriez, Condorcet und Sillery Empfehlungsschreiben für London erhalten. Monsieur Dumouriez hat ihm in zwei sehr zuvorkommenden Briefen versichert, daß er ihm eine Stelle als Gesandtschaftssekretär geben würde, wenn er Minister bliebe. Er hätte sie gleich bekommen können, wenn er sich schon sechs Wochen früher an ihn gewandt hätte. Ungefähr zwanzig Abgeordnete, darunter Monsieur Hérault de Séchelles, bemühen sich, ihm in London Bekanntschaften zu verschaffen.

Nun, mein Freund, Mittwoch abend wird er abreisen, und mir ist ganz wohl dabei, auch wenn es mir das Herz zerreißt. Die Plätze in der Postkutsche nach Calais sind so gefragt, daß ich diesen hier durch die Gunst des Schicksals erhalten habe. Ein Reisender hat seine Pläne geändert, so daß für den

16. Mai ein Platz frei geworden ist. Wenn Sie diesen Brief erhalten, wird der Schmerz des Abschieds mein Herz erfüllen.«

Rosalie an Jullien
16. Mai 1792

»Die Herren Dumouriez, Condorcet, La Rochefoucauld, Brissot usw. haben das Vorhaben, Jules nach London zu schicken, unterstützt. Das arme Kind ist mit so vielen Empfehlungsschreiben versehen, daß es aus den Besuchen gar nicht mehr herauskommen wird. Er hat Briefe für Doktor Priestley, Lord Stanhope, Talleyrand, Chauvelin . . . Mir ist der von Madame Le Roux an ihren Bruder, Monsieur de Meuse, der liebste, in dem sie ihn darum bittet, er möge ihn für die ersten Tage bei sich aufnehmen und ihn wie ein eigenes Kind behandeln.

Heute morgen habe ich ihn in die Postkutsche gesetzt. Madame Dejean und Madame Perroud haben mich begleitet. Uns allen dreien war das Herz schwer; der gute Jules ist mit Zärtlichkeiten überschüttet und unter Klagen verabschiedet worden. Ich habe mir seine Reisegefährten angesehen. Es war ein Holländer dabei, der ein aufrechter Patriot ist und uns gesagt hat, er würde meinem Sohn bei Bedarf mit Rat und Hilfe zur Seite stehen. Ich habe keine elende Aristokratenfratze im Wagen gesehen, und ich versichere Ihnen, daß keine Emigranten darunter waren. Darin kenne ich mich aus.«

Ob die erwähnten Politiker ihre Empfehlungsschreiben für Marc-Antoine von sich aus ausgestellt haben? Oder hat sein Vater, der als stellvertretender Abgeordneter in der Nationalversammlung eingeführt ist, darum gebeten? Oder hat gar Marc-Antoine selbst Schritte unternommen, um sie zu erhalten? Die letzte Frage ist wegen der politischen Einstellung der Männer, die sich so zu seinen Gönnern machen, nicht ohne Bedeutung. Meist sind es Girondisten (sie stellen im Moment fast alle Minister); es wird ihnen nicht entgangen sein, daß Marc-Antoine Robespierre bewundert und sich gegen den Krieg ausgesprochen hat. Wollen sie ihn, obwohl er noch recht jung und politisch wenig bedeutend ist, auf ihre Seite ziehen? Die Empfehlungsschreiben sind warmherziger als erwartet, und nur Pétion hat sich mit nichtssagenden Floskeln begnügt. Ob er sich nicht mehr daran erinnert, daß Marc-Antoine es war, der ihn gegen die Angriffe Dupont de Nemours' verteidigt hat? Nur wenig später wird Marc-Antoine seinerseits Pétion vergessen haben ...

Da Dumouriez, der derzeitige Außenminister, im Moment keine freie Stelle hat, ernennt er Marc-Antoine zum »Diplomaten in Ausbildung«. Dieser Titel hat keinerlei praktische Bedeutung, sichert aber dem jungen Mann eine quasioffizielle Behandlung und verschafft ihm sowohl bei François-Bernard de Chauvelin, dem französischen Botschafter in London, als auch bei Talleyrand, dem eigentlichen Leiter der französischen Diplomatie in England, Zutritt. Condorcet, der Vorsitzende der Nationalversammlung, empfiehlt Marc-Antoine seinem Freund Lord Stanhope, dem allseits geschätzten Gelehrten und Mitglied des englischen Parlaments; er ist der Autor einer Verteidigungsschrift für die Französische Revolution und außerdem der Schwager des Premierministers William Pitt, der ein Gegner der Revolution ist. Als einfacher Student, dessen Briefe keinen Verdacht erregen, wird Marc-Antoine für einen von Spionen ungestörten Postverkehr zwischen diesen beiden Männern sorgen.

Auch von Joseph Priestley, der sich entschlossen hat, aus Liebe zur Revolution die französische Staatsbürgerschaft anzunehmen, wird er empfangen; der Gelehrte und Philosoph hat indes seinen Wohnsitz in England beibehalten, und nur kurz zuvor ist sein Haus von Demonstranten verwüstet worden, die der ultrarechte Schriftsteller Burke aufgehetzt hatte. Condorcet und seine Freunde hoffen, in Marc-Antoine jemanden gefunden zu haben, der sie verläßlicher als die stets verdächtigen Depeschen Talleyrands darüber informiert, ob die bislang von Georg III. und William Pitt der Revolution gegenüber bezeigte Neutralität fortgesetzt werden wird.

Die Emigranten finden zwar jenseits des Ärmelkanals eine herzliche Aufnahme, und die Möglichkeit, von hier aus heimlich nach Frankreich zurückzukehren, um dort die Agitation zu schüren, besteht durchaus. Aber im Falle eines Konflikts wäre es für die Seemacht England ein leichtes, eine Blockade Frankreichs herbeizuführen. Wie lange also wird der zerbrechliche Status quo trotz des von Österreich, Preußen und Schweden ausgeübten Drucks noch aufrechterhalten werden können? Wann wird England sich der Koalition der europäischen Mächte anschließen?

Dies ist die Frage, die die zahlreichen französischen Agenten in London zu beantworten haben. Aufgrund seines Alters ist Marc-Antoine am ehesten geeignet, zu bestimmten Kreisen Zugang zu erhalten, ohne Mißtrauen zu erregen. Daß die Informationsarbeit ihm für seine Studien nur wenig Zeit läßt, scheint er nicht sonderlich zu bedauern, denn seine politische Karriere kann hier schnelle Fortschritte machen. Später wird es ihm nur leid tun, diese Chance Leuten wie Dumouriez* und den Girondisten zu verdanken ... Das ist nun der unschuldige junge Mann, der auf der Reise von einem wakkeren Holländer väterlich beschützt werden soll ...

Rosalie an Jullien
23. Mai 1792

»Gestern war es in der Nationalversammlung so voll, daß es mir unmöglich war, einen Platz zu bekommen. Überall Menschenmassen, und aus allen Augen leuchtete der Patriotismus. Brissot und Gensonné haben großartige Reden gehalten, um die Existenz des Österreichischen Komitees zu beweisen. Der naive Dummkopf verlangt augenscheinliche Beweise, und dabei gibt es nur solche moralischer Art, denn die

---

* Er geht im April 1793 zu den Österreichern über.

bösen Geister sind gerissen und vorsichtig genug, ihre Verbrechen im dunkeln vorzubereiten. Aber die beiden Reden haben alles ganz klar und eindeutig an den Tag gebracht.

Gegen sechs Uhr sind wir in die Tuilerien zurückgekehrt. Ganz Paris war dort versammelt. Zahlreiche Gruppen hatten sich gebildet. Wir waren Zeuge zweier Begebenheiten, die die Menschen wie Wogen auf hoher See hierhin und dorthin trieben. Ein Bataillonskommandant hatte einem Zeitungsausträger, der die Rechtfertigungsschrift Robespierres verkaufte, eine Ohrfeige versetzt. Das Volk hätte ihn übel zugerichtet, wenn nicht die Nationalgarde gewesen wäre, die den Offizier tadelte und der Menge Genugtuung versprach. Trotzdem ist er hin und her geschüttelt, gestoßen, verhöhnt, geschlagen und schließlich von zwei- oder dreitausend Menschen zur Wache gebracht worden. Ich saß auf der Brüstung der Terrasse beim Wasser, und das alles geschah auf der Terrasse der Feuillants.

Kaum war die Ruhe wiederhergestellt, als das Gewitter von neuem losbrach. Wieder in alle Richtungen sich ausbreitende Menschenwogen. Dieses Mal war es der Dichter Roucher,* der eine Gruppe ›feuillantisieren‹ wollte; um seine aristokratische Glut abzukühlen, wollte man ihn in ein Wasserbecken werfen. Zum Glück für ihn zeigte ein Friedensrichter seinen kleinen weißen Stab, und das gute Volk, das von dem plötzlichen Auftauchen dieses Zeichens des Gesetzes überrascht war, gab sich mit der Forderung zufrieden, Roucher aus den Tuilerien zu jagen. Er wurde von der Menge bis zum Tor in der Nähe der Pont-Royal begleitet, so daß ich, weil ich auf der Brüstung saß, diese Szene ganz genau beobachten konnte. Ich versichere Ihnen, daß der Patriotismus wach ist, aber er hat so mächtige Feinde, daß vor dem Sieg noch manche Kämpfe zu bestehen sein werden.

Die Preise der Lebensmittel haben sich verdoppelt. Alle Mittel sind recht, um das Volk auszuzehren . . .«

---

* Jean-Antoine Roucher, Royalist; zusammen mit dem Dichter André Chénier am 24. Juli 1794 hingerichtet.

Auf diese Klagen Rosalies – die nur die der gesamten Bevölkerung wiederaufnimmt – hält Jacques Roux, ein ehemaliger Priester, eine Antwort bereit: »Fordert die Todesstrafe für Lebensmittelschieber und für die, die durch Geldgeschäfte unsere Assignaten in Verruf bringen und die Nahrungsmittelpreise hochtreiben. Fordert strenge Bestimmungen für die Getreidetransporte ...« Die Maßnahmen, die er in seiner Zeitung ebenso ungestüm wie Marat, aber mit einer besseren Kenntnis ökonomischer Gegebenheiten vorschlägt, kommen dem gleich, was wir heute ein »sozialistisches Programm« nennen würden: staatliche Organisation der Lebensmittelversorgung in den Städten, Vereinheitlichung und Kontrolle der Preise, Unterdrückung jeder Art von Spekulation usw. Damit ist Jacques Roux in den Augen der bürgerlichen Revolutionäre ein »Enragé«.*

Das Volk allerdings wird von dieser Bezeichnung keineswegs in Angst und Schrecken versetzt. Dem Ernst der wirtschaftlichen Lage verdanken der ehemalige Priester und ein junger Mann namens Varlet, der sich ihm angeschlossen hat, im Gegenteil zahlreiche Anhänger. Der tatsächliche Wert der Assignaten ist um ein Viertel oder ein Drittel ihres Nominalwertes gesunken. Viele Lohnarbeiter verlangen, nicht mehr in barem Geld, sondern in Naturalien bezahlt zu werden. In den Geldgeschäften mit dem Ausland erreicht die Entwertung der Assignaten bis zu 60 Prozent. Die Geschäftsleute versuchen, das »schlechte« Geld so schnell wie möglich wieder loszuwerden, und kaufen Waren auf, deren Preis infolge der wachsenden Nachfrage steigt. Der Krieg und die ersten militärischen Rückschläge führen dazu, daß der »Run« auf die »festen« Werte noch zunimmt und die Kaufkraft des Geldes weiter sinkt. Um die öffentlichen Finanzen vollends zu zerrütten, stacheln, von eidverweigernden Priestern unterstützt, royalistische Agitatoren die Bevölkerung dazu auf,

* Deutsch etwa: »Wütender«. Eine Gruppe radikaler Sansculotten um den Priester Jacques Roux. Sie forderten zwangswirtschaftliche Maßnahmen gegen das Massenelend.

keine Steuern zu zahlen, was vor allem in der Bretagne befolgt wird.

Angesichts der fortschreitenden Anarchie sollte man glauben, daß selbst so extreme Maßnahmen wie die Einschränkung der individuellen Freiheitsrechte allgemeine Zustimmung finden würden. Aber paradoxerweise wird das Wort »Anarchie« gerade auf die Maßnahmen angewandt, die in das wirtschaftliche Leben des Landes ein wenig mehr Ordnung und Gerechtigkeit bringen könnten. Nicht nur Feuillants und Girondisten sehen Kontrolle und Preisbindung sofort als Erpressung an und setzen einen leichten Rückgang der Gewinne mit Raub und Plünderung gleich; auch die Jakobiner, Robespierre als erster, verdammen die »verderblichen« Theorien von Jacques Roux und den Enragés.

Dies ist zum einen politische Strategie und soll das kleine und mittlere Bürgertum nicht verschrecken, das nur so lange jakobinisch denkt, wie sein Besitzstand nicht in Frage gestellt wird; zum anderen aber drückt sich darin die Unfähigkeit der Menschen dieser Zeit aus, ökonomische Zusammenhänge zu begreifen. Robespierre und seine Anhänger verurteilen zwar eine zu große Ungleichheit des Besitzes und vertreten sozialistische Tendenzen; aber sie sind oft unfähig, auch das dazugehörige politische System zu entwerfen.

Hier zeigt sich ein Mangel des klassisch ausgerichteten Unterrichts. Im nachhinein ist dies auch Marc-Antoine bewußt geworden, und er vermerkt: »Die allgemeine Erziehung vor der Revolution [1792 hat sich daran allerdings noch nichts geändert] war in verschiedener Hinsicht nicht frei von einer allen Lehranstalten gemeinsamen Untugend. Das Studium der Sprachen [er denkt besonders an die toten Sprachen], das fast ausschließlich die kostbaren Jahre der Kindheit in Anspruch nahm, hat nur Literaten, Schulmeister, Bücherschreiber und Halbgelehrte hervorgebracht und nur sehr wenige Bürger, die zu einem gesellschaftsbezogenen Beruf geeignet waren.«

Diese Gleichgültigkeit gegenüber ökonomischen Gegebenheiten, von denen nur die vordergründig sichtbaren Aspekte überhaupt wahrgenommen werden – Hungersnöte und in geringerem Umfang die Arbeitslosigkeit –, ist auf den Vorrang zurückzuführen, den die abstrakten politischen Prinzipien, die formalen Freiheiten, die Idee der Nation, der Kampf gegen den religiösen Aberglauben usw. besitzen. Da das Volk zu drei Vierteln aus Analphabeten besteht, hat man diese Prinzipien in Bilder umsetzen müssen, und unter Zuhilfenahme vieler Symbole ist so eine Art Abc-Buch der Revolution entstanden. Die rote Mütze, die Liktorenbündel, die Pike, die Kanone und natürlich die Trikolore erscheinen nun zuhauf im Kopf der offiziellen Dokumente, der Assignaten, der Zeitungen, der öffentlichen Aushänge, an der Stirnseite von Gebäuden, auf Möbeln und Porzellan. Die Revolution spinnt sich ein in diese Bilderschrift, die den wesentlichen Inhalt der politischen Reden wiedergibt und hier und da von immer den gleichen Losungen begleitet wird: »Freiheit oder Tod«, »Es lebe die Nation«, »Tod den Tyrannen«.

Die Redner und Journalisten der verschiedenen revolutionären Parteien beschränken sich darauf, dieses Lesebuch mit Anspielungen auf die griechische oder römische Geschichte zu vervollständigen. Die wirklich wichtigen Fragen, das heißt die, die sich auf die Wahl eines Gesellschaftssystems beziehen, werden fast nie angesprochen. Wieder und wieder beschäftigt sich die Revolution mit den gleichen alten Themen, dreht sich um sich selbst, und die Quintessenz aller Politik scheint sich für immer auf einen gallischen Hahn mit dreifarbigem Schwanz zu beschränken, der auf einem handbemalten Teller über der Erklärung der Menschenrechte thront.

Obwohl auch Rosalie Jullien jeden Tag, wenn die gute Marion vom Markt zurückkommt, das Steigen der Preise und die Knappheit der Lebensmittel feststellen muß und ihr bei ihren Gängen durch Paris sicher die wachsende Zahl der Arbeitslosen, der Bettler, der Prostituierten und der in Lumpen gehüllten Kinder aufgefallen sein wird, erörtert sie immer noch das, was bereits ein politisches Klischee geworden ist: die »ewigen Prinzipien von 89«.

Rosalie an Jullien
6. Juni 1792

»Madame Dejean und Ihr Bruder waren gestern bei mir zum Abendessen. Sie werden den Aristokraten immer ähnlicher und sehen das, was ich weiß sehe, schwarz. Sie geben vor, das Volk und das öffentliche Wohl mit ebensoviel Reinheit und Eifer zu lieben wie ich. Wir haben darüber diskutiert, ohne zu streiten; mit dem Olivenzweig in der Hand haben wir Krieg geführt und nur unser Gewissen sprechen lassen.

Die Revolution, die so viele Wunder vollbracht hat, bleibt meine einzige Hoffnung. In der Nationalversammlung fällt immer noch ein goldener Regen. Minister Servan geht unbeirrt auf sein Ziel zu; er hat für den 14. Juli eine Föderation vorgeschlagen, die eine achtunggebietende Menschenmenge aus allen Departements hierherführen würde und so noch einmal das ewige Komplott vereiteln könnte, dessen Fäden ebenso schnell wieder geknüpft werden, wie sie zerrissen werden. Diese Idee erscheint mir ausgezeichnet; sie ist von der Mehrheit der Abgeordneten und dem Publikum begeistert begrüßt worden.

Die Lastträger der Markthallen, die sich den Beinamen ›Die Starken des Vaterlandes‹ gegeben haben, haben 800 Franc auf dem Altar der Versammlung niedergelegt. Sie haben gesagt, man müsse die Erklärung der Menschenrechte und die Verfassung wie ehedem die Bundeslade an der Spitze der Armeen tragen; sie seien überzeugt, daß dieser Anblick ihre waffentragenden Brüder ebenso entflammen würde wie sie selbst und daß diese dann mit aller Macht den Sieg erkämpfen und die ganze Welt bezwingen würden.«

Marc-Antoine ist nun schon seit einiger Zeit in London und teilt seiner Mutter in einem Brief mit, daß die Aufnahme, die er dort gefunden hat, alle Erwartungen übertroffen hat. Lord Stanhope hat zwei Stunden lang mit ihm geplaudert; Talleyrand hat ihn mit Freundlichkeiten überhäuft; der französische Botschafter Chauvelin hat ihn empfangen, ihm angeboten, seine Briefe zusammen mit der diplomatischen Post befördern zu lassen, und ihm einen Platz in der für die Botschaft reservierten Loge in Covent Garden zur Verfügung gestellt. Trotzdem ist Marc-Antoine von England enttäuscht.

Rosalie an Jullien
14. Juni 1792

»Jules bekommt die finstere Gemütsart der Engländer nicht. Ihr Trübsinn verstärkt seine natürliche Melancholie, und der Despotismus, den der König unter dem stolzen Namen der Freiheit ausübt, bekümmert seine Seele und läßt ihn fast verzweifeln. Unsere Revolution ist im allgemeinen in London nicht beliebt; der Hof haßt sie, das Volk ist eifersüchtig, und der selbstsüchtige Teil der Nation fürchtet ihre ansteckende Wirkung. Nur aufgeklärte Philosophen bewundern sie. Für Lord Stanhope ist Jules das, was Sie früher für den Abbé de Mably gewesen sind: ein Schüler. Nur unter Wahrung der allergrößten Vorsicht wird unser junger Patriot in England in Sicherheit sein. Er geht nicht zum Klub; die Kaffeehäuser sind voll von Spionen der englischen Regierung . . .«

In den Briefen Marc-Antoines an Condorcet ist von Trauer, Entmutigung und dem angeblichen Haß der Engländer auf die Französische Revolution nichts zu spüren. »Die öffentliche Meinung in England ist uns geneigter, als man glaubt«, schreibt er an den Präsidenten der Nationalversammlung, »und wenn König Georg es trotz seines öffentlich abgegebenen Versprechens wagen würde, der französischen Nation den Krieg zu erklären, so glaube ich, daß die englische Nation reif genug wäre, bei dieser Gelegenheit ihre Freiheit zurückzuerobern.« Nur nebenbei wird man bemerken, wie selbstverständlich der Siebzehnjährige über die Reife des englischen Volkes urteilt.

Wie kommt es nun zu diesem optimistischen Ton, zu diesen widersprüchlichen Aussagen? Die Zerrissenheit der Psyche Marc-Antoines tritt hier klar zutage. Schon von Natur her besitzt er eine eher melancholische Gemütsart; bereits sein Geburtsdatum deutet darauf hin, denn er ist im Sternzeichen der Fische geboren. In Gegenwart seiner Mutter verstärkt sich diese Veranlagung zur Depression, und alles, was er sagt oder tut, scheint dann auf die eine Frage hinauszulaufen, die von den Romantikern im Chor wiederholt werden wird: »Warum hast du mich zur Welt gebracht?«

Wie alle Melancholisten hat Marc-Antoine den unbewußten Wunsch, zu seinem Ursprung, das heißt in den mütterlichen Schoß, zurückzukehren. Da er sich diese Anziehung, die Freud den Todestrieb nennen wird, natürlich nicht eingestehen kann, glaubt er im Umkehrschluß, seine Mutter wolle ihn nicht loslassen und sei begierig, ihn sich wieder »einzuverleiben«. Von daher werden sowohl sein Wunsch, sich vom Elternhaus zu entfernen, als auch die mit Furcht, manchmal mit Haß gemischte Liebe, die er für sie empfindet, erklärlich.

Obwohl Rosalie Jullien mit ihrer mütterlichen Zuneigung Marc-Antoine oft ein wenig überfällt, versucht sie nie, ihn in einer unnatürlichen Abhängigkeit zu halten. Im Gegenteil, sein melancholisches Wesen hat sie immer beunruhigt, und stets warnt sie ihn vor den »Ausbrüchen seiner Empfindsamkeit«. Sie möchte, daß er frisch und lebendig, aktiv und entschlossen ist. Sein Ehrgeiz, der ihn einen so glänzenden Einstieg in die Politik finden ließ, ist nicht zuletzt von Rosalie Jullien geweckt worden. Im allgemeinen hat Marc-Antoine für ihre Ratschläge durchaus ein offenes Ohr; nur im Falle einer besonderen seelischen Belastung kommt der ursprüngliche Trieb zum Vorschein und veranlaßt ihn dazu, das kleine, schwache, verängstigte Kind zu spielen, das sich nur allzu bereitwillig in den sorgenden Schutz der Mutter flüchtet.

Im vorliegenden Fall übertreibt Marc-Antoine allerdings nur die tatsächlich empfundene Wehmut und Enttäuschung. Es ist eine Tatsache, daß die Französische Revolution in

England nicht geliebt wird. Warum aber belügt er einen Mann wie Condorcet, der sein Vertrauen in ihn gesetzt hat und verläßliche Informationen von ihm erwartet? Wahrscheinlich weiß er, daß er damit am ehesten den unbewußten Wünschen dieser Männer entgegenkommt. Der Glaube an die Revolution verlangt, daß sie überall auf der Welt freudig begrüßt wird; schließlich ist 1789 für die ganze Welt das Licht der Freiheit angebrochen. Behaupten, daß es noch einige gibt, die es nicht sehen, hieße, die Existenz dieses Lichts überhaupt in Frage zu stellen; einzugestehen, daß das englische Volk seinen König liebt, würde Marc-Antoine dem Verdacht aussetzen, konterrevolutionäre Thesen zu verbreiten. Er hat dies begriffen, seit er zum erstenmal bei den Jakobinern gewesen ist. In der Politik muß man der Zeit immer ein wenig voraus sein. Die Wahrheiten von morgen können nur dann Wirklichkeit werden, wenn man sie schon heute als gegeben ansieht. Um ihre tatsächliche Schwäche vergessen zu machen, muß die Französische Revolution angesichts der tödlichen Gefahr eine Selbstsicherheit an den Tag legen, die sie in Wirklichkeit nicht besitzt, und überzeugt sein, daß auch alle anderen Völker sie sehnlichst erwarten. Der Schrekkensherrschaft, dem »Terror« des Jahres 1794, geht der moralische Terror voraus.

Langweilt Marc-Antoine sich in London wirklich so sehr, wie er seiner Mutter schreibt? Noch besitzt die oft düstere Stadt die belebten, volkstümlichen Viertel, die Schriftsteller wie Fielding und Defoe zum Schauplatz ihrer Romane gemacht haben. Erst im Zuge der zunehmenden Industrialisierung wird sich der ärmere Teil der Bevölkerung in den Vorstädten in der Nähe der Fabriken niederlassen und London zu einer zwar respektierlichen, aber trostlosen Stadt machen.

Die offiziell gewahrte Neutralität macht England im Moment zum Kreuzungspunkt all derer, die die explosionsartige Erschütterung der Französischen Revolution aus der gewohnten Bahn geworfen hat. Zu den französischen Emigranten, die ihr Leben nicht in der Armee des Prinzen von Condé riskieren wollen, kommen österreichische und preußische

Agenten, die die öffentliche Meinung zugunsten einer bewaffneten Intervention in Frankreich beeinflussen möchten, außerdem französische Agenten (wie etwa Marc-Antoine) sowie eine Unzahl von Menschen unterschiedlichster Nationalität, die vom Wohlstand der wiedererstarkenden Großmacht angezogen werden. Die fast karikaturhaft zu nennenden Zeichnungen Rowlandsons rufen das Bild dieser sich in Tavernen und Theaterfoyers, bei Spielrunden, Pferderennen und den ersten mit blanken Fäusten ausgetragenen Boxkämpfen tummelnden Menschen wach.

Trotz des kosmopolitischen Charakters der Stadt und einer langen liberalen Tradition haben die von Frankreich verfochtenen Prinzipien der Freiheit in England keine große Anhängerschaft gefunden. Die Revolution wird, da sie die Gesellschaft grundlegend verändern möchte, sogar als gefährlich irrational angesehen. Leidenschaften kommen hier nur selten ins Spiel, und auch das erniedrigende Schicksal eines Königs von Frankreich läßt die Engländer eher gleichgültig.

Rosalie an Jullien
Mittwoch abend, 20. Juni 1792

»Welch ein Tag! Welch ein Triumph! Welcher Schutz des Himmels für das gute Volk! Gegen elf Uhr habe ich das Haus verlassen. Beim Überqueren der Place du Carroussel habe ich mit Erschrecken festgestellt, daß um das ganze Schloß herum ein dreifacher Kordon von Kavalleristen gebildet worden war. Eine unzählbare Menge von Neugierigen füllte den restlichen Platz bis hin zur Nationalversammlung. Endlich erreiche ich die Treppe zu Eurer Galerie. Man versichert mir, sie sei besetzt. Ich gehe zur Galerie von Monsieur Eury, und da sitze ich nun zwischen Mademoiselle Canot und Julliot, neben mir Auguste. Die arme Marion ist draußen geblieben; so werden Sie von verschiedenen Seiten erfahren, was geschehen ist, denn Marion versteht es, Augen und Ohren offenzuhalten und gut zu beobachten.

Nie war die Versammlung glanzvoller und majestätischer. Kein einziger freier Platz. Das Departement tritt vor die Schranke: La Rochefoucauld, Dumouriez usw. Roederer ergreift das Wort. Er sagt, die Verfassung verböte Zusammenrottungen, er sei sicher, die Mehrheit des Volkes sei rein, daß es aber Böswillige gäbe, usw. Vergniaud besteigt die Rednertribüne; alle Herzen fliegen ihm zu; maßvoll führt er die Gründe an, die dafür sprechen, das Volk zu empfangen, auch wenn es dem Buchstaben der Verfassung widerspricht. Er schlägt keine großen Töne an; er hat es nicht nötig, um zu überzeugen ... Nach verschiedenen kleinen Zwischenfällen beschließt die große Mehrheit die Zulassung der Bittsteller vor den Schranken der Versammlung.

Genau zwei Stunden hat das Volk in großartiger Ruhe und Ordnung in der Versammlung verbracht. Man sah mit Piken bewaffnete Bürger, Nationalgardisten, leichte Infanterie, Grenadiere, Linientruppen, Damen, Frauen aus dem Volk, alle durcheinander im wahrhaften Geist der Gleichheit und der brüderlichen Einheit. Sie trugen die geheiligten Tafeln der Menschenrechte und tausend Symbole der Verfassung und der Freiheit. Militärmusik spielte das *Ça ira!*

Marion hat erstaunliche Dinge gesehen. Das Volk ist beim König gewesen. Es hat ihm zwei Kokarden angeboten, eine dreifarbige und eine weiße. Ludwig hat die dreifarbige genommen; er hat die rote Mütze aufgesetzt; man hat ihm stolze Dinge gesagt. Marion war mit 200 000 anderen Seelen in den Tuilerien; in allen Fenstern des Schlosses stand das Volk und gab Zeichen des Friedens und der Zufriedenheit. Man sagt, die Frau des Königs sei heute morgen abgereist, wohin, weiß man nicht.

Donnerstag morgen

Die Nacht war ruhig. Der Perückenmachergeselle, der schon öfter Nachrichten im Haus verbreitet hat, sagt, das Volk habe überall die größte Mäßigung und die größte Umsicht walten lassen. Die Aristokraten, die von diesem Ereignis den Beginn des Bürgerkriegs in Frankreich erwarteten, haben gestern abend tausend falsche Gerüchte verbreitet. Man sagte, das Schloß sei geplündert worden, und tausend andere Verleumdungen. Die große Mehrheit war in so großer Einmütigkeit, daß sich nicht der geringste kleine Zwischenfall ereignete. Das Volk hat lediglich den König gedrängt, der Verfassung zu folgen und seine Versprechen zu halten. Die Königin war bei ihrem Gemahl; sie hat ihren Sohn Monsieur Santerre gegeben, damit er ihn auf den Arm nimmt und ihn dem Volk zeigt.

Was soll ich Ihnen sagen? Alles ist so verwirrend, daß ich nicht für die Wahrheit bürgen kann. Was aber sicher erscheint, ist dank des guten Geistes des französischen Volkes die Ordnung dieser schönen Unordnung und die allgemeine Ruhe. Sie haben aus diesem Ereignis ein wahres Bürgerfest gemacht.

Als ich über den Pont-Neuf ging, habe ich eine riesige Menschenmenge gesehen, die einen Freiheitsbaum pflanzte. Das Glockenspiel der Samaritaine spielte *Ça ira!* Heinrich IV. auf seinem Standbild schien den Takt zu schlagen ... Mein guter Freund, warum bist Du nicht hier? Ich würde alles mit Deinen Augen sehen. Aber mein Verlangen, alles zu sehen, um es Dir berichten zu können, und die Liebe zum Volk, die sich auf die Liebe zur Menschheit gründen, machen mich um es so besorgt, daß ich nicht untätig bleiben kann, wenn ich spüre, daß es in Gefahr ist. Gestern hatte ich einen Fieberanfall, weil ich einen Augenblick über sein Schicksal im ungewissen war ...

Man hat mir versichert, der König habe einige Flaschen Wein genommen, aus ihnen auf das Wohl der Nation getrunken und sie auch den Offizieren angeboten. Er hat sich Zeit bis heute morgen zehn Uhr ausbedungen, um über die beiden Vetos nachzudenken. Beurteilen Sie seine Freiheit nach dem Geschrei der schwarzen Kröten. Aber da er sie nur gebraucht, um Böses zu tun, machen seine Fesseln die Freiheit des Volkes aus.«

Der 26. Juni, an dem das Volk gewaltsam in die Tuilerien eingedrungen ist, hat in den darauffolgenden Tagen kein direktes politisches Ergebnis. Die Halsstarrigkeit des Königs, der gegen ein Dekret über die eidverweigernden Priester und die Errichtung eines Lagers von 20000 Nationalgardisten in der Nähe von Paris sein Veto eingelegt hatte, scheint ungebrochen. Mit demagogischer Schläue – durch das Aufsetzen der roten Mütze und einen Schluck aus der Weinflasche – ist es dem König gelungen, das Volk noch einmal von seiner Gutwilligkeit zu überzeugen.

Wahrscheinlich hat der theatralische Charakter der Aktion den König beruhigt (man sang; auf der Spitze einer Pike wurde ein Kälberherz mit dem Schild »Herz eines Aristokraten« umhergetragen): Es war lediglich ein »Happening«, ein Psychodrama, wie wir heute sagen würden. Eine Leidenschaft, die sich in Bildern verausgabt, die sich an ihrem eigenen Schein berauscht, ist ungefährlich.

Trotzdem bedeutet der 20. Juni für die Revolution einen großen Sprung nach vorn. Sie hat sich an diesem Tag selbst ihren Mut bewiesen und endgültig das Königtum seines Nimbus beraubt. Es war ein Vorspiel zum 10. August, an dem der Sturz Ludwigs XVI. vollendet werden wird. Von diesem Tag an spiegeln die Gefühle Rosalie Julliens ziemlich genau die der Allgemeinheit wider. Die vordem streng religiöse und sowohl ihrer bürgerlichen Stellung als auch ihrer Bildung bewußte Frau spricht nun mit Schärfe von der »bürgerlichen Aristokratie«. Die zum Großteil adligen Offiziere bezeichnet sie verächtlich als »Lamettaträger«. Dies hat bei ihr nichts mit der von einigen Salons praktizierten oberflächlichen Schwärmerei für die Sansculotten zu tun. Rosalie hat ihre republikanischen Gefühle allmählich entwickelt; zu einer entschiedenen Befürworterin der Republik wird sie erst, als die fast erschreckende Leere, die der seit dem 20. Juni de facto eingetretene Sturz des Königtums hinterläßt, danach verlangt, institutionell und sozial aufgefüllt zu werden. Der Freiraum ist größer als erwartet, und so reicht die republikanische Idee bald nicht mehr aus, wird radikaler und macht Bestrebungen nach der allgemeinen sozialen Gleichheit Platz. Der Vorgang ist als »Ergebnis der revolutionären Eigendynamik« bekannt. Aber ist es nicht möglich, daß in dieser Zeit einer politischen Unschuld Demokratie und Gerechtigkeit im allgemeinen Bewußtsein untrennbar verbunden waren?

Rosalie an Jullien
24. Juni 1792

»Die Ereignisse sind so zahlreich und der Gewitterwolken so viele, daß man kaum atmen kann. Der Mittwoch [der 20. Juni] wird vielleicht üble Folgen haben, denn die Nationalversammlung gibt nach. Ein Dekret von heute gibt genaue Anweisungen für bewaffnete Versammlungen. Die Bekanntmachung des Königs von gestern, die überaus verschwenderisch angeschlagen worden ist, ist so verleumderisch und frevlerisch, daß sie eine gerechte Entrüstung hervorruft. Aber unglücklicherweise verlangen die bürgerlichen Aristokratie und zahlreiche Gemäßigte, die, wie sie sagen, die Verfassung wollen, daß das Volk vollkommen ruhig bleiben muß. Eine Bekanntmachung der Stadtverwaltung geht in die gleiche Richtung. Wenn das arme Volk sich morgen zu rühren wagt, ist es tot . . .

Monsieur Boucly hat nicht versäumt, mir freundlich-herablassend von den politischen Prinzipien des Montaigu-Klubs zu berichten. Ich habe ihm gesagt, sie seien Feuillants. Er meint, daß die ausführende Gewalt* hinterlistig und verräterisch sei, daß es aber die Aufgabe der Verfassung wäre, sie auf den richtigen Weg zu bringen. Es gehe darum, vor allem die Verfassung zu respektieren. Das bewaffnete Volk ist für ihn nicht das wahre Volk; nur Fremde, Räuber und das, was man früher die Hefe des Volkes nannte, sind, weil sie nichts haben, an der Unordnung interessiert. Ich habe ihm ruhig gesagt, was ich sagen konnte, aber ich habe darin das

* In dieser Zeit gebräuchliche Bezeichnung für den König.

Werk der bürgerlichen Aristokratie gesehen, die diese gefährliche Spaltung in die Klasse des Volkes hineinträgt.

Das Bataillon von Sainte-Geneviève steht schon in Bereitschaft. Ich habe den Platz überquert. Ein Offizier sagte zu mir: ›Madame, wir werden das Gesetz schützen.‹ Er entfernte sich. Ein Soldat antwortete: ›Wir sind nicht seiner Meinung. Pah! Çà ira:* Wir werden nicht schießen.‹ Wenn das Volk sich in Bewegung setzt, dann mit solcher Kraft, daß die Garde nichts daran ändern kann. Aber seine Anführer werden es dem nicht aussetzen . . .

Wenig später bin ich nochmals zur Place du Panthéon gegangen, wo drei Bataillone mit ihren Kanonen standen; die Lunten waren entzündet. Man sah fast nur Offiziere. Ein nettes Regiment von ›Bartplattdrückern‹; so nennt man ihre hohen Kragen. Die Frauen scherzten: ›Diese Herren warten sicher, daß es Österreicher regnet, denn sie sind viel zu galant, um Franzosen zu töten.‹ Eine andere: ›Das ist wahrhaftig die Armee von Koblenz. Nur Lamettaträger.‹ Bis ein Uhr haben sie herumgelungert, dann haben sie das Signal zum Rückzug gegeben.

Um sieben Uhr abends haben wir uns auf die Tribünen unserer Sektion im Collège de Navarre gedrängt. Wir haben den Beschluß gehört, daß der Kommandierende General und Monsieur Pinon das Vertrauen der Nation verloren haben, weil sie dem König die Befehle Pétions mitgeteilt haben . . . Der erste Gedanke von Marion und mir war, Sie zu bedauern: ›Wie schade, daß Monsieur Jullien nicht hier ist! Was wäre das für seine große und schöne Seele für ein süßer Genuß gewesen!‹«

* Deutsch auch: »Es wird schon gehen.«

VII
Die Geburt einer Republik

Das sommerliche London müßte Marc-Antoine eigentlich ein wenig seiner trübsinnigen Stimmung entreißen, aber seine Briefe sind weiterhin von jener Melancholie geprägt, die ein Ausdruck seines Charakters ist. Es scheint, daß er die ihm gebotenen Zerstreuungen verschmäht und kaum die diplomatischen Zirkel, die Klubs und Salons besucht, zu deren Eintritt er berechtigt wäre. Statt dessen spricht er häufiger bei Doktor Priestley vor, der wegen seiner politischen Überzeugung von den intellektuellen Kreisen und der »guten Gesellschaft« gemieden wird und der an der unweit von London zwischen schönen alten Parks und neuerbauten Fabriken gelegenen privaten Oberschule von Hackney eine Zufluchtsstätte gefunden hat.

Trotz seiner fast sechzig Jahre hat Joseph Priestley, Theologe, Grammatiker, politischer Schriftsteller, Physiker und Chemiker, nichts von seinem Schwung und seiner Frische verloren, was darauf zurückzuführen sein mag, daß er nacheinander den Sauerstoff und die Französische Revolution entdeckt hat. Tatsächlich weiß man nicht genau, ob das Verfahren der Isolierung des Sauerstoffs von ihm oder von seinem Freund Lavoisier entwickelt wurde, denn die beiden Wissenschaftler haben sich über den Fortgang ihrer Arbeiten stets wechselseitig unterrichtet. Auch einige neue Begriffe aus dem Bereich der Elektrizität sowie aus verschiedenen anderen Gebieten stammen von ihm. Er ist ein universell gebildeter Geist, dessen Bedeutung nicht durch die Feststellung geschmälert wird, daß die Wissenschaft damals noch in den Kinderschuhen steckte.

Mit Mut, Nachsicht und einem gleichbleibend heiteren Gemüt erträgt der gläubige Christ die deftigen Scherze und die Verfolgungen, denen er aufgrund seiner politischen Einstellung ausgesetzt ist. Erst als Lavoisier auf dem Schafott umkommt, verläßt er Europa, um nach Amerika zu gehen. Rosalie Jullien, die auch hier nicht ohne eine Anspielung auf die Antike auskommen kann, berichtet ihrem Mann, daß Marc-Antoine »von Doktor Priestley entzückt ist; daß er die Einfachheit und die Weisheit des Phokion verkörpert«. Bei nüchterner Betrachtung bestehen zwischen dem weißhaarigen Gelehrten und dem athenischen Feldherrn allerdings sehr wenig Gemeinsamkeiten, und ihr einziger Berührungspunkt mag ihre Liebe zum Frieden gewesen sein.

Die Zuversicht, die der pazifistisch eingestellte Marc-Antoine aus den Gesprächen mit Priestley schöpft, findet ihren Widerhall in seinen Briefen an Condorcet: »Hoffen wir, daß alle das Licht sehen werden, denn dann werden Österreicher, Ulanen* und Preußen sich umarmen und ihre Waffen wegwerfen«, schreibt er und vergißt dabei, daß man etwas anderes von ihm erwartet als diese idealistische Schwärmerei. Priestley ist der Meinung, daß die wesentlichen Ziele der Revolution bereits erreicht sind, und tritt für die Wiederherstellung des politischen Friedens in Frankreich ein. Marc-Antoine, der seiner Mission in England schon überdrüssig ist und den vielleicht die sanfte Landschaft der Grafschaft Middlesex nachgiebig stimmt, ist nicht weit davon entfernt, diesen Wunsch zu teilen. Aus der Ferne betrachtet, verlieren die Hemmnisse und Widerstände, denen die Revolution sich ausgesetzt sieht, ein wenig an Gewicht. Auch den Briefen Rosalie Julliens gelingt es nicht, Marc-Antoines nachlassendem revolutionärem Eifer neue Impulse zu geben.

* Im allgemeinen in den slawischen Provinzen Wolhynien und Galizien rekrutierte Reiter der preußischen und österreichischen Armee.

Rosalie an Marc-Antoine
26. Juni 1792

»Als ich Dir gestern schrieb, war ich weit davon entfernt, zu glauben, Lafayette würde seine Maske abnehmen und sich als Cromwell zeigen. Im Moment, wo man am wenigsten damit rechnete, ist er vor der Schranke der Nationalversammlung erschienen. Er hat das gegen die Tuilerien gerichtete ›Attentat‹ angeklagt: Er sprach kühn wie Catilina. Dieser sicher vorbereitete Auftritt hat nur auf den Rängen Entrüstung hervorgerufen; die Nationalversammlung hat keine gezeigt: Sie schien vor Erstaunen wie gelähmt.

Ich hatte mir eingebildet, daß am folgenden Tag irgendein herausragendes patriotisches Ereignis stattfinden würde: nichts. Eine verleumderische Anklage gegen die Jakobiner, ein verschwommener Rechenschaftsbericht der sechs Minister und ein Brief von Luckner [dem Oberbefehlshaber der französischen Truppen] an den König in der gleichen Geisteshaltung wie die schöne Rede des anderen Generals; er verlangt Respekt vor dem angestammten Repräsentanten, dem ersten Beamten und obersten Chef der Armee ... Ich bin mit der Versammlung sehr unzufrieden. Die Ehre der Sitzung ging an Lafayette, den ›einfachen‹ Bittsteller. Er hat sich mitten unter die Aristokraten gesetzt. Man hat ihn gebeten, aufzustehen, und ihn zu der für die Überbringer von Bittschriften bestimmten Bank geführt. Dieser Mann, der in den verschiedenen Abschnitten unserer Revolution so außerordentlich gewesen ist, hat die öffentliche Meinung gegen den Fortschritt aufgehetzt und dient im Namen der Freiheit unseren Feinden. Die Auswirkungen seiner neuen Heldentat kann ich noch nicht abschätzen. Auf die despotischste Art der Welt hat er die Jakobiner angeklagt. Seine besten Freunde wußten nicht, was sie dazu sagen sollten.

Leb wohl, mein teures Kind. Die Unruhe, in der wir sind, wird noch lange nicht beendet sein. Sei sehr vorsichtig und sehr behutsam.«

Rosalie Jullien, deren politisches Bewußtsein sich von Tag zu Tag mehr festigt, möchte Marc-Antoine auch dazu veranlassen, sein wenig differenziertes Urteil über die Engländer zu überdenken, und erteilt ihm eine kleine Lektion in mitmenschlicher Toleranz.

Rosalie an Marc-Antoine
26. Juni 1792

»Glaubst Du, ich hätte Lust, mein Veto unter all das Schlechte zu setzen, das Du von den Eigenheiten der Engländer bemerkst? Aber mir scheint, mein teurer Jules, daß Du, der Du ein so gutes Herz und so viel Menschenliebe besitzt, Dich nach dem ersten Blick auf ein Volk, das seit so langer Zeit von den übrigen bewundert wird und das wegen seiner Freiheit und seiner Menschlichkeit den ersten Platz in Europa einnahm, nicht so streng zeigen solltest. Verzeih, mein teures Kind, ich liebe die Nachsicht und die Güte so sehr, daß ich die Deine zugunsten Deiner Gastgeber hervorrufen möchte, damit sie die Farben dieses Gemäldes aufhellen, welches Du mit allen englischen Schatten verhängt siehst. Ich bitte Dich, mein guter Freund, nimm Dich immer vor Deiner hitzigen Vorstellungskraft und dem idealen Bild, das Du von den Menschen hast, in acht. Lerne sie kennen. Im allgemeinen sind sie gut; die Gesellschaft hat sie nur ein wenig verdorben, obwohl sie für sie gemacht sind . . .«

Die ersten Julitage 1792 sind von einer verstärkten politischen Aktivität gekennzeichnet; schon werden in vielen Pariser Sektionen die Petitionen vorbereitet, die die Absetzung des Königs fordern. Für die Jakobiner ist dies nur eine von vielen Verteidigungsmaßnahmen, die die Rettung des Vaterlandes sicherstellen sollen. Aufgrund des wachsenden Drucks von innen und außen erscheint es einerseits notwendig, den Ursprung allen Verrats, das heißt den Hof, zu vernichten und andererseits den Widerstandswillen der Bevölkerung zu wecken, indem man ihr mittels der Demokratie die Verantwortung für ihr Schicksal anvertraut. Die Vermutung der Girondisten, die auf den Krieg gesetzt hatten, um die Revolution voranzubringen, ist also nicht falsch gewesen. Angesichts der drohenden Invasion einigt sich das Volk, wächst zur Nation zusammen. Aus allen Provinzen strömen die Abgeordneten des Föderationsfestes nach Paris. Die Anfang Juli ausgegebene Parole »Das Vaterland ist in Gefahr« führt ohne weiteres Zutun und fast automatisch zur Entstehung der Republik.

Die vom Volk gezeigte Einigkeit hat indes auch einen anderen Effekt: Sie mobilisiert die Gegenseite. Die Gemäßigten, die Feuillants und auch eine Anzahl Girondisten, denen das Ausmaß der Bewegung unheimlich zu werden beginnt, möchten, daß die nationale Einheit sich auf der Basis einiger versöhnender Prinzipien realisiert. Allerdings ist es meist so, daß Bündnisse, die in einem Moment kollektiver Emotion durch vage gegenseitige Zugeständnisse zustande kommen, zunächst einmal den konservativen Elementen nützen und insgeheim dazu dienen, die, die kurz zuvor die Initiative ergriffen hatten, zu neutralisieren. Das 18. Jahrhundert, dessen oft weinerliche Sentimentalität erst die Guillotine radikal beendet, liebt die großen, theatralischen Gefühlsergüsse. Nur Rosalie Jullien verliert – entgegen aller Erwartung – im allgemeinen Rausch der Angst und der Begeisterung nicht ihren klaren Kopf.

Rosalie an Jullien
7. Juli 1792

»Mittags komme ich mit Auguste in die Nationalversammlung. Brissot hätte in einer Rede die Notwendigkeit aufzeigen sollen, Lafayette, den Hof, die Minister gerichtlich zu belangen und ihre Falschheit ans Licht zu bringen. Vergniaud, Gensonné, Torné, Condorcet bereiten seit Montag diesen letzten Schlag vor, und ihre Reden, die Sie im *Moniteur* werden lesen können, tragen den Charakter der Kraft und der Wahrheit ...

Plötzlich erscheint auf der Tribüne ein schwarzgekleideter Mann. Er spricht salbungsvoll wie ein Missionar. Es ist Monsieur Lamourette. Er sagt, daß alle Leidenschaften schweigen müßten, daß eine Versöhnung, die im Schoße der erhabenen Versammlung stattfinden würde, vom ganzen Reich nachgeahmt würde, daß die erstaunte Welt sie bewundern und daß das Monstrum des Bürgerkriegs in Umarmungen erstickt würde. Er verläßt die Tribüne, um einen Augenblick später wie erleuchtet wieder hinaufzusteigen. Er bringt einen Antrag ein, der auf die Errichtung zweier Kammern und der Republik abzielt und der mit einem Schlag zwei Parteien vernichten würde.

In Windeseile läßt Girardin, der Präsident, abstimmen. Dann, wie es bei den unbegreiflichen Wundern der Elektrizität geschieht, bei der alle im gleichen Moment die stärkste Gemütsbewegung spüren, erhebt sich die ganze Versammlung. Mit erhobenen Armen und in magischer Begeisterung ruft sie aus: ›Ja, tausendmal ja!‹ Nie gab es ein schöneres, majestätischeres, mitreißenderes Schauspiel. Ich hatte die Wut im Herzen, denn ich sah die Falle, und dennoch waren meine Augen wider meinen Verstand entzückt. Alle Abgeordneten nahmen die Hüte ab. Auf den Rängen wurde mit den Füßen getrampelt. Die Gewölbe hallten vor Beifallklatschen wider. Rauschhafte Begeisterung hatte alle ergriffen.

Die Schwarzen* kommen nach vorne; ein Tumult entsteht; die siebenhundert Abgeordneten kommen in Bewegung, drängen, wechseln den Platz, und plötzlich fallen sie einander um den Hals und umarmen sich. Jaucourt, Chéron, Dumolard, Dumas eilen zum Berg.** Die heilige Brüderlichkeit scheint sie zu vereinen und zu beschwingen. Die Blässe von

* Die Royalisten.

** Die erhöhten Sitze in der Nationalversammlung, wo die fortschrittlich-radikalen Abgeordneten (Jakobiner, Hébertisten) sitzen.

Gensonné und Bazire, die boshafte, lärmige Freude von Gaillard, Fleury und Konsorten lassen meine Seele vor Schreck zu Eis erstarren. Ich mußte hinausgehen.«

Unermüdlich gibt Rosalie sich ganz ihrer Rolle als Zeugin hin, der einzigen, die den Frauen in dieser Zeit erlaubt ist. Zweimal täglich legt sie, allein oder begleitet von Auguste oder Marion, die Strecke zwischen ihrer Wohnung und dem Herzen von Paris zurück, das heißt der Nationalversammlung, den Tuilerien, der Rue Saint-Honoré, dem Palais Royal und dem Rathaus.

Rosalie Jullien an Marc-Antoine
10. Juli 1792

»Alle Föderierten, die in Massen aus den 83 verfassungsmäßigen Departements Frankreichs eintreffen, versichern, daß die Ernte an Getreide, Wein und anderen Feldfrüchten nie besser stand. Die Vorsehung überhäuft uns mit ihren Gütern, die Natur verschwendet auf alle Punkte der Oberfläche dieses großen Reiches eine Fülle und einen Überfluß, die seinen Wohlstand verbürgen. Dreizehn Föderierte sind im Collège de Montaigu untergebracht und zwölf im Collège de Navarre. Diese Männer haben das strenge und stolze Aussehen der Freiheit selbst. Madame Crouset bemerkte gestern abend zu mir: ›Sie sehen aus, als ob sie nicht zu leben verstünden.‹ – ›Was macht das schon‹, habe ich ihr geantwortet, ›Hauptsache, sie verstehen zu sterben.‹

Als ich neulich im Vorbeigehen die Kirche Saint-Germain l'Auxerrois betrat, die Pfarrgemeinde des Königs, habe ich im Kirchenschiff eine herrliche Steintafel gesehen, in die die Menschenrechte eingeritzt waren. Dies hat meine Andacht verdoppelt, und ich habe eines meiner glühendsten Gebete gesprochen. Als ich herauskam, habe ich auf dem Platz zwei Männer gesehen, die auf ein Gerüst gestiegen waren und von ungefähr hundert Menschen umringt waren. Sie hatten alle beide einen Katechismus, der Fragen und Antworten enthielt, die sie mit wahrhafter Beredsamkeit kommentierten. Der eine verteidigte die Aristokratie, der andere die Verfassung. Dieser hatte alle Lacher auf seiner Seite. Er sagte Dinge, die eines Mirabeau würdig gewesen wären.

Ein Mann aus dem Volk rempelte mich aus Versehen an und brachte so ehrbare Entschuldigungen vor, daß er mich zweihundert Schritte weit begleitete, um mich um Verzeihung zu bitten. Er versicherte mir, sie seien fünftausend Überbringer oder Kommissare, so wie er, die eine Petition unterzeichnet hätten, die fordert, Pétion* unverzüglich wieder in sein Amt zu versetzen. So ist das Volk, mein Freund.«

»Es wird Zeit, daß die Mächte Entschlossenheit zeigen. Alles ist verloren, wenn man nicht die Aufwiegler aufhält, indem man ihnen vor einer baldigen Bestrafung angst macht«, schreibt Marie-Antoinette an Mercy, den österreichischen Botschafter. Dieser Bitte kommt das in den letzten Julitagen veröffentlichte Manifest des Herzogs von Braunschweig nach. Sein eigentlicher Verfasser ist der Marquis de Limon, ein Emigrant, der vor nicht allzu langer Zeit noch im Palast des Herzogs von Orléans ein und aus ging. Angeblich hat der von der Brutalität und dem Haß des Textes schockierte preußische Prinz gezögert, es zu unterzeichnen. Das Manifest, das einen Großteil der Auswüchse der Revolution erklärt, wenn nicht entschuldigt, zeigt auch, zu welchen Maßnahmen eine bestimmte gesellschaftliche Klasse fähig ist, sobald ihre Vorrechte bedroht sind. Als geschichtliches Zeugnis bewahrt es seinen dokumentarischen Wert und sei daher im folgenden gekürzt wiedergegeben.

Das Ziel der beiden Herrscher [des Kaisers von Österreich und des Königs von Preußen] ist es, die in Frankreich herr-

---

* Er war auf Verlangen des Hofes nach den Unruhen des 20. Juni als Bürgermeister von Paris abgesetzt worden.

schende Anarchie zu beseitigen, die Angriffe auf Thron und Kirche zu beenden, die gesetzliche Ordnung wiederherzustellen, dem König Sicherheit und Freiheit wiederzugeben, derer er beraubt ist, und ihn in den Stand zu setzen, die ihm geschuldete legitime Autorität auszuüben.

Die Einwohner der Städte, Marktflecken und Dörfer, die es wagen sollten, sich gegen die Truppen Ihrer Majestäten zu verteidigen und auf sie zu schießen, sei es auf offenem Feld oder durch die Fenster, Türen und sonstigen Öffnungen ihrer Häuser, werden gemäß dem herrschenden Kriegsrecht auf der Stelle bestraft und ihre Häuser niedergerissen oder verbrannt.

Wenn das Schloß der Tuilerien gestürmt oder sonstwie verletzt wird, wenn die mindeste Gewalttat oder Beleidigung Ihren Majestäten dem König, der Königin und der ganzen königlichen Familie widerfährt, werden sie eine exemplarische und für alle Zeiten denkwürdige Rache nehmen und die Stadt Paris einer militärischen Exekution und einer gänzlichen Vernichtung überliefern.

Der gebieterische Ton des Manifestes hat jedoch einen ganz anderen Effekt als den von den Emigranten und der Koalition erhofften: Der 10. August, das heißt der Sturz der Monarchie, ist nun nur noch eine Frage der Zeit.

Während das Manifest in der überwiegenden Mehrheit der Pariser Bevölkerung helle Empörung hervorruft, äußert Rosalie Jullien sich nicht oder besser: Sie schreibt nicht. Ein Brief, den sie kurz zuvor an ihren Mann gerichtet hat, erklärt dieses Schweigen.

Rosalie an Jullien
Juli 1792

»Sie wollen also nicht, daß ich von der Politik spreche! Das ist in der Tat ein großer Widerspruch, denn ich beschäftige mich mit nichts anderem; das öffentliche Wohl wird so persönlich, daß man es ganz einfach im Herzen tragen muß als das, wovon unser Glück und unser Leben abhängt. Ich preise die Vorsehung, daß unser teurer Sohn nicht hier ist: Sie hat es so eingerichtet, daß seine Abreise nichts Anstößiges gehabt hat. Heute wäre sie unmöglich: Alle jungen Leute tragen sich in die Anwerbeliste ein. Ich habe gestern mehr als zweihundert hinter einem der Beamten gesehen, die in der Sektion ›Gobelins‹ die Bekanntmachung verlesen haben. Diese beiden Tage werden die Jugend von Paris vollständig unter den Fahnen des Mars versammelt sehen. Aber da Sie alles, was passiert, nur aus der Zeitung erfahren wollen, trete ich den Rückzug an und werde versuchen, sie über den Regen und das schöne Wetter zu unterhalten.«

Obwohl Jullien die politische Einstellung seiner Frau teilt, ist er offensichtlich über ihre wachsende Begeisterung für die Revolution nicht gerade erbaut, und auch Marc-Antoine scheint ähnlich zu fühlen. Während Rosalie ihn fast von Tag zu Tag über die politischen Ereignisse unterrichtet, werden seine Briefe seltener und bleiben schließlich im August ganz aus. Es wäre nicht ausreichend, in der Verstimmung Julliens über die häufigen und ausführlichen Briefe seiner Frau die Äußerung eines ehelichen Unfriedens zu sehen, dessen Ursache uns unbekannt ist. Die mißbilligende Haltung der beiden Männer gegenüber der revolutionären »Überspanntheit« Rosalies ist sicher auch auf die traditionell eingeschränkte Rolle der Frau in der Gesellschaft zurückzuführen.

Tatsächlich ist die Emanzipation der Frau ebenso wie die Regelung der Eigentumsverhältnisse ein Problem, das die Revolution möglichst zu umgehen sucht, und es ist sicher kein Zufall, daß extreme Positionen auf beiden Gebieten von denselben Gruppen vertreten werden: Rose Lacombe und die Revolutionären Republikanerinnen verfechten auf wirtschaftlichem Gebiet die Ideen von Jacques Roux und den Enragés.

Der Unwillen der Männer richtet sich dabei noch nicht einmal so sehr gegen das Faktum an sich – daß die Frauen sich mit Politik beschäftigen – als vielmehr gegen die Leidenschaftlichkeit, mit der sie dies oft tun. Die überzogene Hingabe an die Politik verunsichert die Männer, weil sie fürchten, die Harmonie der Familie könne darunter leiden. Mehr noch als sein Vater versucht Marc-Antoine unbewußt, den revolutionären Elan seiner Mutter zu bremsen. Er möchte, daß sie die Melancholie, die Enttäuschung, die er in seinen Briefen so selbstgefällig zum Ausdruck bringt, teilt; er möchte, daß sie die schweigsame, zärtliche, verständnisvolle, wohlwollende Mutter ist, die ganz auf die Stille und Abgeschiedenheit des häuslichen Herdes beschränkt ist.

Da ihm dies nicht gelingt, entfernt er sich ein wenig von ihr, schreibt ihr weniger oft. Die seelische Einsamkeit Rosalie Julliens im Sommer 1792 ist vollkommen. Der dreizehnjährige Auguste ist noch ein Kind, und Marion ist zwar sehr aufgeweckt, aber trotzdem nur ein Mädchen aus dem Volk ohne weitergehende Bildung. Wenn nur Jullien und Marc-Antoine ihre Nachrichten erwarten würden, auf ihre Ratschläge Wert legten, ihre Freuden und Befürchtungen teilen würden! Aber nein! Die kurzen und seltenen Briefe, die sie von »ihren beiden Männern« erhält und die oft nur schlecht die gereizte Stimmung ihrer Schreiber verbergen, vermitteln ihr den Eindruck, für eine arme Schwatzliese gehalten zu werden, die zu den Wänden redet.

Also beschuldigt sie sich selbst, nimmt an, ihre Briefe seien nicht fesselnd genug (»Ich möchte mit Dir über die Politik reden, aber ich fürchte, nicht damit zurechtzukommen«, schreibt sie eines Tages an Marc-Antoine), und unternimmt größere Anstrengungen, mehr zu sehen, besser zu verstehen, was um sie vorgeht. Sie läuft durch Paris von der Nationalversammlung zum Rathaus, von dort zur Sektion, dann wieder in die Tuilerien, wo, wie man hört, eine Menschenmenge sich aus noch unbekanntem Grund versammeln soll. Um Mitternacht sitzt sie an ihrem Schreibtisch und versucht, aus den Briefen an Mann und Sohn eine Seite Geschichte zu machen.

Manchmal ist sie am Ende, verzweifelt, denkt an das, was zumindest Jullien zu einer Rückkehr bewegen könnte. Als die Gefahr für das Vaterland erklärt wird, schreibt sie ihm: »Ich bilde mir ein, daß dies Ihre Rückkehr beschleunigen könnte. Ich weiß, daß ein Bürger überall seinem Vaterland dienen kann, aber mir scheint, Ihr Platz ist hier, sowohl als stellvertretender Abgeordneter als auch als Bürger Soldat.« Aber Jullien rührt sich nicht. Wieder bittet sie, beschwört sie ihn: »Ich flehe Sie an, schreiben Sie mir! Komm zurück, mein Freund. Wieviel Zeit, wie viele Tage, wie viele Augenblicke, um die mein Leben ärmer wird!«

In den letzten Julitagen keimt neue Hoffnung auf. »Mir scheint, Dein Vater wird sehr bald kommen«, schreibt sie Marc-Antoine, »und nie habe ich seine Rückkehr mehr ersehnt.« Tatsächlich ist sie keineswegs so sicher, ihn bald wiederzusehen; daß sie ihn im weiteren Verlauf des Briefes so nachdrücklich rühmt, scheint nur darauf hinzudeuten, daß sie im Grund ihres Herzens über ihn verärgert ist, was sie sich und ihren Kindern als aufgeklärte Frau natürlich nicht eingestehen kann: »Dein Vater ist ein Mensch in all seiner Würde; er vereint die tiefste Empfindsamkeit mit Vernunft und Gelassenheit.« Jullien indes kommt immer noch nicht, und Rosalie scheint gänzlich zu resignieren: »Ich glaube, daß ich während des Monats, um den Sie Ihre Abwesenheit verlängern, aufs Land gehen werde ... Ich möchte die reine Luft genießen und weder an die Politik denken noch von ihr reden, noch von ihr reden hören.«

Sie schreibt diese Zeilen am 5. August 1792, in Wirklichkeit ohne große Überzeugung. Paris ist in vollem Aufruhr. Wie könnte sie Lust haben, die Hauptstadt zu verlassen? Der Wunsch, sich zur Berichterstatterin für Mann und Sohn zu machen, um in deren Gedanken ständig gegenwärtig zu sein, ist nur eine unzureichende Erklärung dafür, daß sie in ihren weiten Röcken ständig von einem politischen Schauplatz zum nächsten eilt: Auch aus eigenem Interesse möchte sie keine Phase der Revolution versäumen. »Um der allgemeinen Unruhe zu entgehen, könnte ich mich in meiner Wohnung einschließen, aber die Nähe des Theaters, das große Interesse, das ich für die Sache habe, und eine gewisse Gabe, die ich für die Beobachtung zu haben glaube, drängen mich ganz gegen meinen Willen zur Bühne«, gesteht sie.

Die Bühne, das ist natürlich die Nationalversammlung und der Saal der Sektion »Panthéon Français«, aber auch die Terrasse der Feuillants in den Tuilerien. »Mein Lieblingsspaziergang«, wie sie sagt (seit dem 20. Juni ist der Rest des Gartens für die Öffentlichkeit praktisch geschlossen). »Ein köstlicher Platz für die Beobachter des Volkes und die wahren Freunde der Freiheit und der Gesetze. Ein einfaches Band verbietet den Zutritt zu den Tuilerien. Dieser herrliche Garten ist vollkommen verlassen und die Terrasse voller Menschen. Dort ist Koblenz, dort ist Österreich, sagt man von dem leeren Garten. Es gibt viele Leute, die um das Café herumsitzen, Volk in Gruppen und ein Gedränge von Spaziergängern.«

Die dort gehörten Reden lassen sie die kommende Entwicklung richtig einschätzen.

Rosalie Jullien an Marc-Antoine
8. August 1792

»In diesem Augenblick steigen am Horizont schwefelhaltige Dämpfe auf, die eine furchtbare Explosion auslösen müssen. Die Wolke birgt den Blitz: Wo wird er niedergehen? Die Nationalversammlung scheint mir zu schwach, um den Willen des Volkes zu unterstützen, und das Volk scheint mir zu stark, als daß es sich von ihr bändigen lassen würde. Aus diesem Konflikt, aus diesem Kampf muß ein Ereignis hervorgehen, das in der Geschichte des Universums berühmt werden wird: die Freiheit oder die Sklaverei von 25 Millionen Menschen. Meine glühende Empfindsamkeit und mein gesteigerter Tätigkeitsdrang haben meine Schritte oft in die Nationalversammlung, zu den Jakobinern, auf die öffentlichen Spazierwege gelenkt, wo alles von den derzeitigen Fragen bewegt ist. Mir scheint, daß ich an all diesen Orten so zutreffende

Beobachtungen gemacht habe, daß ich die Zukunft auf eine, wie ich glaube, prophetische Art voraussehe. Die patriotische Partei wird den Sieg davontragen; aber es ist unmöglich, daß ihr Lorbeer nicht mit Blut befleckt wird.

Die Absetzung des Königs, die von der Mehrheit gefordert und von der Minderheit, die die Versammlung beherrscht, verworfen wird, wird den schrecklichen Zusammenstoß hervorrufen, der sich vorbereitet. Die Versammlung wird nicht die Kühnheit haben, sie auszusprechen, und das Volk wird nicht die Feigheit besitzen, die Verachtung, mit der man die öffentliche Meinung bedenkt, zu ertragen ... Es gibt eine schreckliche Unruhe im Volk. Gestern sind aristokratische Abgeordnete mißhandelt worden. Wir erwarten ein Wunder des Himmels. Sorge Dich nicht um mich, sondern bedenke den Kummer, den uns die Übel verursachen, von denen das Vaterland bedroht ist ...«

Die Aussagen Rosalie Julliens sind allerdings so »prophetisch« nicht, denn daß ein Aufstand bevorsteht, zeichnet sich bereits seit einigen Tagen klar ab. Alle Sektionen von Paris, bis auf eine einzige, haben Petitionen verfaßt, die die Absetzung des Königs fordern, der des Verrats an der Nation beschuldigt wird (er hat noch nicht einmal das Manifest des Herzogs von Braunschweig zurückgewiesen), und sie der Nationalversammlung zur Beratung vorgelegt. Da die Sektionen und die Föderierten spüren, in welcher Verlegenheit sich diese befindet, und wissen, daß einige ihrer Mitglieder, darunter die Girondisten, mit dem König verhandeln, haben sie auf Anregung Robespierres ein Zentralkomitee gebildet und ihr bis zum 9. August 1792 Zeit gegeben, sich zu äußern.

Aber die Nationalversammlung geht an diesem Tag auseinander, ohne irgend etwas beschlossen zu haben. Die Sektionen schicken daraufhin Bevollmächtigte zum Rathaus, die den Platz der gesetzlichen Vertreter der Kommune von Paris einnehmen: Damit ist die aufständische Kommune geschaffen, die in der Folge zu einem zweiten Machtfaktor werden wird. Auf ihre Veranlassung hin bewaffnen sich die Vorstädte und marschieren mit den Föderierten vor die Tuilerien. Aber auch auf der gegnerischen Seite ist man nicht untätig geblieben. Zahlreiche Edelleute haben sich im Schloß versammelt (unter ihnen Dupont de Nemours; Marc-Antoines Vorwürfe waren also nicht unberechtigt), wo sich schon mehr als neunhundert Schweizer befinden. Man zählt auch auf einige Truppenabteilungen der Nationalgarde, die den Schutz des immer noch verfassungsmäßigen Staatsoberhauptes gewährleisten sollen; aber sie werden die ersten sein, die sich mit den Angreifern verbrüdern.

Rosalie an Jullien
9. August 1792

»Die Sturmglocke läutet, der Generalmarsch wird geschlagen, Alarm wird verbreitet. Überall in Paris sind die Straßen voller Menschen, und von den Fenstern her befragen zitternde Frauen die Passanten. Was wird geschehen? Achthunderttausend Seelen sind der Angst ausgeliefert.

Freitag, sieben Uhr morgens

Dem Himmel sei Dank, der Donner hat gegrollt, ohne daß der Blitz niederging, und die Strahlen des Tages haben die Schrecken der Nacht vertrieben. Seit fünf Uhr durchstreife ich mein Viertel; es war nichts als blinder Alarm, und man weiß nicht, was die Ursache von all dem ist. Die Marseiller, die man sehr fürchtet und die man gegen die Nationalgarde stellen will, die Absetzung des Königs, die von allen Seiten verlangt wird, die Freisprechung Lafayettes, die die Gemüter erregt hat, rufen ein Brodeln hervor, das sicher zu einer Katastrophe führen wird. Ich war die ganze Nacht auf, und jetzt schlafe ich halb. Mit der Nationalversammlung sind wir sehr unzufrieden. Sie zeigt eine Trägheit, die uns noch ins Unglück stürzen wird, wenn das ganze Volk – die Hauptstadt unterstützt von den Departements – sich nicht noch einmal erhebt . . . Man hört noch immer die Trommeln.

Die Angelegenheiten des Staates sind meine Herzensangelegenheiten . . .«

Durch diesen letzten Satz, den sie am Morgen des entscheidendsten Tages der Französischen Revolution niederschreibt, zeigt Rosalie Jullien, daß ihre Metamorphose vollendet ist: Nichts erinnert mehr an die in ihre romantische Empfindsamkeit verstrickte, distinguierte Bürgerin aus Bourg-de-Péage, die ihre ganze Erfüllung im Schoß der Familie findet. Durch das politische Engagement, das sie nun ganz in Anspruch nimmt (»Meine Gedanken und meine Träume beschäftigen sich nur mit der Politik«, gesteht sie), hat auch die Zuneigung zu ihrem Mann und zu Marc-Antoine eine andere Qualität bekommen.

Sie glaubt nun nicht mehr, daß die beiden Männer vorrangig ihr gehören, sondern daß sie vor allem ebenso wie sie selbst eine Verpflichtung gegenüber der Nation haben. Die kollektive Teilnahme am öffentlichen Leben gibt jetzt der Familie ihre Existenzberechtigung. Der Gedanke an Sparta liegt nahe, und natürlich sucht auch Rosalie Jullien ihr Vorbild in der Antike: ». . . und wenn man Sie tot auf Ihrem Schild heranbringen würde, ich würde wie jene wahre Bürgerin Spartas sagen: Nur dafür habe ich ihm das Leben gegeben«, schreibt sie eines Tages an Marc-Antoine, beeilt sich aber, hinzuzufügen: »Aber Sie sind zu jung, Sie sind noch nicht soweit, den Lorbeer des Ruhms empfangen zu dürfen.«

Jullien ist für sie nun nicht mehr der angebetete Ehemann, dessen Abwesenheit sie quält, sondern ein politischer Kamerad, ein Kampfgefährte. Da er es vorgezogen hat, in Romans zu leben, verkörpert er die Revolution in der Provinz, und Rosalie spricht zu ihm, wie Paris zu den Departements sprechen würde: »Ich sehe einen Abgrund von Schlechtigkeit in der Erniedrigung unserer Partei«, schreibt sie ihm, »Eure Einzelinteressen sind mit den Interessen der Allgemeinheit verknüpft. Helft uns! Die Einigkeit der Departements mit der Hauptstadt wird die Rettung Frankreichs bedeuten.«

Sie schreibt diese Zeilen in der Morgendämmerung des 10. August 1792 in einem Paris unter Waffen; in den nächsten Stunden wird sich das Schicksal der Revolution entscheiden. Der Angriff des Volkes richtet sich gegen einen im höchsten Maße symbolischen Punkt, das Schloß des Königs, und so hat die kommende Auseinandersetzung den Charakter eines Duells. Verständlich, daß Rosalie nach der durchwachten Nacht mehr stoische Gelassenheit an den Tag legt, als sie in Wirklichkeit besitzt. Wenig später erfährt sie in ihrem Viertel vom Sieg des Volkes.

Rosalie an Jullien
10. August 1792

»Tag des Blutes, Tag des Gemetzels und dennoch ein Tag des Sieges, den wir mit unseren Tränen genetzt haben... Die Nacht war ohne besondere Ereignisse vergangen. Man nahm an, die große bewegende Frage würde viele Menschen und auch die Vorstädte anziehen. Deshalb hatte man die Tuilerien mit Nationalgardisten gefüllt. Auch die Nationalversammlung hatte eine dreifache Wache. Morgens hatte der König auf der Drehbrücke die Parade der Schweizergarde abgenommen. Um acht Uhr begab er sich in die Nationalversammlung. Die Marseiller verbanden sich brüderlich mit den Pariser Garden. Der Ruf ›Es lebe der König‹ wurde von dem Ruf ›Es lebe die Nation‹ beantwortet.

Plötzlich tauchen an den Fenstern des Schlosses die Schweizer auf. Sie geben ein Salve auf die Nationalgarde ab. Die Tore des Schlosses öffnen sich; sie starren vor Kanonen, die eine Breitseite auf das Volk abfeuern. Die Nationalgarde kann kaum zwei Schüsse abgeben: Sie wird durchlöchert. Das Volk flieht. Dann bringen Wut und Verzweiflung alle zusammen. Die heldenhaften Marseiller vollbringen Wunder an Tapferkeit. Das Schloß wird gestürmt. Die Gerechtigkeit des Himmels ebnet alle Wege, und die Schweizer büßen durch alle möglichen Todesarten den niedrigen Verrat, dessen Werkzeug sie gewesen sind.

Die königliche Familie hatte sich in den Schutz der Nationalversammlung geflüchtet. Das Volk hat im Schloß alles zertrümmert; es hat den Prunk der Könige mit Füßen getreten; die kostbarsten Schätze sind zum Fenster hinausgeflogen; an allen vier Ecken der Kasernen der Schweizer ist Feuer gelegt worden, und man hat geschworen, das Schloß dem Erdboden gleichzumachen. Köpfe wurden abgeschnitten, und es gab Ausbrüche der Volkswut, deren Grausamkeit die, die nicht nachdenken, mehr abschreckt als die zivilisierte Ruchlosigkeit der Könige, die um der Launen einer Mätresse oder der Grillen eines Intriganten willen ganze Geschlechter zugrunde richten.

Ich bin mit Auguste den ganzen Nachmittag herumgelaufen, aber wir haben unsere Gänge auf das Rathaus und das Palais Royal beschränkt; überall mußte man sich durch die Menge drängen. Auf meinem Weg habe ich über die Salven der Schweizer Einzelheiten vernommen, die von hundert Zeugen bestätigt worden sind; sie sind auf keinen Fall provoziert worden, ganz Paris wird es bezeugen. Ich werde diese Nacht bei offener Türe schlafen, während alle, die in der Hauptstadt etwas besitzen, aus Angst vor Räubern ihre Türe mit einem doppelten Schloß gesichert haben. Sie werden sehr erstaunt sein, morgen noch zu leben, denn sie sind überzeugt, daß der Pöbel, der nun nicht mehr vom Gesetz zurückgehalten wird, heute abend über sie und ihre Schätze herfallen wird. Paris ist hell erleuchtet, und Patrouillen gehen auf und ab wie 1789. Die Abendzeitung ist um elf Uhr ausgerufen worden. Ich habe sie nicht erhalten können. Seit gestern bin ich auf den Beinen, und meine Seele ist müde und abgespannt von all den Gemütsbewegungen, die ich mitgemacht habe.

Es ist Mitternacht. Ein Trommelwirbel hat mich wieder aus dem Bett geholt: Ein Dekret der Nationalversammlung in fünfzehn oder zwanzig Artikeln wird in den Straßen bekanntgegeben. Es ist am Eingang des Platzes, in der Rue Saint-Jacques, verlesen worden. Ich habe nur einige Worte aufschnappen können, aber aus dem lebhaften Beifall, den es gefunden hat, schließe ich, daß es gut ist.

Die Kommune, die sich alle [vom König] heute empfangenen Briefe hat bringen lassen, hat diese entsiegelt und, so sagt man, 32 gefunden, die den für den 10. August geplanten Handstreich beweisen. Es gab eine Verschwörung gegen die Patrioten. Sie hätte die Hälfte der Franzosen vernichtet.«

Wie alle Jakobiner leugnet auch Rosalie Jullien den aufständischen Charakter der Ereignisse am 10. August 1792. Für sie war es zwar ein offensiver Schlag, der aber nur ganz knapp einem Angriff der im Schloß versammelten royalistischen Kräfte zuvorgekommen ist. »Alle Maßnahmen für eine neue Bartholomäusnacht* waren getroffen«, versichert Rosalie. »Unvernünftig wie immer glaubten unsere Feinde, daß die Schlechtigkeit eines Teils der Nationalgarde, unterstützt von den Royalisten mit ihren berühmten Schweizern, gegen die unbewaffneten Sansculotten ausreichen würde ... Der 10. August war sehr wohl der festgelegte Tag für die Konterrevolution. Der folgende Tag hätte alle Jakobiner in ihrem Blut ertränkt gesehen.«

Jullien wendet ein, daß die Provinzen Paris gerächt hätten und daß, dies voraussehend, der Hof nicht so dumm gewesen wäre, einen Gewaltstreich zu verüben. »Arme Wesen, die ihr das menschliche Herz so schlecht kennt! Die Mutlosigkeit ist wie eine Epidemie, die schneller um sich greift als die Pest. Die Departements, in denen es nicht an Royalisten mangelt, hätten sich beeilt, die blutbefleckten Lilien der Hauptstadt zu hissen«, antwortete Rosalie.

Man mag lange darüber streiten, ob für den 10. August

* In der Nacht vom 23. zum 24. August 1572 waren auf Veranlassung Katharinas von Medici in Paris etwa zweitausend Hugenotten ermordet worden.

1792 tatsächlich ein konterrevolutionärer Handstreich geplant gewesen ist. Die Handvoll Männer, die in den Tuilerien versammelt war, hätte sich jedenfalls auch mit der mehr als unwahrscheinlichen Hilfe der Nationalgarde nicht zu den Herren von Paris machen können. Daß es andererseits am Hof ein Komplott gab, wäre zuwenig gesagt: Seit Jahren war der Hof ein Vorposten, ein Brückenkopf der Truppen Condés und der österreichischen und preußischen Armeen. Außerhalb seines verhältnismäßig leicht angreifbaren Bollwerks besaß er heimliche Helfer und Anhänger in allen Stadtvierteln der Hauptstadt. Aber all diese Kräfte hätten wirksam erst in Aktion treten können, wenn die ihnen verbündeten Armeen vor den Toren von Paris gestanden hätten. Dann hätten sie den Verteidigern der Hauptstadt, die damit beschäftigt gewesen wären, die von außen kommende Offensive abzuwehren, in den Rücken fallen können. Am 9. August allerdings standen die Truppen Condés und des Herzogs von Braunschweig nicht auf französischem Boden. Der Hof konnte sich in dieser strategischen Lage nur darauf beschränken, so gut es ging, dem Ansturm des Volkes standzuhalten.

Durch den Angriff auf das Schloß und die Vernichtung des Königtums vereitelte das Volk die offensiven Pläne der Monarchie, aber im voraus. Es war eine Vorsichtsmaßnahme, kein Gegenschlag, der notwendig erschien, um nicht eines schönen Morgens selbst verräterisch ermordet zu werden. Trotzdem lehnen die Jakobiner diese Erklärung ab und beharren auf der These vom royalistischen Attentat, dem man gerade noch einmal entronnen ist. Haben die Schweizer nicht zuerst geschossen? Das ist zwar wichtig, aber sind sie nicht, was immer man sagen mag, auch provoziert worden? Die Annahme eines in der »Höhle des Tigers« – wie im damaligen Sprachgebrauch die Tuilerien bezeichnet wurden – vorbereiteten, kurz bevorstehenden Gewaltstreichs gibt den Jakobinern die Möglichkeit, die Errichtung der »aufständischen Kommune« zu rechtfertigen, deren illegaler Charakter bereits von den Gemäßigten in der Nationalversammlung und den Girondisten angeklagt wird. Nur aus der tödlichen Gefahr, der die

Nation sich ausgesetzt sah, konnte die Herrschaft des Volkes hervorgehen.

»Die Revolution ist noch einmal davongekommen«, wiederholt ein jeder mit nachträglichem Schauder. Die Angst, die Beklemmung sind indessen nicht gewichen und werden von royalistischen Agenten, die damit beauftragt sind, das Volk zu demoralisieren, aber auch von überängstlichen Jakobinern gefördert. Ob am 10. August wirklich alle Verräter beseitigt worden sind? Was ist zum Beispiel mit denen, die in den Gefängnissen sitzen? Schon am 15. August hört Rosalie, daß sich eine unruhige, stumm feindliche Menge vor dem Gefängnis »La Force« versammelt, wo einige Frauen aus der Umgebung der Königin, darunter Madame de Lamballe und Madame de Tourzel, gefangengehalten werden. Nichts weiter als die traditionelle Neugierde der Pariser vielleicht . . .

Auch Rosalie gibt dieser Neugierde nach. Sie geht zum Temple, wo die königliche Familie inhaftiert ist, um »die Örtlichkeit ein wenig kennenzulernen«, wie sie sagt. Als Provinzbürgerin hat sie dieses Viertel von Paris vorher nie betreten. »Die drei Türme sind sehr hoch und vermitteln den Eindruck einer Festung. Der von Ludwig dem Despotischen ist an der Seite. Die Umgebung wird mit einem Eifer bewacht, der Erstaunen und Bewunderung hervorruft. Ich habe einen Kommandanten gesehen, der achtundvierzig Stunden Wache gehabt hat. Die Natur dieser ruhmreichen Männer ist wahrhaft von der unseren sehr verschieden. Sie haben keine Seele. Ihre Mahlzeiten, ihr Schlaf, nichts ist in Unordnung gebracht worden; sie spielen Tricktrack, fühllos in dem allgemeinen Unglück, das uns mit Entsetzen erfüllt« (Brief an Jullien).

Wie viele Pariser verspürt Rosalie im Verlauf dieser schwülen Augusttage ein vages Gefühl der Unzufriedenheit, eine nicht näher zu definierende Ungeduld. »Es gab gestern einige Aufregung, weil die Verfahren der Gerechtigkeit langsam sind und das Blut unserer Brüder, das noch dampft, nach Rache ruft«, notiert sie eines Abends. »Die Schonung und die halben Maßnahmen lassen mich zittern«, fügt sie an einem anderen Tag hinzu. »Heute muß man aus Menschlichkeit barbarisch sein und ein Glied abschneiden, um den Körper zu retten.«

Ohne sich dies einzugestehen, entwickelt Rosalie ein Bedürfnis nach Vergeltung, nach Bestrafung, und dieses Gefühl wird durch die Erzählungen alter und neuer Bekannter – etwa über die haßerfüllten Tiraden Marie-Antoinettes im Temple – noch verstärkt.

Rosalie lauscht diesen mehr oder weniger wahren Berichten begierig; sie nähren in ihr eine bisher unbekannte grausame Leidenschaft. In den Briefen an Jullien und Marc-Antoine, der nicht darauf antwortet, gibt sie die Todesurteile, die auf den 10. August 1792 folgen und für zwei Jahre die Herrschaft der Guillotine eröffnen, nun Tag für Tag genau an. »Man ruft in diesem Augenblick die Verurteilung von fünf Schweizern aus, die heute auf der Place de Grève ihren Kopf verlieren sollen. Wolle Gott, daß es keine Soldaten sind, sondern Offiziere, denn die Anführer sind die wahren Schuldigen.« »Gestern hat die erste ›Expedition‹ stattgefunden. Der perfide d'Anglemont, der die Soldaten unserer Revolutionsarmee zur Fahnenflucht verleitete, hat seinen Kopf unter die Guillotine getragen. Heute erwartet man dort den Prinzen von Poix und La Porte, den Intendanten der Zivilliste.«

Die Rachegefühle Rosalies werden sicher auch von den Reden angestachelt worden sein, die sie in der Nationalversammlung bei den Jakobinern, in der Kommune, in der Sektion und im letzten Winkel der Straßen von Paris hört. »Ich bin noch nie soviel umhergelaufen wie seit Freitag«, schreibt sie am 18. August. »Der öffentliche Geist ist so entschlossen und erhaben, daß man sich in jeder Straße von Paris auf dem römischen Forum glaubt.« Die Zeitungen, die sie in großer Zahl liest, tragen ebenfalls dazu bei, ihr die Prinzipien dieser »zweiten Revolution« einzuschärfen, die sie bis zu ihren extremsten Konsequenzen fortgeführt wissen möchte.

Rosalie Jullien an Marc-Antoine
23. August 1792

»Alle unsere Körperschaften befinden sich in völliger Übereinstimmung. Die Sitzungen der Kommune sind von allergrößtem Interesse. Wegen des Andrangs der Zuschauer findet man nur schwer einen Platz; gestern bin ich umsonst hingegangen. Du kannst damit rechnen, daß wir einen Nationalkonvent haben werden, der aus der Elite der Franzosen zusammengesetzt sein wird. Die öffentliche Meinung wird die reinsten und patriotischsten Männer bestimmen.

Nur etwas erschreckt mich: nämlich daß die Vorschriften unserer neuen Gerichtsbarkeit sehr milde sind, moralisch schuldige Personen werden materiell nicht belangt und entgehen dem Schwert des Gesetzes. Das erzürnte Volk wird sich noch einmal um seine gerechte Rache betrogen sehen, was eine stürmische Bewegung hervorrufen könnte . . .«

VIII
Das unsühnbare Blut

Nicht nur die Revolution, auch Marc-Antoine hat durch den Sturz der Monarchie neuen Auftrieb erhalten. Daß er seiner Mutter während des ganzen Monats August kein einziges Mal schreibt, deutet darauf hin, daß er die lähmende, selbstquälerische Melancholie überwunden und seinen inneren Halt wiedergefunden hat. Sogar das düstere London bekommt in seinen Augen nun Leben und Farbe, und der Stolz, Franzose zu sein, beschwingt seinen Schritt in der ihm fremd gebliebenen Stadt.

Er wendet sich wieder der Politik zu, aber nicht, um die an Condorcet gerichteten, immer gleichen Betrachtungen über Gründe und Ursachen der englischen Neutralität wiederaufzunehmen. Vielmehr beschäftigen ihn die inneren Angelegenheiten seines Landes. Brissot, der von nun an als Führer der Gironde gilt, hat die Kommune von Paris der Illegalität bezichtigt; Marc-Antoine legt ihm in einem Brief dar, daß diese im Gegenteil der Motor der »zweiten Revolution« ist und Brissot infolgedessen unrecht hat, sie zu bekämpfen. Der Ton des nicht wiedergefundenen Schreibens ist nach den Worten von Monsieur Eury, der es an den eigentlichen Adressaten weiterleiten sollte, zurückhaltend, aber entschieden. Es enthält keinen der persönlichen Angriffe und Verleumdungen, mit denen Camille Desmoulins sich kurz zuvor in seiner Flugschrift »Brissot entlarvt!« ein schlechtes journalistisches Zeugnis ausgestellt hatte. Marc-Antoine äußert sich als tugendhafter Jakobiner, dem es nur darum geht, den ihm Gleichgesinnten von einem irrigen Urteil abzubringen – das jedoch, sollte der Angesprochene darauf beharren, leicht tatsächlich zum Verbrechen werden könnte. Robespierre wird sich zu diesem Thema in ganz ähnlicher Weise äußern. Im gleichen Sinne schreibt Marc-Antoine an Pétion; der Bürgermeister von Paris hat zwar die Kommune akzeptiert, flüchtet sich aber mehr und mehr in eine Untätigkeit, die von offener Abtrünnigkeit nicht weit entfernt ist.

Wahrscheinlich haben die beiden Männer ihrem jungen Kritiker nicht geantwortet: Sie werden nicht mit jemandem disputieren, der sich jenseits des Ärmelkanals befindet. Marc-Antoine zumindest faßt ihr Schweigen so auf, und aus diesem und vielen anderen Gründen möchte er nach Frankreich zurück. Statt diesen Wunsch jedoch direkt seiner Mutter mitzuteilen, bittet er wiederum Monsieur Eury um Vermittlung. Rosalie ist anscheinend über diese seltsamen Umwege nicht verärgert; sie gewöhnt sich allmählich an die Wunderlichkeiten »ihrer beiden Männer«. »Mein Freund«, schreibt sie ihm, »ich erwarte Dich mit offenen Armen. Ich habe Deine Verbannung befohlen; an mir ist es, Dich zurückzurufen. Du kannst abreisen, sobald Du meinen Brief erhalten hast. Voller Stolz über die Gründe, die Dich zurückführen [Marc-Antoine hat sie wissen lassen, daß er sich zur Armee verpflichten möchte], werde ich Deinem glühenden Patriotismus kein Hindernis entgegensetzen.«

In Wirklichkeit ist Marc-Antoine der elterlichen Entscheidungsgewalt bereits entwachsen, und Rosalie hat vor einigen Monaten seine Abreise genausowenig befohlen, wie sie nun seine Rückkehr anordnen kann. Finanziell ist er zwar noch von seiner Familie abhängig, aber seine politische Karriere ist bereits zu weit fortgeschritten, als daß er sein Verhalten den Wünschen und Vorstellungen seiner Eltern anzupassen hätte. Nur aus kindlicher Ehrerbietung hat er um ihre Erlaubnis nachgesucht, und während er angeblich in London noch die Genehmigung seines Vaters abwartet – der sich im übrigen nur um seine Kandidatur für den neu zu bildenden Konvent kümmert –, regelt er seine letzten Angelegenheiten.

Marc-Antoine weiß, daß sowohl die zivile als auch die militärische Verwaltung Frankreichs ihn bereits vermißt. Da sein Titel als »Diplomat in Ausbildung« keinerlei offiziellen

Charakter besitzt und Dumouriez als Außenminister zurückgetreten ist, kann er von einem auf den anderen Tag als Emigrant und sogar als Deserteur betrachtet werden, denn aufgrund seines Alters wäre sein Platz in der Armee. Aber auch Marc-Antoine selbst, von revolutionärem Patriotismus erfüllt, möchte nun in sein Vaterland zurückkehren. Der Feind rückt vor; er hat soeben Longwy eingenommen, belagert Thionville und bedroht bereits Verdun. Erneut fordert die Nation alle waffenfähigen Männer auf, sich zur Armee zu melden.

Aber die auf erhöhten Estraden inmitten belebter Plätze stattfindenden Eintragungen in die Anwerbelisten sind nun nicht mehr die fröhlichen, ausgelassenen Volksfeste, die sie noch einige Monate früher gewesen waren. Beklommenheit herrscht vor. Wenn Verdun fällt, wird die Flut der Österreicher und Preußen durch das Tal der Marne bis Paris vordringen. Und wieder ist es nicht so sehr die militärische Unterlegenheit, die in der Bevölkerung quälende Angst auslöst – man ist sicher, daß der revolutionäre Elan Wunder vollbringen wird –, als vielmehr der Verdacht eines royalistischen Komplotts, des Verrats.

Rosalie an Jullien
29. August 1792

»Fünfzigtausend Menschen waren gestern bei einbrechender Dunkelheit innerhalb von zwei Stunden auf den Beinen, und ganz Paris war auf der Straße. Beleuchtung, Patrouillen: Die Nacht ist so lebendig wie der Tag. Wenn die Preußen vor den Toren gestanden hätten, wären wir nicht wacher gewesen. All dies, um Hausdurchsuchungen vorzunehmen und unbenutzte oder in zweifelhaften Händen befindliche Waffen zu beschlagnahmen. Man hat gute Beute an Gewehren und Aristokraten gemacht. Ihr wahnwitziger Ehrgeiz hat diese große Maßnahme erforderlich gemacht. Die Einnahme von Longwy hat sie wieder Mut fassen lassen; sie haben frohlockt; sie haben verkündet, die feindlichen Truppen wären in acht Tagen in Paris und sie würden ihnen schon das Nachtlager bereiten.

Zwei Stunden nach Mitternacht, Besuch bei Ihrer gehorsamen Dienerin. Als meine einzige Waffe habe ich Ihr Gewehr vorgezeigt. Ich habe es ihnen angeboten, aber mir wurde geantwortet, ich solle es für den tapferen Waffenbruder aufbewahren, der bald zurückkommen wird und würdigen Gebrauch davon machen kann. Die Höflichkeiten waren gegenseitig, und die, die über diese Besuche erschrocken sind, müssen Dummköpfe oder Verbrecher sein. Ich habe sie gebeten, nicht zu meiner alten Nachbarin zu gehen, denn man hatte mich nach ihr gefragt, und auf mein Wort hin sind sie nicht zu ihr gegangen. Der gute Germain ist ebenfalls verschont geblieben.

Ein Kommissar, der seinen Regenschirm bei mir vergessen hatte, ist morgens wiedergekommen; er hat mir gesagt, er habe bei Sareste, der sich nach dem trefflichen 10. August nach Burgund abgesetzt hat, vier geladene Pistolen beschlagnahmt. Außer der Verhaftung der Eudisten, alles eidverweigernde Priester, hat es in unserem Viertel keine besonderen Vorkommnisse gegeben; man hat bei ihnen das Silberzeug aus der Sainte-Chapelle wiederentdeckt, das im Brunnen versteckt war. Es herrscht völlige Ruhe. In Erwartung neuer Nachrichten aus Thionville wagt man kaum zu atmen.«

Die von Rosalie schon am 23. August vorhergesagte »stürmische Bewegung« im Volk findet tatsächlich aus den von ihr angegebenen Gründen statt. Durch ihre häufigen Besuche öffentlicher Versammlungen und die Gänge durch Paris ist sie besser als irgendein Politiker mit den verborgenen, unterschwelligen Stimmungen im Volk vertraut. Sie hat gespürt, was Danton, dem Justizminister, Pétion, dem Bürgermeister von Paris, Robespierre, dem Mitglied der Kommune, den Jakobinern, den Cordeliers und sogar den doch dem Volk gegenüber sehr mißtrauischen Feuillants entgangen ist: das aus

Furcht und verhaltener Mordlust gemischte Gefühl, das der tägliche Anblick der übervollen Gefängnisse bei vielen Sansculotten hervorruft (die Hausdurchsuchungen haben zur Verhaftung von dreitausend Verdächtigen geführt). Die Menge kümmert es wenig, aus welchen Gründen die Häftlinge eingekerkert wurden. Sie sieht in ihnen nur Schuldige, die nichts tun, der hungernden Bevölkerung das letzte Brot wegessen, Männer für ihre Bewachung erforderlich machen, die sonst an den Grenzen kämpfen würden, und die nur damit beschäftigt sind, Fluchtpläne zu entwerfen und Komplotte zu schmieden. Kurzum, hinter diesen Mauern lauert dreist das Böse, ruht sich aus, bis es befreit zu neuen verheerenden Taten ausholen kann.

Wer vermag schon, zwei Fuß von einem Hornissennest ruhig zu schlafen? Jeden Augenblick kann die Brut hervorbrechen und die Luft mit Hunderten von Stacheln füllen. Der geringste äußere Anlaß kann das Unheil, die Katastrophe, herbeiführen. Ist es da nicht besser, das Nest auszuräuchern?

Rosalie an Jullien
2. September 1792

»Die Alarmkanone übertönt das Mittagsglockenläuten; die Sturmglocke schrillt; der Generalmarsch wird geschlagen; man kommt und geht in den Straßen. Alles deutet auf die heftigste Krise hin. Man verliest die patriotischen Bekanntmachungen der Stadtverwaltung: Eilt euren Brüdern zu Hilfe! Zu den Waffen! Zu den Waffen! Jeder rennt, eilt ... Heute abend marschieren vierzigtausend Mann ab, die auf die Preußen losgehen sollen, sei es in Verdun, sei es, wenn sie vorrücken, vorher. Die kriegerische Wut, die alle Pariser ergriffen hat, grenzt ans Wunderbare. Familienväter, Bürger, Sansculotten, alle Welt bricht auf. Das Volk sagt: ›In unseren Häusern lassen wir unsere Frauen, unsere Kinder inmitten unserer Feinde zurück. Säubern wir vorher das Land der Freiheit von ihnen!‹

Mein Freund, ich werfe hier mit zitternder Hand einen dunklen Schleier über die Verbrechen, die das Volk zu begehen gezwungen war, um sich für die Untaten zu rächen, deren Opfer es seit drei Jahren ist. Die Verschwörungen, die man allerorten aufdeckt, werfen ein Licht auf das Schicksal, das die Patrioten erwartet und bedroht. Wenn sie nicht selbst vernichten, werden sie vernichtet. Grausame Notwendigkeit, unseliges Werk unserer barbarischen Feinde! Abgeschnittene Köpfe, massakrierte Priester ... Meine Empfindsamkeit weigert sich, Ihnen alles zu beschreiben. Die Preußen und die Könige hätten wahrlich dasselbe und sogar Schlimmeres getan. Wenn das Volk ... Oh, unglückseliges Volk! Man hüte sich, es zu verleumden!

In dieser Nacht herrscht tiefste Stille. Kein Laut, weder Trommeln noch Glocken künden irgendein unheilvolles Ereignis an. Meine Seele ist so besorgt, daß es mir unmöglich wäre, Schlaf zu finden, und ich habe so schreckliche Kopfschmerzen, daß ich nicht schreiben kann ...

3. September, morgens

Ich bin von Abscheu, von Entsetzen ergriffen; ich weiß nicht, welche Gefühle ich ausdrücken soll. Hier sind die Einzelheiten, die ich von sechs Maurern gehört habe, die im Haus arbeiten. Ein Bataillon von Leuten aus dem Volk hat sich unter dem Eindruck der drohenden Gefahr, im Falle des Gelingens irgendeines Komplottes die Übeltäter aus allen Gefängnissen über uns herfallen zu sehen, von Richtern begleiten lassen und ist von Gefängnis zu Gefängnis gezogen. Man hat sich alle Gefangenenregister vorlegen lassen; die Diebe wurden getötet, die Assignatenfälscher getötet, die Konterrevolutionäre getötet; die Schuldhäftlinge freigelassen. So hat man alle Gefängnisse völlig geleert, auch Bicêtre, wo man noch ist. Diese Exekutionen einer schrecklichen und barbarischen Gerechtigkeit sind, heißt es, in außergewöhnlicher Stille vonstatten gegangen. Mehrere Priester sind der Rache des Volkes zum Opfer gefallen. Diese Maurer haben Haufen von Leichen vor den Toren der Gefängnisse gesehen. Meine tiefe Menschlichkeit läßt mich das Schicksal sowohl der Schuldigen als auch der Unschuldigen beklagen. Mein Gott, habe Erbarmen mit einem Volk, das man ins Gemetzel stürzt! Meine Seele ist tief betrübt.

3. September, abends

Mein Freund, die größte Ruhe folgt auf die Tat dieses Volksgerichts, das von der Nationalgarde unterstützt wurde und dem fünfzehn aus der Menge gewählte Richter Hilfe geleistet haben.* Bicêtre** hat den ganzen Tag in Anspruch genommen. In keinem Gefängnis gibt es noch irgendein lebendes Wesen. Man versichert, man habe die Beweise eines breitangelegten Komplotts erhalten, bei dem alle Gefangenen Werkzeuge des Verbrechens gewesen wären. Pétion hat die Sicherheit der Hauptstadt nur bis gestern um Mitternacht garantiert. Nun, man muß annehmen, daß die Vorsehung uns noch einmal wunderbarerweise gerettet hat.

Man behauptet, das Blutgericht werde sich nach Orléans begeben. Die Nationalversammlung hat angeordnet, die Gefangenen auf eine Festung in Saumur zu schaffen. Sie hat die Vorkommnisse nur in ihrem Protokoll erwähnt und die Arbeit in größter Ruhe wiederaufgenommen. Die beiden Montmorins haben das Schicksal der übrigen Schuldigen erlitten, und gestern morgen ist der Major der Schweizer guillotiniert worden. In den Höfen der Gefängnisse gab es Berge von Leichen. Sie sind alle auf zweirädrigen Karren nach Clamart gebracht worden. Meine und Augustes Empfindsamkeit erlaubt uns nicht, auszugehen, aus Furcht, einem dieser Leichenwagen zu begegnen.

Obwohl wir über die Greueltaten klagen, die unsere Feinde durch ihren vielfältigen Verrat provoziert haben, füh-

---

* Das ist historisch falsch.

** Bicêtre, gleichzeitig Gefängnis und Spital, beherbergte Gesetzesübertreter, aber auch Obdachlose und junge Geistesgestörte.

len wir doch, daß diese uns zu einem Ende unserer Leiden bringen müssen und schließlich die Geschicke eines großen Volkes bestimmen werden, das allzulange ein Spielball der Intriganten gewesen ist ... Von den unglücklichen geopferten Priestern kenne ich keinen, aber ich hoffe, daß diese Krise an ihr Ende kommt und daß man sich wieder frei bewegen kann.«

Wie viele Pariser glaubt auch Rosalie an den spontanen Charakter des Gemetzels. Bei der Nachricht vom Vorrücken des Feindes im Argonnerwald hätten die durch den Ruf zu den Waffen in blinde Aufregung versetzten Patrioten jedwede Brutstatt des Verrats und des Verbrechens in der Hauptstadt vernichten wollen. Ein Zornesausbruch, der sich aus der Sorge um das Gemeinwohl erklärt ... Tatsächlich ist das Blutbad mindestens zwei Tage vorher geplant und vorbereitet worden. Dies beweisen sowohl direkt die Sitzungsberichte einiger noch vorhandener Sektionsregister als auch indirekt die Tatsache, daß viele dieser Register in den auf die Septemberereignisse folgenden Tagen verstümmelt wurden oder ganz verschwunden sind.

Zwanzig vollständige Register erwähnen den Plan, die Insassen der Pariser Gefängnisse umzubringen, überhaupt nicht. Nur fünf oder sechs Register aus Sektionen, die sich für ein solches Vorhaben ausgesprochen haben, sind erhalten geblieben. So verzeichnet etwa die Sektion »Luxembourg«: »Der Antrag eines Mitglieds, die Gefängnisse zu säubern, indem man das Blut aller Häftlinge vergießt, bevor man Paris verläßt, ist nach Auszählung der Stimmen angenommen worden.« Es ist nicht mehr feststellbar, ob die Sektion »Panthéon Français« – die Rosalie Jullien von Zeit zu Zeit besucht – ein ähnliches Votum abgegeben hat. Rosalie jedenfalls hat an einer solchen Abstimmung nicht teilgenommen und war auch nicht darüber informiert; ihre Überraschung, ihre Betroffenheit, als sie von den Massakern erfährt, sind nicht gespielt.

Die Männer von fünf oder sechs Bezirken reichten aus, die grausame Tat zu vollbringen. Die des Bezirks »Luxembourg« hatten es da gar nicht weit, denn sie tagten in unmittelbarer Nähe des Gefängnisses Abbaye und des Karmelitergefängnisses. Haben sie, wie einige Historiker vermuten, vom Überwachungsausschuß der Kommune eine mündliche Genehmigung erhalten? Dies kann man natürlich nicht beweisen. Aber es ist schwer vorstellbar, daß eine Handvoll Sansculotten die Ausrottung aller Gefangenen ohne das Einverständnis der städtischen Behörden beschlossen haben sollte – vor allem, da nicht alle 48 Sektionen damit einverstanden waren und die Mörder sich also nicht auf den einstimmigen Willen des Volkes berufen konnten. Durch ihre vorgebliche Unkenntnis und ihre Untätigkeit haben Danton, der Justizminister, Roland, der Innenminister, Pétion, der Bürgermeister von Paris, und hundert andere Politiker bewiesen, daß sie die Ereignisse stillschweigend billigten. Denn zum einen dauerte das Blutbad immerhin zwei Tage; zum anderen stand eine Abteilung der Nationalgarde im Jardin du Luxembourg in der Nähe der beiden genannten Gefängnisse in Bereitschaft.

Die Antwort Dantons auf eine entsprechende Frage ist bekannt: »Ich schere mich einen Dreck um das, was mit den Gefangenen geschieht!« Viele Pariser, viele Franzosen murmeln diesen Satz im tiefsten Grunde ihres Herzens. Was ist schon das Schicksal einiger eidverweigernder Priester, einiger Spekulanten, einiger Schweizer, die am 10. August auf das Volk geschossen haben, einiger verschwörerischer Aristokraten und einiger Verbrecher gegenüber dem Unglück des Vaterlandes, dem Krieg, der drohenden Invasion und der Rückkehr des Despotismus? Sicher ist es grausam, zu töten, aber in einem Augenblick, in dem so viele Unschuldige im Kampf für die Verteidigung des Vaterlandes ihr Leben lassen müssen, macht man sich über das Schicksal einiger mehr oder weniger Schuldiger nicht allzu viele Gedanken. Der Krieg wertet das menschliche Leben ab. In der Armee wird es zum Nichts; dort ist es normal, ganze Bataillone in den sicheren Tod zu schicken und den fahnenflüchtigen oder ungehorsamen Soldaten ohne Prozeß zu erschießen. In einer solchen Situation kann das Leben in den Gefängnissen nicht viel Wert besitzen. Es ist zumindest fraglich, ob das Blutbad auch in einer Zeit des Friedens stattgefunden hätte: Die Septembermorde sind von denen, die sie verübten, als ein Handstreich gegen den Kriegsfeind betrachtet worden.

Durch die Bevölkerung von Paris geht jedenfalls kein Aufschrei des Entsetzens. Wen berührt schon der Tod einer ihm unbekannten Person, wenn der Anblick ihm erspart bleibt? Wie die überwiegende Mehrheit der Pariser wird Rosalie Jullien kein einziges Opfer des Massakers zu Gesicht bekommen. Von 1789 bis 1795 gab es in der Hauptstadt mehrere tausend Hinrichtungen und Morde, aber nichts wäre einem ihrer Bewohner leichter gewesen, als sie von einem Ende zum anderen zu durchstreifen, ohne jemals ein einziges Opfer zu Gesicht zu bekommen. Man brauchte nur am 14. Juli 1789 nicht an der Bastille, am 17. Juli 1791 nicht auf dem Marsfeld, am 10. August 1792 nicht an den Tuilerien und im September desselben Jahres nicht in den Gefängnissen zu sein; schließlich wäre es ratsam gewesen, an einigen Tagen die Place de Grève, die Place de la Révolution und die Barrière du Trône* zu meiden. Trotzdem hätte man für seine täglichen Spaziergänge noch genügend Auswahl gehabt.

Nicht zuletzt haben die ständigen Verweise auf die römische Geschichte das Volk mit der Vorstellung des gewaltsamen Todes vertraut gemacht. All die kleinen Provinzrechtsanwälte in ihren korrekten Anzügen werfen sich moralisch die Toga der Römer über, sprechen unaufhörlich von Schwertern, vom Schicksal. Die großen, fast zwei Jahrtausende alten Rollen – Brutus, Fabricius, Sertorius – sind ihnen allen geläufig, und sie beeilen sich, sie zu spielen. Die damit gewonnene historische Dimension bezahlen sie gerne mit dem Leben. Niemals waren so viel Aufrichtigkeit, so viel Tapferkeit, so viel Edelmut mit so viel nachgeahmter Literatur, mit so viel Künstlichkeit verbunden. Die Politik wird

* Wo sich nacheinander die Guillotine befand.

zum Theater, und noch auf der Guillotine meint man, das Flüstern des Souffleurs zu hören.

Die Auswirkungen der Septembermorde auf das Gewissen der Männer, die sich bald gegenseitig aufs Schafott schicken werden – das sie alle hocherhobenen Hauptes besteigen, wenn sie sich nicht vorher selbst umbringen, unbeugsam gegen sich selbst, unbeugsam gegen andere –, sind schwer zu ermessen. Man macht keine Revolution, wenn man Angst vor dem Tod hat. Auch Rosalie scheint von diesem Stoizismus angesteckt, der keinen anderen Mangel hat als den, für allgemein gehalten zu werden, und der zu der Überzeugung führt, daß auch niemand anders seinem Leben großen Wert beimißt. Rosalie würde das ihre leichten Herzens hingeben, wenn es erforderlich wäre. Sie kennt es sowieso nicht wieder: Die Revolution hat es verwandelt, hat es gänzlich umgestaltet. Der Ehemann entzieht sich, der Sohn ist in der Ferne, sie selbst von einer Leidenschaft zur Politik erfaßt, deren Tiefe sie erstaunt und die sie unablässig auf die Straßen von Paris treibt. Man scheint bei offenen Fenstern zu leben, und das Gemurmel der Menge dringt bis in die letzten Winkel des Hauses. In dem ehemals geordneten Familienleben macht Nachlässigkeit sich breit, und Rosalie versucht gar nicht mehr, dem entgegenzutreten. Mahlzeiten zu festgesetzten Zeiten? Die Schularbeiten von Auguste? Die häuslichen Pflichten Marions? All dies widersteht dem Strom der Ereignisse nicht lange. Die Trommel schlägt im Viertel; Nachbarn rufen sich auf der Treppe an; der nächtliche Himmel scheint sich zu röten. Wohin laufen diese Menschen? Man muß ihnen folgen. Eine um ein Uhr nachts verlesene Proklamation holt alle aus den Betten ... In das Leben dieser tugendhaften Ehefrau, dieser untadeligen Mutter bringt die Leidenschaft der Politik eine Unregelmäßigkeit, die in anderen Zeiten eine ganz andere Leidenschaft vermuten ließe. Die Begeisterung beginnt, der Ausschweifung zu ähneln; der patriotische Eifer rötet die Wangen; der Wunsch nach Rache läßt die Augen glitzern. Hinter dieser wohlanständigen Angehörigen des Bürgertums, der der Wind der Freiheit die Haare zerzaust, zeichnet sich manchmal, noch kaum erkennbar, die Bacchantin oder die Furie ab.

Nichtsdestoweniger lasten die Opfer des Septembermassakers, zwischen 1000 und 1300 Menschen (genaue Zahlen gibt es nicht), auch in den folgenden Tagen schwer auf Rosalie. Immer wieder muß sie sich diese Last von der Seele schreiben.

Rosalie an Jullien
6. September 1792

»Der Patriotismus triumphiert; die Anwerbungen, der Aufbruch der Freiwilligen geben der Hauptstadt neues Leben und dem Handel einen schönen Aufschwung; die Kaufleute müssen wieder Patrioten geworden sein. Fröhlichkeit und Sicherheit marschieren im Takt der Trommeln. Man sieht nur Föderierte; man hört nur Militärmusik. Die Straßen sind voll von dieser riesigen Bevölkerung, und überall schreit man aus vollem Hals: ›Es lebe die Nation!‹ Wir haben weder den Anschein eines bedrohten noch eines niedergeschlagenen Volkes, sondern den einer großen Familie, die herrlich und in Freuden lebt.

Über die gräßlichen Bilder ist der Schleier geworfen. Die Aufdeckung infernalischster Machenschaften erstickt das Bedauern. Wenn das Volk die Erde nicht von den Verbrechern gesäubert hätte, die in den Gefängnissen waren, hätten diese das Blut des Volkes vergossen. Man hat Waffen gefunden, Geld, jede Art von Beweisen für das niederträchtige Komplott, das in der Nacht vom 5. auf den 6. September 1792 alle Patrioten vernichten sollte ...

Nichts ist so sicher wie die Ruhe von Paris. Die Tore sind wieder geöffnet worden. Die Furchtsamen suchen das Weite. Ich für meinen Teil bleibe auf meinem Posten, bis ich weiß, wo der Ihrige und der meines Sohnes ist. Was mich immer furchtlos gemacht hat, sind die Trägheit und der Egoismus derer, die uns angreifen. Trotzdem bin ich seit acht Tagen tausend Tode gestorben. Ich habe weder essen noch schlafen können. Bei alldem fühle ich mich wohl.

Die Verschwörer sind von der Zivilliste gekauft worden. Die Beweise sind klar, selbst für Dummköpfe. Wir hatten es ja seit langem geahnt . . .«

Kaum zwei Wochen nach den Septembermorden verwischt der Sieg von Valmy die letzten peinlichen Eindrücke, die diese in der Bevölkerung hinterlassen hatten. Der im wahrsten Sinne des Wortes »wunderbare« militärische Erfolg hat für das revolutionäre Frankreich den Charakter einer Absolution. Wenn der Himmel so gnädig ist, können die Sünden nicht schwer gewesen sein. Die Unentschlossenheit des gegnerischen Generalstabs und vor allem der von mehr als dreißigtausend Kehlen oft wiederholte Ruf »Es lebe die Nation!« haben ausgereicht, den Schlachtplan des Herzogs von Braunschweig durcheinanderzubringen, die preußischen Soldaten zu demoralisieren und der französischen Armee die Oberhand zu sichern.

Das militärische Genie von Dumouriez und Kellermann und die Entschlossenheit der französischen Truppen werden sicher Anerkennung und Bewunderung gefunden haben, aber die Revolution ist zu sehr von Religiosität durchtränkt, als daß dieser Sieg in den Augen eines großen Teils der Pariser Bevölkerung nicht als eine göttliche Bestätigung der Republik erscheinen würde. Sie wird sofort nach dem Sieg von Valmy verkündet. Nun endlich ist klar, daß man auf einer neuen Ordnung aufbauen wird: ein Hoheitsgebiet, von dem der Feind vertrieben wurde, eine ganz offensichtlich demokratische Regierung und eine verjüngte Nationalversammlung, der Konvent, der die Verfassung neu gestalten soll. Alle Ereignisse der vergangenen Monate und insbesondere die der ersten Septembertage erscheinen nun als die mühselige, zögernde, oft ungeschickte, von Fehlern nicht freie Vorbereitung auf diesen einen Tag, der der Nation eine strahlende Zukunft eröffnen muß.

Die durch den Sieg von Valmy und die Ausrufung der Republik zustande gekommene nationale Einheit, das heißt die Versöhnung aller Parteien, ist allerdings nur von kurzer Dauer. Bereits an der Definition der »einen und unteilbaren Republik« entzündet sich die Auseinandersetzung zwischen Girondisten und »Montagnards« (wie man von nun an die Parteigänger Robespierres nennen muß). Für die Gemäßigten ist die wachsende Macht der von Robespierre beherrschten Kommune, in der sie eine Negation des demokratischen Systems und die Brutstatt gefährlicher Theorien sehen, unannehmbar.

Sie möchten demgegenüber die Rolle der Departements gestärkt sehen, die ein Hort der traditionellen nationalen Tugenden, des gesunden Menschenverstandes und des rechten Maßes sind. Der Einfluß von Paris soll »wie der eines jeden anderen Departements auf ein Dreiundachtzigstel reduziert werden«, wie der Girondist La Source erklärt. Viele seiner Freunde verfechten sogar die Idee, eine große, in den Departements zusammengestellte Armee nach Paris zu senden, die die Arbeit der Nationalversammlung überwachen und sie gegebenenfalls gegen die subversiven Machenschaften der Sektionen beschützen soll. Ein solcher Beschluß würde allerdings nur den alten Gegensatz zwischen liberalen Thesen – nach denen das Recht auf Eigentum und die soziale Hierarchie unantastbar sind – und staatssozialistischen Thesen – die eine Kontrolle der öffentlichen Gewalt über alle nationalen Aktivitäten vorsehen – auf die geographische Ebene übertragen.

Die Julliens, der Vater, die Mutter, der Sohn, haben ihr politisches Lager bereits gewählt: Sie befinden sich links vom »Berg«. Dort, nicht weit von Robespierre und Danton, wird Jullien, der soeben für das Departement Drôme zum Abgeordneten gewählt wurde, sich niederlassen. Marc-Antoine, der seinen jakobinischen Überzeugungen treu geblieben ist, muß nun seine politischen Beziehungen überprüfen und seinen Standort neu bestimmen. Dies wird zum einen durch den Dank, den er seinen ehemaligen Gönnern schuldet, aber auch durch die nicht eindeutige Haltung vieler Politiker erschwert. Montagnards und Girondisten sind noch nicht in allen Punkten gegenteiliger Ansicht. Wie soll man sie erkennen? Glücklicherweise wird Jullien seinen Sohn aufklären können, der bei seiner Rückkehr aus London ein wenig hinter dem aktuellen Stand der Dinge hinterherhinkt.

Er kommt Ende September nach Paris zurück. In der Rue Saint-Jacques, wo Rosalie seit der Rückkehr ihres Mannes mehr oder weniger das alltägliche Leben wiederaufgenommen hat, schmückt man sich festlich heraus. Aber wie sollte Marc-Antoine nicht eine Veränderung an dieser Wohnung bemerken, in der er einen Teil seiner Kindheit und seiner Jugend verbracht hat? Zwar ist die Familie vollständig beisammen; Marion verrichtet wie üblich ihre Arbeit; die Möbel sind an ihrem Platz geblieben, und die Wände haben ihre Holzvertäfelung oder ihre alten Tapeten behalten. Aber der den Räumen innewohnende Geist ist nicht mehr derselbe. Man hat nicht mehr den Eindruck, in einer abgeschlossenen Welt zu leben. Es ist, als hätte die Teilnahme Rosalies an den politischen Ereignissen in diese Wohnung eine nicht mehr zu schließende Bresche geschlagen, als wäre nun die Luft von draußen eingedrungen, die sich emphatisch »der Wind der Geschichte« nennt.

Was kann von der Begrenztheit dieser bürgerlichen Welt bleiben, nachdem die Sansculotten der Sektion, ein Kommissar der Kommune, die Maurer, von denen zwei oder drei, wie man endlich erfahren hat, an den Septembermassakern beteiligt waren, ihren Fuß über die Schwelle gesetzt haben? Was kann bleiben, nachdem Rosalie jeden Abend, vor Müdigkeit überwältigt und mit erhitztem Gesicht, den Geruch der Menge, den Staub der Straßen von Paris hineingetragen hat? Nach all diesen Nächten, in denen sie bis zum Morgengrauen am offenen Fenster stand und mit besorgter Aufmerksamkeit auf das Atmen der Stadt lauschte, so, wie sie sich früher über das Bettchen eines schlafenden, erkrankten Kindes gebeugt und gelauscht hatte?

Die Wohnung in der Rue Saint-Jacques hat nun endgültig den Charakter einer Zufluchtsstätte, eines neutralen und behüteten Ortes, an dem man sich von der Revolution erholen kann, verloren. Die beiden Julliens, der Vater und sein ältester Sohn, schätzten diesen Ort, ohne es sich einzugestehen; ihre Verärgerung über die politische Begeisterung Rosalies wird wahrscheinlich darauf zurückzuführen sein, daß der Verlust dieser Idylle in ihrem Leben keine einzige unberührte Zone mehr läßt. Aber ist dies nicht normal? Die Revolution nimmt die, die sich ihr verschreiben, nicht zur Hälfte; sie beansprucht sie ganz bis in die geheimsten Winkel ihres Privatlebens. In dieser Wohnung in der Rue Saint-Jacques findet Marc-Antoine nicht mehr die sorgsam behütende Mutter wieder, an die ihn die vielschichtigen Gefühle der Kindheit banden. Diese neue Mutter kann ihn nicht mehr beschützen, ihn verstecken, ihn der Welt draußen entziehen. Sie überliefert ihn der Geschichte. Marc-Antoine wird ihr niemals verzeihen, ihm so geholfen zu haben, ein zweites Mal geboren zu werden.

Er wird sich nicht lange in Paris aufhalten. Er ist seinem Land verpflichtet. Es wäre unzulässig, daß der Sohn eines Konventsabgeordneten, der selbst Jakobiner ist, seine Studien fortsetzt, während andere junge Männer seines Alters sich an den Grenzen schlagen. Der aus Romans gebürtige Joseph Servan ist im Moment Kriegsminister und, wie man weiß, ein Jugendfreund Julliens. Rosalie hat sehr oft in der Nationalversammlung mit ihm geplaudert. Er weiß natürlich, daß Marc-Antoine existiert, und ist über dessen Fähigkeiten und Intelligenz ausführlich unterrichtet worden. Sobald er, ohne Zweifel von Jullien, hört, daß der junge Mann nach Frankreich zurückgekehrt ist, bittet er ihn zu einer Unterredung und beschließt, ihn mit zur Armee zu nehmen, denn er wird in Kürze das Ministerium verlassen. Er hat sich nie mit Dumouriez, dem Helden des Tages, verstanden. Er hatte bereits im Mai seinen Abschied genommen, aber nach dem 10. August 1792 hat er sein Amt auf Drängen seiner girondistischen Freunde wieder übernommen. Diese brauchen ihn, um Dumouriez, dem sie mißtrauen, an einer allzu selbstherrlichen Handlungsweise zu hindern. Aber Servan besitzt nicht genügend Ehrgeiz, um ihren Absichten ganz und gar zu entsprechen. Zunächst: Ist er wirklich Girondist? Der Streitigkeiten und der personellen Konflikte müde, übernimmt er wieder sein Kommando als Divisionsgeneral und wählt – letztes Privileg des scheidenden Ministers – die Pyrenäen zum Operationsgebiet. Auf diese Weise legt er mehr als tausend Kilometer zwischen sich und Dumouriez, der in Kürze in Belgien einmarschieren wird.

Im Moment beschränken sich die militärischen Operationen in dem von Servan gewählten Gebiet auf die Bewachung einiger Gebirgspässe. Karl IV. von Spanien ist zwar von der Französischen Revolution zutiefst entsetzt und macht moralisch mit Österreich und Preußen gemeinsame Sache, hat aber, von einem klugen Premierminister zurückgehalten, die offenen Feindseligkeiten noch nicht eröffnet. Erst nach der Hinrichtung von Ludwig XVI., den Ihre Allerkatholischste Majestät sich zu rächen verpflichtet fühlt, werden die Auseinandersetzungen beginnen. In der Zwischenzeit bereitet man sich auf französischer Seite auf den Kampf vor, und die kürzlich errungenen Erfolge im Norden und im Nordosten haben die Politiker so weit ermutigt, daß auch eine Offensive nicht ausgeschlossen scheint.

Der Ruf zu den Waffen hat die französische Armee in einigen Wochen um hunderttausend Mann anwachsen lassen; ihre tatsächliche Stärke liegt nun bald bei einer halben Million. Aber die Versorgungseinheiten haben mit dieser raschen Entwicklung nicht Schritt halten können. Es fehlt an Kriegskommissaren (die die im Durchmarschgebiet der Armeen liegenden Orte mit Lebensmitteln, Munition und anderem Material versorgen), und häufig kommt es vor, daß für den Kampf dringend benötigte Gegenstände vor Ort nicht zur Verfügung stehen. So berichtet Rosalie am 9. September 1792: »Ich habe eine Freundin von Monsieur de Sillery getroffen, die mir gesagt hat, daß dieser Patriot [der mit dem Herzog von Orléans in engster Verbindung stand] in wutschnaubender Entrüstung aus Reims eintraf: keine Waffen.« In Valmy hatten die Soldaten gerade genug Pulver, um zwei

Stunden lang schießen zu können ... Servan hatte schon als Minister verdienstvolle Anstrengungen für die reguläre Versorgung der Truppen unternommen; er setzt sie nun in dem von ihm übernommenen Bezirk fort.

In der Intendantur braucht man gebildete, intelligente, junge Leute. Servan, der bei der Vergabe von Stellen gern seinen Lokalpatriotismus unter Beweis stellt, begnügt sich nicht damit, Marc-Antoine zum Kriegskommissar zu machen, sondern vertraut die gleichen Funktionen auch dessen Freund Saint-Cyr Nugues an. Das ist unleugbar eine Vergünstigung. In den Pyrenäen wird noch nicht gekämpft, und außerdem bleibt die Intendantur immer in angemessener Entfernung vom Ort des Geschehens. Marc-Antoine, der wenig kräftig und von schwächlicher Gesundheit ist, hat in der Schreibstube den ihm gemäßen Platz gefunden; Saint-Cyr Nugues wollte sowieso in die Militärverwaltung eintreten. Die Befürchtung, Marc-Antoine könne sich nun ganz in den militärischen Papierkrieg vergraben und die aktuellen politischen Ereignisse aus den Augen verlieren, ist nicht gerechtfertigt. Als für die Verteilung der Lebensmittel zuständiger Kriegskommissar befindet er sich vielmehr geradewegs im Zentrum des Kampfes, der das revolutionäre Frankreich in zwei Lager spaltet.

Bei der Versorgung der Armeen stehen sich in kleinerem Rahmen, aber in momentan oft dramatischeren Situationen die gleichen Theorien gegenüber wie bei der Versorgung der Zivilbevölkerung. Soll zum Beispiel der Staat die im Land verfügbaren Mengen an Grundnahrungsmitteln feststellen und sie entsprechend den Bedürfnissen der Bevölkerung oder der Armee beschlagnahmen, nachdem er den Preis mit den Lieferanten festgelegt hat? Darf man andererseits unter den gegenwärtigen Umständen die Handelsfreiheit aufrechterhalten, die eine Konsequenz des in der Verfassung festgeschriebenen Rechts auf Eigentum ist? »Die dem Menschen notwendigen Lebensmittel sind ebenso heilig wie das Leben selbst«, erklärt Robespierre. »Alles, was zu seiner Erhaltung notwendig ist, bildet das gemeinsame Eigentum der ganzen Gesellschaft. Nur der Überschuß darf Privatbesitz sein.«

Aber aus der Sorge heraus, die Bauernschaft und die kleinen Geschäftsleute nicht zu vergrämen, hütet der »Unbestechliche« sich wohl, diesen Worten auch die entsprechenden Maßnahmen folgen zu lassen.

Anfang September 1792 hatte der aus den Ministern Servan, Clavière, Danton, Lebrun und Roland (der jedoch an diesem Tag abwesend war) zusammengesetzte provisorische Exekutivrat eine Verordnung erlassen, die die Besitzenden verpflichtet, ihr Getreide den Militärkommissaren zu verkaufen. Dies würde den Beginn einer Kontrolle des Handels, des Systems der Requirierung und der Preisbindung bedeuten, und der Girondist Roland macht sofort Einwände dagegen geltend. Er bringt vor, seine Kollegen seien getäuscht worden, man habe ihnen nicht alle Konsequenzen des Beschlusses aufgezeigt. »Er dient nur dazu«, sagt Pétion, der hier den Ansichten Rolands nahekommt, »den Schrecken zu verbreiten, die Bauern daran zu hindern, ihr Korn auf die Märkte zu tragen und die Hungersnot herbeizuführen.« Schließlich widerruft der provisorische Exekutivrat seine Entscheidung.

Während die Girondisten also keinen einzigen Augenblick aufhören, gegen alles zu kämpfen, was in ihren Augen die Handelsfreiheit und das Recht auf Eigentum beschränkt, wagt der größte Teil der Montagnards noch nicht einmal, den Auswüchsen einer unsozialen Handhabung des Privateigentums entschieden entgegenzutreten; die Theorien der Enragés und der »Hébertisten«* – die diese Auswüchse heftig anklagen – sind den Anhängern Robespierres ebenfalls suspekt, und sie werden nicht zögern, ihre Vertreter aufs Schafott zu schicken. Ohne sich den letzteren anzuschließen, halten die Julliens das Staatswohl für wichtiger als den eigenen Nutzen und vertreten die entsprechenden Maßnahmen. Als Unterkriegskommissar ist Marc-Antoine am richtigen Ort, um sich in einer Überzeugung zu festigen, die man heutzutage als sozialistisch bezeichnen würde.

---

* Radikalste Gruppe des Konvents, genannt nach ihrem Wortführer, dem Journalisten J. R. Hébert.

Er bricht mit Servan auf, dessen Ernennung vom 6. Oktober 1792 datiert. Der Generalstab und die zentralen Dienste der Intendantur sollen in Toulouse eingerichtet werden, und dorthin adressiert Rosalie Jullien auch ihre Briefe. Marc-Antoine befürchtet, die politische Entwicklung in der Hauptstadt aus den Augen zu verlieren, und hat deshalb seine Mutter gebeten, ihn regelmäßig darüber zu informieren. Aber Rosalie weigert sich, diese Aufgabe, die sie früher auch ohne Aufforderung erfüllte, weiter zu übernehmen. Anscheinend hat Jullien ihr verboten, die Nationalversammlung zu besuchen.

Rosalie Jullien an Marc-Antoine
17. Oktober 1792

»Die Frage der Departementsarmeen, die anstand, als Du Paris verlassen hast, ist, glaube ich, ad acta gelegt. Die Brissotins haben den kürzeren gezogen. Man hofft, daß sich eine reine Masse erhebt, die alle Parteien beiseite läßt und direkt auf das Ziel losgeht.

Dein Vater hat auf der Rednertribüne mit dem Präsidenten Lacroix eine halbe Stunde lang um das Wort gestritten, welches dieser ihm hartnäckig verweigerte. General Dumouriez war anwesend, und Dein Vater wollte, indem er an dessen schuldhaftes Vergessen des Gesetzes erinnerte, einen gerechten Tadel in die übertriebenen Lobeshymnen mischen, die diesem entgegengebracht wurden. Dieser eine Zug von Republikanismus hätte genügt, die Versammlung auszuzeichnen.

Man spricht davon, Spanien den Krieg zu erklären, das sich heimlich und hinterlistig darauf vorbereitet. Sie werden die Armee in Stellung finden, wenn sie dort ankommen; man sagt, daß alles, was in der Umgebung der Pyrenäen ist, bereit ist, die Waffen zu ergreifen und gegen den Feind zu marschieren. Hier wird eine große Menge von Kleidungsstücken für die Soldaten hergestellt. Alle Schneider sind beschäftigt.«

Rosalie Jullien an Marc-Antoine
24. Oktober 1792

»Ich sehe eine Republik ohne Republikaner. Nur in der kommenden Generation finde ich welche nach meinem Herzen. Ich hoffe sehr, daß sich in ihr die Tugenden entfalten werden, die ich erwarte. Was aber werden bis dahin solche, die wie wir durch die Liebe zur Humanität und die Hoffnung auf die Vervollkommnung der Menschen seit dem ersten Tag auf die Höhe der Revolution getragen wurden, aufgrund der allgemeinen Verderbtheit, die alles behindert, erleiden müssen! Indessen gibt es bereits einen solchen Wandel in unseren Sitten und Ansichten, daß das Böse und das Gute letztendlich einander die Waage halten.

In den Zeitungen wirst Du die Einzelheiten über den nationalen Konvent erfahren. Ich kann Dir nichts darüber berichten, denn seit Deiner Abreise bin ich nicht dort gewesen. Ich habe die Bürgerin Lavit gebeten, die für die Aufgabe, Dich über alles zu unterrichten, geeigneter ist.

Die Intrigen und die Ränke der Brissotins, die von Gorsas und dem *Patriote Français* unterstützt und verbreitet werden, betrüben die Freunde der Gerechtigkeit und der Freiheit zutiefst. Ich meinerseits glaube, daß die feine Wahrnehmungsfähigkeit meines Geschlechts, verbunden mit vier Jahren Beobachtung, den Prüfstein des Patriotismus in meine Hände gegeben hat; ich habe damit Brissot, Buzot, Guadet usw. geprüft. ›Wie hat sich das reine Gold in schlechtes Blei verwandelt?‹ Robespierre, Panis, Robert bestehen die Probe sehr gut.

Ich glaube, daß die einen eine Republik für sich und die Reichen und die anderen eine Volksrepublik für die Armen wollen. Das ist neben den menschlichen Leidenschaften der Grund für die skandalöse Spaltung unserer Versammlung.«

IX
Auf steilem Pfad

General Servan wird sicher nicht bewußt gewesen sein, daß er bei seiner Abreise in die Pyrenäen einen Jakobiner im Troß hatte. Er kennt zwar die am Gesamtwohl der Menschheit orientierten Ideen seines Jugendfreundes Jullien seit langem, aber ihm ist entgangen, daß dieser sich nun im Konvent zu den unversöhnlichsten Montagnards rechnet. Aber auch wenn er es gewußt hätte, wäre dies kein Grund für ihn gewesen, Marc-Antoine, der sich gelehrig zeigt und der für Condorcet gearbeitet hat, zu mißtrauen.

Servan, der sich unterwegs lange aufgehalten hat, findet in Toulouse zu viel Arbeit vor, als daß er sich um die außerdienstlichen Aktivitäten seines Schützlings kümmern könnte. Dieser ist als guter Jakobiner gleich zur örtlichen Sektion geeilt, die in dieser Stadt sein wahres Zuhause werden wird. Obwohl viele dieser kleinen Gesellschaften nicht alle genau die gleichen Tendenzen vertreten und oft von der in der Rue Saint-Honoré verkündeten orthodoxen Lehre abweichen, besteht zwischen ihren Mitgliedern ein geheimes Einverständnis, eine Solidarität, die der der Freimaurer ähnlich ist; sie führt dazu, daß ein Jakobiner, der unterwegs ist, sich auch in einer fremden Stadt nie allein fühlt.

In Toulouse, wo die südländische Begeisterung zumindest in den Reden zu Übertreibungen neigen läßt, zeigt sich eine breite Bevölkerungsschicht der Revolution gegenüber sehr aufgeschlossen. Marc-Antoine, der ein wenig zu sehr von der fast priesterlichen Strenge geprägt ist, die Robespierre besonders den jüngeren Jakobinern vermittelt hat, müßte in dieser farbigen, lebensfrohen Stadt den revolutionären Elan wiederfinden, der ihn ein Jahr zuvor in Romans beseelte. Die baumbestandenen, breiten Alleen von Toulouse rufen die Erinnerung an die Dauphiné wach, und die mittelmeerisch-heitere Landschaft am Ufer der Garonne versetzt Marc-Antoine nach dem eher freudlosen Aufenthalt in London in die Welt seiner Kindheit zurück. Aber der mit zunehmender Vehemenz geführte politische Kampf erlaubt ihm nicht, sich den Träumereien und den natürlichen Wünschen eines jungen Mannes in seinem Alter hinzugeben.

Von einem neuen Volksaufstand bedroht, haben die Girondisten darauf verzichten müssen, eine bewaffnete Streitmacht aus den Provinzen nach Paris zu senden. Sie fühlen, daß die Macht in der Hauptstadt ihnen entgleitet, und verstärken ihre Bemühungen, die Landbevölkerung für sich zu gewinnen. Das ist allerdings nicht allzu schwer: Die Menschen hier sind über politische Fakten und Hintergründe im allgemeinen weniger gut unterrichtet und vor allem weniger risikobereit; sie stellen sich oft gern selbst in den Schutz der Notabeln, die zwar Beauftragte des Königs, aber doch örtliche Honoratioren sind. In den von der Zentralgewalt weit entfernten Provinzstädten üben sie eine wichtige Funktion aus, und den von ihnen in den Parlamenten getroffenen Entscheidungen unterwirft man sich um so eher, als sie die Vertretung des Volkes zu gewährleisten scheinen.

Mehr als in irgendeiner anderen Stadt Frankreichs war dies in Toulouse der Fall. Die Ratsherren dort stellten am Vorabend der Revolution eine wirkliche bürgerliche Aristokratie mit großen Machtbefugnissen dar. Die Bevölkerung sah in ihnen die natürlichen Oberhäupter der städtischen Gemeinschaft, das Äquivalent der Patrizier oder der an der Spitze der antiken Gesellschaften stehenden Weisen; sie bestritt ihre Autorität ebensowenig, als hätte sie sie auf demokratische Art gewählt. Natürlich gab es auch Bürger, die von einer wahren Republik träumten. Sie haben sich in der jakobinischen Gesellschaft zusammengeschlossen, in der Marc-Antoine jetzt, statt unter den Platanen zu promenieren, seine Abende verbringt.

Zuweilen besucht er auch den Offiziersklub, wo die Girondisten ihre Aktivitäten, die ihnen endgültig die politische Vorherrschaft in den Provinzen sichern sollen, besonders rührig betreiben. Der Krieg ist ihnen bei ihrem Vorhaben behilflich; er verlagert den kämpferischen Eifer, der sonst der Revolution zugute käme, auf einen äußeren Feind und entfernt eine beträchtliche Anzahl junger Männer, aus denen sich im allgemeinen die Aufständischen rekrutieren, aus Paris. Außerdem dient er ihrer Meinung nach unter dem Banner einer respektablen, wohlgeordneten Republik der Expansion Frankreichs, das heißt letztendlich nur seiner Sicherheit. »Wir können nicht ruhen«, erklärt Brissot, »bevor Europa in Brand steht.« Er träumt davon, Frankreich »von einem Gürtel von Republiken umgeben« zu sehen.

Die Siege der französischen Armee nach der Schlacht von Jemappes haben sie bis an den Rhein, nach Nizza und Savoyen geführt und berechtigen zu dieser hegemonistischen Sicht des nationalen Geschicks, die von Napoleon wiederaufgenommen werden wird: Ein »Kreuzzug« ist noch immer die beste Ablenkung für ein revolutionäres Volk. So ist es verständlich, daß die Gironde ihre patriotische Propaganda vor allem in den militärischen Kreisen entwickelt, wo die Berufsoffiziere – soweit sie nicht royalistisch geblieben sind – sich ihr Gedankengut bereits zu eigen gemacht haben; die einfachen Soldaten vertreten dagegen meist die Position der Jakobiner. Um die kämpferische Entschlossenheit der Truppen zu stärken, ist es notwendig, immer neue Bedrohungen von außen aufzuzeigen, immer neue Feinde zu benennen, immer neue Ziele zu setzen. So ist man in den von den Girondisten beherrschten militärischen Klubs jetzt dabei, vom Konvent die Kriegserklärung an England zu verlangen.

Obwohl sie es nicht laut verkünden – man könnte an ihrem Patriotismus zweifeln –, sind die Anhänger Robespierres gegen eine Ausweitung der Feindlichkeiten, die nur Menschenleben kosten und die öffentlichen Kassen leeren. Um diese zu sanieren, sieht Frankreich bald keinen anderen Ausweg mehr, als die Gebiete, in die seine Armeen vorstoßen, zu annektieren, das heißt dort Güter zu requirieren und Steuern zu erheben. Das, was als »Kreuzzug der Freiheit« begonnen hatte, wird zum Eroberungskrieg. Wie sollte die Revolution sich so nicht den Haß all der Völker zuziehen, die zunächst in ihr ein Vorbild, eine Hoffnung gesehen hatten?

Diese Frage stellt Marc-Antoine eines Abends im militärischen Klub, wo wieder einmal die Kriegserklärung an England gefordert wird. Er beruft sich auf seinen kürzlichen Aufenthalt in London und führt die engen Beziehungen zu Joseph Priestley und Lord Stanhope an, die ja die Revolution begrüßt hatten. Diese haben nun einen nicht unerheblichen Teil der Öffentlichkeit hinter sich, und Pitt wagt es nicht, sich eindeutig auf die Seite Österreichs und Preußens zu stellen, weil er im eigenen Land Unruhen befürchtet. Mit der Eröffnung der Feindseligkeiten würde Frankreich ihm aus einer großen Verlegenheit helfen und die, die jenseits des Ärmelkanals ihre Regierung zur Neutralität anhalten, vor den Kopf stoßen.

Es scheint, daß General Servan über die Reden Marc-Antoines informiert worden ist und eine gewisse Unzufriedenheit darüber gezeigt hat. Ist dieser Aufruf zur Untätigkeit angesichts der Drohungen Englands, das die Besetzung Belgiens durch die Franzosen nicht hinnehmen will, nicht gleichbedeutend mit einem Angriff auf die Kampfmoral der Truppen, mit Defätismus?

Marc-Antoine trägt seine Ansichten jedoch nicht nur den Mitgliedern des militärischen Klubs vor, sondern wiederholt sie auch bei den öffentlichen Sitzungen der Jakobinergesellschaft. Dort fordert er eines Abends, »daß Antoinette [Marie-Antoinette], Anselme, Custine [zwei des Verrats und der Nachlässigkeit beschuldigte Generale], Brissot, alle die Verräter, alle die Agenten von Pitt und Coburg*, verurteilt und bestraft werden«. Das sind genau die Worte Robespierres. Hat er damit nur die in Paris ausgegebene Losung wiederholt, oder handelt es sich um ein zufälliges Zusammentreffen aufgrund der Identität der Standpunkte? Die zweite An-

* Befehlshaber der österreichischen Armee.

nahme ist die wahrscheinlichere; Marc-Antoine spricht spontan, im Eifer, nicht wie jemand, der einer Weisung folgt. Dies wird anläßlich des Besuchs von drei girondistischen Konventsabgeordneten, die unter Leitung eines gewissen Marandon mit einer Propagandaaufgabe betraut sind, besonders deutlich. Schon beginnen die Umtriebe, die in einigen Monaten mehrere große Städte der Provinz dazu bringen werden, dem Konvent den Krieg zu erklären und die Isolierung der Hauptstadt zu versuchen. Die drei Girondisten waren vorher in Bordeaux, der Vaterstadt von Vergniaud, Gensonné und Guadet, wo die Abspaltungstendenzen besonders ausgeprägt sind. Für die Girondisten geht es darum, schon jetzt die Bande zwischen Bordeaux, Toulouse und Montpellier enger zu knüpfen, um so den ganzen Süden Frankreichs kontrollieren zu können.

Um die Bevölkerung von Toulouse von der Notwendigkeit eines solchen Bündnisses zu überzeugen, haben die drei girondistischen Abgeordneten eine öffentliche Versammlung anberaumt, die mehr als zweitausend Menschen anzieht. Marc-Antoine und seine jakobinischen Freunde sind ebenfalls dort. Die Vorträge der drei Abgeordneten empören sie. Soll man sie etwa unbeantwortet lassen? Die Versammlung ist als eine demokratische Aussprache angekündigt, bei der jeder, der gegenteiliger Meinung ist, eingreifen kann. Marc-Antoine scheint jedoch von der großen Zuhörerschaft beeindruckt zu sein; seine Freunde müssen ihn erst zum Rednerpult drängen. Aber einmal im Reden, fängt er Feuer; nie hat er mitreißender gesprochen. Er klagt das föderalistische Komplott an, das zum Bürgerkrieg führen wird, und fordert alle Bürger auf, sich hinter den Konvent zu stellen, der allein Ausdruck des Volkswillens ist. Die Revolution darf nur ein einziges Haupt haben, und nur der die Geschicke der Nation lenkende politische Zentralismus ist der Garant für Kohärenz und Gleichgewicht; die Zerstückelung der staatlichen Macht und der Verwaltung würde lediglich den schnellen Niedergang Frankreichs als Großmacht nach sich ziehen usw. Die anscheinend vorbereitete Rede ist überreich an bewegten Bildern; sie wühlt die Zuhörer auf, die kurz zuvor in ehrerbietiger Stille den Vorträgen der drei Girondisten gelauscht hatten. Jetzt wollen sie vom Föderalismus nichts mehr wissen. »Es lebe die eine und unteilbare Republik!« Gleich am nächsten Tag reisen die drei Girondisten nach Bordeaux zurück.

Dieses Mal ist General Servan wütend. Da er keine öffentlichen Versammlungen besucht, weiß er von der Rede Marc-Antoines nur aus zweiter Hand. Was ihn stört, ist nicht so sehr ihr politischer Inhalt – seine eigene Überzeugung geht nur vage in die Richtung der Girondisten – als vielmehr die unfreundlichen Worte, mit denen Marc-Antoine seine girondistischen Freunde, vor allem Brissot, bedacht hat. Abgesehen davon ist es einfach untragbar, daß ein kleiner Unterkriegskommissar sich an der politischen Agitation beteiligt, die in dieser Stadt sowieso schon groß genug ist, und von mehr als zweitausend Menschen eine Rede beklatschen läßt, die er noch nicht einmal – wie es sich korrekterweise gehört hätte – zuvörderst seinem Dienstherrn vorgelegt hat. Wie dem auch sei – für alle Fälle schickt Marc-Antoine die Rede seinem Vater.

Jullien an Marc-Antoine
15. Dezember 1792

»Ich habe Deinen Brief und die Rede erhalten, mein guter Freund. Ich bin sowohl mit dem einen wie mit dem anderen sehr zufrieden. Der Bürgermeister Blachette, von dem ich dieser Tage einen Brief erhalten habe, berichtet mir viel Gutes von meinem Sohn; aber niemand wird jemals so viel Gutes von ihm sagen, wie ich von ihm denke. Du besitzt eine schöne Seele, vortreffliche Prinzipien, Charakter, Talent, Kenntnisse, eine leichte Auffassungsgabe und eine große Liebe zur Arbeit. Das ist mehr, als man braucht, um sich einen Namen zu machen, vor allem bei der neuen Ordnung der Dinge, in der wir leben. Aber, mein guter Freund, mir ist zu viel an Deinem Glück gelegen, als daß ich Dir Berühmtheit wünschen würde. Ich glaube, man erlangt sie nie, ohne sie sehr teuer zu bezahlen. Du wirst mir entgegnen, Du wolltest nur auf dem Pfad der Tugend zum Ruhm gelangen. Ich weiß es wohl, aber die privaten Tugenden genügen und sind die sicherste Grundlage des Glücks.

Dein Eifer, dem System der Gleichheit neue Anhänger zuzuführen, ist sicherlich sehr lobenswert, aber er kann Dich ins Verderben führen, wenn Du ihn nicht zu mäßigen verstehst. Mit zu viel Eifer für das Wohl der Menschheit zu arbeiten heißt häufig, nur an seinem eigenen Unheil zu arbeiten. Unsere Zeitgenossen sind allzu verdorben, und ich bezweifle, ob man jemals wahre Republikaner aus ihnen machen kann. Trotzdem muß man daran arbeiten, aber mit weisem Bedacht. Wage Dich nie zu weit vor, miß die Stärke der Vorurteile, bevor Du sie bekämpfst, und greife sie nur mittelbar an, wenn Du nicht auf einen vollständigen Sieg hoffen kannst.

Der große Mangel unseres Gesellschaftszustandes (der vielleicht nicht wieder zu beheben ist) rührt von der widernatürlichen Ungleichheit der Vermögen her. Die Reichen fühlen wohl, daß dieser Zustand in einer demokratischen Republik nicht von langer Dauer sein könnte, und das ist der Grund, weshalb ihr Egoismus so heftig gegen ein Regierungssystem aufgebracht ist, das sie früher oder später eines Teils ihres Vermögens berauben wird. Sie können sich nicht verhehlen, daß die arbeitende und arme Klasse die zahlenmäßig stärkere ist und die Souveränität ausüben muß und daß sie davon Gebrauch machen wird, um ihr Los zu verbessern.

Die moderne Philosophie hat wohl die Gleichheit der Rechte eingeführt, aber sie will diese ungeheure Ungleichheit der Vermögen aufrechterhalten, die den Armen auf Gnade und Ungnade dem Reichen ausliefert und diesen letzteren zum Richter über alle seine Rechte macht, weil er ihm das Recht auf Existenz rauben kann. Es wird nicht so bleiben, oder die Tyrannei wird wiedererstehen. Wenn die Republik sich halten soll, so ist es unbedingt notwendig, daß die ärmsten Bürger sicher sind, vermittels ihrer Arbeit sorglos leben zu können, und daß die, die nicht arbeiten können, auf Kosten der Gemeinschaft ernährt und erhalten werden.

Ludwig ist vor der Schranke des Konvents verhört worden, aber er wird noch lange nicht gerichtet werden. Die Formen, nach denen man sich bei den Vorschriften für diesen Prozeß richten will, werden dafür sorgen, daß er endlos wird. Ich sende Dir die zweite Rede Robespierres zu diesem Thema. Ich habe ebenfalls eine gehalten, aber sie ist noch nicht gedruckt. Ich habe sie zu Papier gebracht, lange bevor Robespierre die seine verfaßt hat, und dennoch kommen wir zu den gleichen Schlußfolgerungen. Die Partei Rolands wagt nicht, den König zu rechtfertigen, aber sie versucht offensichtlich, ihn zu retten. Jeden Tag behindert sie die Arbeit des Konvents durch Anklagen oder Zwischenfälle, die die Versammlung in Verwirrung stürzen.

Leb wohl, mein guter Freund. Bleibe Deinen Prinzipien treu, aber der oberste Grundsatz ist, mit Umsicht zu agieren und sich nicht auf vermintes Gebiet vorzuwagen.«

Die meisten Montagnards sind der Meinung, daß das Königtum seine Verurteilung in sich selber trägt, und halten infolgedessen den geplanten Prozeß gegen Ludwig XVI. für gegenstandslos. »Jeder König ist ein Rebell und ein Usurpator«, sagt Saint-Just. »Der König ist kein Angeklagter, ihr seid keine Richter. Ihr habt kein Urteil für oder gegen einen Mann zu fällen, sondern eine Maßnahme des öffentlichen Wohls zu ergreifen und einen Akt der nationalen Vorsehung auszuführen«, erklärt Robespierre seinerseits in der Rede, auf die Jullien im Brief an Marc-Antoine anspielt. Der schließlich doch stattfindende Prozeß verstärkt den Gegensatz zwischen den beiden Parteien, aber indem er ihn vorübergehend den Blicken der Öffentlichkeit entzieht.

So haben die Girondisten durch allerlei Aktivitäten versucht, das Erscheinen des Königs vor der in einen Gerichtshof verwandelten Versammlung hinauszuzögern. Sie hatten zwar selbst diese Maßnahme verlangt, fürchten aber nun ihren Ausgang und wagen nicht, die Nachsicht, die sie mit dem gestürzten Monarchen haben, konsequent zu vertreten. Die Montagnards dagegen sind zwar entschlossen, ihn zum Tode verurteilen zu lassen, hüten sich jedoch, diese Strafe auch offen zu verlangen; sie wissen nur zu gut um den unklaren Respekt, den ein Großteil der Bevölkerung noch immer vor der Person des Königs empfindet. Wegen dieser zwar gegensätzlichen, aber auf beiden Seiten nicht eindeutig zum Ausdruck gebrachten Haltung vollziehen sich der Prozeß Ludwigs XVI. und wenig später die namentliche Abstimmung der Abgeordneten ohne laute, lärmende Debatten in gleichsam schemenhaftem Halbdunkel.

Den König töten: Das ist für die meisten Franzosen dieser Zeit weit schlimmer als der Mord an einem Menschen. Es bedeutet, das Bild zu zerstören, das sich auf all den kleinen Geldstücken befindet, die man täglich in der Tasche mit sich herumträgt; es bedeutet, eine Institution zu vernichten, die dem nationalen Leben so integriert ist wie das Gold dem Taler ... In den Wintertagen, in denen sich die Hinrichtung des Königs vorbereitet, scheinen die politischen Aktivitäten aufgehoben, die Konflikte ausgesetzt. Nur unterschwellig spüren die Girondisten, wie ihr Abscheu vor den Montagnards wächst, während diese an ihren Gegnern immer neue konservative Züge entdecken.

Rosalie Jullien läuft während dieser lautlosen Tage nicht durch Paris, das die Strenge des Winters und der Stillstand der Politik entvölkert haben. Sie bleibt zu Hause, geht sparsam mit den Kerzen um, die man nicht mehr so leicht wie früher erhält und deren Preis unaufhörlich steigt. Sie lauscht zur Treppe hin; jeden Augenblick kann ihr Mann von der Nationalversammlung zurückkehren. Fast überall in Paris ist es, als wache man bei einem Sterbenden. Ohne Leid und Tränen, aber doch mit instinktiver Angst und leicht unruhig erwartet, ersehnt man nur den Augenblick, wo es vorbei ist.

Marc-Antoine Jullien, 1895
Bibliothèque Nationale, Paris.

Rouget de L'Isle trägt die von ihm gedichtete und komponierte Marseillaise vor, 1792.
Gemälde von J. A. Pils
Archiv für Kunst und Geschichte, Berlin.

Das Kloster St. Jakob in Paris, in dem die Mitglieder des bedeutendsten politischen Klubs der Französischen Revolution tagten. Nach ihrer Tagungsstätte wurden sie Jakobiner genannt.
Archiv Carnavalet, Paris. Photo: Charmet.

Handgemaltes Plakat: Unteilbarkeit der Republik: Freiheit, Gleichheit, Brüderlichkeit – oder der Tod.
Archiv für Kunst und Geschichte, Berlin.

Tanz mit Dekoration und Illumination auf dem Platz der Bastille am 14. Juli 1790.
Kolorierter Kupferstich um 1790/91.
Archiv für Kunst und Geschichte, Berlin.

Marie Joseph, Marquis de Lafayette. Lithographie von Delpech, 1840.
Archiv für Kunst und Geschichte, Berlin.

Die Kanonade von Valmy. Schlacht zwischen dem französischen Revolutionsheer und dem Koalitionsheer am 20. 9. 1792. Gemälde von Horace Vernet.
Archiv für Kunst und Geschichte, Berlin.

Hinrichtung (vielleicht Ludwigs XVI.) auf dem Place de Revolution.
Gemälde von Pierre Antoine de Amchy.
Archiv für Kunst und Geschichte, Berlin.

Die letzte Stunde der Girondisten.
Vorn: Vergniaud, Gensonne, Barbaroux, Ducos, Fonfrède.
Archiv Carnavalet. Photo: Charmet.

Verurteilung der Gefangenen durch ein Revolutionstribunal in der Abtei im September 1793. Kupferstich.
Archiv für Kunst und Geschichte, Berlin.

Robespierre, St. Juste und Couthon teilen die Republik unter sich auf. Der junge Mann auf der Linken könnte Marc-Antoine Jullien sein. Zeitgenössischer Stich.
Archiv Carnavalet. Photo: Charmet.

Talliens dramatischer Auftritt im Konvent. Robespierre wird am Reden gehindert.
Archiv Carnavalet. Photo: Charmet.

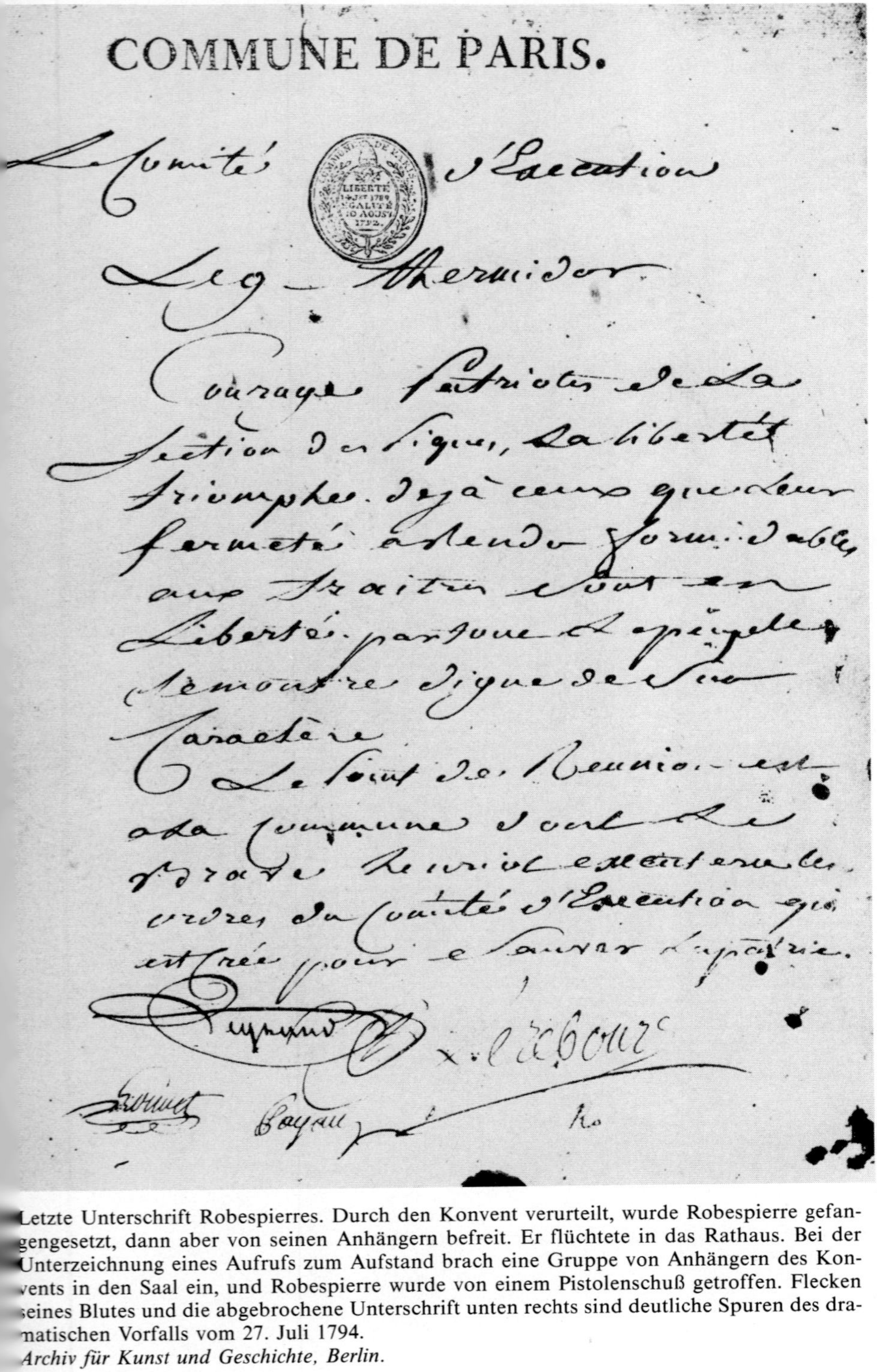

COMMUNE DE PARIS.

Le Comité d'Exécution

Le 9 thermidor

Courage patriotes de la section des piques, la liberté triomphe. déjà ceux que leur fermeté a rendu formidables aux traitres sont en liberté. partout le peuple se montre digne de son caractere

Le point de reunion est a la commune dont le brave henriot executera les ordres du comité d'execution qui est crée pour sauver la patrie.

Legrand Louvet Payan Lerebours Ro

Letzte Unterschrift Robespierres. Durch den Konvent verurteilt, wurde Robespierre gefangengesetzt, dann aber von seinen Anhängern befreit. Er flüchtete in das Rathaus. Bei der Unterzeichnung eines Aufrufs zum Aufstand brach eine Gruppe von Anhängern des Konvents in den Saal ein, und Robespierre wurde von einem Pistolenschuß getroffen. Flecken seines Blutes und die abgebrochene Unterschrift unten rechts sind deutliche Spuren des dramatischen Vorfalls vom 27. Juli 1794.
Archiv für Kunst und Geschichte, Berlin.

Die Hinrichtung Robespierres und seiner Genossen am 28. 7. 1794. Das Ende der Schrekkensherrschaft. Zeitgenössischer kolorierter Kupferstich.
Archiv für Kunst und Geschichte, Berlin.

)er Morgen des 10. Thermidor 1794. Der tote Robespierre am 28. Juli 1794.
;emälde von L. Melingue, 1877.
ırchiv für Kunst und Geschichte, Berlin.

»Gracchus« Babeuf. Radierung von J. Dovreaux, 1846.
(Nach einem zeitgenössischen Stich).
Archiv für Kunst und Geschichte, Berlin.

Rosalie Jullien an Marc-Antoine
20. Januar 1793

»Dein Vater ist heute nacht um drei Uhr nach Hause gekommen. Der Aufschub ist abgelehnt worden, und das Dekret besagt, daß die Hinrichtung binnen vierundzwanzig Stunden vollzogen werden muß. Verweisung an die Exekutive zur Überwachung der Form. Man spricht von Montag, acht Uhr morgens, oder heute nachmittag, so daß, wenn Du meinen Brief erhältst, es keinen Tyrannen mehr geben wird.

Die öffentliche Meinung ist so stark, so bestimmt, so machtvoll, daß in Paris die majestätischste Ruhe herrscht; keine Beschwerde, keine Klage. Der gewichtige Ernst eines menschlichen Volkes und die entschlossene Befriedigung eines gerechten Volkes. Alles ist an seinem Platz wie gewöhnlich, und die Sonne, die inmitten eines schönen Frostes scheint, wird mit ihren reinsten Strahlen diesen großen Akt der Gerechtigkeit erhellen.«

Im Januar 1793, kurz nach seinem öffentlichen Eintreten gegen die föderalistischen Bestrebungen der drei Abgesandten aus der Gironde, wird Marc-Antoine versetzt. General Servan und der ihm unterstellte General Lacuée glauben, daß sich sein jakobinischer Eifer weniger aufsehenerregend in Tarbes entfalten könnte; die kleine, von Bergen umgebene Stadt liegt abseits der großen Verkehrswege und besitzt noch keine allzu große Bedeutung. Die beiden wohlwollenden oder vielleicht auch nur vorsichtigen Generale – die politische Situation ändert sich schließlich ständig, und schon morgen können die Jakobiner die Macht im Staate ausüben – möchten jedoch nicht, daß diese Maßnahme den Anschein einer Bestrafung erweckt, und haben deshalb Marc-Antoine zum Kriegskommissar ernannt.

Dies hindert ihn jedoch nicht, seinen beiden Vorgesetzten gegenüber zu bemerken, daß der wahre Grund seiner Versetzung ihm nicht unbekannt ist. »Deine Antworten scheinen mir maßvoll und verständig«, schreibt Rosalie, der er diesen Vorfall mitgeteilt hat. »Im Verhalten Deiner beiden Vorgesetzten ist ein unaufrichtiges Taktieren zu erkennen, und ich glaube, daß sie weder die Zustimmung ihres Herzens noch die ihres Gewissens besaßen. Sie glauben, Dich zu verderben, und dabei arbeiten sie an Deinem guten Ruf und an Deinem Ruhm.« Was diesen letzten Punkt betrifft, hat Marc-Antoine sich allerdings sowieso nicht nur auf seine Vorgesetzten verlassen. Er hat an Robespierre geschrieben, ihm seine politische Arbeit in Toulouse geschildert und die vor zweitausend Menschen gehaltene Rede kurz zusammengefaßt. Den – leider vergeblichen – Einspruch, den eine Delegation des Jakobinerklubs gegen seine Versetzung vorgebracht hat, wird er dabei nicht unerwähnt gelassen haben. Daß Marc-Antoine diesem Vorkommnis seine Ernennung zum Kriegskommissar verdankt, wird die Verärgerung Robespierres über den Schimpf, der diesem jungen und feurigen Jakobiner angetan worden ist, nicht besänftigt haben. Er braucht in der Militärverwaltung Männer, die ihm ergeben sind. Marc-Antoine könnte ihm auf einem höheren Posten in der Pyrenäenarmee nützlicher sein, um so mehr, als die von ihm dort ausgeübten Funktionen nach den letzten Meldungen über die eines einfachen Kriegskommissars weit hinausgehen.

Soeben hat der Konvent eine Massenaushebung von 300 000 Mann beschlossen, die die Gegenoffensive der Koalitionsmächte stoppen soll. Entsprechend ihrer Bevölkerungszahl werden die Departements »Hautes-Pyrénées«, »Basses-Pyrénées« und »Gers« verpflichtet, zwölf- bis fünfzehntausend Soldaten zu stellen. Um diese in die bestehende Armee zu integrieren und auszurüsten, hat Beurnonville, der Kriegsminister, in alle Provinzen Kommissare entsandt. Aber der, der diese Aufgabe in den Pyrenäendepartements übernehmen sollte, kommt nicht in Tarbes an; eine Krankheit hat ihn an der Abreise aus Paris gehindert. »Daran soll's nicht liegen«, sagt der von dieser unvermuteten Schwierigkeit benachrichtigte Kriegsminister, »der Kriegskommissar, der sich in Tarbes befindet, soll seine Arbeit übernehmen.«

Für Marc-Antoine bedeutet dies sicher zusätzliche Arbeit, aber auch eine weitere Beförderung. Man kann sich sogar fragen, ob der zuvor ernannte Kommissar tatsächlich krank war oder ob er nicht einen anderen Auftrag erhalten hat, um den Platz für Marc-Antoine frei zu machen. Darin den Einfluß Robespierres zu sehen ist nicht reine Phantasie. Die Art, wie Marc-Antoine in Tarbes empfangen wird, zeigt, daß jedermann weiß oder zumindest vermutet, daß er höchsten Schutz genießt. General Beurnonville ist einer der Militärs aus der Zeit des Ancien régime, die mehr aus Notwendigkeit denn aus Überzeugung ihre Karriere unter der Revolution fortsetzen und deren politisches Verhalten infolgedessen äußerst zögernd ist. Um sich bei den linken Gruppierungen Sympathien zu verschaffen, ist es möglich, daß er einer Intervention Robespierres zugunsten Marc-Antoines nachgekommen ist. Die Tätigkeit der Rekrutierungskommissare beschränkt sich nicht nur auf die Einstellung und Ausrüstung der Soldaten; sie sind auch für deren politische Ausbildung verantwortlich und vermitteln ihnen ein Bewußtsein von der Bedeutung ihres Auftrags. In den Augen Robespierres mag es nützlich gewesen sein, mit dieser Aufgabe einen aufrechten Jakobiner zu betrauen.

Gleich nach seiner Ankunft in Tarbes stellt Marc-Antoine eine Militärkommission zusammen, die aus hohen Offizieren und ehemaligen Generalen besteht, und setzt sich – erstaunlich genug für einen Achtzehnjährigen – an ihre Spitze. Kann man nicht annehmen, daß diese seine Autorität oder zumindest seine Erfahrung in Frage gestellt hätten, wenn sie sich nicht sicher wären, daß er ein direkter Vertreter dieser einflußreichen jakobinischen Partei ist, die morgen die Macht ausüben kann? Sie müssen indessen bald erkennen, daß Marc-Antoine – aktiv, intelligent und ein ausgezeichneter Organisator – seinen Aufgaben voll und ganz gewachsen ist. Truppen auszuheben ist nicht leicht; während sich die zahlreichen Arbeitslosen in den Städten, die nicht Hungers sterben wollen, noch relativ leicht anwerben lassen, haben die jungen Landburschen es nicht nötig, ihren Lebensunterhalt von den Anwerbekommandos der Armee zu erbetteln, und machen sich rar.

Marc-Antoine ist auf die Idee gekommen, sich der Hilfe der Dorfpfarrer – der konstitutionellen natürlich – und der jungen Mädchen zu versichern. Die ersteren haben auf die Meinungsbildung der Landbevölkerung immer noch einen großen Einfluß, und die zweiten sind in der Lage, neben vielen anderen Dingen auch den Patriotismus in den jungen Männern zu erwecken. In drei Monaten rekrutiert Marc-Antoine zweimal mehr Soldaten, als von ihm verlangt wurden – was besonders in der gegenwärtigen Situation sehr wertvoll ist. Denn die Hinrichtung Ludwigs XVI. hat dazu geführt, daß England und Spanien der Revolution gegenüber eine derart feindliche Haltung eingenommen haben, daß Frankreich, um nicht das Gesicht zu verlieren, gezwungen ist, den beiden Mächten den Krieg zu erklären. Die Herausforderung tritt an die Stelle der Politik, und in den Reden der Konventsabgeordneten wird der Patriotismus dermaßen übersteigert, daß er oft von reiner Aufschneiderei nicht mehr zu unterscheiden ist. »Ein Feind mehr für Frankreich«, erklärt Barère, »ist nur ein Triumph mehr für die Freiheit.« Die Anhänger Robespierres wagen es nicht mehr, dieser kriegerischen Kampfeslust entgegenzutreten, und konzentrieren sich darauf, den Girondisten das Monopol des Patriotismus nicht ganz zu überlassen.

Die Annahme, daß Marc-Antoines Autorität in Tarbes auf Robespierre zurückgeht, wird durch die Verbindungen erhärtet, die sich in Paris zwischen den Julliens und dem »Unbestechlichen« und seiner Familie geknüpft haben. Jullien ist sicher ein überzeugter, integrer Vertreter der Bergpartei, dessen Interventionen im Konvent immer von allgemeinem Interesse, wohldurchdacht und stilistisch einwandfrei sind. Indes sind andere Abgeordnete oft bekannter, tatkräftiger als er, und es ist durchaus möglich, daß Robespierre in ihm – auch oder besonders – den Vater Marc-Antoines sieht.

Rosalie Jullien an Marc-Antoine
2. Februar 1793

»Unser politischer Horizont war niemals freier von Gewitterwolken, und nie war Paris ruhiger. Unser Konvent bekommt seinen alten Glanz wieder. Die Montagnards triumphieren und ziehen so viele Leute aus der Ebene* an, daß ich nicht mehr an einer reichlichen Mehrheit zweifle, wenn die Umstände eine solche erfordern sollten. Du weißt ebensogut wie ich, was uns beschäftigt: der Krieg mit den Holländern und den Engländern. Es ist nicht nötig, sich deshalb zu ängstigen, und wir haben Freunde bei unseren Feinden, die den Regierungen dieser Länder noch viel Arbeit machen könnten.

Der Konvent reorganisiert das Kriegsministerium. Der Minister soll sechs Sekretäre bekommen, und das ist bei der ungeheuren Arbeit verständlich. Aber man vermutet, daß Pache** ausgewechselt werden wird. Sein Patriotismus gefällt nicht jedermann, und man beschäftigt sich nur mit den Kenntnissen und Fähigkeiten, die ihm angeblich fehlen. Die Patrioten, die ihn sehr lieben, möchten zumindest eine Stelle als beigeordneter General für ihn erhalten.

Robespierre, sein Bruder und seine Schwester werden heute bei uns essen. Ich werde die Bekanntschaft dieser patriotischen Familie machen, deren Oberhaupt so viele Freunde und so viele Feinde hat. Ich bin neugierig, ihn aus der Nähe zu sehen.

Ich grüße Dich, teurer Freund, Geduld und Mut für Deine neue Stellung. Denkt daran, Ihr jungen Leute, daß wir das Glück, das Heil und den Ruhm der Republik auf Eure republikanischen Tugenden gründen. Unsere alten Graubärte werden niemals die Geisteshaltung besitzen, die der Sache zuträglich ist. Sie sind zu schwach oder zu verdorben. Die neuen Ideen können in den alten verkommenen Böden, die immer nur kriechende Pflanzen hervorgebracht haben, nicht Wurzel fassen.«

---

* Die Abgeordneten des Konvents, die sich zunächst keiner der beiden großen Parteien – Gironde oder Montagne – zurechneten.

** Kriegsminister seit Oktober 1792.

Rosalie Jullien an Marc-Antoine
10. Februar 1793

»Ich war mit der Familie Robespierre überaus zufrieden. Die Schwester ist unbefangen und natürlich wie Deine Tanten; sie ist zwei Stunden vor ihren Brüdern gekommen, und so haben wir ganz unter uns Frauen plaudern können. Ich habe sie dazu gebracht, von ihren häuslichen Sitten zu sprechen; es ist ganz wie bei uns: Einfachheit und Offenheit. Ihr Bruder Maximilien war an den Ereignissen vom 10. August 1792 ebenso unbeteiligt wie an denen vom 2. September. Er ist dazu befähigt, der Führer einer Partei zu sein und nach den Sternen zu greifen. Er ist abwesend wie ein Denker; trocken wie ein Stubengelehrter, aber sanft wie ein Lamm und düster wie Young.* Ich glaube, daß er nicht unsere zarte Empfindsamkeit besitzt und daß er das Wohl des Menschengeschlechts eher durch Gerechtigkeit als durch Liebe herbeiführen will. Außerdem braucht man ihn nur anzusehen, um beurteilen zu können, daß die Natur so sanfte Züge nur einer schönen Seele verleiht.

Sein Bruder ist lebhafter, offener, ein hervorragender Patriot, aber von gewöhnlichem Geist und einem Ungestüm, das ihn einen für den Berg manchmal ungünstigen Lärm schlagen läßt ... Der große Maler David wird der vertraute Freund Deines Vaters. Er ist bei allen unseren Festlichkeiten zugegen. Er hat eine große und schöne Seele; wenn er das Wort so handhaben würde wie den Pinsel, wäre er gleichzeitig Cicero und Brutus.«

Robespierre hat gute Gründe, bei dem von Rosalie geschilderten Essen ein wenig abwesend zu sein; seit dem Beginn der Revolution war die wirtschaftliche Lage noch nie so ernst. Sie schlägt sich sogar auf dem Tisch der Julliens nie-

---

* Edward Young, berühmter englischer Dichter; seine »Nachtgedanken« sind von düsterer Schwermut geprägt.

der, und dank des von Rosalie geführten Rechnungsbuches wissen wir, aus was die Mahlzeit an diesem Tag bestand: einem Kaninchen als einzigem Hauptgericht. Zum Trinken gab es lediglich eine Flasche Cidre.

Ein Kaninchen für sechs Personen, Marion nicht mitgerechnet, ist nicht gerade ein reichhaltiges Menü. Trotzdem wäre es für viele Pariser ein Festessen gewesen, denn die Grundnahrungsmittel werden immer seltener und teurer. Diese Situation – Ergebnis der uneingeschränkten Handelsfreiheit – führt im Volk zu einer tiefen Unzufriedenheit.

Robespierre ist durch seine jakobinischen Informanten zu gut über die Stimmung in der Hauptstadt unterrichtet, als daß er nicht schon jetzt die Grundtendenz der Petition kennen würde, die eine Abordnung der 48 Pariser Sektionen in einigen Tagen vor der Schranke der Nationalversammlung vortragen wird: »Bürger Gesetzgeber, es genügt nicht, wenn ihr erklärt habt, daß wir französische Republikaner sind; das Volk muß auch zufrieden sein; es muß Brot haben, denn wo kein Brot ist, gibt es auch keine Gesetze mehr, keine Freiheit und auch keine Republik. Einige von euch haben sich darauf beschränkt, Proklamationen zu verabschieden, die das Volk aufklären sollen; aber kann man mit Proklamationen die beruhigen, die Hunger haben? Wir sind weit davon entfernt, das Vertrauen in eure Kenntnisse zu verlieren: nein. Ein gutes Gesetz, das dieser Situation abhelfen würde, ist nicht unmöglich. Wir sind gekommen, es vorzuschlagen.«

Das Gesetz sieht vor, in ganz Frankreich den Höchstpreis für 225 Pfund Korn auf 25 Franc festzusetzen und zur Vermeidung des Wuchers den Getreidehandel zu überwachen. Der Vorschlag ruft einen allgemeinen Sturm der Entrüstung hervor: Die Konventsabgeordneten fürchten, man wolle sie um ihre gesetzgeberischen Aufgaben bringen. Die Girondisten klagen den »konterrevolutionären Charakter« der Petition besonders heftig an und verlangen sogar die Verhaftung der Bittsteller, dieser »Störer der öffentlichen Ordnung«. Die Montagnards, selbst Marat schließen sich ihren Protesten an: Sie wollen weder das mittlere Bürgertum verschrecken noch sich nachsagen lassen, man habe sie »links überholt«. Sie wissen, daß die Petition von Jacques Roux und den Enragés angeregt und vielleicht auch verfaßt wurde, deren Theorien bei den ursprünglich mehr dem jakobinischen Gedankengut zuneigenden Sansculotten an Boden gewinnen. Da die Vorschläge dieser »Demagogen« samt und sonders den Keim der Anarchie in sich tragen, müssen sie unerbittlich bekämpft werden – auch wenn sie anscheinend nur vernünftig sind.

Verwünschungen und Drohungen sind indes nur ein unzureichendes Mittel, den tiefsitzenden Unmut des Volkes zu besänftigen. Ende Februar stürmen die Männer und Frauen der Pariser Vorstädte einige Kolonialwarenläden und bemächtigen sich der Waren zu einem von ihnen willkürlich festgesetzten Preis. Die Seife, die seit einiger Zeit immer seltener und teurer geworden ist, wird so schwunghaft auf der Straße verschleudert. »Die Kolonialwarenhändler haben dem Volk lediglich das zurückerstattet, was sie sich von diesem viel zu teuer bezahlen ließen«, erklärt Jacques Roux. Die Girondisten beschuldigen wieder einmal die konterrevolutionären Agenten, während das Volk die wahre Ursache der Unruhen nur allzu gut kennt.

Die Montagnards, die bisher stets das royalistische Komplott zur Erklärung der Volkswut angeführt hatten, beginnen nun, ebenso heftig wie die Enragés auf die Not des Volkes hinzuweisen. Sie stehen zwar weiterhin der Preisbindung und allen die Freiheit des Handels einschränkenden Maßnahmen feindlich gegenüber, aber ihre Empörung läßt vermuten, daß sie die zur Versorgung der Hauptstadt erforderlichen Schritte – in der Provinz sind die Lebensmittelschwierigkeiten nicht so gravierend – umgehend unternehmen werden. In Wirklichkeit möchten sie zunächst einmal Zeit gewinnen. Denn es könnte ja sein, daß die Situation von selbst besser wird: Man braucht nur eine reichlichere Ernte, zusätzliche Einkäufe im Ausland (die Assignaten sind jedoch jenseits der Grenzen fast wertlos) oder weitere Siege, die dem ruinösen Krieg ein Ende setzen würden. In Erwartung dieser Ereignisse bemühen sie sich, für die Verknappung und Verteuerung der Lebensmittel die Girondisten verantwortlich zu machen. Sind diese nicht die Verteidiger der Wucherer, der Spekulanten? Haben sie nicht auch versucht, den König der tausendmal verdienten Strafe zu entziehen? Waren sie nicht mit Dumouriez liiert, der soeben zum Feind übergegangen ist?

Diese scheinbar zusammenhanglosen Argumente sollen aus der girondistischen Politik ein Ganzes machen und die Existenz einer gesellschaftlichen Klasse dort aufzeigen, wo man bisher nur eine Partei sah. »Paßt auf, ob die Reichen sich nicht ihnen anschließen werden«, sagt Robespierre. »Sie sind die ehrbaren Bürger, die tadellosen Republikaner; wir sind nur die Sansculotten und die Kanaille.« Sobald man das einmal in einem bei Robespierre überraschenden demagogischen Stil verkündet hat, ist es leicht, sich ganz wie die Girondisten der Preisbindung oder dem Ackergesetz – das eine gerechte Umverteilung der bebaubaren Flächen vorsieht – zu widersetzen; was man bei den Girondisten als Habsucht und Egoismus angeklagt hat, kann man dann bei sich selbst mühelos als Ausdruck der Verständigkeit und gesunden Menschenverstand ausgeben. Alles nur eine Frage der Dialektik.

Um einen Zweifel an ihrer zweideutigen Politik gar nicht erst aufkommen zu lassen und um ihre Nähe zum Volk zu beweisen, legen die Jakobiner im allgemeinen eine große Verachtung gegenüber den materiellen Annehmlichkeiten des Lebens an den Tag (Robespierre wohnt in einer Dachstube und teilt die kargen Mahlzeiten der Familie Duplay); sie geht oft mit einer selbstlosen Hinwendung zum Mitmenschen einher. Die Tugend, die edlen, hochherzigen Gefühle sind wohl in der jakobinischen Seele angelegt, nicht aber die Nachsicht, wie man bald sehen wird.

Rosalie Jullien an Marc-Antoine
19. Februar 1793

»Ich möchte, mein lieber Kriegskommissar, an einem Platz wie dem Ihren sein oder untertänigst Ihr Gehilfe. Ich sehe so viel Gutes zu tun, so viel Wohlwollen auszuüben, so viel Tugenden zu praktizieren, daß mein Herz dort tausend Wonnen finden würde. Wie gesund und angenehm wären meine Militärgefängnisse! Wie würde ich die Bestrafungen, die aufzuerlegen ich verpflichtet wäre, mit meiner Großmut versüßen! Mit welcher Sorgfalt würden die Spitäler geführt! Und die tapferen Verteidiger des Vaterlandes, denen es an Schuhen mangelt, welche Freude würde es mir bereiten, sie ihnen zu verschaffen! Da Sie mein Sohn sind und da ich mich mit Ihnen wegen all dem Guten, das Sie tun können, identifiziere, erhalte ich durch Sie, dem ich das Leben gegeben habe, eine neue Existenz. Ich habe Ihnen das Leben gegeben, Sie aber geben mir Ruhm und Glück.«

Marc-Antoine hat nicht auf die pathetischen Anregungen seiner Mutter gewartet, um der edelmütige Revolutionär zu werden, den sie sich erträumt. Er verfügt über einen solchen Überschuß an Rekruten, daß er diverse Freikorps und eine Gebirgsschar aufstellen kann. Aber damit nicht genug: Er schenkt dem Vaterland auch die ihm zustehende finanzielle Entschädigung. Das ist zuviel. Im soeben vollkommen neu besetzten Wohlfahrtsausschuß, der nun nur noch reinste Montagnards zählt, ist man der Meinung, daß ein mit so viel Qualitäten begabter junger Mann nicht in der Provinz verkümmern darf. Am 4. August 1793 erhält er einen Befehl: »Bürger. Wir bitten Sie, sich unverzüglich nach Erhalt dieses Schreibens nach Paris zu begeben. Wir haben im Wohlfahrtsausschuß von Ihnen gesprochen; er möchte Sie auf eine Weise beschäftigen, die Ihren Fähigkeiten eher entspricht und die den Diensten, die Sie der Republik geleistet haben, würdig ist. Robespierre. Barère.«

Wir stehen am Vorabend der Schreckensherrschaft. Schon wählt der nach der höchsten Macht in Frankreich strebende Wohlfahrtsausschuß seine Männer aus, verteilt unter sie die großen Aufgaben der Stunde, vermehrt die zweifelhaften Vertrauensbezeigungen, die fragwürdigen Beförderungen und verurteilt die, die er belohnt, von vornherein zum Untergang.

Zweiter Teil

X
Der Sendbote des Schreckens

Als Beauftragter des Wohlfahrtsausschusses trifft Marc-Antoine am 17. September 1793 in Le Havre ein. Das Bild der Stadt ist ganz von den blauweißroten, im Winde flatternden Fahnen der im Hafen vor Anker liegenden Schiffe geprägt. Da alle Seestädte verdächtig sind – ausländische Agenten, Emigranten, Schmuggler und royalistische Offiziere der Kriegsmarine geben sich hier ein Stelldichein –, mag es angebracht erscheinen, die Loyalität zur Republik durch die verschwenderisch gehißte offizielle Flagge unter Beweis zu stellen.

Die Farben der Trikolore wirken besonders vor dem weiten Meereshorizont fast aufdringlich, und die Maler werden vor ihrer Darstellung lange zurückschrecken. Goya ist der erste, der sie 1796 im Porträt des französischen Botschafters in Madrid, Guillemardet, der mit einer dreifarbigen Schärpe bekleidet ist, auf Leinwand bannt.

Diese Schärpe ist den Diplomaten im Ausland und den Vertretern des Volkes vorbehalten, und Marc-Antoine ist nicht zu ihrem Tragen berechtigt. Statt dessen besitzt er andere, geheime Vorrechte, die über die der Volksvertreter bei weitem hinausgehen. Man muß die ihm vom Wohlfahrtsausschuß ausgestellte Verfügung ganz durchlesen, um ihre Feinheiten zu erkennen:

10. September 1793, Jahr II der einen und unteilbaren französischen Republik.

Der vom Wohlfahrtsausschuß nach Paris berufene Kriegskommissar Marc-Antoine Jullien wird sich als Bevollmächtigter des Ausschusses nacheinander nach Le Havre, Cherbourg,

Saint-Malo, Brest, Nantes, Rochefort, La Rochelle und Bordeaux begeben und über Bayonne, Avignon, Toulon, Marseille und Lyon zurückkehren; er wird über den öffentlichen Geist in diesen Städten Erkundigungen einziehen, ihn stärken, das Volk aufklären, die Volksgesellschaften unterstützen, die inneren Feinde überwachen, ihren Verschwörungen entgegenwirken und dem Wohlfahrtsausschuß genauestens Bericht erstatten . . .

Bis hierher scheint Marc-Antoine über die gleichen Vollmachten zu verfügen wie die in die Departements entsandten Konventskommissare. Aber nein; er ist ihnen untergeordnet:

. . . Er wird sich mit den Vertretern des Volkes, die sich an den Orten seiner Mission befinden, in Verbindung setzen, ihnen seinen Auftrag darlegen und ihren Anweisungen Folge leisten; gegebenenfalls kann er um die Hilfe der bestehenden Obrigkeit und die Anwendung öffentlicher Gewalt nachsuchen; jedoch erst dann, wenn er von den Vertretern des Volkes förmlich dazu ermächtigt wurde . . .

Der folgende Halbsatz stellt jedoch alles wieder in Frage:

. . . es sei denn, daß an Orten, an denen es keine Volksvertreter gibt, und in Fällen, in denen dringende Maßnahmen zum Wohl der Republik vonnöten sind, über die Verhaftung der Verschwörer eine hinreichende Sicherheit besteht.

Durch diesen letzten Satz wird Marc-Antoine ermächtigt, in einigen nicht näher definierten Fällen auch in Anwesenheit eines Volksvertreters über die Notwendigkeit dieses oder jenes gerichtlichen oder politischen Aktes zu entscheiden – was dem vorher Gesagten völlig widerspricht. Die richterliche Machtvollkommenheit, die ihm damit zugestanden wird, muß unweigerlich zu Autoritätskonflikten mit den in die Provinz entsandten Konventskommissaren führen, die ja ebenfalls dafür sorgen sollen, daß die Gesetze der Republik angewandt werden. Das Schreiben ist jedoch lediglich dazu bestimmt, Marc-Antoines Funktionen den Anschein der Legalität zu geben: In Wirklichkeit hat Robespierre ihn damit zu seinem privaten Agenten gemacht. Marc-Antoine wird nicht nur dem Wohlfahrtsausschuß die gewünschten Informationen zukommen lassen, sondern auch vertraulich Robespierre über die Ergebnisse seiner Inspektion und eventuell erforderliche Maßnahmen unterrichten.

Robespierre hat vielleicht niemandem sonst einen größeren Beweis seines Vertrauens gegeben. Obwohl er Saint-Just sehr verbunden ist, sieht er in ihm doch einen ihm ebenbürtigen, schon bekannten Politiker, dessen Ansichten manchmal von den seinen abweichen und der infolgedessen schon morgen ein Rivale sein kann. Ähnlich zwiespältig sind seine Beziehungen zu Couthon, der aufgrund seines Alters über eine gewisse Autorität verfügt und dessen Überzeugungen denen Robespierres zwar sehr nahe kommen, aber doch mit ihnen nicht völlig identisch sind.

Marc-Antoine, der erst achtzehn Jahre alt ist, der kein vom Volk gewählter Vertreter ist, der noch keine bedeutende politische Vergangenheit hat, der, kurz gesagt, ein Nichts ist, ist ganz und gar ein Geschöpf Robespierres. Der junge Mann wird sich gerne freiwillig untergeordnet haben. Er hätte, indem er sein Alter, seine Unerfahrenheit anführt, diesen Auftrag ablehnen können. Bei seiner Ankunft in Paris war er von Barère und Hérault de Séchelles, die sich über Robespierres Wünsche nicht ganz im klaren waren, zum Leiter des Büros des Ausschusses ernannt worden. Der »Unbestechliche« hat die Dinge sofort geklärt und Marc-Antoine gebeten, sein Privatagent zu werden. Warum hätte dieser nicht außer sich vor Freude, ja bezaubert sein sollen? Warum hätte er nicht in Robespierre geradezu verliebt sein sollen?

Die Sympathie wird gegenseitig gewesen sein. Robespierre kennt zwar die Fähigkeiten Marc-Antoines, aber ist es nicht doch erstaunlich, daß er ihm einen so wichtigen Auftrag anvertraut, der sich direkt auf die Sicherheit der Republik bezieht? Im Norden und im Nordosten droht eine neue Offensive der Koalitionsarmeen; an den Küsten gehen die Aktivitäten der Engländer und der Emigranten weiter, die sich der Häfen bemächtigen wollen; Toulon ist soeben dem Feind übergeben worden; die Insel Noirmoutier ist in der Hand der Royalisten; Dünkirchen wird belagert; Marseille, das sich gegen die Republik erhoben hatte, ist gerade erst unterworfen worden ...

Indem Robespierre Marc-Antoine in alle Hafenstädte schickt, um die dort herrschende Stimmung in der Öffentlichkeit festzustellen, die Zuverlässigkeit des vorhandenen politischen und militärischen Apparats zu überprüfen und erforderliche Maßnahmen vorzuschlagen und gegebenenfalls selbst zu ergreifen, überträgt er ihm einen Teil seiner eigenen Macht. Da er selbst Paris nicht verlassen kann, beauftragt er einen jungen Mann, an seiner Stelle zu sehen und notfalls auch für ihn zu entscheiden. Dabei wütet gerade in diesen Gegenden Frankreichs der Bürgerkrieg, in der Bretagne breiten sich die royalistischen Erhebungen der Chouans aus, und die Republik entsendet nur ihre besten zivilen und militärischen Vertreter dorthin.

Marc-Antoine als Geheimagent des »Unbestechlichen«? Nicht ganz, denn er geht ohne Verstellung vor. Jeder wird das Ausmaß seiner Machtbefugnisse zwar ahnen, aber sich doch fragen, in was genau diese denn nun bestehen. Marc-Antoine ist der erste politische Kommissar der Geschichte, das Auge und der Arm der jakobinischen Partei – oder besser des Mannes, der an ihrer Spitze steht. Die Konventskommissare und die Generale haben zwar offizielle Funktionen inne, repräsentieren aber »nur« (das Wort sei erlaubt) den republikanischen Staat.

Robespierre, der allmählich die Nationalversammlung ausschaltet, der sich innerhalb des von ihm beherrschten Wohlfahrtsausschusses mehr und mehr isoliert, erklimmt nach und nach die Stufen zur Diktatur. Wieso wird Marc-Antoine, der sich bisher stets als wahrer Demokrat gezeigt hat, dies nicht bewußt? Wie kann er akzeptieren, an Robespierre andere Briefe zu senden als an den Wohlfahrtsausschuß? Muß dieser Mann ihn nicht in seinen Bann gezogen haben?

Gleich nach der Ankunft in Le Havre, wo die frische Septemberbrise die dreifarbigen Fahnen klatschen läßt, beginnt er mit seiner unterschiedlichen Korrespondenz. Im ersten Brief an den Wohlfahrtsausschuß zeigt er einen fast zitternden Eifer: »Ich habe nichts vernachlässigt, um die auf meinen Auftrag bezüglichen Auskünfte einzuholen, dafür verbürge ich mich. Ich verbürge mich auch für die Maßnahmen, die ich vorschlage ...« Und zwar: »... in allen Seestädten Überwachungsausschüsse einzurichten, um die verdächtigen Personen zu beobachten und die gefährlichsten zu verhaften.« Man könnte auch, schlägt er vor, »weitere Volksgesellschaften gründen; sie würden den öffentlichen Geist neu beleben, das Volk schützen und die, die ihm schaden wollen, überwachen ... Ich bitte euch, mir mitzuteilen, was ihr beschlossen habt«, schließt er voll untertäniger Ehrerbietung.

In seinen Briefen an Robespierre zeigt er sich weit weniger gestelzt, weit weniger als der kleine, unerfahrene Junge: »Hier geht alles gut, man denkt nur daran, in der Umgebung republikanische Klubs zu gründen, den inneren Feinden entgegenzutreten und die äußeren zurückzudrängen sowie die Brüder aus den anderen Gesellschaften gut zu empfangen, die man zu der allgemeinen Versammlung geladen hat; sie wird der Aristokratie eine Masse von Patrioten entgegenstellen. Der öffentliche Geist ist auf dem Punkt, wo ich ihn zu lassen hoffte, und ich werde nach Cherbourg weiterreisen ... Ich bitte Sie, mein guter Freund, mir meinen Jakobinerausweis erneuern zu lassen und ihn mir zu senden; ich habe nur noch einen alten, und er kann mir bei meinem Auftrag nützlich sein, um das vollständige Vertrauen der Patrioten zu gewinnen.«

Die vertrauliche Bezeichnung »mein guter Freund«, die hier das obligatorische »Bürger« ersetzt und die Marc-Antoine nicht als erster verwendet haben kann, deutet darauf hin, daß Robespierre ihn zu seinem engeren politischen Kreis rechnet. Marc-Antoine legt übrigens in diesem Brief eine Selbstsicherheit und eine Ausgeglichenheit an den Tag, die man vorher nicht an ihm gekannt hat. Die rührenden Fortschritte dieser Freundschaft werden in unseren Augen nur durch die Natur dessen getrübt, was diese beiden Männer verbindet. In den Briefen Marc-Antoines, auf die der von Arbeit überlastete Robespierre nur selten antwortet, ist unaufhörlich von Überwachung, Unterdrückung, Säuberung die Rede. Der junge Agent des »Unbestechlichen« leistet zweifellos eine immense Propagandaarbeit, wenn er Volksgesellschaften gründet, Bürgerfeste organisiert, Freiheitsbäume pflanzt, aber all dies kann nicht darüber hinwegtäuschen, daß jeden Augenblick der jakobinische Inquisitor zum Vorschein kommt. Bezeichnende Koinzidenz: Das Gesetz über die Verdächtigen ist vom Konvent am Tag seiner Ankunft in Le Havre verabschiedet worden. Zumindest gibt es so in diesem Teil Frankreichs keine Verzögerung bei seiner Anwendung ...

Dieses Gesetz macht das ganze Ausmaß der Schreckensherrschaft deutlich und liefert für seine Anwendung die juristische Basis – falls man diesen Ausdruck hier überhaupt anwenden darf. Man kann vielleicht noch hinnehmen, daß »als verdächtig gelten: diejenigen, die sich durch ihr Verhalten, ihre Verbindungen, ihre Reden oder Schriften als Anhänger der Tyrannei, des Föderalismus und Feinde der Freiheit gezeigt haben« (Artikel 2, Absatz 1); aber wie soll man als rechtskonform akzeptieren, daß auch »die vormals Adligen sowie die Ehegatten, Frauen, Väter, Söhne oder Töchter, Brüder oder Schwestern und Kinder der Emigranten, die nicht ständig ihre Anhänglichkeit an die Revolution unter Beweis gestellt haben«, als verdächtig gelten (Artikel 2, Absatz 5)? Dies bedeutet, sie von vornherein für schuldig zu halten und von ihnen zu verlangen, die Beweise ihrer Unschuld zu erbringen – was jeder vernünftigen Rechtsauffassung zuwiderläuft.

In Le Havre, zu Beginn seiner Reise, hält Marc-Antoine sich noch zurück: Er hat keine konterrevolutionäre oder die republikanische Ordnung störende Handlung zu beanstanden und braucht gegen niemanden vorzugehen. Die Schrekkensherrschaft, die nach den Worten des vom Konvent verabschiedeten Dekrets von nun an »an der Tagesordnung« ist, kann nicht sofort in allen Konsequenzen Wirklichkeit werden. Die örtlichen Behörden müssen sich erst langsam auf sie einstellen; wer gezwungen ist, sie anzuwenden, muß erst einmal an sich selbst arbeiten. Im Moment genießt Marc-Antoine noch den überaus herzlichen Empfang durch die Volksgesellschaften und die Begeisterung, die ihm bei den ihm zu Ehren veranstalteten Banketten entgegenschlägt. Die führenden Männer der Gironde, gegen die Mitte des Jahres ein Haftbefehl erlassen worden war, haben sich lange in diesem Landstrich der Normandie versteckt und die Montagnards als wahre Ungeheuer geschildert. Es ist politisch nur zweckmäßig, wenn man dafür sorgt, daß die Gemüter sich ein wenig beruhigen. Pétion ist einer dieser Flüchtigen gewesen, die die Bretagne durchquert haben und über das Meer in die Gegend von Bordeaux gelangt sind. Ohne es zu wollen, wird Marc-Antoine dort wieder auf sein Opfer stoßen ...

Der junge Agent Robespierres beginnt, die von seinem Freund und Meister gepredigte Härte erst in Cherbourg zu zeigen. Als Militärhafen besitzt dieser Ort eine besondere strategische Bedeutung, und die feindlichen Agenten (auch die Royalisten fallen unter diesen Begriff) sind hier zahlreicher und aktiver als anderswo. Die guten Republikaner der Stadt beklagen sich oft über die militärischen Kommandanten des Hafens – die jedoch nur über eine magere Flotte gebieten, da die Republik fast keine Schiffe mehr besitzt. Marc-Antoine verfaßt einen Bericht, in dem er ihr konterrevolutionäres Treiben anklagt, und schickt ihn an den Wohlfahrtsausschuß und an Robespierre. In Anbetracht des Ranges der Schuldigen hat er noch nicht gewagt, persönlich gegen sie vorzugehen.

In Granville, der nächsten Station seiner Reise, wird er kühner. Er läßt einen für die Rekrutierung der Matrosen verantwortlichen Kommissar festnehmen, der anscheinend gegen entsprechende Bezahlung einige junge Männer freigestellt hat. Da er den örtlichen Überwachungsausschuß als »absolut unfähig« ansieht, löst er ihn kurzerhand auf und setzt einen neuen ein, der nur aus energischen Sansculotten besteht. Jeder behandelt ihn als direkten Repräsentanten der Regierung, und Marc-Antoine hat keine Schwierigkeiten, diese Rolle zu übernehmen; er inspiziert die Befestigungsanlagen, die militärischen Einrichtungen und die Truppen und steigt an Bord der Schiffe, wo man ihm die Ehrenbezeigungen erweist. »Es war ein schöner Tag«, erzählt er, »und die Sonne schien mit ihrem strahlendsten Glanz, als wolle sie ein Bürgerfest feiern ... Plötzlich stimmen die Mannschaften die *Marseillaise* an. Bei der letzten Strophe, ›O stärke uns, du heil'ge Liebe zum Vaterland‹, nehmen sie die Kopfbedeckungen ab, alles kniet nieder, selbst die Matrosen auf den höchsten Rahen, und die erstaunten Winde schweigen, um diesen neuen Tönen zu lauschen. Das Meer, glatt und still, scheint seinen Wogen verboten zu haben, durch die geringste Bewegung dieses Fest zu stören ...« (in der Zeitschrift *L'Antifédéraliste* veröffentlichter Artikel).

Fast ist es, als lese man einen Brief Rosalie Julliens, bei der die pseudopoetische Emphase der Epoche so oft ihr Echo findet. Aber sie schreibt kaum noch: Marc-Antoine ändert seinen Aufenthaltsort ständig, und infolge des Bürgerkriegs wird die Post nur mit Schwierigkeiten oder überhaupt nicht weitergeleitet. Selbst die durch Kuriere beförderte offizielle Korrespondenz geht zuweilen verloren oder kommt erst mit großer Verspätung an. In vielen der Greueltaten, die im Namen der Republik in der Provinz verübt werden, muß man die Taten von Männern sehen, die wegen der Unregelmäßigkeiten des Postverkehrs von ihren Vorgesetzten keine Instruktionen hatten und völlig ihrer Eigeninitiative überlassen waren.

Rosalie Jullien hat ihren Sohn, »das geliebte Kind des Himmels, das mit einem so hellsichtigen Blick und einer so erhabenen Liebe zu seinen Mitmenschen begabt ist«, immerhin wissen lassen, daß sie »in ihrem Herzen die Spuren seiner Tugenden bewahrt« und ihn »mit einer Art Begeisterung betrachtet, als ob er von der Natur zu den größten und kostbarsten Dingen bestimmt wäre«. Hier muß man neben der blinden mütterlichen Liebe einmal mehr den gespreizten Sprachstil der Zeit in Rechnung stellen, und Marc-Antoine wird wissen, was er von diesen Zeilen zu halten hat. Nichtsdestoweniger bringt Rosalie hier eine Bewunderung zum Ausdruck, die von allen Jakobinern geteilt wird, die mit der politischen Mission Marc-Antoines vertraut sind. Wie eine Fackel trägt er in diese von alten Feudalstrukturen und abergläubischer Religiosität beherrschten, noch dämmrig-dunklen Landstriche Frankreichs das Licht der Aufklärung, die republikanische Wahrheit. Die Brüderlichkeit, die heiter-ausgleichende Gerechtigkeit, die Tugend finden in seinem Antlitz ihren Widerschein, und seine Jugend fügt dem den Glanz der Reinheit hinzu. Kurz, die Schreckensherrschaft hat in Marc-Antoine ihren Sendboten gefunden.

Das gegnerische Lager hat ebenfalls den seinen, Henri de La Rochejaquelein. Er ist drei Jahre älter als Marc-Antoine und stammt aus einer Familie von allerältestem Adel – man behauptet, daß er mindestens bis auf die Zeiten des heiligen Ludwig zurückreicht. Die Mitglieder dieser Familie haben stets die militärische Laufbahn eingeschlagen. Zwei Dinge, die nicht dafür bekannt sind, besonders fortschrittliche Ansichten zur Folge zu haben. Henri hat 1791 in der Garde Ludwigs XVI. gedient, während seine Eltern emigrierten. Nach dem 10. August 1792 hat er sich dem bewaffneten Widerstand angeschlossen und versammelt in der Vendée, aus der er gebürtig ist, die von eidverweigernden Priestern aufgehetzten Bauern um sich, die nicht in der regulären Armee dienen wollen. Der gegen die Truppen der Republik entbrennende heftige Kampf dauert vom März bis November 1793 und verursacht auf beiden Seiten beträchtliche Verluste. Die Vendée-Aufständischen werden schließlich in Cholet vernichtend geschlagen und müssen ihr Operationsgebiet vorübergehend aufgeben.

Das ist die Stunde von La Rochejaquelein, »Monsieur Henri«, wie ihn die Kämpfer aus der Vendée in der respektvoll-vertraulichen Sprache der Dienstboten nennen. Er sammelt die verstreuten Haufen und begibt sich an ihrer Spitze nach Norden, mitten durch die schon halb aufständische Bretagne. Sein Plan ist es, einen Hafen zu erreichen, der möglichst nahe an England liegt, um von dort Unterstützung zu erhalten. In Laval schließen sich ihm die bretonischen Chouans an, die in der Provinz den Guerillakrieg führen. Sie sind mit runden Hüten, Ziegenfellen und Holzschuhen bekleidet und gehen, nachdem sie eine Heiligenmedaille geküßt haben, ohne mit der Wimper zu zucken, in den Tod. Sie wissen nicht genau, ob sie gegen die Republik oder nur gegen Paris, die Zentralgewalt, sind, selbst wenn diese monarchistisch wäre; ob sie gegen die sind, die nicht zur Messe gehen, oder gegen die, die nicht bretonisch sprechen; gegen die Steuern des Staates oder auch gegen die dem Klerus geschuldeten Abgaben. Wie dem auch sei, sie schlagen sich bald wild, bald hinterhältig, je nach der Beschaffenheit des Geländes, den Mitteln des Gegners, und siegen. Plötzlich tauchen sie in Ernée auf, in Fougères, dann in Antrain, in unmittelbarer Nähe der Bucht des Mont-Saint-Michel. La Rochejaquelein verzichtet darauf, das stark befestigte Saint-Malo anzugreifen. Granville bietet weniger Schwierigkeiten: Es wird die letzte Etappe ihres verzweifelten Marsches zum Meer sein. Damit haben die beiden jüngsten Chefs der gegnerischen Lager sich nur knapp verfehlt, denn Marc-Antoine ist in den Westen der Bretagne weitergereist.

»Ich schätze mich glücklich, mein guter Freund, daß der Wohlfahrtsausschuß mich mit einer patriotischen Inspektionsreise beauftragt hat«, schreibt er an Robespierre, als er im Departement Finistère ankommt. »Überall werden meine Reden begeistert aufgenommen.« Die örtlichen Behörden werden dagegen nicht immer so erfreut gewesen sein, denn in Quimper hat er es eilig, die Stadtverwaltung aufzulösen und eine neue an ihre Stelle zu setzen. Ähnlich verfährt er auf seiner ganzen Reise. Seine Vorgehensweise ist zwar nicht ausgesprochen demokratisch, aber einfach: Nachdem er die Mitglieder der bestehenden Stadtverwaltung abgesetzt hat, wählt er eine bestimmte Anzahl guter Sansculotten aus, trägt ihre

Namen auf eine Liste ein und läßt sie von den am Rathaus versammelten Menschen, von denen kein Widerstand zu befürchten ist, akklamieren. Weit davon entfernt, Entrüstung hervorzurufen, wird dieses Vorgehen sogar begrüßt: »Ein Mitglied der Volksgesellschaft beantragt, daß zwei Bürger zum Zeichen der Dankbarkeit dem Bürger Jullien den Bruderkuß geben sollen; seine Anwesenheit in den Mauern von Quimper war die glücklichste Zeitperiode für ein lange unterdrücktes und verratenes Volk« (Sitzungsbericht).

Im Wunsch nach Erneuerung wird man alles, was auch nur im geringsten an das Ancien régime erinnert, über Bord werfen. »Drei Chevalier, Baron* und Louise genannte Bürgerinnen, die die Namen ablegen wollen, die die abgeschafften Titel des ehemaligen Adels ins Gedächtnis rufen oder an den letzten unserer Tyrannen erinnern, nehmen die Namen Victoire-nationale, Liberté-républicaine und Aimée-Liberté** an.« Andere Bürgerinnen, die aus den gleichen Gründen begierig sind, sich zumindest offiziell eine neue Identität zuzulegen, entlehnen der römischen Geschichte die Namen Lukrezia oder Sempronia, die immer noch ein wenig leichter zu tragen sind als die vorher genannten.

Diese fast kindlichen Spielereien, denen man auch die Einführung des republikanischen Kalenders und die – auch bei amtlicher Korrespondenz vorgeschriebene – Verpflichtung zum Duzen zurechnen kann, übermitteln mehr als den Willen, mit der alten Ordnung radikal zu brechen: Sie beinhalten auch den Traum vom »neuen Menschen«. Allein dadurch, daß man unter der Monarchie gelebt hat, ist man mit ihren verdorbenen Sitten infiziert. Der »alte Mensch«, der man gewesen ist, muß daher ins Nichts geworfen werden, um verwandelt wieder daraus zu erstehen. Die Sucht nach Metamorphose und Wiedergeburt stößt im Innern des einzelnen auf zahlreiche Widerstände; nach außen kann sie sich dage-

---

* Deutsch: »Ritter«, »Baron«.
** Deutsch: »Nationaler Sieg«, »Republikanische Freiheit« und »Geliebte Freiheit«.

gen mit Hilfe der Verkleidung frei entfalten. Man hatte schon die roten Mützen, die riesigen Kokarden, die dreifarbigen Schärpen in Hülle und Fülle. Dazu gesellen sich jetzt die von der Revolution erfundenen zivilen und militärischen Trachten wie etwa das mittelalterliche Pagenkostüm der Eleven der neuen Militärakademie oder die für die Mitglieder der Ausschüsse und die Stadtverordneten bestimmten fast priesterlichen Gewänder, zu denen unter anderem ein Hut mit schwarzem Federbusch gehört.

In alldem ist ein Hang zur Theatralisierung unverkennbar, die oft heimlich glühende, verzweifelte Suche nach Größe. Man kann die Schreckensherrschaft, den Terror, nur ausüben, wenn man ihn mit jener feierlichen Majestät umgibt, die die Beschlüsse des souveränen Volkes in sich zu bergen scheint. Je mehr man die terroristische »Gerechtigkeit« – ein widersprüchlicher Begriff – durch symbolische Darstellungen pomphaft herausputzt, um so weniger beunruhigt sie das Gewissen. Sie setzt im übrigen im Herbst 1793 mit dem Prozeß und der Hinrichtung Marie-Antoinettes, auf die wenig später der Tod der Girondisten unter dem Fallbeil folgt, voll ein. Ein rein zufälliges Zusammentreffen: Mit Marie-Antoinette wird ein letztes Überbleibsel aus der Vergangenheit beseitigt; die Verurteilung der Girondisten stellt dagegen eine Wahl für die Zukunft dar.

Die Unternehmungen der Girondisten waren stets darauf gerichtet gewesen, ein republikanisches System auf der gegebenen wirtschaftlichen Ordnung zu errichten. Vereinfachen wir: Indem die Revolution die Girondisten tötet, beweist sie, daß sie nicht eine vom Großbürgertum beherrschte Republik verwirklichen will. Die Montagnards, Robespierre als erster, haben wiederholt das Recht auf Eigentum und die daraus entstehenden Privilegien verteidigt. Mit diesen Aussagen sollen jedoch lediglich das Handwerk, die kleine und mittlere Handelsbourgeoisie, die Bauernschaft und bestimmte freie Berufe in Sicherheit gewiegt werden; je nach den Umständen werden die Montagnards diese Äußerungen nuancieren oder sogar ganz in Abrede stellen. Ihre Haltung zur Religion – sie verwerfen sie im großen und ganzen und bekennen sich allerhöchstens zu einem vagen Deismus – ist genauso zweideutig. Mit zahlreichen Historikern, darunter Albert Mathiez, einem der besten Kenner der Revolution, kann man bestätigen: Robespierre bereitete eine sozialistische Republik vor. Hat nicht Marc-Antoine, sein Schützling, sein Privatagent, die Widerspiegelung seiner selbst, in dem sehr orthodoxen *Journal de la Montagne* soeben geschrieben: »Es ist an der Zeit, den Reichen zur Unterstützung des Armen zu besteuern und so zu einer progressiven Nivellierung der Vermögen und zur Gleichheit zu kommen.« Und in einem Brief an den Wohlfahrtsausschuß: »Überall fordere ich die Volksgesellschaften auf, den Händlern, den Stutzern und den Reichen zu mißtrauen . . . Überall bin ich bestrebt, zu zeigen, daß die Revolution für das Volk gemacht worden ist; daß es Zeit ist, daß die Armen und die Sansculotten die Herrschaft ausüben, denn sie sind die Mehrheit auf Erden.« Karl Marx hat diese Zeilen in seine Analyse der Revolution aufgenommen.

Von den ungefähr dreißig angeklagten Girondisten haben zehn entkommen können, und ihre Flucht hat in ganz Frankreich eine Menschenjagd ausgelöst, die zur Verstärkung des Terrors beiträgt. Überall erblickt man nun ihre heimlichen Helfer, die Spuren ihrer Anwesenheit, die Auswirkungen ihrer Aktivitäten. Jeder Jakobiner ist noch einmal so aufmerksam, und wenn man ihm vielleicht noch gerade so nachsieht, daß er einen Royalisten hat entkommen lassen, so würde man es ihm doch niemals verzeihen, wenn er einen Girondisten entwischen ließe. Und Marc-Antoine? Soeben hat er mehrere Beamte als verdächtig angezeigt und in Lorient den Departementspräsidenten verhaften lassen; man wirft ihm vor, behauptet zu haben, daß in der Bevölkerung kaum einer von zehn Patriot ist – was allerdings zu stimmen scheint. Denn warum würde Marc-Antoine sonst an Robespierre schreiben: »Die Bretonen sind egoistisch und träge . . . Lange unter das Joch des Feudalismus gebeugt, sind sie noch zu gefühllos, um die Wohltaten der Republik empfinden zu können.« Und warum würde er sonst derart eifrig fordern, alle von der Aushebung für die Armee betroffenen Bretonen in andere Gegenden zu schicken, »damit sie sich mit den Bewohnern anderer Landstriche der Republik identifizieren können und als gute Republikaner zurückkehren, die Französisch sprechen«?

Der Angriff von La Rochejaquelein auf Granville hält Marc-Antoine eine Zeitlang davon ab, seinen Aktivitäten als jakobinischer Inquisitor weiter nachzugehen. Er sieht seinen Platz am Ort des Kampfes, wirft sich in seinen Wagen und drängt seinen Kutscher zur Eile. Das Wetter ist abscheulich, regnerisch und kalt. Da die zu drei Vierteln rebellische Bevölkerung die Frondienste verweigert, ist die Straße schlecht unterhalten und besteht fast nur aus Löchern und ausgefahrenen Wagenspuren. Ständig kommt man vom Wege ab und irrt inmitten stumpfsinniger Einheimischer von Plumergat nach Plumelec, von Plessala nach Plédéliac. »Ich habe die fürchterlichste Reise hinter mir; Regen, die Plane zurückgeschlagen, der Wagen zerbrochen, außerdem meine Augen, meine Brust und mein Kopf so krank wie nur möglich«, schreibt Marc-Antoine, der endlich in Saint-Malo angekommen ist.

An wen ist dieser Brief gerichtet? An seine Mutter, wie im vergangenen Jahr, als er sich über die Düsternis Londons beschwerte? Nein: an Robespierre, dem er sich von nun an gänzlich anvertraut, der aber (etwas anderes würde man kaum erwarten) über diese Klagegesänge ungeduldig hinweggegangen sein wird. Man könnte sich natürlich fragen, ob Marc-Antoine dem »Unbestechlichen« damit nicht beweisen möchte, daß er vor keiner Anstrengung zurückschreckt. Aber das hieße alles vergessen, was wir von ihm wissen. Rührendes Paradoxon: Die Melancholie, die ihn gestern seiner Mutter in die Arme trieb, läßt ihn heute wie ein Kind um einige Worte der Stärkung und der Zuneigung bei dem Mann betteln, der ganz Frankreich unter der Herrschaft des Schrekkens hält.

In Saint-Malo gibt Marc-Antoine sich an die undankbare

Aufgabe, die Einwohner des alten Korsarennestes, die sich an einem Waffengang auf dem festen Land nie sonderlich interessiert gezeigt haben, in kämpferische Stimmung zu versetzen. La Rochejaquelein steht mit seiner Armee bereits in Avranches, einen Tagesmarsch von Saint-Malo entfernt. Marc-Antoine hält es für zweckmäßig, ihm entgegenzugehen und ihm die Straße zu versperren. Der republikanische Generalstab scheint jedoch die Pläne des Gegners zu kennen oder zu erraten – jedenfalls hat er die Möglichkeit, daß die Rebellen sich der alten, fast uneinnehmbaren Festungsstadt Saint-Malo bemächtigen könnten, nicht in Betracht gezogen. Aus eigener Initiative versammelt Marc-Antoine die höchst unzulänglich ausgerüsteten Sansculotten der Stadt um sich und setzt sich an ihre Spitze. Bevor er den Marschbefehl gibt, richtet er einige Worte an sie: »Bürger! Der Name von Saint-Malo mag der katholischen Armee als günstiges Omen erscheinen. Ich taufe euch Gemeinde des Sieges, und ihr werdet einen solch schönen Namen rechtfertigen!«

Die Freiwilligen von Saint-Malo erringen jedoch – sehr zum Leidwesen Marc-Antoines – keinen einzigen Sieg: Sie begegnen den Vendéern nämlich überhaupt nicht. Diese sind nach Norden abgezogen und stehen nun vor Granville. Marc-Antoine verläßt daraufhin seinen Trupp und begibt sich voll kriegerischen Ungestüms nach Dinan. Dort ruft er einen Militärausschuß ins Leben, ist betriebsam, erteilt Befehle. Dem Brigadekommandanten Cadenne: »Beeilt Euch, mir nach Dinan zu schreiben. Führt aus, was ich von Euch verlange!« Dem Militärausschuß von Saint-Malo: »Ich fordere euch auf, unverzüglich eine Kompanie Kanoniere zum Abmarsch nach Granville bereitzustellen!« Er verfügt, daß der Bürger Robinet, Hauptmann der dritten Grenadier- und Jägerkompanie des Departements Côtes-du-Nord, vorübergehend die Funktionen eines Generaladjutanten übernehmen soll, usw.

Aber man scheint sich um seine Anweisungen nicht zu kümmern; auf seine Botschaften antwortet man nicht; die militärischen Operationen gehen weiter, ohne daß man sich die Mühe macht, ihn über ihren Fortgang zu unterrichten. Die Vendéer, die vor Granville geschlagen worden sind und erhebliche Verluste hinnehmen mußten, ziehen sich überstürzt in Richtung Laval zurück. Der Generalstab hat keine Veranlassung, Marc-Antoine an ihrer Verfolgung zu beteiligen. Dieser hat keine Befehlsgewalt und ist nur dazu da, dem Wohlfahrtsausschuß über das Verhalten der militärischen Leiter Bericht zu erstatten – von dem er nach Meinung dieser letzteren sowieso nichts versteht. Sie ziehen es vor, ohne diesen allzu neugierigen, allzu wichtigtuerischen Jungen auszukommen. Isoliert und abgeschoben, ist Marc-Antoine am Verzweifeln: »Ich verstehe nichts vom Plan von Rennes. Warum auf Laval marschieren? Warum Dinan ohne Schutz lassen? Warum mit der Masse der Armee ohne die Artillerie abmarschieren? Warum? Warum?« schreibt er an Prieur de la Marne, den in die westlichen Provinzen entsandten Konventsabgeordneten, den er besser informiert glaubt.*

Die versuchte Ausschaltung Marc-Antoines ist indirekt ein Ergebnis der Machtkämpfe, die in Paris innerhalb der verschiedenen Ausschüsse stattfinden. Zwar bestehen noch keine wirklichen Konflikte, aber in Erwartung derer, die da kommen könnten, versucht jede Gruppe, möglichst viele und möglichst hohe Positionen mit »ihren« Männern zu besetzen. Darunter ist keinesfalls eine Auflehnung gegen Robespierre zu verstehen; man empfindet seine Schützlinge manchmal einfach als etwas störend – vor allem, weil man selbst mindestens genauso geeignete Leute hat. So hat Barère, der im Moment hinter Robespierre an zweiter Stelle steht und sein aktivster Mitarbeiter ist, einen mit allen Qualitäten begabten jungen Verwandten. Warum sollte man ihn nicht mit Aufgaben betrauen, die seiner Fähigkeiten würdig sind? Ein aufgeregter Brief Marc-Antoines an Robespierre ist die Folge:

* Mitglied des Allgemeinen Verteidigungsausschusses und des Wohlfahrtsausschusses.

»23. Frimaire, Jahr II. Ich erfahre soeben, mein guter Freund, wenn auch indirekt, daß der Vetter von Barère, gegenwärtig Kommissar des Kriegsministers in Lorient, mir durch den Wohlfahrtsausschuß beigeordnet werden soll. Ich bitte Dich, dies zu verhindern. Der Ausschuß hat mir einen Beweis seines Vertrauens gegeben. Allein mit einer Mission beauftragt, habe ich sie, ich kann es sagen, mit Eifer erfüllt, und ich gefalle mir darin, zu glauben, daß ich einiges Gute getan habe. Solange ich für meinen Auftrag allein verantwortlich bin, fürchte ich nichts. Aber wenn ich einem zweiten beigeordnet bin, kann ich nicht für die Dinge bürgen, deren Verdienst oder deren Tadel mit einem anderen zu teilen wären. Ich vertraue meine Meinung Deinem Herzen an und bitte Dich, jede Beiordnung zu verhindern. Ich umarme Dich. Dein Brief hat mir eine sehr süße Freude bereitet.«

Robespierre, dem nicht daran gelegen sein kann, daß sein Privatagent überwacht oder neutralisiert wird, hat Barère gegenüber zweifellos bemerkt, daß dieser den Familiensinn ein wenig zu weit treibt, und Marc-Antoine behält seine Funktionen ganz. Aber die untergründig bereits stattfindende Parteienbildung bringt es mit sich, daß die Zahl seiner ehrgeizigen Rivalen nicht geringer wird. Um ihren Kritiken – die in dieser Zeit den Namen Denunziationen tragen und verdienen – keine Angriffsfläche zu bieten und sich nicht den Tadel seines Beschützers zuzuziehen, ist Marc-Antoine gezwungen, mit äußerster Vorsicht zu agieren; da er keine genauen Instruktionen erhalten hat, kann dies nur bedeuten, daß er sich auf seine Intuition verläßt.

Die Risiken sind nicht allzu groß, solange es darum geht, Feste und manchmal – warum soll man vor dem Wort zurückschrecken – die republikanische Pantomime zu organisieren. Marc-Antoine ist jung, mehr oder weniger dichterisch veranlagt und infolgedessen sicher, den richtigen Ton zu treffen – das heißt genau in die pathetischen, gefühlsseligen Reden zu verfallen, mit denen die Revolution ihre Zeremonien umgibt.

In Lorient, wohin er nach seinen militärischen Unternehmungen zurückgekehrt ist, führt er den Vorsitz bei der Verbrennung »verpesteter Schriften«. »Die feudalen Schriften, die freiheitsmörderischen Verfassungen vergehen und verfliegen im Rauch.« Die jungen Mädchen läßt er schwören: »Junge Bürgerinnen! Ihr versprecht, eure Hände nur mit denen eines Republikaners zu vereinen, selbst der Republik treu zu sein und nur solche zu ehelichen, die ihr gedient haben.«

Man kann nicht oft genug daran erinnern: Diese Reden stammen von einem Achtzehnjährigen. Er ist nicht groß, aber gut gewachsen. Das rundliche Gesicht macht ihn noch jünger. Die leicht herabgezogenen Mundwinkel verleihen dem eher kindlichen Antlitz, das von kastanienbraunen Haaren umrahmt wird, eine Spur von Bitterkeit und Melancholie; allein dieser Ausdruck der Enttäuschung ist in der Lage, ihm etwas Autorität zu geben. Die jungen Mädchen von Lorient, die ohne Zweifel von ihren jakobinischen Eltern zu dieser Veranstaltung gebracht worden sind, müssen bei der Rede des jungen Mannes, der wie ein Patriarch der Republik spricht, verstohlen gekichert haben. Als Heranwachsender ist er zuweilen verliebt gewesen: Man erinnert sich an Adélaide. Was für ein Frost hat sich in seine Adern gelegt, seit er sich in den Dienst der Revolution gestellt hat?

Robespierre ist ein Priester, eingeschlossen in der strengsten Tugend, der sich mit äußerster Sparsamkeit an Gesten und Intonationen in der kalten, ein wenig mondartigen Welt bewegt, die er durch seine blaue Brille erblickt. Marc-Antoine hat sich, zunächst aus Überzeugung, zu seinem Jünger gemacht: Die aus taktischen Gründen bislang nur skizzierte robespierristische Auffassung von der Republik ist in seinen Augen die einzig richtige; außerdem aber aus Sympathie, indem man diesem Wort seinen ursprünglichen Gehalt wiedergibt: Wie Marc-Antoine, so ist auch Robespierre ein Melancholiker. Er zeigt einen Weg zur Traurigkeit, der so vage, so eitel und so schuldig ist, weil er ohne Richtung bleibt: Philanthropische Ziele sollen durch Härte, das allgemeine Wohl durch strenge Forderungen erreicht werden. Denn Terror anwenden ist schon eine Möglichkeit, nicht ohne Grund traurig zu sein.

Marc-Antoine jedenfalls ist bei diesen schmucklosen republikanischen Festen ganz in seinem Element, auch wenn er manchmal ein wenig lächerlich wirkt. Er formiert aus Kindern bestehende Bataillone, die mit spitzen Stöcken bewaffnet sind und die er »Hoffnung des Vaterlandes« nennt, zelebriert bürgerliche Taufen, bei denen die Neugeborenen Namen wie Liberté, Fraternité oder Regulus erhalten, dekretiert in der allgemeinen Begeisterung, daß »jeder Bürger, der zwei Paar Schuhe besitzt, eines der Republik abgeben muß«, denn viele Soldaten besitzen nur Holzschuhe (»Sofort zieht ein Sansculotte die Schuhe aus, die er an den Füßen trägt, und legt sie weinend auf dem Schreibtisch nieder« – Sitzungsbericht der Volksgesellschaft von Lorient), usw. Aber wie unsicher, wie zögernd zeigt er sich, wenn es um wirklich politische Fragen geht!

Wie etwa die der Entchristianisierung, die in der Bretagne, wo der katholische Glaube tief verwurzelt ist, noch mehr Bedeutung erhält als anderswo. Um die Bevölkerung nicht ganz in die Rebellion zu treiben, bemühen sich die Vertreter der Republik, sie als eine gegen die »schlechten« Priester gerichtete Aktion darzustellen – und nicht als ein Unternehmen, das darauf abzielt, den Atheismus zu verbreiten. Unter »schlechten« Priestern sind dabei die eidverweigernden zu verstehen: Sie haben ihre geistlichen Schäflein – etwa indem sie mit der Hölle drohten – in Angst und Unwissenheit gehalten und dadurch die Ausbreitung des Despotismus begünstigt. Um die künstliche Unterscheidung zwischen antiklerikalem und antireligiösem Kampf glaubhaft zu machen, nehmen die Revolutionäre manchmal zu Maßnahmen Zuflucht, die nicht frei sind von Heuchelei.

So befiehlt Marc-Antoine den Beamten von Hennebont, »den Priester Kervélégan keinesfalls entkommen zu lassen und ihn lebend oder tot zu bringen, denn er ist es, der die Unruhe in dieser Gegend schürt«; um nicht einseitig zu erscheinen, läßt er jedoch auch die Vertreter der Abgeordneten, die »öffentlich die Darstellungen der Heiligen verstümmelt und verbrannt sowie Bilder und kirchlichen Zierat zerstört haben«, absetzen und festnehmen. Hat er damit ein Gleichgewicht hergestellt? Nein, sicher nicht, denn der aufständische Priester wird erschossen, während die republikanischen Bilderstürmer, denen nur der Sinn für das rechte Maß gefehlt hat, mit einem Verweis und allerhöchstens einer kleinen Strafe davonkommen werden.

Die Kirche wird ihre Treue zur Republik nie genug unter Beweis stellen können. Man beschuldigt sie, die Umtriebe der »schlechten« Priester zu decken, aber sobald diese beseitigt sind, beschuldigt man sie, den Fanatismus zu verbreiten. Die Sektion Panthéon-Français, der Rosalie angehört, hat soeben die Errichtung von »Schulen der Freiheit« beschlossen, an denen die Ablehnung der alten Glaubensvorstellungen gepredigt wird. Extremistische Montagnards sind ebenso wie die Hébertisten für die Ausrottung jeder Religion, während andere, nicht minder reine Jakobiner eine gewisse Toleranz empfehlen. Die Meinung Robespierres, die sich wenig später in der Theorie vom Höchsten Wesen präzisiert, ist von einer zu großen Sorge um Gleichgewicht bestimmt und daher wenig aussagekräftig: »Derjenige, der verhindern will, daß die Messe gelesen wird, ist genauso fanatisch wie der, der sie liest«, erklärt er. Wie soll man da den Fanatismus bekämpfen? Verständlich, daß Marc-Antoine Schwierigkeiten hat, sein Verhalten nach solchen Äußerungen zu richten.

Er scheint nach der religiösen Krise, die er als Heranwachsender durchgemacht hat, endgültig den Glauben verloren zu haben – zumindest den, wie man ihn traditionell definiert. Es ist allerdings zweifelhaft, ob der deistische Lobgesang, den er eines Tages in Lorient anstimmt, ihm wirklich von Herzen kommt: »Sieh diesen Tempel der Natur, die Flur; betrachte den Himmel! Bist du es, dessen Hand die Sonne über unseren Häuptern aufgehängt hat, dessen Wille die unveränderliche Ordnung der Dinge regelt, den Lauf der Gestirne, die Abfolge der Jahreszeiten?« Er ist vielleicht der

Meinung, daß er damit dem nahe kommt, was er für die Absichten Robespierres hält: die Verehelichung der Priester, den Verzicht auf die geistliche Tracht und einen großen Teil der Liturgie sowie die Abschaffung bestimmter religiöser Feste usw. – alles Maßnahmen, die allmählich zur Vernichtung der katholischen Religion führen müssen. Um auf der von dem »Unbestechlichen« angegebenen Linie zu sein, muß man in allem ohne die geringste Nachsicht, ohne die geringste Mäßigung Tugend und Ordnung an die Stelle der Leidenschaft und Strenge an die Stelle der Willkür setzen. Man muß, mit einem Wort, den Terror sittlich veredeln.

XI
In der Drachenhöhle

In den vom Bürgerkrieg erschütterten westlichen Provinzen Frankreichs ist die Überwachung eines begrenzten, »ordnungsgemäßen« Terrors besonders schwierig. Die Vertreter der Justiz scheinen angesichts der Repressalien, die beide Seiten an ihren Gefangenen verüben, wie von einem Schwindel ergriffen. Mit politischem und religiösem Fanatismus allein sind die Grausamkeiten von »Blauen«* und »Weißen«** (wobei die letzteren ihre Gegner bei weitem überbieten) nicht zu erklären; mangelhaft ausgerüstet und zu schwach, um einen wirklich entscheidenden Sieg zu erringen, sehen die Soldaten beider Seiten in der Hinrichtung der Gefangenen vor allem eine Möglichkeit, den Feind vor Entsetzen zu lähmen. Die beabsichtigte Abschreckung erfüllt jedoch nur selten ihren Zweck, denn sie veranlaßt die gegnerische Seite meist dazu, sich bis zum Ende zu schlagen statt sich zu ergeben.

Die Verkettung der gegenseitigen Vergeltungsschläge tut ein übriges und führt zu immer entsetzlicheren Greueltaten. In Montaigu füllen die Vendéer Brunnenschächte mit lebenden republikanischen Soldaten. Woanders nageln sie sie wie früher die Eulen an die Scheunentore. Die Blauen – genauso erschöpft, hungrig und zerlumpt wie ihre Opfer – begnügen sich in der Regel damit, ihre Gefangenen am Rande eines frisch ausgehobenen Grabens zu erschießen.

»Seit drei Tagen haben wir weder Brot noch Fleisch. Wir schlafen unter freiem Himmel. Mir ist jede Nacht sehr kalt, vor allem, weil mein Rock ganz zerrissen ist« (Brief des Kor-

* Die republikanischen Soldaten.
** Die royalistischen Truppen.

porals Perreaux vom vierten Bataillon des Departements Charente-Inférieure). »Ich habe nur frisch rekrutierte junge Männer im Alter von achtzehn bis sechsundzwanzig Jahren unter meinem Kommando. Die Truppe trägt Holzschuhe und hat keine Waffen. Wenn die Räuber angreifen, werde ich ihnen keinen Widerstand entgegensetzen können« (Brief des Kommandanten der Stadt Fontenay).

Aber entgegen der Meinung dieses Offiziers kommen die »Räuber« – wie Vendéer und Chouans sogar in offiziellen Dokumenten bezeichnet werden – nicht immer von vorn. Sie ziehen oft den Hinterhalt vor, den Handstreich an der Biegung eines Hohlwegs, die Jagd auf verstreute feindliche Soldaten; da sie in offenen Feldschlachten meist unterlegen sind, nehmen sie mehr und mehr zu diesen Guerillamethoden Zuflucht. Die zahlreichen Hecken sind dabei wie Schirme, in deren Schutz die Freischärler parallel zu den republikanischen Kolonnen vorrücken, bis die Nachhut so weit von der übrigen Truppe entfernt ist, daß man sie angreifen und vernichten kann.

Bei den Bauern aus der Vendée und der Bretagne sind viele übernatürliche, furchteinflößende Geschichten von Generation zu Generation überliefert worden; sie glauben, damit auch die republikanischen Soldaten erschrecken zu können, und umgeben ihre Gegenwart mit dem Schleier des Geheimnisses: Sie spielen nachts Gespenster, heulen wie die Eulen oder blasen in Stierhörner. Um Nachforschungen oder Vergeltungsmaßnahmen gegen ihre in den Dörfern zurückgebliebenen Familien auszuschließen, nehmen sie Spitznamen an, die nach Herausforderung klingen: »Blauenjäger« etwa oder »Säbelt alles nieder«. Die von den Einheimischen nur flüsternd wiederholten Namen haken sich im Gedächtnis der Blauen fest und verleihen ihren unbekannten Trägern ein beunruhigendes Prestige. Der Krieg hat durchaus seinen mythischen Aspekt, und die Vernichtung der Gefangenen ist neben einer von den Umständen diktierten Maßnahme – man wüßte gar nicht, wie man sie unterbringen und ernähren sollte – auch eine Art Teufelsaustreibung.

Der Brigadier Auguste Dalicel vom dritten Bataillon des Departements Lot-et-Garonne schildert in einem Brief an seine Familie die Folgen der Rückeroberung der Insel Noirmoutier:

»... Man schickte uns einen Unterhändler. Es war ein deutscher Husar, der eine formelle Kapitulation überbrachte. Unsere Generale wollten nichts davon wissen, aber die Volksvertreter akzeptierten sie unter der Bedingung, daß sie [die Feinde] ihre Waffen niederlegten und sich gefangennehmen ließen. Sie sind damit sehr zufrieden. Sie waren ungefähr elfhundert. Wir nehmen sie in Empfang und lassen sie alle in die Kirche gehen.

Wir entdeckten Delbec [den General d'Elbée], ihren Generalissimus, der bei Cholet verwundet worden und noch nicht wieder genesen war. General Guilmet und ich fragten ihn, was er dachte: ›Ich bin Soldat; ich habe eine Partei gewählt; es ist schade für mich, daß sie sich als die schlechtere erwiesen hat. Wenn ich nicht am Sterben wäre, hätte ich euch vielleicht mehr Arbeit gemacht, als ihr erledigen könntet ... Ich habe euch in Montaigu geschlagen, wo ich euch überrascht habe. Ihr habt mich in Mortagne geschlagen, weil ich von meinen Soldaten getäuscht worden bin. Ich habe Noirmoutier eingenommen; es war mir drei Monate vorher verkauft worden. Ihr habt es zurückerobert, weil meine Soldaten mir nicht mehr gehorchen wollten. Um sich zu retten, haben sie ihren Anführer verkauft. Sonst hättet ihr die Insel nicht so billig bekommen. Charette und Catilinière* werden wie ich umkommen, denn ihre Soldaten werden ihnen nicht mehr gehorchen ... Ich weiß, daß alle, die ihr auf der Insel gefangennehmen werdet, sterben werden, ich als erster. Versucht nicht, mich auszufragen, um mir irgendein Geheimnis zu entlocken: Mein Herz wird kein einziges preisgeben. Bringt mich um, wenn ihr wollt.‹

---

* Rigault de la Cathelinière, Anführer der Royalisten, kämpfte in Machecoul an der Seite von Charette.

Wir waren schnell mit ihm fertig, und anschließend beförderten wir die Räuber und ihre Anführer, die wir in der Kirche gefangenhielten, ins Jenseits. Wir waren zwei Tage beschäftigt ...

Wir sind von dort aufgebrochen, um einen Ausfall in die Vendée zu machen. Vor acht Tagen sieht ein Freiwilliger eine Henne. Er bekommt Lust, ihr nachzulaufen. Die elende Henne flüchtet sich in einen Weinkeller und versteckt sich unter einer Kelter. Der Freiwillige, der nichts zum Abendessen hatte, wollte nicht zurückkommen, ohne sie gefangen zu haben, und während er sie sucht, findet er einen Mann. Er vergißt die Henne, packt seinen Mann am Bein, zieht ihn bis zur Tür und sagt zu ihm: ›Du bist schuld, daß meine Henne mir entwischt ist. Das wirst du mit deinem Leben bezahlen.‹ Der Räuber, der einen langen Bart hatte und so ausgedörrt war wie ein Stück Holz, antwortet ihm: ›Töte mich nicht! Ich bin Catilinière.‹ Dann kommt er mit seinem Mann, den er mit Fußtritten traktierte, zu seiner Abteilung zurück und sagt uns: ›Ich habe gerade Catilinière gefaßt!‹ Wir wollten ihn in Stücke zerreißen. Der Kommandeur hat uns daran gehindert und gesagt, man müsse ihn nach Nantes bringen. Am Tag nach seiner Ankunft dort ist er guillotiniert worden.«

In der Tat: In Nantes wird in solchen Fällen nicht lange gefackelt. Der Mann, der die Stadt regiert, ist ein Konventsabgeordneter, der als Beauftragter in den Westen entsandt wurde; in den Händen des ehemaligen Prokurators, der der juristischen Formalitäten überdrüssig ist, hat sich die Justiz in eine todbringende Waffe verwandelt. Sein Name ist Jean-Baptiste Carrier.

Marc-Antoine hört zum erstenmal in Lorient von ihm. Hier endet die Einflußsphäre – oder besser die überwachte Menschenjagd – des Mannes, der in Nantes so etwas wie den Prokonsul spielt. In Anbetracht des Bürgerkriegs hat er vom Wohlfahrtsausschuß besonders weitreichende Befugnisse erhalten. Die Vendée-Aufständischen hatten vor einigen Monaten unter Leitung Charettes einen breitangelegten Angriff auf die wichtige Hafenstadt unternommen, der jedoch scheiterte; da die Bevölkerung ihnen nicht eindeutig ablehnend gegenübersteht, könnten sie nun versuchen, sich von innen her der Stadt zu bemächtigen. Denn seit die Vendéer die Methoden des Guerillakriegs anwenden, haben sie Frauen, Kinder und Alte, die früher hinter ihnen herzogen, zurücklassen müssen; diese wollen oder können in ihre oft verwüsteten Dörfer nicht zurückkehren und haben sich nach Nantes geflüchtet, wo sie Hilfe zu finden hoffen. Aber in Nantes fehlt es an allem – besonders an Lebensmitteln. Das umliegende Land, das die Hälfte seiner Bevölkerung durch den Krieg verloren hat, sendet kaum noch Waren in die Stadt; die wegen der Entwertung des Geldes sowieso knapp gewordenen Lebensmittel werden dadurch – trotz der kürzlich beschlossenen Reglementierungsvorschriften und des Gesetzes über die Höchstpreise – noch seltener.

Der Zustrom der Flüchtlinge bringt die Stadt an den Rand der Hungersnot. Unterernährung und fehlende Hygiene begünstigen die Verbreitung der Ruhr und anderer ansteckender Krankheiten; Ausgangsherde sind vor allem die Gefängnisse, die seit der Offensive der Vendéer übervoll sind. Die royalistische Propaganda, der Hunger und die Angst vor der Pest können von einem Augenblick zum anderen einen Aufstand entfesseln, der alles hinwegfegen würde und dem auch Carriers wenig zahlreiche Truppen nicht lange standhalten könnten. Man versteht, daß der Konventsbeauftragte schlecht schläft.

Er stammt aus der Auvergne, ist achtunddreißig Jahre alt, ziemlich groß, hager und düster. Ein galliges Temperament. Er glaubt, daß Paris trotz seiner Berichte nur eine sehr unklare Vorstellung von den Schwierigkeiten hat, denen er ausgesetzt ist – womit er nicht ganz unrecht hat. Unter diesen Umständen muß er eben als Herr der Stadt auftreten. Die städtischen Gefängnisse sind überbelegt. Die Bestände werden vermindert, indem man bestimmte Insassen, vorzugsweise eidverweigernde Priester – schließlich hat soeben die Entchristianisierungskampagne begonnen –, in mit Falltüren versehenen Schiffen eine Reise auf der Loire machen läßt. Die erfinderisch ersonnenen Massenertränkungen haben Carrier einen üblen Ruf in der Geschichte eingetragen. Der Volksvertreter hat allerdings ziemlich schnell auf seine Erfindung verzichten müssen, die bei niedrigem Wasserstand nicht anwendbar ist; mehr als die Zahl der Opfer ist es die Schurkerei des Verfahrens, die empört. Denn eine für das Opfer überraschende Hinrichtung wird von der christlichen Moral, die jedem zumindest die Chance der Reue geben will, für besonders verabscheuungswürdig gehalten. Da keines der berüchtigten Schiffe je wiedergefunden wurde, war es schwer, die Massenertränkungen zu beweisen, und Carrier wird später deshalb verurteilt, weil er Gefangene ohne Schuldspruch erschießen ließ . . .

Im Moment regiert er eher schlechtgelaunt als selbstgefällig, eher als übereifriger, wütend gewordener Beamter denn als Despot. »Ein Bürgerkrieg kann nur mit der Vernichtung einer der beiden Parteien enden« ist sein Grundsatz, und so sieht er sich in einem Kampf auf Leben und Tod gegen die Feinde der Revolution. Aber während die republikanischen Armeen in der Vendée auf dem besten Wege sind, den Sieg davonzutragen, sind sie in der Bretagne nicht zahlreich genug, um die Chouans endgültig zu schlagen. Dem von ihnen praktizierten Partisanenkrieg entspricht im übrigen der Einsatz kleiner, beweglicher Milizen weit eher als der von Truppen in klassischer Schlachtordnung.

Solche Milizen existieren tatsächlich. Man nennt sie Revolutionsarmeen, ein pompöser, etwas übertriebener Name, denn insgesamt verfügen sie über kaum dreißigtausend Mann; keine Abteilung zählt mehr als tausend Soldaten. Sie sind von den Volksgesellschaften, den Revolutionsausschüssen oder den Konventsbeauftragten ins Leben gerufen worden und bestehen als hauptsächlich politische Kampftruppen aus Sansculotten, die – etwa aus Gründen des Alters – bei den Aushebungen für die reguläre Armee nicht berücksichtigt worden sind. Zivilkommissare, denen die Offiziere untergeordnet sind, führen sie an; Konvent und Wohlfahrtsausschuß wachen darüber, daß diese Hilfskorps sich nicht zu Instrumenten einer neuen föderalistischen Bewegung oder zu Leibgarden einiger Konventsbeauftragter entwickeln.

Carrier hat verschiedene revolutionäre Milizen aufgestellt. Eine von ihnen ist die Kompanie Marat, die in Nantes und Umgebung die Maßnahmen der Schreckensherrschaft mit aller Härte zur Ausführung bringt: Hausdurchsuchungen, Überwachung von Personen, Verhaftung der Verdächtigen und der direkte Kampf gegen rebellische Elemente zählen zu ihren Aufgaben – was mehr an einen Schlägertrupp als an eine militärische Einheit denken läßt. Die übrigen von Carrier geschaffenen Milizen, die über Zwischenkommissare unter seinem Befehl stehen, kämpfen im Departement Morbihan gegen die von Puisaye* und Georges Cadoual angeführten Chouans. Carrier bewegt sich damit durchaus im Rahmen seiner Machtbefugnisse, die zwar sehr weitreichend, aber nur ungenau definiert sind – wie die von Marc-Antoine.

Im sich anbahnenden Autoritätskonflikt zwischen den beiden Männern geht es nicht nur um Selbstachtung und Ehrgeiz der Protagonisten, sondern auch um zwei verschiedene Auffassungen von der Schreckensherrschaft. Carrier gehört zu den Ultrarevolutionären, den Septembermördern, den Anhängern Marats und Héberts – kurz all jenen, die das manchmal nützliche, schnell aber gefährliche Saatgut der Anarchie in die Geschichte einbringen. Sie möchten besonders auf wirtschaftlichem Gebiet die Revolution bis zu ihren letzten Konsequenzen treiben und haben sich damit bis vor kurzem in Konkurrenz zu den Enragés befunden.

Als Befürworter der Gleichheit oder zumindest einer möglichst gleichen Verteilung der Güter, die die Erde und die menschliche Schaffenskraft hervorbringen, unterscheiden sie sich von Robespierre und seinen Anhängern nur hinsichtlich

---

* Joseph-Geneviève Puisaye, ehemaliger Abgeordneter der Generalstände von 1789, Feldmarschall 1791; unterstützte den girondistischen Aufstand in der Normandie (1793); erhielt vom Comte d'Artois in London den Oberbefehl über die royalistische Armee in der Bretagne.

der Methoden, mit denen dieses Ziel erreicht werden soll. Eine jeden Widerstand beseitigende Verschärfung des Terrors könnte nach Meinung der »Ultras« das angestrebte Ergebnis schneller herbeiführen und würde ihnen außerdem jenen Rausch der Gewalt verschaffen, der hinter ihrem Radikalismus steht. Für die Anhänger Robespierres dagegen hat Terror nichts mit unkontrollierter Raserei zu tun, auch wenn sie durch die der Revolution innewohnende Logik dazu gezwungen werden, ihn auszuweiten. Sie sehen sich vor allem als gerechte Richter, während die anderen auch – manchmal blutdürstige – Rächer sein wollen.

Es wäre falsch, im Kampf Marc-Antoines gegen Carrier das von Milde und Entrüstung bestimmte Vorgehen eines empfindsamen Menschen zu sehen. Er verteidigt lediglich die revolutionäre Gerechtigkeit, die der Prokonsul von Nantes durch sein Verhalten besudelt hat. Denn auch in ihrer größten Härte unterscheidet sich die Schreckensherrschaft vom Verbrechen. Um auszuschließen, daß seine Opposition zu Carrier als Mäßigung mißverstanden wird, zeigt Marc-Antoine sich an anderer Stelle um so unnachgiebiger: »Ergreift außergewöhnliche Maßnahmen«, befiehlt er den Behörden des Departements Morbihan, »die Guillotine soll über Land fahren, die Taten unbeugsamer Härte sollen überall sichtbar werden. Vergeßt nichts; erspart nichts; es geht darum, unberechenbare Übel zu verhindern. Den Feinden des Volkes gegenüber Milde zu zeigen heißt barbarisch gegen das Volk sein.«

Dieser Grundsatz geht direkt auf Jean-Jacques Rousseau zurück, den man, wenn es um die Guillotine geht, nicht unerwähnt lassen kann. »Von allen Tugenden ist die Gerechtigkeit diejenige, die am meisten zum Allgemeinwohl der Menschen beiträgt. Aus Vernunft, aus Liebe zu uns selbst muß man mit unserem Geschlecht mehr Mitleid haben als mit unserem Nächsten; und die Barmherzigkeit für die Bösen ist eine Grausamkeit gegenüber den Menschen«, liest man im *Emile*. Eine sicher richtige, aber auch äußerst gefährliche Formulierung. Das Weltbild Robespierres ist in diesen wenigen Zeilen ebenso enthalten wie die ganze Moral der nachfolgenden totalitären Regime.

In Lorient trifft Marc-Antoine viele Menschen, die vor den Schrecknissen von Nantes geflohen sind. Carrier erscheint in ihren Erzählungen als ein blutgieriger Satrap, ein Wahnsinniger, der von der Furcht vor Verschwörungen besessen ist. Andere, die aus dem Innern des Departements Morbihan kommen, berichten über die Umtriebe der revolutionären Armee, die von Carrier ausgeschickt wurde, um diese von den Aufständen der Chouans betroffenen Gebiete zu »republikanisieren«. Ein gewisser Lebatteux befehligt sie. Carrier hat an ihn die gleichen Empfehlungen gerichtet wie an den Bürger Avril, den in der Region operierenden Brigadekommandeur der regulären Armee: »Fahre fort, Bürger, allen Konterrevolutionären des Morbihan und der benachbarten Gemeinden Schrecken und Tod zu bringen. Daß alles, was des Mangels an Bürgersinn verdächtigt wird, daß alles, was bezichtigt wird, bei konterrevolutionären Komplotten beteiligt gewesen zu sein, unverzüglich in sicheren Gefängnissen eingesperrt wird, daß alles, was Du gegen die Republik bewaffnet findest, unverzüglich umgebracht wird und die Besitztümer eingeäschert werden.« Der Text ist voller orthographischer Fehler, die hier nicht wiedergegeben wurden. Er kann nicht von der Hand Carriers sein, eines ehemaligen Prokurators des Königs. Hat jemand anders, der weniger gebildet war, seine Worte in dieser groben Form zu Papier gebracht? Und Carrier soll seine Unterschrift nicht verweigert haben?

In dieser vom Bürgerkrieg verwüsteten Gegend sind Übergriffe, die auf unrechtmäßige Befehle oder Anmaßung eines Titels zurückgehen, häufig. Carrier – überfordert, ständig außer sich, oft halb betrunken – ist zudem von fragwürdigen Männern umgeben, die nur zu bereit sind, seine lauten Schimpfereien aufzugreifen, Weisungen daraus abzuleiten und sie umgehend auszuführen. Seine Gegenwart genügt von nun an, Gewalt und Tod heraufzubeschwören.

Lebatteux und seine Männer jedenfalls durchkämmen das Departement Morbihan, nehmen Hausdurchsuchungen vor und erschießen Verdächtige ohne Urteil. Wie Marc-Antoine in Lorient von Zeugen erfährt, sind diese Verbrechen manchmal von Diebstählen begleitet; Lebatteux wird unter anderem beschuldigt, sich einer Summe von 20000 Franc bemächtigt zu haben. Marc-Antoine ist zwar entrüstet, fühlt sich aber nicht stark genug, das Monster von Nantes, das seine Umgebung zu solchen Handlungen ermuntert, allein anzugehen; er bittet den Konventsabgeordneten Tréhouard um Unterstützung, der sich ebenfalls in einer Mission im Westen befindet. Tréhouard zögert; es ist delikat und nicht ungefährlich, gegen einen Kollegen von der Bergpartei vorzugehen. Marc-Antoine muß auf seine Beschwerde zurückkommen. »Ich weiß nicht einmal, ob Carrier mit dem Morbihan beauftragt wurde und dort seine Machtbefugnisse ausüben darf, die Du im übrigen genauso besitzt wie er«, schreibt er an Tréhouard. Dieser hat inzwischen Beweise für die Verbrechen der revolutionären Bande erhalten und läßt Lebatteux festnehmen.

Carrier tobt vor Wut. Er schreibt an General Tribout, den Kommandeur der regulären Truppen, der für die öffentliche Ordnung verantwortlich ist, und befiehlt ihm, seinen Gehilfen freizulassen. »Im Namen der Republik und des Berges, auf dessen höchsten Höhen ich mich immer befunden habe und die diese Kröte von Tréhouard nie erklimmen wird, fordere ich Dich auf...« Der Rest des Briefes ist im gleichen »Stil« abgefaßt. Kein Sekretär, und sei er ein halber Analphabet, hat diesmal die Flüche des jähzornigen Alkoholikers erfinden können. Die Verlegenheit des Generals Tribout, der sich in einen Autoritätskonflikt zwischen zwei in seinen Augen gleichrangigen Volksvertretern verwickelt sieht, ist leicht vorstellbar. Nur der Wohlfahrtsausschuß, von dem sie ihre Befugnisse erhalten haben, kann diesen Fall entscheiden. Dort gehen denn auch die Briefe zuhauf ein: die der beiden Konventsbeauftragten, der des Generals und natürlich die Marc-Antoines. Da er die Unregelmäßigkeit des Postverkehrs kennt, hat er gleich mehrere geschrieben. Alle klagen das Verhalten Carriers an.

Marc-Antoine an Robespierre
Lorient, 13. Nivôse

»... Ich schicke Dir ebenso wie Barère die vier wichtigsten Dokumente, die sich auf das Verhalten Carriers beziehen; er hat sein Vertrauen ›patriotisch‹ konterrevolutionären Männern geschenkt, die geplündert, getötet und gebrandschatzt haben; nachdem Tréhouard sie hat festnehmen lassen, hat er sie als unverletzlich erklärt und verboten, seinen Kollegen als Volksvertreter anzuerkennen. Ein solches Verhalten ist empörend. Carrier hat aus seinen Handlangern so viele Unterabteilungen geschaffen, daß Männer, die von den Kommissaren der Abgeordneten delegiert worden sind, patriotische Beamte festnehmen, obwohl man in den Verhaftungsprotokollen zugibt, daß weder Tatsachen noch Papiere gegen sie vorliegen ... Die tyrannischsten Handlungen werden begangen. Man erwartet eine unverzügliche Entscheidung.«

Marc-Antoine weiß, daß Robespierre auf den guten Ruf der Bergpartei Wert legt, und versichert ihn deshalb seiner Diskretion:

»Wenn ich in meiner Korrespondenz – der vertraulichen mit Dir oder der offiziellen mit dem Ausschuß – meine Meinung über die Konventsbeauftragten zum Ausdruck bringe, glaube ich, eine Pflicht zu erfüllen. Aber in der Öffentlichkeit und dort, wo ich mich aufhalte, werde ich den Respekt, der den Vertretern des Staates geschuldet wird, niemals schwächen.«

Diese Zurückhaltung hat den Vorteil, den Denunzierten im unklaren darüber zu lassen, wer ihn angezeigt hat. Für Marc-Antoine war es selbstverständlich, dem Wohlfahrtsausschuß die Verbrechen Carriers anzuzeigen; vielleicht wäre es jedoch besser gewesen, wenn der Beschuldigte auch den Namen seines Anklägers erfahren hätte. Aber seit die Revolution das Wohl des Volkes zum höchsten Wert erhoben hat, vor dem alle moralischen Forderungen zurücktreten müssen, ist es nicht mehr anstößig, zu denunzieren; ein solches Verhalten wird gefördert, ja befohlen, und das Gesetz über die Behandlung von Verdächtigen lebt nur aus diesem Geist – oder besser Ungeist – des Denunziantentums.

Nachdem Marc-Antoine seine Berichte über Carrier an den Ausschuß gesandt hat, begibt er sich nach Vannes; dort verfaßt er, ohne daß irgend jemand dies von ihm verlangt hätte, einen Plan zur Verteidigung des Morbihan, der für die »Abgeordneten bei den Armeen, die Generale, Offiziere und Ingenieure« bestimmt ist. Ruhig macht er sich dann auf den Weg nach Nantes, wo der Mann herrscht, den er soeben denunziert hat.

Er hat zwar, wie es in seinem Auftrag vorgesehen ist, Carrier von seiner Ankunft verständigt, aber da er über dessen Charakter hinlänglich unterrichtet ist, erwartet er keinen besonders herzlichen Empfang. Er ist trotzdem einigermaßen überrascht, als, kaum daß er in einem Hotel der Stadt abgestiegen ist, Soldaten kommen, die ihn festnehmen. Sie führen ihn vor den alten General Vimeux, der behauptet, einen Befehl des Volksvertreters Carrier auszuführen. Marc-Antoine pocht auf seine Eigenschaft als Agent des Wohlfahrtsausschusses und verlangt, den Befehl auf der Stelle zu sehen; die Dokumente, die er zur Unterstützung seiner Forderung vorlegt, beeindrucken den General so – er ist wie viele Militärs über die ständigen Autoritätskonflikte zwischen Volksvertretern, Agenten, Kommissaren und Delegierten dieser oder jener politischen Institution verwirrt –, daß er damit einverstanden ist, ihn zu Carrier zu bringen, obwohl es mitten in der Nacht ist.

Carrier schläft. Allein. Seine Feinde behaupten, er halte sich einen Harem aus Frauen, die aus politischen Gründen inhaftiert sind. Aber dieser Vorwurf scheint nicht berechtigt. Es ist bekannt, daß er eine eifersüchtige, herrische Mätresse hat, die solche Rivalinnen nicht dulden würde; sie zeigt sich kaum, jedenfalls nicht in dieser Nacht. Carrier läßt Marc-Antoine eintreten, ohne sich die Mühe zu machen, aufzustehen.

Das ist ganz im Stil der Zeit: Marat ist in seinem Bad ermordet worden ... Ohne Zweifel hat Carrier diesen Besuch erwartet. Marc-Antoine scheint ihm nicht der Mann zu sein, der sich geduldig in sein Schicksal ergibt und widerstandslos die Nacht in einem finsteren Gefängnisloch verbringt. Denn er braucht nur den Arm auszustrecken, um von seinem Nachttisch einen Brief zu nehmen. Er ist von der Hand Marc-Antoines und an den Wohlfahrtsausschuß gerichtet. Die Umtriebe Carriers und seiner Freunde werden darin denunziert.

Eine ungesetzliche Verletzung des Briefgeheimnisses? Das hieße vergessen, daß mitten im Bürgerkrieg in einer von den Verschwörungen des Feindes bedrohten Stadt ein Konventsbeauftragter das von den übergeordneten Behörden stillschweigend geduldete Recht hat, den Inhalt jedweder Korrespondenz zu kontrollieren. Nach Meinung Carriers sind davon auch die an den Wohlfahrtsausschuß gerichteten Schreiben nicht ausgenommen, denn für einen Konventsbeauftragten gibt es keine Staatsgeheimnisse. Oder soll er etwa zulassen, daß auf dem Schreibtisch der Bürger des Ausschusses, die mit wirklich wichtigeren Fragen genug zu tun haben, Fluten von Ammenmärchen, von Verleumdungen landen?

Denn aus solchen Niederträchtigkeiten besteht der Brief, den Carrier ihm nun mit spitzen Fingern entgegenhält. Er wird von ihm die Antwort bekommen, die er verdient. Wer dem Ansehen dessen schadet, der die Sache der Freiheit in einer vom Feind bedrohten Stadt vertritt, und versucht, seine Abberufung zu erreichen, indem er ihn bei den Bürgern vom Wohlfahrtsausschuß verunglimpft, während nur die revolutionäre Wachsamkeit bis jetzt überhaupt erlaubt hat, den Unternehmungen der Räuber standzuhalten, ist ein Verräter, der den Tod verdient. Die wütende Rede Carriers ist über weite Passagen dem Sansculotten-Vokabular des *Père Duchesne** entlehnt. Mehr als zwanzigmal nennt er Marc-Antoine einen »schmutzigen Schuft«; dieser preßt, wie er später berichten

---

* Jakobinisches Blatt, dessen Herausgeber Hébert war.

wird, die Hände auf die Brust, um seiner Erregung Herr zu werden.

Aber Carrier hat geendet. Er spricht General Vimeux an, der neben dem Gefangenen stehengeblieben ist: »General, Sie bürgen mir dafür, daß er diese Nacht liquidiert wird!« Nun ist es höchste Zeit, daß Marc-Antoine das Wort ergreift. Er macht es so kurz wie möglich, denn jeder Rechtfertigungsversuch wäre angesichts dieses Rasenden vergeblich. Aber wie soll er vorgehen? Soll er Carrier sagen, daß er ja nur einen von mehreren Briefen abgefangen hat und daß die anderen sehr wohl an höchster Stelle zur Kenntnis genommen worden sind? Daß er durch die Beseitigung seines Anklägers nichts gewinnen, sondern im Gegenteil seine Schuld eingestehen würde?

Ein solches Vorgehen hätte den Nachteil, daß Carrier, der sich verloren sähe, in seiner Wut an Marc-Antoine eine letzte Rache nehmen könnte. Statt seinem Gegner die Ausweglosigkeit seiner Lage vor Augen zu führen, hat Marc-Antoine vielmehr ein Interesse daran, die Bedeutsamkeit seines Auftrags und das ihm von Robespierre entgegengebrachte Vertrauen herauszustreichen. Er ist dessen vertrauter Freund; Briefe, die er bei sich hat, beweisen es. Carrier darf nicht außer acht lassen, daß man im Wohlfahrtsausschuß über den Ort, an dem er sich heute abend befindet, sehr genau informiert ist. Man wird sich sogar denken können, daß er bei Carrier ist, mit dem er ja zusammenarbeiten soll. Würde man sich in Paris nicht Fragen stellen, wenn er verschwindet? Würde man nicht eine Untersuchung einleiten? Würde General Vimeux unter Mißachtung seiner Ehre als Soldat bereit sein, zu schweigen, oder soll man auch ihn töten, damit er nicht redet? Außerdem ist seine Festnahme von zahlreichen Zeugen beobachtet worden ...

Carrier scheint seit einigen Augenblicken nachdenklich. »Du bist doch Julien aus Toulouse?« Das ist ein Vorwand. Carrier weiß sehr genau, daß Julien aus Toulouse, der sich zusammen mit Chabot, Bazire, Delaunay und Fabre d'Eglantine durch dubiose Finanztransaktionen kompromittiert hat, auf der Flucht ist; es ist mehr als unwahrscheinlich, daß ausgerechnet er sich als Agent des Wohlfahrtsausschusses ausgibt. Marc-Antoine hat indes die Absicht Carriers durchschaut und hält es für ratsam, das Spiel mitzumachen. Er – Julien aus Toulouse! Er heißt Marc-Antoine Jullien, mit zwei *l*. Er ist der Sohn von Jullien aus dem Departement Drôme, dem Konventsabgeordneten, der mit Robespierre und Hérault de Séchelles befreundet ist. Welch glücklicher Zufall: Auch Carrier ist ein guter Freund von Hérault de Séchelles.

Man glaubt, einer Komödienszene beizuwohnen. Was für ein dummes Mißverständnis! Immer diese gleich klingenden Namen, die ständig zu Verwechslungen führen! ... Bleibt indes der Brief, diese Anhäufung von Verleumdungen: Das ist unverzeihlich. Carrier entläßt Marc-Antoine mit einer Geste. Dieser, nun vorsichtig geworden, wendet sich an General Vimeux: »Nach dem, was soeben geschehen ist, werde ich diesen Ort erst verlassen, General, wenn du mir dein Ehrenwort gegeben hast, mich zu meinem Hotel zu führen.« Der General antwortet: »Ich muß die Befehle des Abgeordneten ausführen. Ich wünsche, daß alles gutgeht und daß du gerettet wirst. Aber ich kann nichts tun.« Resigniert gibt Carrier dem General zu verstehen, daß er einverstanden ist, und Marc-Antoine erhält das gewünschte Versprechen. Vimeux übergibt ihn seinem Adjutanten, der ihn ins Hotel begleiten soll. Als die beiden draußen im Wagen sitzen, schüttelt der junge Mann Marc-Antoine die Hand: »Wenn nur ein paar deinen Mut hätten, würden manche Dinge anders laufen.«

Mut? Marc-Antoine hat lediglich einem Rasenden gegenüber sein Leben verteidigt. Er hat wohlweislich seine Beschuldigungen nicht laut wiederholt und Carrier davon überzeugt, daß es nur nachteilig für ihn wäre, wenn er ihn beseitigen würde. Marc-Antoines Mut geht jedenfalls nicht so weit, daß er seinen Aufenthalt in Nantes verlängert. Sobald er im Hotel ist, schnürt er sein Gepäck zusammen und schickt seinen Sekretär zu einem Mitglied der Stadtverwaltung, dessen Bekanntschaft er in Lorient gemacht hatte.

Dieser hat keine Schwierigkeiten, ihn aus der Stadt zu

bringen und ihm die nötigen Pferde zu besorgen. Am nächsten Tag ist Marc-Antoine in Angers, von wo er gleich nach Tours weiterreist. Sein eigentlicher Zielort ist La Rochelle, aber da die Vendée-Aufständischen die direkte Straße besetzt halten, ist er zu diesem Umweg gezwungen. In Tours kann Marc-Antoine endlich aufatmen; er nutzt die Gelegenheit zu einem langen Brief an Robespierre.

Marc-Antoine an Robespierre
Tours, 16. Pluviôse

»Ich habe Dir, mein guter Freund, über Carrier und über Nantes einige Einzelheiten versprochen. Ich werde den Ausschuß von den mißlichen Zuständen in Kenntnis setzen, die ich dort vorgefunden habe; er wird sich beeilen, Abhilfe zu schaffen.

Alle drei Geißeln, Pest, Hunger und Krieg, bedrohen Nantes. Unweit der Stadt ist eine Menge royalistischer Soldaten hingerichtet worden; dieser Leichenberg hat zusammen mit den pestilenzialischen Ausdünstungen der Loire, die ganz von Blut besudelt ist, die Luft verdorben. Zweitausend Menschen sind in weniger als zwei Monaten an einer ansteckenden Krankheit gestorben. In der Stadt wütet die fürchterlichste Hungersnot.

Eine Armee befindet sich in Nantes, verwahrlost und ungeführt; gleichwohl werden nur einzelne Truppenteile ohne Plan in die Schlächterei geschickt [den Vendée-Krieg]. Die eine Partei plündert die Republik, die andere tötet sie. Generale, stolz auf ihre Epauletten, goldene Borten an den Halskragen und reich geworden durch den Sold, den sie nicht verdient haben, sind in ihren Kutschen den Sansculotten zu Fuß ein Ärgernis; immer sind sie in der Nähe der Frauen, im Theater oder bei Festen und üppigen Mahlzeiten, die die öffentliche Not verhöhnen, und verachten offen die Volksgesellschaften, die sie ebenso wie Carrier nur sehr selten besuchen.

Dieser ist für die bestehenden Behörden, die Mitglieder des Klubs und alle Patrioten unsichtbar. Er läßt sagen, daß er krank oder auf dem Land sei, um sich den Beschäftigungen, die die Umstände verlangen, zu entziehen. Aber niemand ist so töricht, auf diese Lüge hereinzufallen. Man weiß, daß er wohlauf und in der Stadt ist; man weiß, daß er in einem Serail lebt, umgeben von schicklichen Sultaninnen und Lamettaträgern, die ihm als Eunuchen dienen; man weiß, daß er nur den Leuten vom Generalstab zugänglich ist, die wahre Speichellecker sind; man weiß, daß er überall Spione hat, die ihm berichten, was in den einzelnen Ausschüssen und den öffentlichen Versammlungen gesagt wird. Die Reden werden abgehört, die Post abgefangen. Man wagt weder zu sprechen noch zu schreiben, nicht einmal zu denken. *Der öffentliche Geist ist tot, die Freiheit existiert nicht mehr . . .*

Verlieren wir keine Zeit; retten wir einen bedeutenden Hafen, geben wir einer Masse von Bürgern das Glück und die Freiheit zurück. Carrier muß unverzüglich zurückberufen werden, und es muß jemand nach Nantes geschickt werden, der die Energie des Volkes wieder weckt und es sich selbst zurückgibt . . .«

Von Angers aus hatte Marc-Antoine bereits seinem Vater geschrieben und ihn gebeten, Robespierre gegenüber auf der sofortigen Ablösung Carriers zu beharren. Sein Wunsch wird schnell erhört: Als er diesen Brief schreibt, ist die Rückberufung Carriers bereits beschlossene Sache. Die ersten Berichte von Marc-Antoine, Tréhouard und General Tribout haben genügt, den Ausschuß ins Bild zu setzen. Am 8. Februar 1794 erhält Carrier den Befehl, nach Paris zurückzukehren; er wird erst einige Monate später wieder nach Nantes kommen, um verurteilt und guillotiniert zu werden.

Marc-Antoine erwähnt in seinen Briefen an Robespierre und seinen Vater die Gefahr, in der er in Nantes schwebte, mit keinem Wort. Er wird später erklären, daß dieser Vorfall nur ihn persönlich betraf und daher in einer amtlichen Korrespondenz nichts zu suchen hatte; außerdem hätte er seine Eltern nicht nachträglich tausend Ängsten aussetzen wollen. Aber vielleicht war es ihm auch unangenehm, ein Mißgeschick preiszugeben, das immer mit der Erinnerung an eine Erniedrigung verbunden war ...

Um niemanden im unklaren darüber zu lassen, daß er im Verhalten Carriers nur das willkürliche Vorgehen, die grundlose Grausamkeit verurteilt hat und keineswegs in Nachsicht oder Mäßigung verfallen ist, fordert Marc-Antoine gleich nach seiner Ankunft in La Rochelle eine Verschärfung des Terrors. La Rochelle, das südliche Tor zur Vendée, ist die erste Anlaufstelle für viele aus England zurückkehrende Emigranten, die die royalistische Armee Charettes unterstützen wollen; dieser möchte nur zu gerne eine Hafenstadt erobern und verstärkt seinen Druck auf die Küste. Die kritische Situation erfordert von seiten der Republikaner ein Höchstmaß an Wachsamkeit und Entschlossenheit.

Die Verantwortlichen der Stadt haben nicht auf Marc-Antoine gewartet, um dies zu begreifen. Er nimmt denn auch in seinen Briefen nach Paris lediglich ihre Vorschläge wieder auf (stellt sie aber als seine eigenen dar) und gibt ihnen nur einen entschiedeneren Ton: »Die schreckliche Verantwortung für den Mißerfolg der schlechtgeleiteten militärischen Expeditionen muß getragen werden; zwischen der Guillotine und dem Sieg darf es keine Wahl geben«, schreibt er an Robespierre. »Beauftragt einen einzigen Mann mit dem Krieg in der Vendée und setzt ihm einen Zeitpunkt, an dem er nach Paris zurückkehrt, entweder um Euch die Palme des Sieges zu bringen oder seinen Kopf unters Schafott zu tragen«, rät er dem Ausschuß.

Fast könnte man glauben, diese übereifrigen Vorschläge seien von der Vorsicht oder gar von dem Wunsch, zu gefallen, diktiert. Denn seit kurzem greifen Robespierre und der Ausschuß Politiker, die wie Danton und Desmoulins aus mehr oder weniger edelmütigen Motiven eine Milderung der Schreckensherrschaft fordern, heftig an. Man weiß, welchen Preis sie für ihr Vorgehen zahlen werden. Ihre Kampagne

»um Nachsicht« war durch lockere Sitten und zwielichtige Finanzoperationen einiger ihrer Befürworter in Mißkredit geraten, und kein Mitleid zu haben wird so in einem Umkehrprozeß zu einem Zeugnis der Tugend und des Patriotismus. Man könnte Marc-Antoine im Verdacht haben, ein solches Zeugnis anzustreben, wenn er seine Forderung nicht mit den Verrätereien und den unverzeihlichen Fehlern der leitenden Offiziere begründen könnte.

»Es besteht weiterhin eine Korrespondenz zwischen einer großen Zahl unserer Anführer und denen der Räuber. Die Vendée [die aufständische Vendée] hat von den Generalen der Republik weitaus mehr Lebensmittel und Munition erhalten als von England«, schreibt er an Robespierre. Von »einer großen Zahl unserer Anführer« zu sprechen ist sicher übertrieben, aber alle Historiker sind sich einig, daß derartige Behauptungen durchaus der Wahrheit entsprechen. Zum doppelten Spiel einiger Militärs kommt oft Unfähigkeit: Die des Generals Léchelle, der einige Zeit das Oberkommando über die gesamte Armee im Westen hatte, ist legendär. Schließlich treten bei den Offizieren oft Grausamkeit und blinde Wut an die Stelle von Mut und taktischer Intelligenz.

Entrüstet schreibt Marc-Antoine an den Wohlfahrtsausschuß: »Könnt Ihr glauben, daß unter dem Vorwand, Euren Befehlen zu gehorchen, Kinder und Frauen ermordet werden und man sogar die Vorratsspeicher in Brand setzt?« Und: »Könnt Ihr glauben, daß Eure Generale das Beispiel zur Plünderung geben? Ich habe Unglückliche, Verzweifelte gesehen, die keine andere Perspektive hatten als die, entweder durch die republikanische Armee oder durch die königlichen Horden umgebracht zu werden.«* Marc-Antoines Auffassung von der Schreckensherrschaft, die in diesen Sätzen zum Ausdruck kommt, ist im Moment auch die Robespierres und

* Diese Vorkommnisse sind zum Teil wahrscheinlich den »Höllenkolonnen« des republikanischen Generals Turreau zuzuschreiben; sie bestanden aus sechstausend Mann, die in zwölf Kolonnen parallel zueinander marschierten, ohne den Kontakt untereinander zu verlieren, und auf ihrem Weg alles in Schutt und Asche legten.

des Ausschusses: eine unbeugsame Härte gegen alle, die in der Republik und in der Gesellschaft wichtige Funktionen ausüben und Verantwortlichkeit übernommen haben, und ein großes, wenn auch wachsames Wohlwollen gegenüber der übrigen Bevölkerung. Nur in der Zeit des »großen Schrekkens« im Juni und Juli 1794 wird man von diesem Prinzip abgehen.

Im Moment ist Robespierres Politik von der Sorge um eine »vernünftige« Ausübung der Schreckensherrschaft bestimmt, das heißt vom Ausgleich zwischen einem Zuwenig und einem Zuviel an Terror. Die »Nachgiebigen«, wie die Anhänger Dantons genannt werden – man beschuldigt sie, oft zu Unrecht, der Korruption oder, ganz infam, des Einvernehmens mit dem Feind –, sehen sich bereits moralischen Verfolgungen ausgesetzt; ihre Verurteilung folgt wenig später. Genauso störend ist für Robespierre auch die entgegengesetzte Partei, die Hébertisten, die nach immer mehr Verhaftungen und immer neuen Hinrichtungen schreien. Wie die Enragés um Jacques Roux – der sich vor kurzem im Gefängnis selbst umgebracht hat – verlangen sie die Errichtung jenes egalitären Wirtschaftssystems, von dem die Anhänger Robespierres insgeheim träumen. Da diese alles mehr fürchten, als »links überholt« zu werden, und sehen, daß die extremen Forderungen bei den Sansculotten mehr und mehr an Boden gewinnen, gewähren sie Hébert und seinen Freunden nicht den geringsten Aufschub und schicken sie – unter dem Vorwand, den Aufstand zu predigen – aufs Schafott.

Zum erstenmal bricht damit das, was man den revolutionären Block nennen könnte – eigentlich eine Summe von Tendenzen, die durch eine gleichartige Auffassung von Freiheit und Gleichheit zusammengehalten werden –, auseinander. Die Ausschaltung der Girondisten hatte nicht den Charakter eines inneren Bruches: Sie waren zwar aufrechte Republikaner, gehörten aber als Partei des Großbürgertums nicht wirklich zum »Volk«. Dagegen sind die Hébertisten mit ihrer Vorliebe für die Gewalt, ihren Maximalforderungen und sogar ihrer Verblendung höchst repräsentativ für die Masse des

Volkes; sie drücken sicher nicht dessen wirkliche Qualitäten aus, spiegeln aber zumindest seine Verzweiflung. Daß Hébert und seine Freunde die Gefühle des Volkes demagogisch ausgenutzt und so seiner Sache eher geschadet haben – sie schüren im Kleinbürgertum und in der Bauernschaft die Furcht vor der Anarchie –, wird niemand bestreiten. Aber haben sie deshalb das Schafott verdient?

Wie viele andere, so scheint auch Marc-Antoine sich nun Fragen zu stellen. Nachdem er in La Rochelle den Eifer der Volksgesellschaften gestärkt und die öffentliche Beichte all ihrer Mitglieder eingeführt hat, um zweifelhafte Anhänger ausschließen zu können, reist er nach Rochefort weiter. Dort erkrankt er an Lungenentzündung und muß mehrere Tage das Bett hüten. Er nutzt seine Zeit zu einem langen Brief an »seine Brüder und Freunde der Volksgesellschaft von La Rochelle«, die er mit Bedauern verlassen hat und denen er noch viel zu sagen hat. In diesen vielleicht zum erstenmal ohne Hast niedergeschriebenen Zeilen überläßt er sich eigentümlichen Überlegungen:

»Ein Mann ist manchmal nützlich, nie notwendig, und wenn er es wäre, wäre er von diesem Augenblick an gefährlich für die Freiheit. Keine Verherrlichung, kein Götzendienst, keine Begeisterung für einzelne Personen. Die Freiheit, das Vaterland sind unsere einzigen Idole. Bindet Euch nicht an Menschen. Duldet nicht, daß ein einzelner über allen steht und daß seine Macht sie in den Schatten stellt. Unglück über die, die nach der Herrschaft streben! Selbst die Dankbarkeit des Volkes einem einfachen Bürger gegenüber würde zwischen ihm und dem Volk eine Grenzlinie ziehen, die die Gleichheit zum Verschwinden brächte.«

Und ein wenig weiter:

»Das Wort ›Unbestechlicher‹ ist nur auf den anwendbar, dessen Laufbahn abgeschlossen ist, auf dessen guten Ruf der Tod das letzte Siegel gedrückt hat, der nicht mehr zu fürchten hat, daß seine Lorbeeren in den Staub gezogen werden. Ein Mann hat sich immer untadelig geführt: Er ist unbestechlich. Aber er lebt noch; so republikanisch er auch sei, man darf ihn genausowenig ›unbestechlich‹ nennen wie den vormaligen Bischof von Rom ›unfehlbar‹.«

Mit einer Hellsichtigkeit, die den Thermidor vorwegnimmt, sieht Marc-Antoine Robespierre bereits erniedrigt durch den Kult, den man ihm darbringt.

XII
Unsere Liebe Frau von der Glücklichen Rettung

Indem Marc-Antoine den ihm von Robespierre und dem Wohlfahrtsausschuß anvertrauten Auftrag erfüllt und sich getreulich an die ihm vorgegebene Marschroute hält, wird er – ohne sich dessen bewußt zu sein – zum Instrument einer Justiz oder einer Rachsucht, die unerbittlich ihr Ziel verfolgt. Er hat keineswegs das Gefühl, irgend jemanden quer durch Frankreich zu jagen; er folgt keiner Fährte, keiner Spur, und dennoch nimmt er ganz genau den Weg, den die flüchtigen Girondisten einige Zeit zuvor eingeschlagen hatten. Ebenso wie sie begibt er sich von der Normandie in die Bretagne, wo er auf ihre noch warmen Schlupfwinkel stößt, und holt sie schließlich in der Gegend von Bordeaux ein. Es ist, als führten sie ihn unaufhaltsam und ohne sein Wissen zu einer Tat, für die er nicht geschaffen ist, für die er jedoch anscheinend von vornherein vorgesehen ist. Diese Hartnäckigkeit des Zufalls wird man zu seinen Gunsten anführen müssen.

Die flüchtigen Girondisten – anfänglich ein Dutzend, darunter Pétion, Barbaroux, Buzot, Guadet, Salles und Louvet, die sich bald in zwei oder drei Gruppen aufspalten – haben mehrere Wochen Vorsprung vor Marc-Antoine. In Quimper verlieren sie viel Zeit mit dem Warten auf ein Boot, das sie nach Bordeaux bringen soll; Marc-Antoine trifft in Quimper ungefähr eineinhalb Monate später als sie ein.

Die Fahrt über das Meer legt einen großen Abstand zwischen sie und ihren unfreiwilligen Verfolger, der entlang der Küste langsam seine Reise fortsetzt. Sein Vorwärtskommen wird durch nichts behindert, denn ein Agent des Wohlfahrtsausschusses trifft nur auf Leute, die eifrig bestrebt sind, ihm die Reise zu erleichtern, während auf die geächteten Girondisten bei jedem Schritt Gefahren lauern. Die Vielzahl der Volksgesellschaften, das heißt der Jakobinerklubs, hat Frankreich mit einem engmaschigen Netz politischer und polizeilicher Überwachung überzogen; seit der Veröffentlichung des Gesetzes über die Verdächtigen sind Politik und Polizei untrennbar miteinander verbunden. Wer als Anhänger der Revolution gelten möchte, muß sie verteidigen, was nichts anderes bedeutet, als ihre Feinde zu denunzieren. Zu den Pflichten der Revolutionsausschüsse, die es jetzt in fast allen Gemeinden gibt, gehört es, den Paß jedes Durchreisenden zu prüfen und ihn zu verhaften, wenn dieses Dokument nicht vorschriftsmäßig ausgefüllt ist oder wenn der amtliche Vermerk der nächstgelegenen Stadt fehlt. Dieser Vermerk wird von der betreffenden Behörde erst nach einem ausführlichen Verhör erteilt. Seit 1789 sind die Franzosen frei, aber sie leben mehr und mehr in einer überwachten Freiheit.

Die flüchtigen Girondisten – Angehörige des Besitzbürgertums, die gestern noch politische Funktionen ausübten, im Konvent tagten und wie etwa Pétion als Bürgermeister von Paris eine bedeutende Stellung im Leben der Nation innehatten – müssen jetzt mit dem Leben von Vagabunden vorliebnehmen: Sie schlafen im Gebüsch und humpeln mit blutiggelaufenen Füßen abseits der großen Straßen, gequält von Hunger und Furcht. Nicht einmal auf ihrer Reise von der bretonischen Küste zur Mündung der Gironde kommen sie zur Ruhe, denn jeden Augenblick kann ihr Boot von einem der vor der Küste kreuzenden Kriegsschiffe der französischen Marine überprüft werden. Die Geächteten – jetzt noch sieben an der Zahl – gehen bei der Landzunge von Ambès an Land; von neuem beginnt für sie das Umherirren auf der Suche nach einem Versteck, das schließlich in Saint-Emilion endet, wo einer von ihnen, Guadet, seine Familie hat. Marc-Antoine kommt unterdessen immer näher, ahnungslos und unschuldig, geleitet von einem Stern, der ihn – wie er später sagt – besser woandershin geführt hätte. Es wird noch viel

Zeit vergehen, bis er wieder auf sie stößt. Doch das ist nun ohne Bedeutung; sie sitzen in einer Falle, aus der es für sie kein Entrinnen mehr gibt.

Aber warum sind sie überhaupt hineingegangen? Um dies zu verstehen, muß man einige Zeit zurückgehen: Im Juni 1793 hatte Bordeaux, die Vaterstadt einiger der bedeutendsten Girondisten, sich gegen die Zentralgewalt erhoben. Die Stadt hatte jede Verbindung mit Paris abgebrochen und bot den gehetzten Girondisten nicht nur eine Zuflucht, sondern auch die Möglichkeit, die föderalistische Bewegung mit neuem Leben zu erfüllen und die Feindseligkeiten gegen den von der Bergpartei beherrschten Konvent und den von Robespierre kontrollierten Wohlfahrtsausschuß auf andere Provinzen auszudehnen. Die Hauptstadt ist jedoch dieser Sezessionsbewegung gegenüber nicht untätig geblieben, die deshalb so gefährlich ist, weil die Hafenstadt Bordeaux leicht von England oder Spanien Hilfe erhalten kann.

Der Wohlfahrtsausschuß hat gegen die aufständische Stadt vier Volksvertreter sowie den General Brune an der Spitze eines Truppenkontingents entsandt. Gleichzeitig hat die örtliche Sektion der Bergpartei, die sich nach dem Gewaltstreich der bürgerlichen Elemente wieder erholt hat, ihren Widerstand angekündigt. Den Föderalisten von Bordeaux dagegen ist es nicht gelungen, eine bedeutende Armee aufzustellen; sie müssen außerdem erkennen, daß das übrige Frankreich ihnen nicht folgt, und beginnen im Laufe des Sommers zurückzuweichen. Bald erobern die Mitglieder der Bergpartei die Stadtverwaltung zurück, während die revolutionäre Armee sich nacheinander Château-Trompette sowie der Festung von Blaye bemächtigt, die den Zugang zum Hafen eröffnet. Im Oktober ziehen die Konventsbeauftragten Tallien, Ysabeau, Baudot und Chaudron-Rousseau gleichzeitig mit dem General Brune an der Spitze eines Regiments in Bordeaux ein. Die flüchtigen Girondisten waren nur einige Tage zuvor bei Ambès an Land gegangen und hatten erfahren müssen, daß ihre Feinde praktisch wieder die Herren der Stadt geworden waren.

Die Rückeroberung von Bordeaux vollzieht sich mit einer

gewissen Härte, ohne daß es jedoch zu den Ausschreitungen kommt, die man bei vergleichbarer Gelegenheit in anderen Städten, besonders in Lyon, hat feststellen müssen. Tallien und Ysabeau, die als Vertreter der Zentralgewalt in der Stadt bleiben, schicken zwar eine Anzahl der Rädelsführer und auch einige Verdächtige aufs Schafott, aber diese Säuberung – »Erneuerung«, wie man in der damaligen Zeit sagt – der Stadt ist nicht von Unruhen oder Gewalttätigkeiten auf den Straßen begleitet. Außer der Guillotine, die auf der Place Nationale – der ehemaligen Place Dauphiné – aufgestellt wird, stört nichts die ein wenig hochmütige Würde der großen Stadt am Ufer der Gironde.

Eine mächtige, prachtliebende Bourgeoisie, durch Hafen und Weinhandel zu Reichtum gekommen, hat im Laufe der vergangenen fünfzig Jahre das Zentrum der Stadt unablässig verschönt. Unter den öffentlichen Gebäuden, die meist aus der Regierungszeit des Herzogs von Richelieu stammen, der eine Zeitlang Statthalter der Guyenne war, zeichnen sich besonders das Theater – das schönste ganz Frankreichs –, das Rathaus, die Börse und das Zollamt aus. An manchen Stellen ergibt sich aus der Verbindung mit den Fassaden benachbarter Wohnhäuser jene weitläufige Perspektive, die schon auf den Neoklassizismus hinweist und das Stilempfinden griechischer oder römischer Plätze in die Städte trägt.

In keiner anderen Stadt Frankreichs hat die Bourgeoisie sich so wie hier der Aristokratie angeglichen, indem sie Kasten, Titel und Rangstufen ins Leben rief. »Die Kaufleute von Bordeaux führen ein äußerst luxuriöses Leben«, schreibt Arthur Young am Vorabend der Revolution in seinem Werk *Voyages en France*. Die Wohnhäuser des Großbürgertums unterscheiden sich nur durch ihren Standort von den herrschaftlichen Stadtpalästen des Adels. Da die Bourgeoisie ihren Reichtum dem Handel verdankt, liegen ihre Häuser nicht weit vom Hafen entfernt, und jeden Morgen weckt der Lärm der auf dem Pflaster der Kais rollenden Fässer die wohlbegüterten Kaufleute.

Sie leiten ihren Liberalismus von Montesquieu her, nicht nur, weil er in der Nähe geboren ist, sondern vor allem, weil sie seiner Theorie zuneigen, wonach die Führung der Regierungsgeschäfte ganz selbstverständlich den besten Bürgern des Staates zukommt. Montesquieu, der in der ersten Hälfte des Jahrhunderts lebte, verstand darunter die traditionelle Aristokratie; er konnte nicht voraussehen, daß die oberen Schichten der Bourgeoisie allmählich deren Stelle einnehmen und seine im *Geist der Gesetze* dargelegten »elitären« Vorstellungen in die Tat umsetzen würden. Ganz im Sinne Montesquieus war denn auch für die Bourgeoisie die Revolution vor dem 10. August 1792 beendet: Der König hatte wesentliche Machtbefugnisse abgeben müssen, und die Gelegenheit schien günstig, eine konstitutionelle Monarchie nach dem Vorbild Englands zu errichten – ein Land, mit dem Bordeaux seit Jahrhunderten in enger Verbindung stand, weil es dorthin einen Großteil seiner leichten Rotweine exportierte.

Die reichen Kaufleute der großen Hafenstadt halten es jedoch für unklug und unter ihrer Würde, direkt in die Politik einzugreifen. Sie vertrauen lieber auf das Geld, das ihre geheime Macht begründet und sie vor Bloßstellungen und Gefahren schützt. Obwohl sie der föderalistischen Bewegung, die hier die kaum verschleierte Form der Konterrevolution angenommen hat, wesentliche Impulse gegeben oder sie zumindest unterstützt haben, entgehen die meisten von ihnen den Strafverfolgungen der Bergpartei. Oft gibt es keine Beweise ihrer Schuld, und möglicherweise doch vorgebrachte Anklagen werden mit großzügigen Geldgeschenken aus der Welt geschafft. Die einzige Schwierigkeit bei Geschäften dieser Art besteht in der richtigen Wahl der Zwischenhändler oder, wenn man so will, der Vermittler, die den Vertretern von Regierung und Justiz die Bitten und die verschwiegenen Gaben bedrohter Bürger überbringen sollen.

Der Zufall hat es so eingerichtet, daß sich im Moment in Bordeaux eine Frau aufhält, die für diese Interventionen wie geschaffen ist. Sie ist noch keine fünfundzwanzig Jahre alt, sehr schön, ebenso intelligent wie kultiviert und heißt mit

Mädchennamen Teresa Cabarrus. Seit ihrer Heirat – sie war damals sechzehn – trug sie den Titel Marquise de Fontenay. Ihr Vater, der ehedem Botschafter Spaniens am Hof des Königs von Frankreich war, hat jetzt einen bedeutenden Posten in Madrid inne. Teresa, deren Mann emigrierte, möchte nach Spanien zurückkehren, wird jedoch in Bordeaux als verdächtige Person verhaftet, und das, obwohl sie schon von 1789 an ihre Sympathie für die Revolution bekundet und dies mit ihrer erst kürzlich erfolgten Scheidung auch unter Beweis gestellt hatte: Sie möchte nichts mehr mit einem Aristokraten zu tun haben, der überdies ihre gesamte Mitgift verpraßt hat.

Teresa ist die Autorin einer Eingabe an den Konvent, in der sie eine stärkere Berücksichtigung der Rechte der Frauen verlangt – allerdings so maßvoll, daß ihre Forderung schon fast wieder gegenstandslos wird. So schreibt sie unter anderem: »Wehe den Frauen, die in Verkennung ihrer wahren Bestimmung von dem unsinnigen Ehrgeiz besessen sind, sich den Männern anzugleichen, und auf diese Weise die Tugenden ihres eigenen Geschlechts verlieren, ohne diejenigen der Männer zu erreichen.« Dies kann jedoch nicht verhindern, daß man ihr Beziehungen zur Aristokratie, die spanische Abkunft (sie könnte eine ausländische Agentin sein) sowie frivole Neigungen vorwirft. Das genügt, sie einzusperren. Sie wendet sich an den Volksvertreter Tallien, um gegen die Entscheidung zu protestieren. Er sieht sie, ist gleich von ihr eingenommen und läßt sie frei.

Als seine Mätresse wird sie im Bordeaux der Schreckensherrschaft einen Einfluß besitzen, dessen verwinkelte Wege nie genau aufgedeckt werden konnten. Auf ihr Betreiben hin läßt der nicht gerade schöne Tallien, der niemals davon zu träumen gewagt hätte, ein so verführerisches Geschöpf in den Armen zu halten, eine große Zahl von Verdächtigen frei. Teresa handle aus reiner Nächstenliebe, behaupten einige Einwohner von Bordeaux, die ihr den Beinamen »Unsere Liebe Frau von der Glücklichen Rettung« geben; aus Geldgier und nur gegen »Geschenke«, vermuten andere, die sich zu erinnern glauben, daß die Korruption erst mit der Ankunft Teresas begonnen hat. Die meisten ihrer Zeitgenossen schließlich nehmen an, daß sie sich als gute Kurtisane von Zeit zu Zeit auch »gratis« hingegeben hat – einfach aus einer Laune heraus, ohne recht zu wissen, weshalb – und daß diese altruistischen Anwandlungen mit bezahlten Liebesdiensten abwechselten.

Da Tallien nicht gut den wahren Grund für seine plötzliche Nachsicht zugeben kann, führt er zur Erklärung seine Güte und die politische Vernunft an. Es ist ihm gelungen, auch Ysabeau auf seine Seite zu ziehen, der zwar nicht im Besitz von Teresas Gunst ist, aber dennoch entdeckt hat, daß ein wenig Nachgiebigkeit das Leben in vielem angenehmer macht. Die örtliche Bourgeoisie, die die revolutionäre Strenge der beiden Volksvertreter bereits wanken sieht, zeigt sich nämlich sehr aufmerksam: Sie lädt sie zu üppigen Gelagen, schmeichelt ihnen bei jeder Gelegenheit und behandelt sie auch sonst mit äußerster Zuvorkommenheit. So sind sie im Schloß der steinreichen Brüder Raba gerngesehene Gäste.

Der Vorsitzende der Militärkommission, Jean-Baptiste Lacombe, wird manchmal mit ihnen zusammen eingeladen. Aus dem langgezogenen, hohlwangigen Gesicht des fünfunddreißigjährigen ehemaligen Schulmeisters scheinen Neid und Mißgunst zu sprechen. Seine eifrig bewiesene – echte oder gespielte – Begeisterung für die Bergpartei und eine auf billigen Effekten beruhende Redekunst haben ihm diesen Posten eingetragen, als nach der Rückeroberung der Stadt eine Militärkommission als natürliche Ergänzung der Militärregierung eingesetzt wurde. Als Sondergerichtsbarkeit ist die Militärkommission befugt, die zuvor aufgrund der Ächtungsgesetze – die Aufständische und Emigranten betreffen – ausgesprochenen Todesurteile unverzüglich zur Vollstreckung zu bringen. Da ihre Aufgaben nicht genau definiert wurden, richtet sie wie ein Kriegsgericht im Schnellverfahren alle der Konterrevolution schuldigen oder auch nur verdächtigten Personen.

In Bordeaux schafft die Kommission die Voraussetzung dafür, daß die Guillotine gut versorgt wird. Um Lacombe einige Angeschuldigte zu entreißen, ist auch Teresa Cabarrus – deren Wohnung man jetzt das »Büro der Gnade« nennt – mit Lacombe in Verbindung getreten. Hat sie sich ihm hingegeben? Das ist durchaus möglich, denn als Lacombe später seine Pflichtverletzungen gesteht, nennt er zwar die Namen seiner Komplizen – er hofft, sich dadurch zu entlasten –, nicht aber den Teresas. Anscheinend hat sie also nicht das Geld mit ihm geteilt, das sie für ihre Dienste erhält, sondern ihn auf andere Weise entlohnt; Lacombe jedenfalls verspürt nicht das Bedürfnis, während seines Prozesses auf die Art der Bezahlung näher einzugehen.

Die Korruption ist eine fast automatische Folge des blind wütenden Terrors. Die völlig von der Politik beherrschte Justiz wird von ihren Vertretern nicht mehr respektiert; sie machen sie zu einem Geschäft. Lacombe wird später vor seinen Richtern einen Satz aussprechen, der die absurde Logik mancher Handlanger der Schreckensherrschaft zeigt: »Es stimmt, daß ich einige Angeklagte gegen Geld vor dem Schafott gerettet habe, aber ich habe damit die Republik nicht verraten, denn man hatte ihnen nichts vorzuwerfen.« Der Geist der Mäßigung, der sich seit Anfang 1794 in Bordeaux bemerkbar macht, hat einen üblen Beigeschmack; selten leitet ihn ein ehrenwertes Motiv. Tallien erklärt den Belagerungszustand für beendet und löst die Militärregierung auf. Keine voreiligen Schlüsse: Er möchte nur die Abreise des Generals Brune erreichen, der sich allzu eifrig um Teresa bemüht, die ihrerseits eine Schwäche für Uniformen zu haben scheint ...

Tallien muß indes seinem Rivalen bald nach Paris folgen. Der Wohlfahrtsausschuß, dem wahrscheinlich einige ungünstige Berichte über das Verhalten des Volksvertreters in Mission vorliegen, beruft ihn zurück. Nicht etwa, um ihn zu tadeln. Dieser Mühe unterzieht man sich nicht mehr. Man empfängt Tallien vielmehr gleichgültig, fast ohne ein Wort der Begrüßung, so, als habe er aufgehört zu existieren. Jeder ist beschäftigt, sehr in Eile oder muß gerade zu einer äußerst wichtigen Sitzung; Robespierre ist nicht greifbar, und Tallien fühlt sich in den Vorzimmern, in denen ein lebhaftes Kommen und Gehen herrscht, herumgestoßen. Er weiß, was dies bedeutet: Morgen oder übermorgen wird einer dieser Männer, die nun abwesenden Blickes an ihm vorübergehen, bei ihm stehenbleiben, so, als ob er sich erst jetzt an ihn erinnere, ihn bei den Schultern nehmen und ihn zu einem jener dunklen Gerichtssäle führen, die man nur verläßt, um zum Schafott zu gehen.

In Bordeaux bleibt Ysabeau als alleiniger Herrscher der Stadt zurück. Obwohl seine Nachgiebigkeit keine Gründe hat, über die er wirklich erröten müßte, wird sein Handeln mehr vom Streben nach Popularität als nach Gerechtigkeit bestimmt. Ysabeau möchte die Militärkommission abschaffen, für die nach der Auflösung der Militärregierung keine Rechtsgrundlage mehr besteht, aber der Wohlfahrtsausschuß in Paris entspricht dieser Bitte nicht und fordert Ysabeau sogar auf, mehr Härte und Entschlossenheit zu zeigen. Die gleichen Instruktionen bekommt auch Lacombe, dessen Amtspflichtsverletzungen zu diesem Zeitpunkt noch nicht bekannt sind. Dies ist die Lage in der Stadt, als Marc-Antoine am 1. April 1794 dort eintrifft.

Schon nach wenigen Stunden hat er festgestellt, daß die republikanischen Tugenden und der revolutionäre Geist in hohem Maße abhanden gekommen sind. Schon das Straßenbild deutet darauf hin: Zumindest das Zentrum der Stadt wird ganz von den Stutzern mit ihrem auffälligen Aussehen beherrscht. Ihre Kleidung, ihr Verhalten und ihre anspielungsreichen Reden stellen seit der Herrschaft der jakobinischen Partei eine Art Widerstand oder, besser gesagt, eine Herausforderung dar, die die von der Revolution gepredigte Schlichtheit possenhaft ins Gegenteil verkehrt. Die konterrevolutionäre Einstellung dieser Jugendlichen, die sich aus der Bourgeoisie rekrutieren, drückt sich in provozierendem Benehmen, auffälliger Kleidung und einer affektierten Sprache aus. Die Stutzer – von ihren Landsleuten »Muscadins« genannt – verdanken ihren Namen dem Parfüm, das sie verschwenderisch benutzen. Mit ihren extravaganten Westen, ihren gedrechselten Spazierstöcken und ihren riesengroßen

Krawatten, die das Kinn fast völlig verdecken, geben sie zu verstehen, daß sie nichts halten von den Sitten und Geboten dieser Republik von Flickschustern, die sich pathetisch auf Sparta beruft. Ihre Respektlosigkeit richtet sich indes beileibe nicht gegen alles und jedes. Hinter ihren Albernheiten verbirgt sich Royalismus. Auch sollte man sich von ihrem weiblich-koketten Äußeren nicht täuschen lassen: Mit ihren schweren Stöcken können sie sich sehr schnell in bewaffnete Ritter verwandeln; man wird dies nach dem 9. Thermidor sehen, wenn sie Jagd auf die Jakobiner machen werden.

Diese jungen Leute, die die Eleganz bis zur Groteske übersteigern – »wie zum Hohn auf die Armut des Volkes«, wie die tugendhaft entrüsteten Republikaner sagen –, sind die mobile Hausmacht des Großbürgertums, die Störtrupps der besitzenden Klasse, die gegen die Revolution einen heimtückischen Krieg führt. Die Maskerade der Stutzer an sich ist ohne Bedeutung; Marc-Antoine hat schnell erkannt, daß sie nur das äußere Zeichen dafür ist, daß der Großhandel, die Banken und das Geld dabei sind, Bordeaux zurückzuerobern. Ursache ist ganz offensichtlich die Korruption oder, mit anderen Worten, die Schwäche der Amtspersonen. Marc-Antoine hält sich deshalb von den Vertretern des Staates fern und beschließt, nur die Hilfe der Volksorganisationen in Anspruch zu nehmen.

Er verkehrt fast nur im »Club de la Ferraille«, wo sich die Ultrarevolutionäre versammeln, und im ebenfalls jakobinisch ausgerichteten Nationalklub, dessen Präsident er bald wird. Tallien und Ysabeau sind hier nicht beliebt; Marc-Antoine erfährt über die beiden Männer viele interessante Einzelheiten. Aber ebensowenig wie in den übrigen Städten beschränkt er sich darauf, zu informieren; er belehrt, er predigt auch. Im Nationalklub hält er eine Rede gegen die Nachgiebigkeit, die ihm später wegen einer bestimmten Passage vorgeworfen wird: »Raynal* hat gesagt: Eine Nation kann sich

* Guilleaume-Thomas-François Raynal, Historiker und Philosoph, zunächst Theoretiker der Revolution, am Ende seines Lebens Royalist (1713–1796).

nur durch ein Blutbad erneuern. Mirabeau hat gesagt: Die Freiheit kann nur auf einem Lager von Kadavern erstehen. Man sagt auch: Das Blut ist zur Schande der Nationen die Milch der erwachenden Freiheit . . . Ja, zur Schande der Nationen. Unsere Revolution beweist uns täglich mehr, wie wahr das politische Axiom von Raynal und Mirabeau ist.« Man kann in diesen Worten eine Verherrlichung des Terrors sehen, aber auch die eher betrübte Feststellung (»zur Schande der Nationen«, wie Marc-Antoine betont) einer historischen Wahrheit, die die Menschheit immer wieder aufs neue bestätigt.

Aber Marc-Antoine spricht diese Worte zu einem Zeitpunkt aus, da sie die Hinrichtung Dantons und seiner Freunde Camille Desmoulins, Fabre d'Eglantine und Hérault de Séchelles zu rechtfertigen scheinen wollen (6. April 1794). Haben diese Männer die Freiheit bedroht? Die Antwort muß lauten: Nein. Mit ihrem Sinn für Geld und ihrer Neigung zum leichten Leben haben sie höchstens die Reinheit der Republik bedroht; aber das darf nicht so viel Blut kosten. Wenn Marc-Antoine an die Opfer erinnert, die von der Liebe zur Freiheit gefordert werden, ist dies nur das Eingeständnis, daß keine wirklichen Anklagen gegen sie vorgebracht werden konnten. Nicht nur die Freiheit ersteht auf einem Lager von Kadavern: auch die Diktatur.

Ysabeau, der als ehemaliger Oratorianer gelernt hat, seine Gefühle zu verbergen, hat den jungen Gesandten des Wohlfahrtsausschusses mit republikanischer Herzlichkeit empfangen. Die Rückberufung Carriers hatte große Unruhe ausgelöst, und Ysabeau weiß sehr genau, daß Marc-Antoine Robespierre über seine Beobachtungen und Erkenntnisse informieren wird. Er bemüht sich deshalb, seine Sympathie zu erringen. Aber Marc-Antoine, wie immer darauf bedacht, keine Mißverständnisse aufkommen zu lassen, geht ihm aus dem Weg. Er verbringt seine Zeit im »Club de la Ferraille«, dessen Mitglieder sich in einem Gasthaus in Bruges, einem kleinen Ort in unmittelbarer Nähe von Bordeaux, oder bei einem gewissen Lanes, dem Besitzer eines Speiselokals an der

Porte Dijeaux, treffen, und führt mit ihnen lange Besprechungen. Diese Unterredungen, mit denen Marc-Antoine anscheinend alle Winkel des Lebens von Bordeaux ausleuchten möchte, bereiten Ysabeau große Sorgen. Sie würden auch Tallien beunruhigen, wenn er noch in Bordeaux wäre, und ängstigen auch Teresa, seine Mätresse; sie möchte ihrem Liebhaber nach Paris folgen, sobald seine Situation sich dort geklärt hat – zum Guten, versteht sich.

Zuvor jedoch muß sie unbedingt Marc-Antoine Jullien für sich gewinnen. Die Neugierde des unbequemen jungen Mannes bedroht nicht nur die sowieso schon gefährdete Sicherheit ihres Galans, sondern auch ihre eigene. Sie ist Marc-Antoine noch nie begegnet, und erst nach geschickten Manövern ihrerseits ist es soweit, daß er eine Einladung zum Abendessen bei einem der wenigen untadeligen Republikaner von Bordeaux annimmt, der gleichzeitig zur Bourgeoisie gehört. Das Diner findet in einem Landhaus statt, und Teresa hat es so arrangiert, daß sie den Platz neben Marc-Antoine erhält. Sie trägt schon jetzt – als eine der ersten – ein langes Kleid in jener Machart, die als »Empire« bekannt wird und bis zum Ende der Regierungszeit Napoleons I. groß in Mode bleibt: eine Art Tunika im griechischen Stil aus hauchdünnem, leichtem Stoff. Der Erfolg dieser Robe ist wahrscheinlich darauf zurückzuführen, daß sie eine perfekte Ergänzung der weiblichen Koketterie darstellt: Die Körperformen der Trägerin sind deutlich erkennbar, sobald diese sich bewegt, verschwinden jedoch einen Augenblick später, wenn sie stehenbleibt, hinter dem geraden, strengen Faltenwurf. Aber sobald der feine, fast durchsichtige Stoff sich bei einer neuen Bewegung verschiebt, zeichnen sich Brust, Bauch und Schenkel der Trägerin plastisch ab, und sie erscheint wie nackt. Die Illusion vergeht jedoch ebenso schnell, wie sie entstanden ist, denn schon hat die Frau sich entfernt oder verharrt unbeweglich. Schamhaft in ihren undurchdringlichen Schleier gehüllt, schaut sie den Betrachter an, unschuldig oder überrascht. Es ist doch nichts passiert. Nie zuvor hat die Koketterie derart verführerische Möglichkeiten besessen.

Marc-Antoine wird später schreiben: »Sie stellt sich in Gewändern zur Schau, die abwechselnd griechisch, polnisch usw. sind und immer alle Blicke auf sich ziehen.« Was zumindest beweist, daß auch Marc-Antoine diesen Reizen gegenüber nicht unempfänglich ist. »Ich sah sie und mochte sie überhaupt nicht«, fügt er hinzu. »Einige galante Bemerkungen während unserer Unterhaltung waren die einzige Huldigung, die ich ihrer Schönheit erwies.« Dennoch trifft er nach dieser ersten Begegnung Teresa ziemlich oft wieder; sie weiß, daß sie ihn nicht gleichgültig gelassen hat (was immer er dazu sagen mag), und versucht natürlich nicht, ihm auszuweichen. »Ich sah sie mehrere Male wieder«, gesteht er. »Ich ging sehr oft ins Theater und besuchte sie in ihrer Loge.«

Marc-Antoine, zu dessen Aufgaben unter anderem die Erziehung des Volkes gehört und der sich nicht nur als Politiker, sondern auch als Schriftsteller sieht, denkt oft über die Rolle des Theaters in einer republikanischen Gesellschaft nach. Er möchte, daß es ausschließlich im Dienste des Staates steht. »Man muß die Theater entweder schließen oder sie für die Republik beschlagnahmen und ihnen nur erlauben, republikanische Stücke zu spielen, und das nur an Tagen, an denen der Volksklub keine Sitzungen abhält.« Diese Erklärungen erinnern an den Brief Jean-Jacques Rousseaus an d'Alembert: »Athen ist an der Theaterleidenschaft zugrunde gegangen ... Es ist nicht mehr viel von einer Republik zu halten, wenn deren Bürger zu Schöngeistern werden und sich damit beschäftigen, Verse zu schmieden und Stücke zu schreiben.«

Die Revolution hat nicht auf Marc-Antoine gewartet, um eine Reform des Theaters ins Auge zu fassen, die ihrer Sache dienen könnte. Seit vier Jahren gibt es neben dem traditionellen Repertoire neue Stücke von republikanischem Geist. Marie-Joseph Chénier hat von 1789 an eine zeitgemäße Theatergattung schaffen wollen, die »Nationaltragödie«. Sein Werk *Charles IX.* war keineswegs schlecht, aber seine Nachfolger sind ziemlich schnell in eine äußerst plumpe und naive politische Propaganda verfallen. Die Titel der Stücke sprechen für sich: *Die Völker und die Könige, Die Verbrechen des Feudalismus, Die große patriotische Familie* usw. Sogar eine Art Oper entstand: *Das republikanische Tugendfräulein*; die Musik stammt bemerkenswerterweise von Grétry, der schon für den König komponierte ...

Diesen zwar inhaltlich neuen, aber formal in der alten Tradition stehenden Stücken, die zudem im Dunkel geschlossener Säle, auf engen Bühnen und von berufsmäßigen Schauspielern aufgeführt werden, zieht Marc-Antoine ebenso wie Rousseau Volksfeste unter freiem Himmel vor, die alle Anwesenden einbeziehen: Lebende Bilder, patriotische Einakter oder bürgerliche Zeremonien gehören dazu. Als Beispiel führt er die von ihm entworfene Inszenierung einer republikanischen Hochzeit an: »Der Hochzeitszug nimmt seinen Ausgang vom Gemeindehaus. Das junge Paar ist von zwölf jungen Bürgerinnen umgeben, die die zwölf Monate des neuen Jahres [des Jahres nach dem republikanischen Kalender] darstellen. Ihre jeweils unterschiedlichen Gaben sollen darauf hinweisen, daß der Jahreskreis für das Paar eine Kette von glücklichen Tagen sein wird. Damit das Jahr vollständig wird [der republikanische Kalender zählt nur 360 Tage], werden die zusätzlichen fünf Tage von fünf Republikanerinnen symbolisiert, die mit den entsprechenden Insignien die Lehre, das Genie, die Arbeit, die Tugend und die Belohnungen verkörpern, usw.«

Bis diese Zeit der wahren Freuden anbricht, verbringt Marc-Antoine viele Abende im Theater, wo weiterhin die alten Stücke aufgeführt werden, die in Wirklichkeit – Marc-Antoine ist intelligent genug, sich dies einzugestehen – keine Bedrohung für die Republik bedeuten. Die Subversion – oder, wenn man so will, der Angriff auf die bestehende Ordnung – geht nicht von der Bühne aus, sondern vom Parkett. Die Theater sind nämlich zum Hauptbetätigungsfeld der Stutzer geworden. Die royalistische Clique nimmt jedes Stichwort, das gegen die Republik ausgelegt werden könnte, zum Anlaß, frenetisch Beifall zu klatschen. Eines Abends hört man während der Aufführung von Calderons *Das Leben ist ein*

Traum – ein Stück, das zum Nachdenken über die Nichtigkeit der Dinge dieser Welt anregt – verschiedentlich den Ruf »Es lebe der König!«. Einer der Störer, ein gewisser J. D. Arrouch, achtunddreißig Jahre alt, Seemann (die genauen Angaben machen den gewaltsamen Tod realistisch), wird festgenommen und drei Tage später guillotiniert.

»Eines Abends im Theater [berichtet Marc-Antoine] kam der kleine L. in meine Loge und sagte mir, daß Madame Cabarrus mich bäte, in ihre Loge zu kommen, daß sie allein sei und mich zu sprechen wünschte.« Teresa ist nervös. Sie hat schlechte Nachrichten aus Paris erhalten und sagt Marc-Antoine sofort, daß sie nicht im Theater wäre, wenn sie nicht gehofft hätte, ihn hier zu treffen. Tallien fühle sich allmählich vor einem Abgrund; der Haß Robespierres habe um ihn eine Leere geschaffen. Einsamkeit und Schweigen ersetzen fast den Richterspruch, und es fehlt nicht viel, daß man sich selbst den Tod geben würde. Welche Anklagen sind gegen Tallien vorgebracht worden? Welche erdrückenden Beweise hat der Wohlfahrtsausschuß in der Hand? Marc-Antoine antwortet, daß er darüber nicht informiert ist, und hält den prüfenden und einladenden Blicken der jungen Frau stand.

Tallien ist für sie ein guter Freund, und die gegen ihn erhobenen Anklagen quälen sie um so mehr, als sie auf sie selbst zurückfallen könnten. Wirft man Tallien vielleicht auch vor, sie freigelassen zu haben? Marc-Antoine fragt nach. Möchte sie einen persönlichen Ratschlag oder eine offizielle Stellungnahme? Teresa würde eine »offiziöse« Auskunft vorziehen. Ihr ist jetzt gleichgültig, daß Marc-Antoine es war, der Robespierre über die Umtriebe Talliens und seiner Mätresse in Bordeaux unterrichtet und damit die bereits vorliegenden Anklagen weiter erhärtet hat. Marc-Antoine kannte damals Teresa noch nicht und hat, wie er sagen würde, nur seine »Pflicht« getan. Teresa möchte, daß er sie vor der Gefahr warnt, in der sie sich befindet. Ihr forschender Blick wendet sich nicht von ihm ab (»eine schöne, aber schamlose Frau, die man ironisch die Königin des Tages nennt«, wird er später sagen). Er findet sie anziehend, verbirgt dies nicht, und aus Liebenswürdigkeit, als Gegenleistung für das Vergnügen, das sie ihm des öfteren mit ihrer Gegenwart geschenkt hat, zeigt dieser unberührte junge Mann, der nur der Republik gehört, einen Moment der Schwäche und sagt: »Sie sollten fliehen.«

Die junge Frau begreift, daß Marc-Antoine ihr eben alles gesagt hat, was sie wissen muß und was er ihr eigentlich gar nicht mitteilen dürfte. »Sie sollten fliehen« bedeutet, daß ihr Leben in Gefahr ist und daß der Wohlfahrtsausschuß schwerwiegende Vorwürfe gegen sie erhebt. Aber sie hat gleichzeitig verstanden, daß Marc-Antoine, der unbeugsame kleine Revolutionär, der bereits als Thronfolger Robespierres auftritt, gerade schwach geworden ist – wenn nicht gar bereit, ganz und gar die Waffen zu strecken.

»Fliehen wir doch zusammen«, antwortet Teresa in dem Tonfall, der zu dieser Art von Vorschlägen gehört. Und ohne seine Reaktion abzuwarten, fängt sie an, von Amerika zu sprechen, wohin man von Bordeaux aus leicht gelangen kann. Sie ist reich; sie kann sich, wenn nötig, ein ganzes Schiff einschließlich Mannschaft kaufen. Später, wenn der Terror nicht mehr »an der Tagesordnung ist«, könnte man ja nach Frankreich zurückkehren. Aber schon hat Marc-Antoine sich erhoben und schickt sich an, die Loge zu verlassen.

Versucht Teresa, ihn zurückzuhalten? Das verrät er uns nicht und Teresa erst recht nicht. Aber wir wissen, daß sie sich nicht gerne demütigen läßt. Sie ist eine mutige Frau, die viel aufs Spiel setzt; wenn sie verliert, schwört sie sich nur – man wird dies später sehen –, sich für die Anklagen und die soeben erlittene Erniedrigung zu rächen. Sie möchte nun nicht mehr in Bordeaux bleiben, denn Marc-Antoine könnte von diesem mißglückten Verführungs- oder besser Entführungsversuch etwas verlauten lassen. Und vor allem: Wie könnte sie es ertragen, ihn in dieser Stadt, wo ein zufälliges Zusammentreffen unvermeidlich ist, wiederzusehen? Sie beschließt, nach Paris zu reisen, wo sie sich im Bewußtsein ihrer Schönheit und Intelligenz schon verteidigen und durch ihr mutiges Auftreten beweisen wird, daß sie ihre Ankläger nicht fürchtet. Ysabeau wird ihr die nötigen Passierscheine besorgen, damit sie unbehindert die Hauptstadt erreichen kann.

Sind die Verfehlungen, die Tallien und Teresa vor der Ankunft Marc-Antoines in Bordeaux begangen haben, von diesem an den Wohlfahrtsausschuß und an Robespierre weitergeleitet worden? Dafür gibt es keine Beweise. Es ist gut möglich, daß Marc-Antoine von Mitgliedern des Wohlfahrtsausschusses von den Anklagepunkten gegen das Paar erfahren hat. Es war also nicht notwendig, daß er persönlich etwas aufdeckte, um die Lage des Paares zu kennen und Teresa zur Flucht zu raten.

In seinen Briefen an den Wohlfahrtsausschuß stellt er die politische Lage in Bordeaux nämlich eher in rosigen Farben dar; er kündigt an, daß die »Erneuerung« der Stadt gute Fortschritte macht, obwohl die »Geschäftemacherei« noch nicht ganz ausgemerzt ist. Auch bliebe noch die Aufgabe, die flüchtigen Girondisten zu verhaften, die sich mit Sicherheit in der Region Libourne versteckt hielten. Tallien stand dieser Sache eher gleichgültig gegenüber, und Ysabeau hat die Suche nicht wiederaufgenommen. Er ist zu sehr mit seiner Popularität beschäftigt. Wenn sein Wagen auf der Straße vorbeifährt, rufen die Menschen: »Es lebe Ysabeau!« Marc-Antoine spricht von einem »wahren Götzendienst«. Aber er hält sich nicht mit diesen »Details« auf. Sein letzter Brief an Barère ist entschieden optimistisch und voll guter Laune: »Ich umarme Robespierre, Couthon und Saint-Just. Überall segnet man den Wohlfahrtsausschuß, und ich schätze mich glücklich, wenn auch aus der Ferne, an seinen Arbeiten teilnehmen zu dürfen.« In seiner Antwort teilt Barère ihm mit, daß seine Dienste in Paris benötigt werden, und am 24. April 1794 verläßt Marc-Antoine Bordeaux.

XIII
Der mächtige Gleichmacher

Nach mehrmonatiger Abwesenheit findet Marc-Antoine ein Paris wieder, aus dem alle Zeichen des revolutionären Fiebers der vergangenen fünf Jahre verschwunden sind. Die andauernden wirtschaftlichen Schwierigkeiten haben dazu geführt, daß das Volk am politischen Leben kaum noch Anteil nimmt. Die Freiheit hat ihren Reiz verloren. »Aus und vorbei! Man ist unglücklicher als zuvor, denn für sein Geld bekommt man nichts. Man speist uns mit schönen Worten ab« (von G. Rudé und A. Soboul zitierte Äußerung eines Pariser Arbeiters). Das Gesetz über das »Maximum«, das Höchstgrenzen für Löhne und Preise festlegte, hat zwar die Löhne eingefroren – die Arbeitgeber haben hier ein Interesse daran, daß die gesetzlichen Bestimmungen eingehalten werden –, kann aber den Anstieg der schwer kontrollierbaren Preise nicht verhindern.

Die Entpolitisierung der Bevölkerung wird von der neuen Haltung der Regierung begünstigt, die es nicht mehr nötig hat, sich auf die »Macht der Straße« zu stützen. Die Demonstrationen des Volkes, die in gewisser Weise dem ungebärdigen Wesen der Jugend vergleichbar sind, führen, wenn sie über einen bestimmten Zeitpunkt hinaus fortgesetzt werden, zur Anarchie und schaden dann der Entwicklung des Staates. An die Stelle der spontanen Massenkundgebungen treten daher die großen Gedenkprozessionen, die – unter dem wachsamen Blick der Behörden, die den Ablauf bis ins kleinste geregelt haben – am Altar des Vaterlandes oder unter den Emblemen des Höchsten Wesens organisiert werden. Das Volk soll zwar weiterhin politisches Interesse bekunden; aber es soll seinen unkontrollierten Aktivismus zugunsten jener republikanischen Riten aufgeben, die von nun an in regelmäßigen Abständen seinen Glauben bekräftigen.

Zu den Ritualen, bei denen das Volk nicht nur stumm dabeisein, sondern möglichst tätig mitwirken soll, gehören vor allem die Akte der nationalen Erneuerung, der Säuberung, das heißt der Züchtigung der Feinde der Freiheit. Der lange Weg der zum Tode Verurteilten von ihrem Gefängnis bis zur Place de la Révolution (später bis zur Place du trône renversé*) macht viele Pariser gewollt oder ungewollt zu Zeugen der gespenstischen Zeremonie. Die Zurschaustellung der Opfer – die ihre Parallele in der mittelalterlichen Praxis findet, die Körper der Hingerichteten durch die Straßen der Stadt zu schleifen – soll das Volk unverbrüchlich mit der revolutionären Gerechtigkeit zusammenschweißen; denn schließlich hat es selbst durch seine Vertreter diese Menschen zu seinen Feinden erklärt und damit vernichtet. Möglichst lautes, höhnisches Rachegeschrei beim Vorbeifahren der Karren ist daher erwünscht – wobei nicht ganz sicher ist, ob es nicht manchmal vorher in den Sektionen bestellt wurde ...

Mit ihren Prozessionen, ihren mehr und mehr esoterischen Riten, die um Pyramiden aus Pappmaché oder rauchenden Urnen zu Ehren einer unbestimmt bleibenden Göttin der Vernunft in Szene gesetzt werden, mit ihren öffentlichen Hinrichtungen, die jetzt fast jeden Tag die ganze Stadt vom Rollen der Karren auf dem Pflaster widerhallen lassen, dem dann plötzlich die große Stille der auf der Place de la Révolution versammelten Menschen folgt, erinnert die Revolution ein wenig an die präkolumbianischen Zivilisationen, in denen einmütige Völker in mystischen Ritualen die Wahrheit der Welt durch Menschenopfer zu ergründen suchten.

Im Jahr 1794 ersetzt die republikanische – oder besser robespierristische – Liturgie in zunehmendem Maße die direkte

---

* Die »Barrière du trône« (deutsch: Stadttor des Thrones) war nach dem 10. August 1792 in »Place du Trône renversé« (deutsch: »Platz des gestürzten Thrones«) umbenannt worden; das Schafott wird im Sommer 1794 dorthin verlegt.

Demokratie. Die Sektionen, ursprünglich Heimstätten der volkstümlichen Agitation, verschwinden zum Teil; einige beschließen auf implizite Aufforderung durch den Wohlfahrtsausschuß hin ihre eigene Auflösung, um ein Beispiel zu geben. Dieser ist von nun an der einzige Machtfaktor, denn der Konvent beschränkt sich darauf, die ihm vorgelegten Projekte widerspruchslos zu verabschieden. Robespierre und seine vier nächsten Mitarbeiter Saint-Just, Couthon, Barère und Collot d'Herbois regieren Frankreich allein – ohne im übrigen vorzugeben, nach demokratischen Regeln zu verfahren. Sie geben zu verstehen, daß der Krieg an den Grenzen, der Bürgerkrieg in der Vendée und die wirtschaftlichen Schwierigkeiten es erforderlich machen, die Macht vorübergehend in einigen wenigen Händen zu konzentrieren. Die von ihnen ausgeübte kollegiale Diktatur, in der in Wirklichkeit die Rolle Robespierres immer überragender wird, soll mit dem Friedensschluß enden. Bis dahin bietet Paris, wo »Entsetzen und Entmutigung sich sogar bei einem Teil der Sansculotten ausgebreitet haben« (Mallet du Pan), ein so düsteres Bild wie selten.

Bei seinen Eltern in der Rue Saint-Jacques spürt Marc-Antoine die gleiche, fast depressive Resignation wie in den Straßen der Hauptstadt. Die Hinrichtung der Anhänger Dantons, von denen einige wie Hérault de Séchelles seine Freunde waren, ist Jullien sehr nahe gegangen. Um möglichst wenig mit der terroristischen Politik seiner Partei in Verbindung gebracht zu werden, hat er sich seit einiger Zeit im Konvent in landwirtschaftliche Fragen vergraben, die einem Mann, der einen Großteil seines Lebens in einem kleinen Marktflecken der Dauphiné verbracht hat, nur allzu vertraut sind. Obwohl er einer der entschiedensten Befürworter der Verurteilung Ludwigs XVI. war und weiterhin seinen Platz bei den überzeugtesten Montagnards hat, ist er über die immer schneller arbeitende Todesmaschine, die durch die Schreckensherrschaft in Gang gesetzt wurde, zutiefst beunruhigt. Betroffen stellt er fest, daß Marc-Antoine nicht mehr nur Aufgaben der Überwachung, sondern zunehmend auch solche der Unterdrückung wahrnehmen muß, und hat sich bemüht, seine Rückberufung nach Paris und seine Verwendung auf einem anderen Posten zu erreichen.

Diese Versetzung, die wahrscheinlich von Barère bewilligt wurde – er war immer ärgerlich, die Berichte Marc-Antoines nicht als erster erhalten zu haben –, wird der Aufmerksamkeit des »Unbestechlichen« entgangen sein. Er ist von Arbeit und Sorgen überhäuft und fühlt sich von tausend Ränken bedroht. An Marc-Antoine denkt er um so weniger, als sein Schützling ihm kaum noch schreibt. »Ich habe Dir lange nicht geschrieben, mein guter Freund«, schreibt dieser in seinem letzten Brief vom 20. April 1794, »weil ich Dich sehr beschäftigt glaubte [tatsächlich hat Robespierre soeben Danton und seine Anhänger aufs Schafott geschickt, was, wie die Folgezeit beweisen wird, politisch keine ›Kleinigkeit‹ war] und ich Dir nichts Interessantes zu sagen hatte.« Die übliche Ausrede: Marc-Antoine beginnt bereits, sich von Robespierre zurückzuziehen.

Jullien und Rosalie sehen in der Rückberufung ihres Sohnes einen Umstand, der einmal sein Glück bedeuten könnte. Man spürt, daß die Schreckensherrschaft durch ihre Exzesse ein Umschlagen der Situation in naher oder ferner Zukunft unausweichlich macht; sie ist für die, die sie ausüben, genauso fürchterlich geworden wie für ihre Opfer. Rosalie hat als erste die Rückkehr Marc-Antoines und seine Versetzung befürwortet. Die Erfolge ihres Sohnes, der mit achtzehn Jahren zum Privatagenten des Mannes geworden war, der Frankreich regiert, hat sie zunächst mit Freude und Stolz erfüllt. Man wird sich an ihre Zeilen erinnern: »Ich habe Dir das Leben gegeben; Du aber gibst mir Ruhm und Glück.«

Aber sie hat bald erkennen müssen, daß die Errichtung der Schreckensherrschaft zu einer Inflation offizieller Titel geführt hat; ein Beamter ist nicht mehr nur Staatsdiener, sondern wird zu einem Verteidiger des politischen Dogmas; wer administrative Funktionen ausübt, besitzt alle Vollmachten eines Richters. Dies alles bleibt ohne große moralische Konsequenzen und belastet das Gewissen nicht allzusehr, solange nur Aristokraten, eidverweigernde Priester und Spekulanten, das heißt die natürlichen Feinde der Revolution, betroffen sind. Wenn aber jetzt die verschiedenen Parteien – oder besser politischen Richtungen – angegriffen werden, ist es schwer, zu entscheiden, ob die revolutionäre Gerechtigkeit im Namen und Interesse des Volkes ausgeübt wird oder ob sie lediglich dem Ehrgeiz Robespierres dient.

Rosalie Jullien, die glühende Anhängerin der Revolution, die von ihrer politischen Leidenschaft sogar so verblendet war, daß sie – wenn auch nur zögernd – die Septembermassaker billigte und später über die Hinrichtung des Königs eine kaum verhohlene Freude zeigte, hat die Auseinandersetzungen der Revolutionäre untereinander stets abgelehnt. Als Robespierre mit seinen Angriffen auf Pétion begann, schrieb sie: »Die Nummer der Zeitung Robespierres, in der er so geschickt alle Register zieht, um Pétion niederzuschmettern, hat mich wirklich bekümmert. Wenn Robespierre mein Mann oder mein Sohn gewesen wäre, hätte ich mich ihm zu Füßen geworfen, um die Opferung dieses Denkmals der Rache zu erlangen« (was in der Alltagssprache bedeutet: damit er darauf verzichtet, sich zu rächen). Im Mai 1794 ist es dafür noch nicht zu spät. Vor allem, weil Robespierre und Marc-Antoine in gewisser Hinsicht, wie sie es sich erträumte, nur ein und dieselbe Person sind.

Aber nein! Die enge Zusammenarbeit zwischen den beiden Männern scheint ihrem Ende zuzugehen. Nach seiner Ankunft in Paris wird Marc-Antoine zum Beigeordneten des Exekutivausschusses für das Unterrichtswesen ernannt. Sie ist eine von zwölf neu geschaffenen Ausschüssen, die die Stelle der alten Ministerien einnehmen. Geleitet wird sie von Payan dem Älteren, einem Mann von fünfunddreißig Jahren, der ehedem Rat am Rechnungshof von Grenoble und später Bürgermeister dieser Stadt war; außer Marc-Antoine ist ihm ein gewisser Fourcade beigeordnet. Da Payan den Rang eines Ministers besitzt, entspricht die Stellung seiner Beigeordneten ungefähr der eines heutigen Staatssekretärs. Für Marc-Antoine ist dies eine Beförderung, auf die ein junger

Mann von neunzehn Jahren niemals zu hoffen gewagt hätte; sie ist selbst für diese revolutionäre Zeit, in der man früh mit der Politik beginnt und oft nicht dazu kommt, alt zu werden, außergewöhnlich. Trotzdem scheinen seine Funktionen im Vergleich zu denen, die er kurz zuvor als Privatagent Robespierres ausübte, eher gering. Damals unterstützte er auf seine Art den Mann, der das Schicksal Frankreichs in Händen hält. Jetzt ist er ganz einfach »in der Verwaltung«.

Seine Ernennung ist wie alle dieser Art auf Vorschlag des Wohlfahrtsausschusses vom Konvent beschlossen worden. Nicht auf Vorschlag Robespierres, der anscheinend vorgezogen hätte, daß Marc-Antoine in seinen Diensten bleibt, sondern auf den von Barère. Durch die schmeichelhafte Beförderung ist es diesem gelungen, Marc-Antoine vollständig von seinem Beschützer zu trennen, denn der »Unbestechliche« kümmert sich im Moment kaum um das Unterrichtswesen. Als gelehriger Revolutionär scheint Marc-Antoine glücklich, einen Posten zu bekleiden, der seinen Neigungen entspricht. Eine Beschäftigung in Paris erlaubt ihm zudem, die Beziehungen wiederaufzunehmen, die er vor zwei Jahren bei seiner Abreise nach England abbrechen mußte.

So trifft er Clémentine Clément de Ris wieder, deren Vater, Dominique Clément de Ris – ein sehr gebildeter, in Erziehungsfragen bewanderter und natürlich republikanisch gesinnter Mann –, ein alter Freund seines Vaters ist. Marc-Antoine endeckt an Fräulein Clémentine neue Reize und schlägt ihr ohne Umschweife vor, zu heiraten. Das junge Mädchen ist einverstanden. Die Eltern sind hoch erfreut. Die Festlichkeit wird auf das Ende des Monats festgelegt. Die Eile ist nicht weiter erstaunlich: Seit dem Beginn der Revolution wird oft und schnell geheiratet. Alle unruhigen Zeiten kennen dieses Phänomen, das durch den nun schon zwei Jahre andauernden Krieg verstärkt wird. Ein junges Mädchen kann seinen Verlobten nicht nur mit schönen Versprechungen in den Tod gehen lassen. Wenn man von vornherein ein Schicksal als Witwe in Betracht zieht, gewinnt die eigene Hingabe nur um so mehr an Wert.

Die Schreckensherrschaft, in der schon das Leben des einzelnen oft von Zufälligkeiten abhängig ist, hält für Eheleute zudem Gefahren besonderer Art bereit: Bei politischen Prozessen neigen die Richter dazu, die Ehegatten, in denen immer Komplizen vermutet werden, gleich mit zu verurteilen. Eine Heirat bedeutet so häufig die Entscheidung, bis zum Schafott vereint zu sein, ist eine letzte, äußerste Liebesprobe, eine Garantie gegen Einsamkeit in Verzweiflung und Tod. »Die Macht des Todes war eine eilfertige Kupplerin«, wird Michelet sagen, der der Erotik gern einen nekrophilen Charakter zuschreibt. Es ist nur natürlich, daß junge Männer und Frauen, die vom Tod bedroht sind, sich mit mehr Begeisterung als gewöhnlich den Freuden der Liebe in die Arme werfen – kurze Augenblicke einer verlöschenden Wirklichkeit, die sie mit dem endgültigen Vergessen vertraut machen. Da die Revolution in bezug auf die Sitten empfindlich ist (die Ausschweifung gilt als aristokratisch), heiratet man oft, um in Ehren beisammen sein zu können.

Die bevorstehende Hochzeit Marc-Antoines beruhigt Jullien und Rosalie, denn sie kann nur dazu beitragen, ihren Sohn dem direkten Einfluß Robespierres zu entziehen. Vor allem Rosalie hat mit weiblichem Scharfblick gleich erkannt, daß der »Unbestechliche« die Sinnlichkeit ablehnt, was ohne Zweifel von seinen natürlichen Anlagen und seiner Erziehung herrührt und sein Verhalten im privaten wie im politischen Bereich bestimmt. Die Sublimierung der Sexualität soll das, was man später den Willen zur Macht nennen wird, verstärken. Robespierre verlangt die von ihm vorgelebte Sittenstrenge auch von all jenen, an deren Mitarbeit ihm gelegen ist und denen er einen Teil seiner Macht überträgt.

Wenn er vor der Revolution oder zu ihrem Beginn Beziehungen zu Frauen gehabt haben sollte, so lebt er doch seitdem enthaltsam und verachtet alle materiellen Annehmlichkeiten des Lebens. Saint-Just, der angeblich wegen seiner Schönheit ein Frauenliebling war, bevor er ins politische Leben eintrat, wie man in einen Orden eintritt, ahmt Robespierre in jeder Beziehung nach. »Die Revolution ist eingefroren«, stellt er eines Tages fest und bedauert dabei, daß die Begeisterung, die das Volk bis 1793 erfüllte, verschwunden ist. Sein Privatleben gibt diesem Satz einen etwas anderen Sinn, der jedoch letztendlich auch die politische Situation widerspiegelt: Die Revolution wird nun von Puritanern geleitet. Der Terror, ein kalter Akt, entehrt sie noch mehr als die spontanen Massaker (die insgesamt auch weniger Opfer hatten).

Durch die Heirat wird Marc-Antoine, dessen Enthaltsamkeit von keinem gelegentlichen Abenteuer unterbrochen wird, zum Teil dem lebensfremden Asketismus entgehen, den der »Unbestechliche« in seiner direkten Umgebung propagiert; er wird bei einer jungen Frau die Nachsicht mit der ganzen Welt erfahren, die nur eine tiefe, auch körperlich erfüllte Liebe vermitteln kann; er wird wieder seine tiefinnere Natur sprechen lassen, in der Träume, Zweifel und eine kindliche Schwäche überwiegen; er wird, mit einem Wort, wieder »der gute Jules« von Pizançon werden. Nicht zuletzt aus diesen Überlegungen heraus wird Rosalie den baldigen Eintritt der jungen Clémentine Clément de Ris – oder kurz und republikanisch einfach Ris – in die Familie gesegnet haben.

Die Vorrechte seiner neuen Stellung nutzend, läßt Marc-Antoine seinen zukünftigen Schwiegervater zum Abteilungsleiter im Ausschuß für das Unterrichtswesen ernennen. Hier von Nepotismus zu sprechen wäre nicht ganz richtig, denn Clément de Ris ist für diesen Posten durchaus qualifiziert und wird vor allem als Begründer der Lehrerbildungsanstalten bekannt werden. Ganz abgesehen davon ist es in dieser Zeit nur ratsam, in einer Verwaltung unterzukommen, deren Aktivitäten sich einerseits nicht direkt auf den politischen Kampf beziehen und in der man andererseits nicht verdächtigt werden kann, gegen die Revolution zu arbeiten. Im Ausschuß für Unterrichtswesen entgeht man den ideologischen Auseinandersetzungen um so eher, als im Moment lediglich die Strukturen eines Basisunterrichts für jedermann ausgearbeitet werden und man noch weit davon entfernt ist, irgendwelche Bestimmungen im Detail festzulegen.

Den versteckten Anregungen seiner Eltern folgend und das Beispiel seines zukünftigen Schwiegervaters vor Augen, könnte Marc-Antoine sich völlig auf sein neues Aufgabengebiet konzentrieren; er könnte die Politik beiseite lassen und brauchte ob dieser Untätigkeit noch nicht einmal ein schlechtes Gewissen zu haben, denn schließlich ist das Unterrichtswesen höchst wichtig für die Nation. Die angenehmen Pflichten eines Verlobten würden genügen, die ihm verbleibende restliche Zeit auszufüllen. Aber wie soll er sich von Robespierre entfernen, ohne den Anschein zu erwecken, er stünde ihm feindlich gegenüber, und ohne sich dadurch verdächtig zu machen? Außerdem hat Marc-Antoine gar keine rechte Lust, seinen »großen Mann« nicht mehr zu sehen – obwohl dieser beginnt, ihn zu beunruhigen. Auch wenn er ihn eines Tages hassen sollte, wird er immer noch von ihm fasziniert sein.

Robespierre ist zwar autoritär, beteiligt aber doch seine Mitarbeiter aufs engste an seinen Projekten. Er akzeptiert ihre Bemerkungen, Vorschläge und Kritiken in dem Bewußtsein, daß seine Meinung sich letzten Endes durchsetzen wird; es ist gar nicht anders möglich, denn – dessen ist er gewiß – sie ist einfach die bessere. Er ist bemerkenswert intelligent, bestens informiert über die Situation im Land und mit einer soliden Dialektik begabt – kurzum: Er überzeugt. Er bemüht sich, nicht despotisch zu erscheinen, und schafft damit die gefährlich verführerische Gestalt des republikanischen Diktators.

In diesem Sinne verlaufen denn auch die offenen Diskussionen über die offizielle Proklamation des Höchsten Wesens, an der auch Marc-Antoine teilnimmt. Der Vorschlag stammt von Robespierre, der ihn zunächst seinen Freunden von der Bergpartei vorträgt; er soll anschließend dem Konvent vorgelegt werden, der ihn ohne Zweifel annehmen und aus ihm einen Punkt des republikanischen Glaubensbekenntnisses machen wird. Der antireligiöse Kampf hatte zwar zunächst nützliche Auswirkungen – er verringerte den Einfluß des mehrheitlich royalistischen Klerus und brach die Macht des Aberglaubens –, läuft aber durch seine Auswüchse nun Gefahr, einen Teil der Bevölkerung in den Schoß der Kirche zurückzutreiben. Robespierre hält es deshalb für ratsam, der Revolution wieder eine positive Ausrichtung zu geben, die auch den Glauben an ein Jenseits mit einschließt.

In einem von Kirchtürmen übersäten Land, das fünfzehn Jahrhunderte Christentum hinter sich hat, wird man niemals den Atheismus durchsetzen können, ohne einen religiösen Widerstand auszulösen, der, wie der Krieg in der Vendée beweist, der beste Nährboden für die politische Subversion ist. Man hat daher Jean-Jacques Rousseau und einigen anderen Autoren die Elemente einer Konzeption des Universums entlehnt, die auf die quälenden Fragen des Menschen nach dem Urgrund des Seins eine Antwort geben soll. Der Begriff »Höchstes Wesen« hat den Vorteil, auf sehr unbestimmte Weise zum einen ein unzerstörbares vitales Prinzip zu bezeichnen, das in der Natur und im Menschen gegenwärtig ist; zum anderen deutet er auf einen nur vage personalisierten Vertreter dieses Prinzips hin, eine Wesenheit, in der man, um die üblichen Worte zu gebrauchen, einen Gott sehen kann.

Aber dieser Gott bleibt mit Absicht gesichts- und konturenlos, und die offiziell verkündete Unsterblichkeit der Seele muß sich im Nirgendwo befinden. Der Begriff des Höchsten Wesens ist so diffus, daß es oft mit Formeln beschworen wird, die seine Existenz verleugnen. So war es im gleichen Moment, in dem der Robespierre völlig ergebene Wohlfahrtsausschuß erklärt, daß nicht alles im Menschen stirbt, notwendig, auf den Friedhofstoren der Schreckensherrschaft die Worte einzugravieren: »Der Tod ist ein ewiger Schlaf.« Wenn man gezwungen ist, viele Menschen umzubringen, ist das alles in allem eine eher beruhigende Vorstellung ...

Robespierre hat um den Begriff des Höchsten Wesens einen Text drapiert, der nicht gerade nach echter Überzeugung klingt. »Der Atheismus ist aristokratisch, die Vorstellung eines Gottes sozial und republikanisch.« Einhellig stimmen die anwesenden Freunde des »Unbestechlichen« dieser Formulierung zu, die ausgesprochen nichtssagend ist. Marc-Antoine indes glaubt, daß sich daraus ganz natürlich ein Gesetz ableitet, und schlägt vor, den Text durch folgenden Satz zu ergänzen: »Wer nicht an das Höchste Wesen glaubt, soll aus der Republik ausgestoßen werden.« »Nein«, entgegnet Robespierre, »so weit wollen wir nicht gehen. Diese Forderung soll eine literarische Idee Rousseaus bleiben.«

Rousseau hat tatsächlich eine solche Vorstellung geäußert, und zwar im *Gesellschaftsvertrag*, den Robespierre auswendig kennt. Ebenso wie Marc-Antoine, und das entschuldigt ihn: Er hat lediglich beweisen wollen, daß er unschlagbar ist, wenn es darum geht, Rousseau zu zitieren – was sicher auch eine Möglichkeit ist, Robespierre zu gefallen. Aber es handelt sich hier nur um eine kleine Sünde der Schulfuchserei.

An einem anderen Tag, Anfang Mai, hat er mit dem »Unbestechlichen« ein Gespräch unter vier Augen. In seinen Papieren wird er selbst das Wichtigste darüber berichten. Ohne Zweifel teilt er zunächst Robespierre mit (er sagt es nicht ausdrücklich, aber die Folge der Geschichte beweist es), was er in Bordeaux über die Umtriebe Talliens und Teresa Cabarrus' erfahren hat. Was Ysabeau betrifft, dessen Schuld weniger groß ist als die der beiden anderen, wird er wahrscheinlich (auch dies werden die späteren Ereignisse zeigen) die Anklagen erneuert haben, die er bereits in seinem Brief an den Wohlfahrtsausschuß erhoben hatte: Der Mann führt sich als Prokonsul auf, zeigt zuviel Nachsicht, um seine Popularität zu steigern, hat verdächtigen Umgang usw.

Die beiden Männer kommen dann auf die allgemeine Situation des Landes zu sprechen. Marc-Antoine bemerkt zu Robespierre: ». . . Vielleicht wäre der Konvent, wenn er in einem Moment erneuert würde, wo ganz Frankreich republikanisch ist, wo alle Departements republikanisch sind, ein sicheres Mittel, um die Revolution zu beenden und die Republik zu festigen. Die Verfassung könnte in Kraft gesetzt werden; verbrecherische Hoffnungen hätten keine Chance mehr; eine Rückkehr der Parteien wäre ausgeschlossen, und eine friedliche Regierung könnte den langen Schmerzen der revolutionären Krise folgen ... Viele Mitglieder des Konvents sind von den Missionen und einer langen Ausübung unbegrenzter Macht verbraucht; andere sind korrupt; ausgezeichnete Talente sind umgekommen. Der von zu häufigen Aderlässen erschöpfte politische Körper muß wieder gestärkt werden; es ist gefährlich, daß die Mitglieder der Regierungsausschüsse in Permanenz tagen; dies wird letztendlich den Konvent verärgern und die Waffe sein, mit der die Parteien die Mitglieder der Ausschüsse angreifen und ins Verderben stürzen werden, wodurch das Vaterland neuen Erschütterungen ausgesetzt wird.

Dreiundsiebzig Abgeordnete* liegen in Ketten. Sie sind noch nicht verurteilt; mit ihnen bietet sich die Möglichkeit zur Versöhnung mit einer Partei, die noch nicht besiegt ist. Ich glaube nicht an Gespenster, aber ich glaube an die Wechselfälle des Schicksals, und wer unter dem Eisen der Guillotine als Verschwörer umgekommen ist, wird ins Panthéon geführt werden. Bei einer Revolution muß man mit allem rechnen. Lassen Sie die inhaftierten Abgeordneten frei; sie sollen in ihre Departements zurückkehren; der Einspruch, den sie erhoben haben, kann als Grund für ihren Ausschluß aus der Versammlung dienen; die Männer werden nur allzu glücklich sein, dem Tode entronnen zu sein. Sie zerstören eine Partei, die wiederaufleben und Sie stürzen könnte; Sie machen sich sichere Freunde aus Männern, die Ihnen Leben und Freiheit verdanken. Sie können mit ihnen die Revolution beenden, und da die Ausgestoßenen selbst nicht mehr zu fürchten sind, setzen Sie einen Schlußpunkt unter die Ächtungen, die schließlich das Volk aufwiegeln werden.«

Robespierre hat schweigend zugehört; er denkt einen Augenblick nach und verwirft dann die Vorschläge Marc-Antoines. Ohne im geringsten an der Glaubwürdigkeit des Berichts zu zweifeln, wird der Ton Marc-Antoines wahrscheinlich weniger entschieden gewesen sein. Wer von uns, der aus

* Girondistische Abgeordnete.

einer wichtigen Besprechung kommt, verleiht sich nicht gerne guten Glaubens mehr Beredsamkeit und Eifer, als er tatsächlich gezeigt hat? Man berauscht sich schnell an seinen eigenen Worten. Nehmen wir also an, daß Marc-Antoine Robespierre gegenüber weniger Nachdruck gezeigt hat, als er angibt, und daß er insbesondere nicht zu diesem feierlichen »Sie« gegriffen hat, das nicht der in den Briefen zum Ausdruck kommenden Vertraulichkeit entspricht. Vom Frühjahr 1794 an bemüht sich Marc-Antoine, für unabhängiger von Robespierre zu gelten, als er tatsächlich ist. Auch andere Anhänger des »Unbestechlichen« beginnen nun, ihr Verhalten in dieser Weise zu ändern, erschrocken darüber, daß er gleichmäßigen Schrittes, ohne Glanz oder Gewalttat, unerbittlich der absoluten Macht entgegengeht. Der 9. Thermidor ist nicht das Werk eines Tages.

Wenn man Marc-Antoine Glauben schenkt, hat eine seiner Interventionen im Jakobinerklub ihm die frostigen Bemerkungen Robespierres eingetragen. Hat er auf der Tribüne des Klubs in der Rue Saint-Honoré die privat vorgebrachten Ratschläge wiederholt? Das Protokoll der Sitzung ist nicht mehr vorhanden. Wie dem auch sei, einige Tage später befiehlt der Wohlfahrtsausschuß Marc-Antoine, unverzüglich nach Bordeaux zurückzukehren.

Bestürzung bei Marc-Antoine, seiner Verlobten, allen Mitgliedern der Familie: Die Hochzeit muß auf ein Datum verschoben werden, das die ungewisse Zukunft nicht einmal festzulegen erlaubt. Marc-Antoine sieht in diesem neuen Auftrag, der seine Verwendung bei der Exekutivkommission für das Unterrichtswesen nicht in Frage stellt, eine von Robespierre veranlaßte Maßnahme, die ihn entfernen soll. Barère jedoch, bei dem Jullien sich über den neuen Auftrag seines Sohnes beklagt, stellt ihn als eine Gunst dar: »Sei still! Er muß sich glücklich schätzen, abreisen zu können. Er ist denunziert worden; die Offenheit seiner Reden wird ihn noch verderben.« (Marc-Antoine wird später zu verstehen geben, daß er öffentlich die Verurteilung Dantons und seiner Freunde mißbilligt hat.) Die Aussagen Barères stehen nicht unbedingt im Widerspruch zu dem, was Marc-Antoine denkt: Robespierre kann seine Abreise nach Bordeaux gewünscht haben, um nicht gegen ihn vorgehen zu müssen. Für Robespierre ist es wichtig, Paris – das heißt den Konvent – zu beherrschen. Den in die Provinzen entsandten Agenten kann er, sofern sie die erhaltenen Befehle ausführen, durchaus einige Freiheiten zugestehen. Wenn sie zu viel Unabhängigkeit zeigen, ruft der Ausschuß sie zurück, wie er es soeben mit mehreren Konventsbeauftragten getan hat. Schließlich – und die ganze Angelegenheit scheint sich darauf zu beschränken – ist Robespierre intelligent genug, um einen so überzeugten und ergebenen Revolutionär wie Marc-Antoine nicht wegen einiger sprachlicher Verirrungen fallenzulassen. Wenn er ihn nach Bordeaux schickt, dann deshalb, weil er weiterhin sein vollstes Vertrauen genießt und weiß, daß er diese »verdächtige« Stadt bestens kennt. Falls es sich tatsächlich um eine Verbannung gehandelt haben sollte, wäre es jedenfalls eine königliche gewesen, eine sehr ehrenvolle Art, jemanden »kaltzustellen«; denn noch nie hat Marc-Antoine so ausgedehnte Machtbefugnisse besessen.

Der vom Wohlfahrtsausschuß unterzeichnete Befehl besagt, daß er die Aufgabe hat:

1. *die Ausführung der revolutionären Gesetze zu fördern und zu überwachen;*
2. *die Tatkraft der bestehenden Behörden zu wecken und aufrechtzuerhalten;*
3. *Erkundigungen über die zur Bildung eines neuen Überwachungsausschusses geeigneten Patrioten sowie die Mitglieder des Revolutionsausschusses einzuholen;*
4. *alle Maßnahmen zu ergreifen, alle Vorschriften anzuwenden und alle Agenten einzusetzen, um die ihm aufgetragenen Befehle des Ausschusses durchzusetzen.*

Marc-Antoine, mächtiger denn je, ist damit von neuem Teil der Schreckensherrschaft, die nicht nur für ihre Opfer eine

Falle ist. Unbarmherzig schickt man ihn diesen gehetzten Männern hinterher, den flüchtigen Girondisten, die seit Monaten ganz offensichtlich nur ihn erwarten, um zu sterben.

XIV
Menschenjagd

Die vogelfreien Girondisten, die sich in der Gegend von Bordeaux versteckt halten, sind nur noch zu fünft. Louvet und Valady sind weitergereist, der eine nach Paris – wo er erst nach einigen Schwierigkeiten ankommt –, der andere nach Périgueux, wo er verhaftet und sofort guillotiniert wird. Übrig bleiben Pétion, Buzot und Barbaroux, die eine Dreiergruppe bilden, und Salles und Guadet, die ihr Schicksal miteinander teilen wollen. Die Trennung erleichtert es ihnen, eine Unterkunft zu finden, denn eine einzelne Person entgeht der Aufmerksamkeit von Nachbarn und Besuchern eher und belastet die Gastgeber, die mit den knappen Lebensmitteln haushalten müssen, nicht allzusehr. Für die niedergeschlagenen, in ständiger Angst und Unruhe lebenden Männer ist die Einsamkeit um so unerträglicher, als sie aus Sicherheitsgründen ein abgesondertes, gefängnisähnliches Leben führen müssen. Der besondere Charakter ihres Aufenthaltsortes könnte ihnen sogar den Eindruck vermitteln, in einem Grab zu leben.

Guadet hat es nämlich für richtig gehalten, seine Freunde nach Saint-Emilion zu bringen, wo seine Eltern und verschiedene Verwandte leben; viele von ihnen sind achtbare Bürger, und Guadets Vater, ein angesehener Weinhändler, ist lange Zeit Bürgermeister des kleinen Marktfleckens gewesen. Die aus ockerfarbenem Stein erbauten Häuser geben dem Ort etwas Sonniges, Warmes, das im Herbst vollkommen mit der Farbe der Weinblätter harmoniert und die Glut der hier angebauten Weine auf die Zunge legt. Viele dieser geräumigen Häuser besitzen denn auch oft Anbauten für die Lagerung des Weins und tiefe, versteckte Keller. Der Ort schmiegt sich an die Abhänge eines Kalkgebirges, in das seit undenklichen Zeiten Stollen und Gräben getrieben wurden. Begünstigt durch die relative Weichheit des Gesteins, haben schon die Menschen der Altsteinzeit – deren Spuren man im nahe gelegenen Tal der Dordogne entdeckt hat – hier Höhlen angelegt, und die Bewohner der Gegend haben diesen Brauch stets beibehalten.

Saint-Emilion besitzt die älteste monolithische Kirche Frankreichs; Grundmauern und Pfeiler wurden im 8. Jahrhundert aus dem Felsen herausgehauen. Eine ebenfalls unterirdische Einsiedelei wurde von dem heiligen Emilion bewohnt, der der Ortschaft ihren Namen gab. Von der Einsiedelei führen Verbindungsgänge zu unterirdischen Begräbnisstätten, die aus dem Kalkstein herausgeschlagen und dann wieder verschlossen wurden. Später wurde aus diesen Katakomben ein Beinhaus, in das man von Zeit zu Zeit die Gebeine des oberirdisch gelegenen Friedhofs überführte. Die Menschen von Saint-Emilion leben oberhalb der Wohnstätten ihrer Toten – ganz so, wie auf mittelalterlichen Darstellungen das irdische Dasein empfunden wurde.

Viele Einwohner, denen ein Geheimversteck nützlich erschienen sein mochte, haben hinter den bekannten zusätzliche Keller in den weichen Fels des Berges gegraben, deren Eingänge hinter Schutt und Abfall verschwinden. Andere haben in ihrem Keller Schächte ausgehoben, die sie mit Steinplatten abdecken und die das enthalten, was man manchmal besser versteckt: Salz zur Zeit der Salzsteuer, Waffen in Kriegszeiten, Gold ... Einige dieser Schächte sind – zufällig oder absichtlich – mit den Stollen ehemaliger Steinbrüche und sogar mit den Katakomben verbunden.

Wie alle Kinder von Saint-Emilion hat auch Elie Guadet in diesem unterirdischen Labyrinth oft gespielt. Nachdem er bei Ambès an Land gegangen war und erfahren mußte, daß eine Rückkehr nach Bordeaux unmöglich war, hat er sich entschlossen, seine Kameraden nach Saint-Emilion zu führen. Aus dieser Entscheidung spricht der instinkthafte Wunsch, ins schützende Nest der Familie zurückzukehren, aber auch wohldurchdachte Überlegung: Gibt es ein sichereres Versteck als diesen riesigen unterirdischen Bau mit seinen verschlungenen Gängen, seinen verborgenen Nischen? Zu Beginn ihres heimlichen Lebens in Saint-Emilion, einem Ort von ungefähr tausend Einwohnern, wo jeder Fremde sofort auffallen würde, nimmt die Schwester von Guadet, Madame Bouquet, deren Mann abwesend ist, die sieben Männer auf. Sie leben in einem der versteckten Kellerräume des Hauses und kommen nur nach Einbruch der Dunkelheit nach oben, um das karge Nachtmahl ihrer Gastgeberin zu teilen. Um diese nicht länger in Gefahr zu bringen – die Nachbarn scheinen irgend etwas bemerkt zu haben und beginnen, das Haus verstohlen zu beobachten –, sehen sich die Männer nach einem anderen Unterschlupf um.

Zwei von ihnen, Louvet und Valady, entschließen sich, wie schon erwähnt, zur Abreise; die übrigen spalten sich in zwei Gruppen. Sie steigen in die Tiefen der unterirdischen Welt hinab, die aus Gängen, Schächten und raumähnlichen Verbreiterungen besteht, und bleiben hier mehrere Monate lang. An die Oberfläche – daß heißt ins Innere der Häuser von Guadets Freunden und Eltern – kommen sie nur, um sich heimlich wie die Ratten Nahrung zu besorgen. Auch unten ständig auf der Hut, verbringen sie die meiste Zeit damit, beim Schein einer Kerze die alten Autoren wieder und wieder zu lesen; nie werden sie nach einer neuen Vision von der Welt und vom Menschen suchen.

Ab und zu erhalten sie Zeitungen, bei deren Lektüre ihre Niedergeschlagenheit in Wut umschlägt. Sie wissen ohne Zweifel, daß die Presse jetzt ausschließlich unter dem Einfluß der Bergpartei steht und die Situation im Land verfälscht darstellt; sie werden sich auch denken können, daß sich in Wirklichkeit bereits eine Gegenbewegung zur Politik Robespierres konstituiert. Aber die von den Zeitungen Tag für Tag veröffentlichten Hinrichtungen sind darum nicht weniger wirklich; unter jedem Fallbeil scheinen ihre vor einigen Monaten guillotinierten Kameraden noch einmal zu sterben: Vergniaud, Gensonné, Brissot, La Source ... Der langen Liste müßte man auch den Namen von Madame Roland hinzufügen, aber niemand im Kreis der Männer wagt, ihn auszusprechen. Eine heftige Leidenschaft hatte sie mit Buzot verbunden; jetzt quält er sich mit Selbstvorwürfen, unter solchen Umständen noch am Leben zu sein.

Seine Leidensgenossen hegen ähnliche Gedanken, wiewohl »lediglich« im Namen der menschlichen Würde. Pétion, den man einst den »König von Paris« genannt hatte, schämt sich nun vor sich selbst. Wie lange ist es her, seit Zehntausende von Parisern ihm zugejubelt und mit Kreide auf ihre Hüte geschrieben hatten »Es lebe Pétion!«? Jetzt ist er abgezehrt, schmutzig und oft halb verhungert; das harte Leben, die Langeweile und die dauernde Furcht haben ihn abgestumpft. Wozu soll man ein Leben fortsetzen, das in der Finsternis dieser Höhlen nichts anderes ist als ein schlafloser Tod? Selbst wenn man den Sturz der augenblicklichen Herren und insbesondere Robespierres in Betracht zieht (man stellt »da oben« eine wachsende Unzufriedenheit in den Städten und Dörfern fest), bleibt immer noch die Frage, wie die Geächteten diesen körperlich-seelischen Tiefpunkt je überwinden sollen. Es gibt keine Auferstehung von den Toten in der Politik.

Ebensowenig wie im übrigen Leben. Durch den langen Aufenthalt in der Tiefe, wo das Kerzenlicht nur gleichförmige Wände beleuchtet, hinter denen Schwerfälligkeit und Blindheit der Welt sich auf ewig drückend erheben, haben die Geächteten den Eindruck, nach und nach die Form dieser farblosen Welt anzunehmen und allmählich unter jener Art Gangstein zu verschwinden, der die Gegenstände in einer Tropfsteinhöhle überzieht. Obwohl einige Jakobiner von Saint-Emilion vermuten, daß sich im unterirdischen Labyrinth des Ortes ein paar Geächtete verbergen, sehen sie von einer Meldung ab. Man versteht und respektiert die Solidarität der Familie Guadets, dessen Vater außerdem allgemein geschätzt wird. Auch daß einige ebenfalls geächtete Freunde des Sohnes sich mit diesem zusammen versteckt halten, ist nicht weiter von Belang. Welche Gefahr bedeuten diese Männer auch schon für den Bestand der Republik? Sie können sich nun nicht mehr politisch betätigen, können nicht mehr konspirieren. Und warum sollte man politische Gegner, die sich selbst bei lebendigem Leib begraben, noch zusätzlich bestrafen?

Marc-Antoine kommt am 22. Mai 1794 nach Bordeaux zurück. Aber er hält sich nur kurz auf, gerade so lange, um seine Freunde vom Nationalklub zu bitten, ihm »eine kleine Unterkunft mit zwei Zimmern und zwei Betten [eines ist für seinen Sekretär und Leibwächter bestimmt], möglichst bei einem guten Sansculotten und in der Nähe des Klubs«, zu besorgen. Man hätte Robespierre nicht besser kopieren können. Marc-Antoine, der ein paar Tage die Ruhe des Landlebens genießen möchte, um sich von seiner angeblich sehr anstrengenden Reise zu erholen, fährt dann ohne weitere Verzögerung nach Bruges; man wird sich erinnern, daß er vor einem Monat der ganze Stolz des »Club de la Ferraille« geworden war, der sich dort bei einem gewissen Duret sehr oft versammelt. Mit dieser überstürzten Abreise ist er einer Unterredung mit Ysabeau, dem er lediglich seine Ankunft mitgeteilt hat, erst einmal ausgewichen. Sie droht nämlich, peinlich zu werden: Ysabeau hat soeben von seiner Rückberufung nach Paris erfahren und wird sich denken können, daß die Berichte Marc-Antoines daran nicht unbeteiligt sind.

Ysabeau hatte zwar um seine Versetzung nachgesucht; er wäre gerne zur Pyrenäenarmee gegangen, was ihm erlaubt hätte, seine durch die ständige Überbelastung angegriffene Gesundheit an den Quellen von Barèges wiederherzustellen. Der Ausschuß hatte jedoch dieser Bitte nicht entsprochen; Ysabeau wird nach Paris zurückbeordert, ohne irgendwelche Forderungen stellen zu können; das ist nicht mehr nur ein einfacher Stellungswechsel, sondern ein Zeichen, daß er in Ungnade gefallen ist. Was dies zur damaligen Zeit bedeutet, ist bekannt: Die Gunst des Wohlfahrtsausschusses zu verlieren heißt oft auch anderes, Schwerwiegenderes zu verlieren – im schlimmsten Fall das Leben. Man kann sich daher unschwer vorstellen, daß Ysabeau gegen Marc-Antoine einen gewissen Groll hegt ... Diese Rivalitäten zwischen Konventsbeauftragten und Agenten des Wohlfahrtsausschusses wären kaum von Interesse, wenn sie nicht zum Verständnis der Anklagen beitragen würden, die Ysabeau und Tallien später gegen Marc-Antoine erheben werden, wenn geklärt werden soll, in welchem Maße jeder von ihnen für die Ausschreitungen in Bordeaux verantwortlich ist. Die beiden Konventsbeauftragten werden wahrscheinlich alle Schuld auf Marc-Antoine abwälzen, um sich selbst zu entlasten und gleichzeitig Rache zu üben.

Zur Konfrontation zwischen Marc-Antoine und Ysabeau kommt es schließlich eines Abends im Nationalklub. Die letzte Rede des scheidenden Volksvertreters vor den Einwohnern von Bordeaux ist voller Bitterkeit. Einer ihrer Kernsätze, der rhetorisch besonders kunstvoll ist – nicht umsonst ist Ysabeau bei den Oratorianern in die Schule gegangen –, lautet: »Ich werde nicht sagen, daß es schmerzlich ist, eine bedeutende Stadt einem jungen Mann ausgeliefert zu sehen, der noch nicht einmal die Volljährigkeit erreicht hat.« Man klatscht Beifall, und Marc-Antoine, der nun zum Rednerpult geht, wird mit Hohnrufen empfangen. »Ja, ich bin jung an Jahren, aber meine Laufbahn als Freiheitskämpfer ist alt«, beginnt dieser und fügt einen Satz hinzu, der sehr genau das Lebensgefühl der Menschen seiner Generation wiedergibt: »Wir alle haben ein neues Leben, das mit der Revolution beginnt.« Es folgt eine lange Rechtfertigungsrede, in der er zugibt, Robespierre berichtet zu haben, was er während seines letzten Aufenthaltes in Bordeaux erfahren oder selbst festgestellt hat; die »Anklagen wegen Verschwendung, Diebstahl und ähnlichem« habe er jedoch nicht vorgebracht, um »eine Person, mit der ihn eine alte Freundschaft verband [er hat Ysabeau bei der Pyrenäenarmee kennengelernt], nicht leichtfertig ans Schafott zu liefern«. Er sagt nicht, daß diese Anklagen völlig unberechtigt waren, sondern gibt lediglich zu verstehen, daß er weder Zeit noch Mittel hatte, sie nachzuprüfen. Er schließt mit den Worten: »Ich weise die Rolle des von Haß getriebenen Denunzianten weit von mir.« Aber auch mit dieser zweideutigen Richtigstellung gelingt es ihm nicht, die Meinung der Anwesenden zu seinen Gunsten zu beeinflussen.

Marc-Antoine hat um so mehr Schwierigkeiten, die Sympathie der Bevölkerung zu gewinnen, als Ysabeau seine Abreise nach Paris hinauszögert und alle Welt zum Zeugen dafür nimmt, wie ungerecht man ihn behandelt hat. In einem Brief an Robespierre beklagt Marc-Antoine sich darüber; er spricht auch von der »Marquise de Fontenay«, was besonders hinterhältig ist, denn seit ihrer Scheidung trägt Teresa Cabarrus diesen Titel nicht mehr. Er gibt der Hoffnung Ausdruck, daß sie verhaftet ist, da über sie »erstaunliche Einzelheiten politischer Art« vorliegen. Mit dieser rätselhaften Aussage möchte er Robespierres Wunsch nachkommen, vollständig über die Verfehlungen Talliens in Bordeaux informiert zu werden; der »Unbestechliche« möchte diesen nämlich vernichten. Marc-Antoine verspricht, seine Untersuchungen fortzusetzen, obwohl er in der Stadt kaum Unterstützung findet. »Abgesehen von neun oder zehn entschlossenen Republikanern dreht alle Welt mir den Rücken zu«, stellt er fest.

Es handelt sich jedoch nur um eine vorübergehende Feindseligkeit, die von der Bevölkerung aus Gefälligkeit gegenüber Ysabeau zur Schau getragen wurde. Denn kaum hat dieser die Stadt verlassen (3. Juni 1794), sieht Marc-Antoine nur noch freundliche Gesichter um sich. Aber er ist nicht der Mann, der über einer billigen Popularität die ihm obliegenden Pflichten als Beauftragter des Wohlfahrtsausschusses vernachlässigt. Im Gegenteil, er erfüllt seinen Auftrag, der ihn zum quasiabsoluten Herrscher der Stadt macht, nicht nur gewissenhaft, sondern mit einer Art religiösem Eifer. Da der »Terror an der Tagesordnung« ist und seine Aufgaben infolgedessen hauptsächlich repressiver Natur sind, ist es für uns wichtig, zu wissen, die weit Marc-Antoine in das Gerichtswesen eingreifen darf. Er war mit der Erneuerung des Überwachungsausschusses beauftragt worden, der Konterrevolutionäre und Verdächtige anzeigen und aufspüren soll; man kann also annehmen, daß er die Aktivitäten dieses Ausschusses maßgeblich bestimmt und kontrolliert hat. Er besitzt jedoch keine richterliche Entscheidungsgewalt, denn der Ausschuß fällt keine Urteile, sondern ermittelt und untersucht – ist also, kurz gesagt, für Denunziationen zuständig. Die eigentliche Rechtsprechung wird von den zuständigen Gerichten und vor allem der Militärkommission wahrgenommen, bei der Lacombe den Vorsitz führt.

Ysabeau wird später erklären: »Man hat bei der Betrachtung der Revolution vorgegeben, nicht davon gewußt zu haben, daß in Bordeaux Ströme von Blut geflossen sind, seit es in dieser Gemeinde keine Volksvertreter mehr gab und seit ein kleiner niederträchtiger Schurke namens Jullien, der mit allen Mördern der Stadt in Verbindung stand, mir bedeutet hatte, die Stadt innerhalb von vierundzwanzig Stunden zu verlassen, und die schändliche Militärkommission wiedereinsetzte, die ich aufgelöst hatte.« Eine offensichtliche Lüge. Es ist bekannt, daß die Militärkommission auf Beschluß des Wohlfahrtsausschusses in ihrer Stellung belassen wurde. »Auf Anregung Marc-Antoine Julliens, der sich damals in Paris an der Seite Robespierres befand«, wie Ysabeau sagen wird, der seine Behauptung schon abschwächt. Wie dem auch sei, Marc-Antoine kann nicht den geringsten Anteil an den von Lacombe gefällten Todesurteilen haben; er kann diesen nur mit Zustimmung des Wohlfahrtsausschusses absetzen, und da er ihn schon lange der Pflichtverletzung verdächtigt, wartet er nur auf eine Gelegenheit, ihn zu überführen, und hält sich im übrigen von ihm fern.

Andererseits könnte Lacombe ohne den Überwachungsausschuß, der ihm ständig neue »Klienten« liefert, nicht so viele Leute zum Henker schicken. In seinen Notizen vermerkt Marc-Antoine: »Die Bürgerin F. suchte mich auf dem Lande auf und sagte mir: ›Mein Onkel ist seit langer Zeit verhaftet; er soll nun gerichtet werden; man wird ihn zum Tode verurteilen, wenn Ihr ihn nicht rettet.‹ Traurig und ernst entgegnete ich ihr: ›Ich weiß, daß es in Bordeaux eine Guillotine und eine Militärkommission gibt. Aber nicht mir habt Ihr dieses Geschenk zu verdanken. Meine Vorgänger, die unbeschränkte Macht besaßen, haben die Guillotine aufstellen lassen und die Kommission eingesetzt. Die Regierung hat all dies gebilligt. Ich kann nichts daran ändern. Wenn ich es könnte, würden Guillotine und Kommission sofort verschwinden. Die Revolutionsrichter stehen nicht unter meiner Aufsicht; sie legen direkt dem Wohlfahrtsausschuß Rechenschaft ab; ich habe keinerlei Einfluß auf sie; ich verurteile niemanden und schätze mich glücklich, diese schreckliche und barbarische Verantwortung nicht auf mich nehmen zu müssen.‹ «

Eine Scheinargumentation, denn denunzieren bedeutet in dieser Zeit nichts anderes als verurteilen. Auch wenn Marc-Antoine die harten Urteile der Militärkommission bisweilen bedauert, ist er selbst die treibende Kraft des Terrors – immerhin kontrolliert er den Überwachungsausschuß. Er wird nicht unbeteiligt daran gewesen sein, daß die Schreckensherrschaft von Anfang Juni bis Ende Juli 1794 genauso viele Opfer fordert (198) wie während der acht Monate zuvor. Die gleiche Steigerungsrate wird für diesen Zeitraum in Paris verzeichnet. Da durfte die große Stadt am Ufer der Gironde natürlich nicht nachstehen. »Wir wollen frei sein; deshalb sollten wir die mit einer revolutionären Krise verbundenen Mißstände ertragen, um schließlich das Glück und die Freuden zu erlangen, die sie uns verheißt. Eine kluge, verständige Menschheit nimmt ein vorübergehendes Übel, das zu einem dauerhaften Wohl führen wird, in Kauf«, erklärt Marc-Antoine und erinnert damit an Mirabeaus Ausspruch, wonach die Freiheit auf einem Lager von Kadavern erstehen muß.

Die Säuberung der Stadt beinhaltet nach Meinung Marc-Antoines nicht nur die Ausmerzung der aktiven Konterrevolutionäre, sondern auch die der Vertreter der besitzenden Klassen, die hier Handel treiben oder durch Spekulationsgeschäfte der Nation schaden. Marc-Antoine greift damit auf die sozialistischen Theorien zurück, die der Abbé de Mably zwanzig Jahre zuvor in die Familie eingeführt hatte. Marc-

Antoine will vor allem gegen »die Müßiggänger, die gierigen Geschäftsleute, die Reichen, die Stutzer und gegen eine Geschäftemacherei« vorgehen, »deren Eigennutz die hochherzigen Gefühle und die Liebe zum Vaterland erstickt«. Nicht ohne Grund spricht er von einer »neuen Aristokratie«, die den alten Adel verdrängt hat und in dieser Stadt eine verdeckte, aber machtvolle Herrschaft ausübt; die Extravaganzen der Stutzer sind dagegen Kindereien. Die Waffe dieses neuen Geldadels ist die Korruption. Alle Ebenen der Verwaltung sind allmählich von ihr durchdrungen; sie behindert die Ausführung der Gesetze, lähmt die Justiz und nötigt sie oft, sich an Unschuldigen schadlos zu halten.

Hin und wieder trifft einen Kaufmann oder einen vereinzelten Spekulanten das Todesurteil, wie zum Beispiel C. A. Piis, der geköpft wird, weil er weiterhin Zinsen erhob – die eigentlich abgeschafft worden waren. Häufig werden Geldstrafen verhängt; innerhalb weniger Monate sind es 7 Millionen Franc (was 90 Millionen Franc nach heutiger Währung entspricht). Allein die Brüder Raba hatten 500 000 Franc zu zahlen. Aber die Eintreibung der Gelder gelingt nur in den seltensten Fällen, denn die zuständigen Beamten sind meist von den Missetätern »gekauft«. Marc-Antoine möchte gerne auch die Privilegien »der Helfershelfer der Justiz, der Advokaten, Staatsanwälte, Notare und Gerichtsdiener« abschaffen, die »eine riesige Gemeinschaft bilden und sich von der Substanz und dem Blut aller anderen Klassen des Staates ernähren«. Aber ihm fehlen die Mittel, um dieses gewaltige Vorhaben in die Tat umzusetzen. Und überhaupt: Auf welche gesetzliche Grundlage könnte er sich berufen? Soweit bekannt, sind nämlich Kontrolle und Beschränkung der sich aus Haus- und Grundbesitz, Geldanlagen oder Geschäften ergebenden Gewinne von der Republik noch nicht beschlossen worden. Marc-Antoine ist als Agent des Wohlfahrtsausschusses nach Bordeaux gesandt worden, um die von Robespierre als solche definierten Feinde der Revolution zu vernichten, nicht um die Gesellschaft zu reformieren.

Die Macht Marc-Antoines in dieser Stadt ist gewaltig und lächerlich zugleich. Er kann praktisch gefangennehmen und guillotinieren lassen, wen er will; der Überwachungsausschuß ist in seiner Hand, und Lacombe, der Vorsitzende der Militärkommission, ist bestrebt, ihm nichts abzuschlagen; er fürchtet eine gerichtliche Untersuchung, die zur Entdeckung seiner Pflichtverletzungen führen könnte. Marc-Antoine wird außerdem von den entschlossensten Sansculotten der Stadt unterstützt; man nennt sie jetzt »Jullienisten«, denn der Personenkult (der Ausdruck existiert bereits), der für Ysabeau so verhängnisvolle Folgen hatte, entfaltet sich nun zugunsten desjenigen, der ihn anderen als Verbrechen auslegt. Im Juni 1794 erweitert der Wohlfahrtsausschuß die Befugnisse Marc-Antoines und ermächtigt ihn sogar, der Kasse des Hauptzahlmeisters alle von ihm benötigten Mittel zu entnehmen. Aber trotz seines Reformeifers, seiner großen Pläne und seiner sozialen Ideen bleibt er dem eigentlichen politischen Kampf verhaftet, dem Kampf der Interessengruppen, der Frankreich spaltet und allmählich ausblutet. Dieser Kampf stärkt die Macht des Großbürgertums, das von dem blutigen Chaos profitiert, denn die gefährliche Gattung der »Ideologen« rottet sich nach und nach selbst aus.

Marc-Antoine, der anmaßende kleine Jakobiner, der den Kampf gegen diese uneinnehmbare Festung, die Handelsbourgeoisie von Bordeaux, aufnehmen möchte, muß sich damit begnügen, den politischen Absichten Robespierres zu dienen. Die Angriffe des »Unbestechlichen« werden in dem Maße unangenehm persönlich, wie er seine Macht festigt und sich von einer heimlichen Opposition bedroht fühlt. Er hat feststellen müssen, daß es gar nicht so einfach ist, Tallien, den er haßt, zu vernichten. Dieser, bei seiner Rückkehr nach Paris zunächst isoliert, hat einige Mitglieder des Konvents um sich scharen können – der Keim einer Widerstandsbewegung (einer »Verschwörung«, wie die Anhänger Robespierres sagen), der unverzüglich vernichtet werden muß. Allerdings fehlt es noch an stichhaltigen Beweisen für die verbrecherischen Machenschaften Talliens während seiner Amtszeit in

Bordeaux. In ausreichender Zahl präsentiert, würden sie ihn bei seinen Freunden in Verruf bringen und für ihn das Schafott bedeuten. Wozu ist Marc-Antoine schließlich nach Bordeaux geschickt worden?

Aber dieser begnügt sich im Moment mit leeren Worten: »Es hat hier viele Intrigen durch die Kaufmannschaft gegeben, und die Freiheit war käuflich geworden. Ich bin den Schuldigen auf der Spur«, schreibt er an Robespierre. Einige Tage später spricht er in einem Brief von Leuten, »die Geld verlangt haben, um das Gesetz zu verkaufen«, aber kein Dokument belegt seine Aussage. Übergangslos und ohne seine gedanklichen Assoziationen zu verschleiern, stellt er dann erneut die Frage: »Ist Madame de Fontenay schon verhaftet worden?« (Keine Sorge, man hat sie soeben ins Gefängnis de la Force eingeliefert.) Weshalb nur hegt er gegen diese Frau einen solchen Groll? Niemand sonst hat je ein ähnliches Gefühl in ihm ausgelöst. Freilich hat Teresa Cabarrus, wie Michelet sagt, Handel mit Menschenleben getrieben; Marc-Antoine ist davon überzeugt, auch wenn greifbare Beweise ihm noch fehlen. Aber schließlich hat diese Frau so Menschenleben gerettet – manchmal aus einer Laune heraus, auch ohne sich bezahlen zu lassen. Trägt Marc-Antoine ihr etwa nach, daß sie ihm bei ihrer letzten Begegnung im Theater von Bordeaux etwas Verletzendes gesagt hat, weil er sich ihren Avancen entzog? Er betritt dieses Theater von Bordeaux nie wieder. Vielleicht schämt er sich, es früher in der unbewußten Absicht, Teresa zu treffen, allzu häufig besucht zu haben. Seine Selbstvorwürfe würden jedenfalls den Haß erklären, den er gegen sie empfindet.

Wie dem auch sei – Marc-Antoine interessiert sich jetzt nur noch für Theaterstücke im Geist der Republik. »Alles einschließlich der Tänze muß von der Idee des Vaterlandes zeugen«, erklärt er. Dem politischen Theater fehlt es indes an Autoren, denn nach anfänglichen Versuchen waren die Stükkeschreiber schnell abgeschreckt von der sich ständig wandelnden offiziellen Meinung, die ihre Werke von einem zum anderen Tag subversiv oder verdächtig nannte. Marc-Antoine hat daher selbst zur Feder greifen müssen; seine dramatischen Werke sind nicht erhalten, aber man kann annehmen, daß sie im wesentlichen aus allegorischen Szenenbildern bestanden, in denen die Freiheit, die Brüderlichkeit oder die Vernunft reizvoll in griechischen Gewändern dargestellt wurden.

Er scheint jedoch auch zu einer mehr traditionellen Form des Theaters zurückkehren zu wollen, ohne dabei auf die politische Belehrung zu verzichten. In seinen Notizen findet sich ein Thema, das von Corneille stammen könnte; er behauptet, es der Wirklichkeit entnommen zu haben.

»Ein junger Mann verliebt sich in ein junges Mädchen und entdeckt, daß sie einer konterrevolutionären Familie angehört [mit der sie sich wahrscheinlich nicht überwerfen will]. Er verdammt sich dazu, die Angebetete niemals wiederzusehen:

Nein, ich gehöre dem Volk; ihm allein gehört mein Leben, Ihm verdanke ich alles, mein Herz will ich ihm geben. Meine Liebe zu ihr sei auf ewig verbannt, Meine größte Pflicht ist die Liebe zum Vaterland.«

Marc-Antoine hat diese Zeilen geschrieben, ganz wie Metrik und Reim es erfordern. Penibel sind diese Agenten des Terrors manchmal . . .

Man kann nicht oft genug darauf hinweisen, daß die Französische Revolution, zumindest seit der Nacht des 4. August 1789, sich vollkommen von der Literatur leiten läßt oder, wenn man so will, »vollgestopft« ist mit literarischen Bezügen. Zu den Werken, auf die man sich ständig beruft, gehören natürlich die Schriften der geistigen »Väter« der Revolution wie etwa Platon, Rousseau und die Enzyklopädisten. Zahlreicher und im allgemeinen weniger wertvoll sind die Werke eher mittelmäßiger Tragödienschreiber vom Ende des 17. und insbesondere vom Anfang des 18. Jahrhunderts, denen die Revolution ihre »Dramaturgie« entlehnt. Die Geschichte der griechischen und römischen Antike bildet fast die einzige thematische Grundlage dieser Autoren und wird von ihnen weitschweifig in Tragödienform gebracht. Man kann sich leicht vorstellen, daß die mit viel edlem Gefühl ausgestatteten Stücke gerade die Menschen der Revolutionszeit begeistern, denn wer sich an die Zerstörung der sakrosankten monarchischen Ordnung wagt, hat erst einmal in sich selbst viele Tabus zu überwinden. Ein gewisser Enthusiasmus ist da nur nützlich ...

Die Revolution gefällt sich in Versen. In fast allen zwischen 1789 und 1794 in der Nationalversammlung, bei Jakobinern oder Cordeliers gehaltenen Reden findet sich im Übermaß das, was man in der Fachsprache den Blankvers nennt. Die Männer der Revolution fühlen sich meist als unentdeckte Literaten, die nur danach verlangen, zur Geltung zu kommen. Zumindest nach außen hin kopieren sie gern das Verhalten von wirklichen oder fiktiven Personen aus Romanen und Tragödien (unter den damals bekanntesten Konventsmitgliedern finden sich gleich drei berufsmäßige Dramatiker: Fabre d'Eglantine, Collot d'Herbois und Ronsin). Ein summarischer Manichäismus bestimmt oft ihre Handlungen: Man wählt die Heldenhaftigkeit, was dazu führt, daß man sich selbst oder einen anderen opfert. Die mystische Lehre von der politischen oder patriotischen Pflicht gibt beiden Opfern den gleichen Wert. Nichts geht mehr unterhalb des Todes. Die Revolution ist wie ein Spiel, an dem man nur teilnehmen kann, wenn man alles einsetzt.

Der Tod als Regel des politischen Spiels – eine Regel, die ebenso unantastbar ist wie die starren Normen der traditionellen dramatischen Kunst – wird von den Akteuren so selbstverständlich akzeptiert, daß keiner der zum Tode Verurteilten gegen die ungeheuerliche Widersinnigkeit der Entscheidung protestiert. Man entrüstet sich höchstens darüber, zu Unrecht verurteilt worden zu sein, nicht aber über den mörderischen Charakter der Entscheidung selbst. Die Todesstrafe gilt nicht mehr als übertrieben. Der makabre Scherz Héberts vor seiner Hinrichtung, »Der vor mir spielt jetzt

›Heiße Hand‹ «*, zeigt nur allzu deutlich, daß der Tod als Laune des Schicksals angesehen wird und daß derjenige, der ihn erleidet, weniger ein Schuldiger als ein Verlierer ist.

Indes – die politische Leidenschaft, der Ingrimm der Parteien, die vorgebliche Sorge um das nationale Wohl können ebensowenig wie die Vorliebe für Tragödien nach klassischem Muster die Steigerungsrate der Todesurteile von 1793 an erklären. Die Hinrichtung des Königs hat zwar mit einem Schlag die moralischen Grenzen des gerichtlichen Aktes sehr weit hinausgeschoben und die Todesstrafe für einfache Bürger zu etwas Alltäglichem werden lassen; aber trotzdem würde man sie nicht so leicht verhängen, wenn sie nicht mit der Guillotine vollzogen würde. Sie ist der Schandfleck der Schreckensherrschaft, aber auch ihre Entschuldigung.

Die Guillotine reduziert den Augenblick des Todes auf den Bruchteil einer Sekunde und enthebt damit die Strafe gleichsam der Wirklichkeit; man darf nicht vergessen, daß einige Jahre zuvor manche Verurteilten noch gerädert wurden. Was der Mensch am Tod vor allem fürchtet, ist der Übergang, das Gefühl, daß das Leben schwindet, das Übermaß der körperlichen Schmerzen und der Angst, die Furcht vor dem Fall, dem Moment, wo man vergebens nach einem Halt sucht. Das Hängen ist von diesem letzten blitzlichtartigen Aufflackern des Bewußtseins begleitet; der Körper des Erschossenen zuckt vor dem endgültigen Hinübergehen oft noch konvulsivisch zusammen; das Enthaupten mit Beil oder Schwert ist anstrengend für den Henker, der auch nicht immer genau trifft ... Bei der Guillotine ist das alles anders: Unbehindert fällt die schwere Klinge aus einer Höhe von drei Metern und trennt den Kopf blitzschnell vom Körper.

Für uns heute, die wir an extreme Geschwindigkeiten ge-

* In diesem Spiel muß ein Kind raten, wer seiner hinter ihm stehenden Mitspieler ihm einen Klaps gegeben hat. Mit auf dem Rücken gebundenen Händen steht der Verurteilte einen Augenblick vor seiner Hinrichtung genauso da.

wöhnt sind, bedeutet dies nicht den geringsten Trost. Das 18. Jahrhundert jedoch, technisch noch kaum entwickelt, ist fasziniert von der Schnelligkeit mechanischer Bewegungen. Maschinen sind selten und arbeiten eher schwerfällig. Die Klinge der Guillotine aber vermittelt den Eindruck, daß man »nicht die Zeit hat, sie fallen zu sehen«. So findet sich der Tod an der Spitze des Fortschritts; er geht schneller vorwärts als alles andere. Für die Richter – weniger natürlich für die Gerichteten – verliert er ein wenig an Bedeutung und Schwere. Es ist wichtig für das Verständnis des Terrors, diesen ausschlaggebenden Wechsel der Perspektive festzuhalten. Der Moment des Todes wird auf ein Nichts reduziert; damit ist es unmöglich geworden, ihn zu messen oder zu fühlen (Doktor Guillotin schreibt in seinem Bericht: »... höchstens ein leichtes Gefühl von Frische im Nacken«). Jenseits des Todes liegt die ebenso unmeßbare Ewigkeit. Wenn das Nichts mit dem Leben so eng verbunden ist, fällt es etwas leichter, sich der Feinde der Revolution zu entledigen.

In der Öffentlichkeit, wo die Todesstrafe niemals prinzipiell in Frage gestellt wird, löst nur die wachsende Zahl der Hinrichtungen Unruhe aus. In den ersten Junitagen 1794 wird der Tod in Bordeaux zudem spürbarer, greifbarer, denn durch die Hitze zersetzt sich das Blut auf der Place Nationale schneller als zuvor. Da die Bevölkerung eine Epidemie befürchtet, ordert die Militärkommission bei der Munizipalität ausreichend große Mengen Wasser zur Säuberung des blutbefleckten Platzes und zur Vorbeugung der »mephitischen Luft« an – so der Text des Schreibens, der »verpestet« meint, aber lieber auf die altitalische Göttin Mephitis verweist. Die auf pseudowissenschaftlichen Erkenntnissen beruhende Sorge um die Hygiene dient als Vorwand für die wachsende moralische Entrüstung, die sich nicht zu äußern wagt.

Die ablehnende Haltung der Bevölkerung kommt in Fabeln zum Ausdruck, die den blutigen Terror in seiner Maßlosigkeit zeigen. So entsteht die Geschichte der »vierseitigen Guillotine«, ein Phantasieprodukt der Einwohner von Bordeaux, das von einem gewissen Dutasta weidlich ausgenutzt wird, um Marc-Antoine zu schaden. Eines Tages verbreitet sich das Gerücht, daß man eine vierseitige Guillotine baut – die also vier Hinrichtungen auf einmal ausführen kann. Keiner fragt, ob eine solche Todesmaschine überhaupt sinnvoll wäre, denn so hoch die Zahl der Todeskandidaten auch sein mag – durchschnittlich drei am Tag –, sie erfordert keine beschleunigte »Produktionsleistung«. Hier zeigt sich die wachsende Angst der Bürger von Bordeaux, die noch das alte Bild des Schandpfahls mit mehreren Verurteilten vor Augen haben. Unbewußt haben sie dem Bedürfnis nachgegeben, ein Symbol für das grausige Blutbad zu schaffen. »Das ist eine Idee von Marc-Antoine Jullien«, behaupten die Gegner Robespierres, die in dieser Stadt zahlreich sind. Ein junger Mann von so sanftem Aussehen!... Man schaudert vor Entsetzen.

Es stimmt zwar, daß ein neues Schafott errichtet werden soll, aber Marc-Antoine ist an diesem Plan ganz unbeteiligt. Er stammt von der Stadtverwaltung, die neben vielen anderen Verpflichtungen auch die hat, für die Sauberkeit der Place Nationale zu sorgen. Um den Platz gründlich vom Blut der Hingerichteten reinigen zu können, auch unter dem Schafott, muß man dieses höher bauen und gleichzeitig verbreitern, damit es einen festen Stand hat. Der im Dienste der Stadt stehende Zimmermann hat den Auftrag erhalten, ein Schafott in Mannshöhe zu errichten, das nach allen vier Seiten offen sein soll. So ist das Mißverständnis entstanden, das die Feinde Marc-Antoines nur allzugern gegen ihn verwenden.

Aber auch andere Bürger, die keinen Augenblick an das Gerücht geglaubt haben und Marc-Antoine nicht feindlich gesinnt sind, bringen ihn mit dem tödlichen Handwerk in Verbindung. Man tötet oft blindlings: gestern einen alten Bauern aus Bazas, der, vielleicht angetrunken, erklärt hat, daß er ungeduldig die Armee der Emigranten erwartet; heute den vierundsiebzigjährigen L. Lariecht, einen ehemaligen Ritter vom Orden des heiligen Ludwig, der sein Kreuz nicht innerhalb der vorgeschriebenen Frist abgegeben hat...

Marc-Antoine ist sicher nicht für alle Todesurteile verantwortlich, aber er ist durch seine Amtsbefugnis denen, die das so schwer entfernbare Blut vergießen, zu nahe, um sich von jeder Schuld freisprechen zu können.

Um so mehr, als bald auch das Blut der geächteten Girondisten den Boden der Place Nationale netzen wird. Das war absehbar. Man braucht noch nicht einmal das Bild sich kreuzender Schicksale heranzuziehen, die eine Zeitlang parallel verlaufen und erst erfüllt sind, wenn eins das andere auslöscht . . . Seit vor zehn Monaten ein Haftbefehl gegen sie erlassen wurde, ist es die Pflicht jedes Bürgers, die Flüchtigen dingfest zu machen. Haben sie nicht versucht, die Provinzen gegen die Hauptstadt aufzuhetzen, und sind sie nicht sogar so weit gegangen, eine eigene Armee ins Auge zu fassen und mit den Royalisten zusammenzuarbeiten? Jeder Bürgermeister, jeder revolutionäre Klub hat eine genaue Beschreibung der Flüchtigen erhalten, die als die Hauptfeinde des Staates bezeichnet werden. Aber warum gerade sie, warum nicht die viel zahlreicheren »traditionellen« Konterrevolutionäre, die Nostalgiker des Ancien régime, die unverbesserlichen Aristokraten? Sind die Girondisten nicht ehemalige Konventsmitglieder, die für die Republik gestimmt haben?

Gerade das aber macht sie in den Augen Robespierres so gefährlich; er fürchtet das Wiederaufleben der Gironde, denn er weiß, daß die Exzesse der Bergpartei und die Verschärfung des Terrors dieser Partei wieder eine Chance gegeben haben. Da ihr Republikanismus eher gemäßigt ist, besitzen sie die Unterstützung des Bürgertums, was sie zu einer »dritten Kraft« zwischen Monarchisten und Bergpartei macht. Sie werden damit zu jenem berühmten Zentrum, wohin sich – freundlich verbrämt in der Formulierung »Sinn für das rechte Maß« – all die flüchten, die politisch unentschlossen und wenig wagemutig sind. Die meisten Franzosen jener Zeit wollen weder von einem König regiert werden noch weiter die Privilegien der Aristokratie dulden, aber nachdem ihre diesbezüglichen Forderungen erfüllt sind, geben sie sich gern mit der traditionellen Gesellschaftsordnung zufrieden.

Deshalb wünschen sie sich insgeheim die ehemaligen Girondisten zurück, die nur die ersten, uranfänglichen Errungenschaften der Revolution bestehen lassen würden: die Verleihung der formellen Freiheit sowie die Anerkennung einiger Grundrechte, darunter an erster Stelle das Recht auf Eigentum – ohne Einschränkung, versteht sich.

Die girondistische »Faktion« (wie man im damaligen Sprachgebrauch sagt) ist also die einzige wirkliche politische Opposition, die einzige, die morgen die Macht erringen kann. Verständlich, daß die Anhänger der Bergpartei aus ganz realen Gründen Angst vor diesen Männern haben. Aber die unsichtbaren Überlebenden erhalten zudem die Allgegenwart und die dämonische Macht von Geistern. Überall, wo die Unzufriedenheit des Volkes eine gewisse Unruhe schafft, sieht man nun ihre Hand im Spiel: da, wo Agenten des Staates Befehle ignorieren oder deren Ausführung hinauszögern, weil sie die schwindende Macht der Herrschenden spüren und sich nicht zu sehr mit ihnen einlassen wollen; da, wo Drohungen gegen die Mitglieder des Wohlfahrtsausschusses laut werden; schließlich überall da, wo die Hand eines Attentäters sich gegen einen der ersten Männer im Staate erhebt (Cécile Renault versucht, Robespierre zu erdolchen, und Collot d'Herbois entgeht nur knapp dem Anschlag eines gewissen Ladmiral).

Wenn die Girondisten, die in der Tiefe des unterirdischen Labyrinths von Saint-Emilion bei lebendigem Leib begraben sind und denen die Zeit, markiert von den hier und da von den Gewölben herabfallenden Wassertropfen, wie eine Ewigkeit vorkommt, wüßten, welch sagenhafte Macht man ihnen zuschreibt, stünden sie wahrscheinlich nicht so sehr unter dem Eindruck, ihren eigenen Tod zu erleben und, was schlimmer ist, die menschliche Würde vollkommen verloren und gänzlich versagt zu haben. Sie könnten dann trotz der verstärkten Hetzjagd sogar ein Gefühl der Befriedigung empfinden, denn jemand anders solche Furcht einzuflößen ist keine geringe Rache.

Bei seiner Ankunft in Bordeaux hat Marc-Antoine unter anderem die seit Monaten unerledigte Akte über die Girondisten vorgefunden. Ihre Ankunft bei der Landzunge von Ambès im Herbst vergangenen Jahres war gemeldet worden, und Tallien, der damals noch in La Réole darauf wartete, in Bordeaux einmarschieren zu können, hatte eine Truppenabteilung mit der Suche nach ihnen beauftragt. Sie durchkämmte die Gegend von Libourne, wo die Flüchtigen vermutet wurden, widmete aber dem Ort Saint-Emilion keine besondere Aufmerksamkeit. Man hielt Guadet nicht für so naiv, sich mit seinen Freunden ausgerechnet bei seiner Familie zu verbergen. Daß es auch ein unterirdisches, geheimes Saint-Emilion gab, wußte Tallien nicht. Außerdem war die »Rückeroberung« von Bordeaux zu wichtig, als daß man Männer für andere Aufgaben hätte abstellen können. Die Suche nach den Geächteten wurde zwar nicht völlig eingestellt, aber sie wurde von nun an der Routinearbeit bezahlter Spitzel überlassen.

Diese sind dem Überwachungsausschuß unterstellt, und Marc-Antoine sorgt dafür, daß ein Großteil von ihnen ausgewechselt wird. Die »Neuen« spornt er an, mehr Eifer zu zeigen als ihre Vorgänger, und legt ihnen insbesondere die Suche nach den flüchtigen Girondisten ans Herz. Man nimmt an, daß sie sich in der Nähe von Bordeaux aufhalten (»sechs Meilen von den Dünen entfernt«, wie ein nicht gerade aufschlußreicher Bericht besagt). Die Geächteten verfügen zweifellos über zahlreiche Verbündete bei den besitzenden Bürgern der Stadt, mit denen sie in Verbindung stehen und denen sie Anweisungen für den nahe bevorstehenden Aufstand geben. Es ist die Aufgabe Marc-Antoines, diese Bedrohung aus dem Weg zu räumen. Die Prämien für mit oder ohne Auftrag arbeitende Spitzel werden erhöht.

Die Initiative hat Erfolg. Im Laufe des Juni 1794 legen übereinstimmende Hinweise den Verdacht nahe, daß sich in Saint-Emilion mehrere Männer versteckt halten. Einige Merkwürdigkeiten im Verhalten von Guadets Vater und vor allem die ungewöhnliche Menge an Lebensmitteln, die dieser ins Haus schafft, haben die Aufmerksamkeit der Spione auf sich gezogen. Sie haben schnell herausgefunden, daß der Untergrund des Ortes aus Gängen und Höhlen besteht, die schon während der Religionskriege als Unterschlupf dienten. Oft enden die Stollen weit außerhalb der Ortschaft irgendwo in den Flanken des Gebirgszuges, der außerdem zahlreiche unverbundene Höhlen aufweist. Für die Geächteten wäre es so ein leichtes, ihren Häschern zu entkommen und sich in benachbarten Grotten zu verstecken. Um sie zu ergreifen, müßte man den Ort mit Hunderten von Gendarmen weiträumig umstellen und dann das Gelände systematisch bis in die geheimsten Tiefen durchkämmen. Dies ist denn auch der Plan, den Marc-Antoine sogleich ersinnt.

Die Informanten des Überwachungsausschusses sprechen von mehreren Männern, die sich in Saint-Emilion oder seiner näheren Umgebung versteckt halten. Allzu viele flüchtige Girondisten gibt es nicht mehr, und so fällt es nicht schwer, eine annähernd richtige Namensliste aufzustellen. Sie enthält natürlich Guadet, der aus Saint-Emilion stammt, sowie Barbaroux und Salles, seine beiden nächsten Freunde; weiter Buzot, eventuell Louvet und möglicherweise Pétion . . . Nur diesen letzteren kennt Marc-Antoine persönlich; man wird sich erinnern, wie sehr er ihn in seiner ersten politischen Schrift, dem Pamphlet gegen Dupont de Nemours, gelobt hatte: »Pétion, dieser aufrechte, reine und unbestechliche Mann . . .« Auch Rosalie Jullien hatte in ihren Briefen stets die Qualitäten des ehemaligen Bürgermeisters von Paris gerühmt: »Robespierre, Pétion und Buzot, ihr treffliches Dreigestirn . . .« Oder auch: »Die Antwort Pétions an den König ist die Sprache der Wahrheit und der Tugend.« Aber das war 1792 gewesen, als Pétion dem nach England abreisenden Marc-Antoine ein Empfehlungsschreiben mitgegeben hatte, aus dem zwar keine besondere Herzlichkeit, aber doch freundliche Anteilnahme sprach.

Marc-Antoine sieht in diesen alten Begebenheiten keinen Anlaß, seine gegenwärtige Haltung zu ändern. Sie gehören einer Zeit an, in der grundlegende Freiheitsrechte gegen den

Widerstand von Monarchie und Adel erst erkämpft werden mußten und in der alle oppositionellen Kräfte ganz selbstverständlich zusammenstanden. Die Erreichung der Ziele bringt es mit sich, daß der lange verschleierte Antagonismus innerhalb der fortschrittlichen politischen Richtungen – das heißt im wesentlichen zwischen Brissotins und Jakobinern – immer klarer zutage tritt. Niemand hat verraten, niemand hat seine Prinzipien verleugnet. An die Stelle der vorübergehenden Zusammenarbeit tritt die natürliche Feindschaft, und Marc-Antoine gehorcht nur der Logik der Geschichte, wenn er jetzt auf den »guten Pétion« die Hunde hetzt.

Das ist wörtlich zu verstehen: Man hat tatsächlich eine Hundemeute bei der Suche nach den Geächteten eingesetzt. Es ist kaum wahrscheinlich, daß diese Initiative auf Marc-Antoine zurückgeht, denn er ist nicht der Typ des Jägers; er wird sie lediglich gebilligt haben. Dagegen ist die Entscheidung, fünftausend Mann zu mobilisieren, keinem anderen als ihm zuzuschreiben; alle bewaffneten Kräfte der Gegend stehen unter seinem Befehl. Es sind nicht nur die zahlreichen Höhlen, die solche Maßnahmen erforderlich machen, sondern auch die Vegetation: Ein Dickicht von dichtbelaubten Weinstöcken erstreckt sich von der Ebene bis hinauf zu den Abhängen und bietet Verfolgten ein gutes Versteck.

Das Unternehmen wird in den letzten Tagen des Monats Prairial in Angriff genommen, gerade zur gleichen Zeit, als in Paris dreiundfünfzig Personen zum Tode verurteilt werden, die angeblich – mehr oder weniger direkt – die beiden Attentäter Cécile Renault und Ladmiral unterstützt haben sollen. Die Gleichzeitigkeit der Ereignisse wird kein Zufall sein. Denn es geht nun darum, »das Land endgültig von all jenen zu säubern, die den Vertretern des Volkes nach dem Leben trachten«. Die letzten Girondisten, die ja bekanntlich die Republik morden wollten, werden ganz selbstverständlich jenen Verurteilten gleichgestellt, die man für den Gang zum Schafott mit dem roten Hemd der Vatermörder bekleidet. Mit der gnadenlosen Verfolgung der Geächteten zeigt Marc-Antoine sich ganz auf der Höhe des kürzlich verabschiedeten Gesetzes vom 22. Prairial,* das die Zeit des »Großen Schreckens« einleitet und den Terror bis zu seinen letzten Konsequenzen treibt.

Die Aktion stützt sich auf fünftausend Schützen, die Saint-Emilion einkreisen; sie werden von Mitgliedern des Überwachungsausschusses und der Militärkommission angeführt, die als Beauftragte von Polizei und Justiz vor der Hinrichtung lediglich die Identität der Verhafteten festzustellen haben. Fehlt nur die Guillotine ... Salles und Guadet werden ziemlich schnell bei Guadets Vater festgenommen, den man zusammen mit einer gerade anwesenden Tante, Marie Guadet, fünfundsechzig Jahre alt, ebenfalls abführt. Man bringt sie sofort nach Bordeaux, wo Marc-Antoine höchsteigen die beiden ehemaligen Konventsmitglieder verhört. Sie antworten sicher selbstbewußt und von oben herab, vielleicht sogar mit Beschimpfungen. Marc-Antoine sieht jedenfalls davon ab, einen detaillierten Bericht über dieses Verhör anzufertigen, bei dem er nicht gerade eine gute Rolle spielt. Am nächsten Tag schickt die Militärkommission die beiden Männer aufs Schafott.

Barbaroux wird drei Tage später in Saint-Emilion dingfest gemacht. Er versucht, sich mit zwei Pistolenschüssen das Leben zu nehmen, trifft jedoch nicht genau. Der Schwerverletzte wird nach Bordeaux geschafft, wo er von Marc-Antoine aus Menschlichkeit ein Bett und eine Krankenwache erhält. Mit Rücksicht auf den Zustand des Gefangenen und wahrscheinlich auch auf sich selbst verzichtet Marc-Antoine auf eine Vernehmung: Die Beredsamkeit Todgeweihter ist fürchterlich. Am nächsten Tag setzt die Guillotine den Leiden des jungen Mannes aus Marseille ein Ende. Madame Roland hat uns in ihren *Memoiren* ein liebenswertes Porträt von ihm hinterlassen.

---

* Das Gesetz schafft Verteidigung und Verhör der Angeklagten ab; die Geschworenen können sich auf moralische Beweise beschränken; das Gericht hat nur die Wahl zwischen Freispruch und Todesurteil; die Definition für den Begriff »Feind der Republik« wird erheblich ausgedehnt.

Am 26. Juni, etwa zehn Tage nach der großen Treibjagd, werden die Leichen von Pétion und Buzot nicht weit von Saint-Emilion in einem Wäldchen entdeckt. Nach der Verhaftung ihrer Kameraden waren sie zunächst zum Perückenmacher des Ortes, einem gewissen Trosquart, und dann aufs Land geflohen. Von allen Seiten umstellt, haben sie selbst ihrem Leben mit Gift ein Ende gesetzt. Wildernde Hunde – Wölfe, wird die Historie sagen, als ob sie das Barbarische des Vorgangs deutlich hervorheben wollte – haben angefangen, ihre Körper in Stücke zu reißen. Die Gironde ist vernichtet. Robespierre kann aufatmen. Aber er soll sich beeilen! In weniger als fünf Wochen wird er tot sein.

Marc-Antoine schickt dem Wohlfahrtsausschuß einen Bericht, der wie eine Siegeshymne klingt. Noch in seiner späteren Rechtfertigungsschrift wird er behaupten: »Ich hatte den Schlupfwinkel entdeckt und die Köpfe von Salles, Guadet, Pétion, Buzot und Barbaroux rollen lassen [was nicht ganz richtig ist, da zwei ihm durch Selbstmord entkommen sind]. Dieser Zeitabschnitt meines Lebens war nicht wenig nutzbringend für mein Land. Ich gratulierte mir um so mehr zur Entdeckung der fünf verschwörerischen Abgeordneten, als sie sich nur ans Ufer der Gironde zurückgezogen hatten, um eine günstige Gelegenheit abzuwarten, hier neue Stürme zu entfachen und, wie sie mir gesagt haben, ihre hingeopferten Freunde zu rächen.«

Wenn man Marc-Antoine Glauben schenkt, hat die Bevölkerung von Bordeaux Gefangennahme und Hinrichtung der letzten Girondisten begeistert begrüßt. »Bis vor einiger Zeit war hier bei den Sitzungen der Militärkommission ein düsteres Schweigen die Antwort des Volkes auf die Todesurteile gegen die Verschwörer«, schreibt er in seinem Bericht an den Wohlfahrtsausschuß. »Das gleiche Schweigen begleitete sie zum Schafott; die ganze Stadt schien heimlich über ihren Tod zu seufzen. Heute billigen einhellige Beifallsbezeugungen und der tausendfach wiederholte Ruf ›Es lebe die Republik!‹ Verurteilung und Hinrichtung der Feinde des Vaterlandes.«

Durch die Hinrichtung der letzten Girondisten hat Marc-Antoine, wenn man so sagen darf, der Guillotine den Glanz zurückgegeben, den sie durch die wenig wählerischen Sendungen Lacombes verloren hatte. Marc-Antoine, ein Mann von hoher revolutionärer Gesinnung, verachtet den Terror jener Revolutionsbeflissenen, die jeden Hergelaufenen unter die Guillotine schicken und hochtrabend von »freiheitsmörderischen Machenschaften« oder »Verbrechen gegen die Nation« reden müssen, um den Vergehen ihrer Opfer etwas Gewicht zu geben. Die Tatsache, daß Marc-Antoine die »schmeichelhaftesten« Opfer für sich reserviert hat, ist oft als Hochmut ausgelegt worden. Es ist zwar richtig, daß er sich nur den Girondisten gegenüber derart blutgierig gezeigt hat; aber nicht, weil er in ihnen die einzige ihm angemessene Beute sah, sondern weil er ihre Anwesenheit in Bordeaux und die ihnen unterstellten Aktivitäten als bedeutende Gefahr für die Republik einschätzte. Ihre Verhaftung war in seinen Augen eine Maßnahme zur Rettung des Vaterlandes, während er den alltäglichen Terror, ohne daß er dies zu äußern wagte, für die oft abartigen Erscheinungen eines Bürgerkriegs oder den Blutrausch einer irregeleiteten Justiz hielt.

»Der Tod der geächteten Abgeordneten ist nicht mein Werk, sondern das des Konvents«, wird er außerdem später sagen. Er sieht sich also als Ausführenden, der zwar froh ist, seine Aufgabe zu einem guten Ende gebracht zu haben, der dafür aber keine besondere Anerkennung oder eine Beförderung erwartet. Seit seiner Ankunft in Bordeaux hat er den Wohlfahrtsausschuß immer wieder gebeten, einen Volksvertreter zu schicken, der ihn von der schrecklichen Verantwortung entlasten könnte. »Ich verlange und wünsche keine Macht für mich selbst«, schreibt er an Robespierre mit einer Offenheit, die ihre enge Beziehung erkennen läßt, »weil sie immer mit Verantwortung verbunden, ihr proportional ist und weil in unvorhergesehenen Situationen, an verschiedenen Orten und vor allem in einer revolutionären Phase die Verantwortung schrecklicher denn je ist.«

Ist Marc-Antoine »nur« für die Festnahme der letzten Girondisten verantwortlich oder auch für die Bestrafung ihrer Helfer? Die Frage ist von Belang, denn man überschreitet hier die Grenze vom juristischen Akt, so anfechtbar er auch sei, zum Verbrechen, zur Ungeheuerlichkeit. Drei Personen sind mit den Geächteten zusammen verhaftet worden: Jean Guadet, siebzig Jahre alt, Vater des Abgeordneten; Marie Guadet, fünfundsechzig Jahre alt, seine Tante; F. Bouquey, neunundvierzig Jahre alt, Schwager Guadets. Ein Dekret sieht für Komplizen von Geächteten die Todesstrafe vor. Um dies noch einmal deutlich zu machen, wird am Tag nach der Hinrichtung der Girondisten in Bordeaux eine Weisung des Wohlfahrtsausschusses veröffentlicht, die von Marc-Antoine weitergeleitet oder verfaßt wurde (dieser Punkt bleibt unklar). Sie befiehlt, »die Häuser, in denen Guadet, Salles, Pétion, Buzot und Barbaroux sich aufgehalten haben, dem Erdboden gleichzumachen und die Militärkommission nach Saint-Emilion zu verlegen, um Helfershelfer oder Komplizen, die die Verschwörer versteckt hatten, an Ort und Stelle zu vernichten«.

Lebt hier nicht der alte Sühnegeist wieder auf, der über die Bestrafung des Schuldigen hinaus die Vernichtung seiner ganzen Sippe verlangt, der Nachkommen wie der Vorfahren, und der alles von der Erde tilgen möchte, was an das Opfer erinnert? Man muß bis zu den ältesten biblischen Völkern zurückgehen, um eine ähnlich zerstörerische Wut, einen ähnlichen rauschhaften Haß zu finden. Der moralische Rückschritt der Revolutionäre ist unverkennbar. Und so soll das Zeitalter der Aufklärung zu Ende gehen?

Es ist nicht Aufgabe Marc-Antoines, diesen entsetzlichen Richterspruch ausführen zu lassen. Aber auch hier darf man nicht vergessen: All dies ist erst durch seinen Eifer ausgelöst worden. Er selbst jedenfalls vergißt es nicht . . . Bordeaux, an einer breiten Flußmündung in einem oft sumpfigen Gebiet gelegen, hat ein Klima, das die Verwesung begünstigt: Die Sommer sind glühend heiß, während die Luft stillzustehen scheint und ein fahler Dunstschleier sich vor die Sonne legt. Nicht ohne Grund haben die Einwohner sich über die verpesteten Ausdünstungen der Place Nationale beschwert: Der Gestank der stehenden Abwässer in den Abzugsgräben entlang den Straßen (das Kanalisationsnetz wird erst sehr spät erweitert) wird aufdringlicher in diesen Tagen, die ein Gewitter zu bergen scheinen, das sich niemals entlädt. Man träumt von einem reinigenden Wind, heftigen Regenfällen, dem Frost des Winters. Die Schreckensherrschaft hat in dieser Stadt ihren Geruch gefunden.

Marc-Antoine würde sie gerne so bald wie möglich verlassen. In allen Briefen an den Wohlfahrtsausschuß verlangt er, den Volksvertreter zu senden, der Ysabeau ersetzen und seine Interimsverwaltung beenden soll. Endlich, am 10. Juli 1794, kommt der Abgeordnete Jean Garnier, genannt Garnier de Saintes, in Bordeaux an. Er ist ein stiller, mutiger Mann von vierzig Jahren, der bereits als Konventsbeauftragter in der Vendée gewesen ist und dort einige schwierige Aufgaben gemeistert hat. Obwohl Anhänger der Schreckensherrschaft, weiß er seine Menschlichkeit zu beweisen; er wird der Urheber einer Gesetzesvorlage sein, die eine Rente für Witwen und Waisen Hingerichteter vorsieht. Im Moment jedoch hat er gemäß dem Auftrag des Konvents die Hinrichtung der Mitglieder von Guadets Familie zu überwachen. Sie findet am 2. Thermidor statt, zehn Tage nach seiner Amtsübernahme. Marc-Antoine beschäftigt sich mit der Entwicklung des Unterrichtswesens. Es wird heißer und heißer, über dem Himmel liegt ein dunstiger Schleier, die Luft wirkt schwer und drückend. Der undefinierbare Geruch, ein Gestank von modrigem Wasser, Schlamm und Verwesung, ist stärker als je zuvor.

XV
Den Thermidor überleben

Obwohl er jetzt eigentlich seinen Sitz im Exekutivausschuß für das Unterrichtswesen in Paris wieder einnehmen müßte – der Ausschuß hat ihn ja nur für eine zeitlich begrenzte Mission abgestellt –, zögert Marc-Antoine, Bordeaux zu verlassen. Noch kurz zuvor hat er es kaum erwarten können, diese Stadt des verpesteten Atems verlassen zu können, eine Stadt, von der er bereits weiß, daß einige seiner schlimmsten Erinnerungen auf immer mit ihr verbunden sein werden – und nun verlängert er ohne erkennbaren Grund seinen Aufenthalt. Vielleicht hat er von seinen Eltern oder von seiner Verlobten Briefe erhalten, die ihm die politische Lage in der Hauptstadt in beunruhigenden Farben ausmalen. Aber schon die aufmerksame Lektüre der Zeitungen von Paris wird ausgereicht haben, ihm die Situation dort zu erhellen; aus den Artikeln spricht indirekt, daß der Wohlfahrtsausschuß, seit einiger Zeit bereits im offenen Kampf gegen den allgemeinen Sicherheitsausschuß und zunehmend in Opposition gegen das unberechenbare Verhalten Robespierres, unter inneren Spannungen zu leiden beginnt. Das Nebeneinander der Gemäßigten wie Carnot oder Lindet und der Maximalisten des Schlages von Collot d'Herbois oder Billaud-Varenne konnte nicht mehr lange andauern. Der Streitereien überdrüssig, hat Robespierre es aufgegeben, den Ausschußsitzungen beizuwohnen, und seine Abwesenheit begünstigt die Bildung eines Komplotts, das ihn stürzen und in dem Tallien, angestachelt von rachedurstigen Briefen Teresas, eine bestimmende Rolle spielen wird.

Die geringe Eile, die viele Politiker oder hohe Beauftragte des Staates zeigen, wenn es darum geht, von Aufgaben in der

Provinz in die Hauptstadt zurückzukehren, darf nicht unterschiedslos als Feigheit gedeutet werden. Es ist natürlich, daß sie es vorziehen, sich aus dieser wilden Schlacht herauszuhalten, in der persönliche Elemente dominieren und in der Rachsucht und alter Groll mit politischen Richtungskämpfen Schritt halten. Die Situation verändert sich schnell, und es ist zu erwarten, daß sie sich innerhalb kurzer Zeit klären wird, denn Robespierre hat die Absicht, den Konvent aufzufordern, jene Meinungsverschiedenheiten zu entscheiden, die zwischen ihm und den Ausschüssen bestehen. Angesichts einer solchen Lage warten die Männer in der Provinz klugerweise ab, wohin sich die Dinge in Paris wenden werden.

Dann der 9. Thermidor. Das Geschehen dieses Tages wird in Bordeaux allerdings erst einige Tage später bekannt. Die Stadt lebt weiter im Schatten des Terrors, und dies auch noch in dem Augenblick, als man in Paris den Unbestechlichen zusammen mit seinen Freunden guillotiniert. Auch der schnellste Kurier, der, von Posten zu Posten mit frischen Pferden versorgt, unablässig galoppierte, hätte fast zwei Tage gebraucht, um Neuigkeiten von Paris nach Bordeaux zu bringen. Darüber hinaus aber hielt es in der Hauptstadt niemand für klug, mit dieser Nachricht unter die Leute zu gehen. Was da in Paris geschehen war, hatte für den Rest Frankreichs entweder nicht genug Wichtigkeit oder trug im Gegenteil das Risiko einer zu großen Gewichtigkeit, als daß man Boten in alle Himmelsrichtungen ausgeschickt hätte. Für den Bewohner des Landes, der Dörfer und der Kleinstädte war »der Unbestechliche« nie mehr als einer von vielen Politikern, ein wichtiger sicherlich, sogar ein furchterregender, aber dies nicht in höherem Maße als andere. Für die aufgeklärten Bürger der Städte aber oder für die Sansculotten in diesen Städten war Robespierre ganz im Gegensatz dazu die Seele der Revolution. Das Bekanntwerden seiner Hinrichtung konnte sowohl Freude als auch eine für den öffentlichen Frieden gefährliche Unruhe auslösen, vielleicht auch im Klan der Jakobiner einen Zornesausbruch, der schwere Unruhen zur Folge hätte. Daher gibt es keine reitenden Kuriere, die in die Provinz eilen, um dort Sturz und Tod Robespierres zu verkünden, ein Ereignis, das praktisch der Revolution ein Ende setzt. In den Kleinstädten hört man von der Neuigkeit in den meisten Fällen erst durch die Zeitung *Le Moniteur*,* die mit der regulären Post ankommt.

Aber Marc-Antoine ist an dem Morgen, an dem die Einwohner der Stadt die Zeitschrift aus Paris in die Hand bekommen, nicht mehr in Bordeaux. Er ist am Tag zuvor, dem 13. Thermidor, nach La Rochelle aufgebrochen, wo Freunde, die er bei seinem ersten Aufenthalt einige Monate früher dort kennengelernt hat, ihn schon lange zu einem Besuch aufgefordert haben. Auf dem Weg dorthin, auf einer Station, hört er vom Tode Robespierres, Saint-Justs, Couthons und so vieler anderer mit ihnen. Wenn man sich an das hält, was er in den Stunden, die der Nachricht folgten, geschrieben oder erklärt hat, so zeigt er mehr Schock als Schmerz. Es ist sehr viel Zeit vergangen seit jenem Tage, an dem er Robespierre unter den Jakobinern zum erstenmal gesehen hat, einen Robespierre, der noch im Glanz seiner Intelligenz und in der ganzen Reinheit seines politischen Glaubens strahlte. Damals hat Robespierre in Marc-Antoine ein Empfinden der Dankbarkeit und der Bewunderung geweckt, das dem Gefühl der Liebe sehr nahe kam. Aber Robespierre hat sich ihm niemals geöffnet, obwohl er Marc-Antoine immer wieder bewies, wie sehr er ihn schätzte. Robespierre war ein Mann einer eisigen Gunst, und er wurde der Freundschaft eines Marc-Antoine schnell überdrüssig, besonders da dieser zu Vertraulichkeiten, wenn nicht sogar zu Gefühlsausbrüchen neigte. Schließlich überzeugten Marc-Antoine seine letzten Zusammenkünfte mit Maximilien in Paris, daß Robespierre, der doch beanspruchte, ganz dem Volk ergeben zu sein, sich schon weiter von den Menschen zurückgezogen hatte als je ein Mystiker, als je ein »reiner Geist«. Für was kämpfte er? Für welche abstrakte Humanität, für welche vergeistigte Tugend? Welch ein Widerspruch lag in dieser politischen Strenge, die

* Der Ratgeber.

darauf beharrte, die Freiheit, Gleichheit und Gerechtigkeit von jedem Gedanken des Glücks zu trennen!

Im übrigen kann Marc-Antoine als guter Revolutionär kaum anders, als eine Art trauriger Resignation zu empfinden, als er vom Sturz und vom Tode Robespierres hört. Wie alle seine Gesinnungsfreunde hat Marc-Antoine aus der republikanischen Legalität eine Religion gemacht. Robespierre ist nicht das Opfer eines Attentats geworden – der Pistolenschuß, den der Gendarm Merda auf ihn abgefeuert hat, war nicht tödlich. Er ist offiziell verhaftet, dann vom Konvent geächtet worden, von einer Versammlung von Vertretern des Volkes also, und schließlich wurde er auf öffentlichem Platze hingerichtet, vor den Augen der Citoyens. Das Gesetz ist demnach am 9. und 10. Thermidor vollkommen respektiert worden, jenes Gesetz, dessen Begriff überall in der Revolution eine so große Rolle spielte, auf allen offiziellen Dokumenten, auf allen Plakaten an den Hauswänden, auf allen Insignien, allen Emblemen, allen Fahnen, oft auf den Liktorenbündeln selbst, aus denen ein Richtbeil herausragte, das Symbol der Strenge.

Einigen mag die Haltung Marc-Antoines unmittelbar nach dem Sturz Robespierres hart und undankbar vorkommen, sie sehen in ihr vielleicht den Ausdruck einer Verleugnung aus politischer Vorsicht. Sie ist aber nichts anderes als pflichtbewußter Bürgersinn. Marc-Antoines Verhalten wird dies sehr schnell erweisen: Er wird die politische Haltung des »Unbestechlichen« verurteilen, niemals aber die Prinzipien, für die Robespierre zu kämpfen beanspruchte. Wie auch immer, man kann sich vorstellen, in welche geistige Unruhe und Aufgewühltheit ihn die Neuigkeit von Sturz und Tod Robespierres warf. Die Wegstrecke, die er im Wagen noch bis La Rochelle zurückzulegen hat, erlaubt ihm indessen, die Lage in größerer Ruhe zu analysieren, und so steigt er mit gefestigtem Gesichtsausdruck unter dem prächtigen Portal Ludwigs XV. vor der alten Intendantur von La Rochelle aus der Kutsche. Dort empfängt ihn der Polizeikommandant. Höflichkeiten werden ausgetauscht: Die Behörden in der Provinz wissen nicht mehr so ganz genau, wer inzwischen den Wohlfahrtsausschuß, das heißt in anderen Worten die Regierung, vertritt. Robespierre ist gerade als Verräter hingerichtet worden, als Verbrecher, aber der Polizeikommandant von La Rochelle läßt trotzdem auf alle Fälle seine Truppen vor diesem jungen Mann antreten, der der Privatagent des »Unbestechlichen« gewesen ist. Er sagt sich sicher, daß er sich, sollten ihm am folgenden Tag Vorwürfe gemacht werden, immer auf einen Mangel an Information und Anweisungen zurückziehen kann.

Aber Marc-Antoine ist nicht nach La Rochelle gekommen, um dort den Offiziellen der Stadt zu begegnen. Seine Freunde sind die Mitglieder der dortigen Volksgesellschaft. Sie sind niedergeschlagen, verwirrt, haben Angst vor der Zukunft, und er macht sich daran, sie zu trösten: Die Republik ist nicht untergegangen, zum Teufel! »Die ungeheure Autorität, die Robespierre ausstrahlte, mußte ihn der Unruhe, der Eifersucht und dem strengen Mißtrauen der Republikaner verdächtig machen«, erklärt er ihnen in einem Vortrag, der später gedruckt werden sollte. »Der 9. Thermidor wird kein Unheilstag der Revolution sein, wie sehr auch die Aristokratie versuchen wird, ihn für sich zu nutzen.« Er fordert die Patrioten auf, die Reihen um den Konvent zu schließen. Er stellt den 9. Thermidor als einen schmerzlichen »Unfall« dar, der aber die Revolution in ihrem geschichtlichen Gang auf die wahre Gleichheit, die soziale Gleichheit zu nicht aufhalten wird. Davon ist Marc-Antoine in der Tat überzeugt. Aber schon am nächsten Tag entdeckt er, als er die neuesten Zeitungen aus Paris liest, wie mächtig die Gegenbewegung ist, die durch den Sturz Robespierres freigesetzt wird.

Das ist fast eine Konterrevolution. Die Eliminierung der Gefolgschaft Robespierres (Dutzende von Köpfen rollen) führt praktisch zur physischen Vernichtung der Bergpartei. Die gesamte Linke ist in ihrer Existenz bedroht. »Die Briganten triumphieren!« – das sind die letzten Worte Robespierres gewesen. Die Zeitungen hüten sich, sie wiederzugeben, aber sie erweisen sich als der Realität angemessen. Tallien, der elende Tallien, ist allmächtig geworden. Er ist es, der sich in der Furcht um sein Leben und das seiner Mätresse Teresa an die Spitze der Bewegung gestellt hat, die sich gegen Robespierre wandte; er hat in der Versammlung des 9. Thermidor theatralisch den Dolch des Brutus gezückt, hat jene gefühlsbetonte Kettenreaktion in Gang gesetzt, die eine große Zahl von bis dahin unentschiedenen Deputierten in die Opposition gegen Robespierre gezogen hat. Trunken im Gefühl seines Sieges, aber auch im Bewußtsein von dessen Zerbrechlichkeit – denn alles verändert sich in dieser Zeit so schnell – eilt er, sich an dem zu rächen, den er seit sechs Monaten hat ertragen müssen.

Vom 11. Thermidor an klagt er von der Rednertribüne des Konvents herab die Taten Marc-Antoine Julliens des Jüngeren, des Handlangers Robespierres, in Bordeaux an. Aber die Versammlung, die keine hohe Meinung von Tallien hat, auch wenn sie anerkennt, daß er zwei Tage zuvor – wenn auch mit den Mitteln eines schlechten Tragöden – den »psychologischen Schock« verursacht hat, der den Sturz Robespierres möglich machte, hört nicht auf ihn. Auf die Forderung Julliens des Älteren hin, eines einhellig geehrten Mannes, geht sie zur Tagesordnung über. Marc-Antoine hört, immer noch durch die Zeitungen, in La Rochelle davon und entscheidet sich nun, sofort nach Paris zurückzukehren, um sich zu verteidigen.

Seine Feinde behaupten, er habe vorgehabt, an Bord eines Schiffes ins Ausland zu fliehen. Vielleicht hätte er das getan, wenn die Versammlung dem Antrag Talliens gefolgt wäre und ihn geächtet hätte. Unter den Umständen nach Paris zurückzukehren oder auch nur in Frankreich zu bleiben wäre mit einem widerstandslosen Gang zur Guillotine gleichbedeutend gewesen. Da die Ächtung ihm für den Augenblick erspart geblieben ist, kann er es wagen, in die Hauptstadt zurückzukehren und dort seine Sache selbst zu vertreten. Er begibt sich also auf die Reise. Nicht ohne Besorgnis: Jeden Tag versichert er sich aufs neue in den Zeitungen aus Paris, daß er nicht im Gefolge eines neuen Antrags Talliens in der Nationalversammlung geächtet worden ist.

In der Nähe von Niort, an einer Station, trifft er einen Kurier, der erklärt, er sei den neuen Delegierten des Regierungsausschusses vorangesandt, die nach Bordeaux abgeordnet sind. An der Spitze dieser Delegierten steht Ysabeau, ungeduldig, vor den Augen der Menschen von Bordeaux Revanche zu fordern. Marc-Antoine bleibt nichts anderes übrig, als sich im Fond seiner Kutsche zu verbergen, um nicht von den Reisenden in den entgegenkommenden Gefährten gesehen zu werden. In der Herberge von Sainte-Maure-de-Touraine, vor Tours, gibt es ein weiteres Zusammentreffen: Er begegnet dem Deputierten Nioche, den er kennt, denn der ist ein Freund seines Vaters. Die Herzlichkeit Nioches beruhigt Marc-Antoine, aber er ist sofort aufs neue beunruhigt, als er aus dem Mund des Deputierten hört, daß Ysabeau, der seinen Weg in der vorangegangenen Nacht gekreuzt hat, vom Wohlfahrtsausschuß einen Verhaftungsbefehl gegen ihn erwirkt hat. Ein Befehl, der vermutlich an alle Milizen des Staates gegangen ist. Überdies hat Nioche in einem benachbarten Zimmer einen Mitarbeiter von Ysabeau erkannt, der seinem Vorgesetzten mit einem Tag Verspätung nachreist . . .

Marc-Antoine bricht in großer Hast wieder auf: Paris erscheint ihm nun wie ein sicherer Hafen; dort befinden sich sein Vater, seine Mutter, seine treuen Freunde, darunter Saint-Cyr Nugues. Durch einen Eilkurier kündigt er ihnen den Tag und die ungefähre Stunde seiner Ankunft an. Ihm bleibt noch immer viel Zeit in der Kutsche auf von Schlammlöchern übersäten Straßen. Die Verwaltung der Departements ist in ihrer Arbeit entweder durch den Geist der Konterrevolution gebremst oder durch die Schreckensherrschaft gelähmt. Die lange Zeit, die die Reise in Anspruch nimmt, begünstigt das Nachdenken. Dies ist der 20. oder 21. Thermidor, mehr als zehn Tage liegt der Sturz Robespierres bereits zurück. Marc-Antoine verfügt nun nach seiner Unterhaltung mit Nioche und dank den Zeitungen, die er sich besorgen konnte, über alle Informationen, die die kürzlichen Geschehnisse in Paris betreffen. Er sieht deutlich die Fehler, die Robespierre begangen hat. Seine Unentschlossenheit am 8. und vor allem am 9. Thermidor, seine Nachgiebigkeit, sein Widerwille – geboren aus dem Respekt vor der republikanischen Legalität –, die Sansculotten der noch zuverlässigen Vorstädte zu sammeln und sie den weit weniger entschlossenen Truppen des Konvents entgegenzustellen.

Aber, man muß es immer wieder sagen, die Straße ist niemals das Schlachtfeld gewesen, das Robespierre bevorzugt hat. Das Gesetz, das Gesetz, immer das Gesetz! (Selbst wenn es sich um das widerwärtige Gesetz des Prairial handelt.) Auf der anderen Seite – wer war jemals gewandter in den politischen Manövern, wer war jemals fähiger dazu, trotz einer oft bemühten Rhetorik sich zur beherrschenden Stimme einer Volksversammlung aufzuschwingen? Und trotzdem verlor er im Konvent, auf dem Feld, das ihn eigentlich hätte begünstigen müssen, das Spiel endgültig. Und wer brachte ihn zu Fall? Tallien! Ein mittelmäßiger Mann, mittelmäßig sogar in seiner Unehrlichkeit.

Um eine Umkehrung der Machtverhältnisse in der Volksversammlung zu erreichen, hat Tallien eine Art Verschwörung auf die Beine gestellt und am 9. Thermidor eine theatralische Vorstellung geliefert. Während seine Komplizen mit großem Lärm Robespierre und Saint-Just am Reden hinderten, sprang er auf die Tribüne und stellte den Tumult in der Nationalversammlung dar als einen allgemeinen Verrat der Politik des »Unbestechlichen« und seiner Freunde. In großer Unordnung wurden Robespierre und seine Verbündeten auf Antrag Talliens verhaftet: »Der Schleier ist schließlich zerrissen!« rief Tallien aus. »Ich sehe, daß sich eine Armee des neuen Cromwell bildet, und ich habe mich mit einem Dolch bewaffnet, um ihm die Brust zu durchbohren, wenn der Nationalkonvent nicht den Mut hat, seine Verhaftung zu erklären!« Er zieht die Klinge aus der Tasche und schwenkt sie vor den Augen der Deputierten, die sich in ihrer Verwirrung fragen, ob sie die Entscheidung, Robespierre zu verhaften, die ihnen entrissen worden ist, nicht zurücknehmen sollten. Der Anblick des Dolches beeindruckt sie. Um die Würde der Nationalversammlung zu wahren, muß man es unbedingt vermeiden, daß in diesem Saal Blut fließt. Schließlich sind Robespierre und seine Freunde trotz allem lediglich verhaftet; es bleibt ihnen nach wie vor die Möglichkeit, sich zu verteidigen, sich zu rechtfertigen ... Die Folgen sind bekannt.

Robespierre scheint gewußt zu haben, daß Tallien ihm gefährlich werden könnte. Warum hatte er Marc-Antoine Ende Mai nach Bordeaux geschickt, wenn nicht, um dort durch ihn Beweismaterial über die Unterschlagungen und die politischen Delikte zu sammeln, deren sich Tallien während seines Prokonsulats dort schuldig gemacht hatte? Die Zeugenaussagen aber, über die man im Wohlfahrtsausschuß verfügte, erwiesen nicht mit restloser Klarheit die Schuld Talliens. Robespierre hatte sich darauf beschränkt, Tallien im Februar 1794 nach Paris zurückzurufen. Ein erstaunlicher Irrtum eines Mannes, der so umsichtig war wie der »Unbestechliche«. Man muß mit aller Strenge strafen oder gar nicht; den Mittelweg zu wählen, das bedeutet, die Schlange zu strafen, indem man ihr nur auf den Schwanz trat.

Die Verhaftung und Einkerkerung von Teresa Cabarrus, die sich vor allem gegen Tallien richtete, aber auch aus unklaren persönlichen Gründen von Marc-Antoine gefordert wurde, war ebenfalls Teil dieser indirekten Sanktionen, die auf halbem Wege stehenblieben und nur den Effekt hatten, den Zorn der Betroffenen aufzustacheln und das Ehrgefühl jener zu wecken, auf die sie zielten. Tallien liebte Teresa wirklich oder war zumindestens von ihr in hohem Maße fasziniert. Ihre Hilferufe aus dem Gefängnis de La Force quälten ihn. Viel spricht dafür, daß dieser Mann, der ansonsten so wenig Achtung verdient, das Leben seiner Mätresse noch vor das eigene Leben stellte. Das heißt nicht, den Roman künstlich in die Geschichte einzuführen – wo er im übrigen reichlich vertreten ist –, sondern es heißt, jenen Brief Teresas an Tallien in seiner Bedeutung richtig einzuschätzen, den sie zwei Tage vor dem 9. Thermidor an ihn richtete: »Der Polizeichef hat mich eben verlassen; er hat mir angekündigt, daß ich morgen das Tribunal besteigen werde, das heißt das Schafott. Das ähnelt sehr wenig dem Traum, den ich in dieser

Nacht geträumt habe: Robespierre lebte nicht mehr, und die Tore der Gefängnisse standen offen. Aber dank Eurer ungeheuren Feigheit findet sich niemand mehr in Frankreich, der in der Lage wäre, diesen Traum zu verwirklichen.« Halb verrückt vor Schmerz und aufs äußerste herausgefordert, antwortet Tallien: »Beruhigen Sie sich, ich werde den Mut zum Handeln beweisen!« Und er bewies ihn tatsächlich – am 9. Thermidor. Der Dolch, mit dem er sich bewaffnet hat, ist vielleicht doch nicht dazu bestimmt gewesen, in jedem Fall ein theatralisches Accessoire zu bleiben. Es ist durchaus möglich, daß Tallien versucht hätte, Robespierre zu töten, wenn die Versammlung dessen Verhaftung nicht beschlossen hätte.

Marc-Antoine hat sicherlich das Ultimatum, das Teresa Tallien stellte, nicht ernst genommen: flehentliche Bitte und Herausforderung zugleich, eine Verbindung, die Tallien tief aufwühlte. Aber auch ohne diesen Brief hätte Tallien wahrscheinlich gehandelt. Seit einigen Tagen hatte er seinen Angriffsplan vorangetrieben, hatte sich der Unterstützung mehrerer Konventsmitglieder versichert. Marc-Antoine konnte sich daher zu Recht zum Teil für den 9. Thermidor verantwortlich fühlen. Wenn er in Bordeaux die Untersuchung gegen Tallien genauer geführt hätte, wären unvermeidlicherweise dessen Umtriebe während der Zeit, als er Herr der Stadt war, ans Licht gekommen. Und diese Tatsachen hätten es erlaubt, Tallien zu vernichten. Aber Antoine hatte sich darauf beschränkt, vor dem Wohlfahrtsausschuß lediglich jene Anklagen gegen Tallien zu wiederholen, die seit Monaten allen geläufig waren. Denen zufolge hatten der Beauftragte des Ausschusses und seine Geliebte Verdächtige gegen Geldzahlungen freigelassen. Beweise? Marc-Antoine hatte es nicht verstanden, zweifelsfreie Beweise aufzutreiben. Es ist wahr, daß auch die Polizei bestochen war. Trotzdem, es waren nicht die Unterschlagungen, die Robespierre und den Wohlfahrtsausschuß vor allem interessierten. Robespierre hatte Tallien nach Paris zurückbefohlen, weil dieser eine zunehmend gemäßigte politische Richtung erkennen ließ. Nachdem er in Bordeaux anfangs ohne große Untersuchungen eine Reihe von Köpfen hatte rollen lassen, war seine plötzliche Milde eine Folge – zumindest wurde dies von einigen Zeugen behauptet – seines geheimen Einverständnisses mit dem Großbürgertum der Stadt, jenem Gefahrenherd der Konterrevolution. Es handelte sich hier nicht einfach um alltägliche Bestechlichkeit, sondern vielmehr um ein politisches Komplott, um ein Unternehmen, das darauf zielte, die Herrschaft der Bergpartei zu beenden. Die Bourgeoisie von Bordeaux, die bekannt war für ihren Regionalismus, für ihr Kastenbewußtsein, das häufig bis zu einer Art Stammesdenken ging, war durch Interessengleichheit mit dem Großbürgertum aller anderen Städte in Frankreich verbunden. Als Mann der Ordnung hätte Robespierre sich durchaus mit dieser gesellschaftlichen Klasse verbünden können, wenn er sich nicht den egalitären Ideen verpflichtet gefühlt hätte und wenn er nicht entschlossen gewesen wäre, sich ganz auf die Sansculotten zu stützen. Aber auch das Bürgertum seinerseits traute ihm nicht, fand ihn seit dem Anfang des Jahres 1794 unberechenbar – mit diesem blinden Terror, der nach allen Seiten zuschlug, mit diesem Kult des Höchsten Wesens, mit seinem unbeugsamen Nationalismus, der jede Allianz mit benachbarten Staaten unmöglich machte . . . Kurz, es war unbedingt notwendig, ihn zu beseitigen. Mit Männern wie Tallien an der Spitze des Staates war es dem Großbürgertum möglich, sich mit der Republik auszusöhnen; man würde recht schnell die frühen Exekutionen seiner »Herrschaft« in Bordeaux vergessen. Die reaktionäre Bewegung des Thermidor also schwelte in Bordeaux seit dem Januar 1794. Tallien begünstigte sie durch Nachgiebigkeit (Ysabeau war nichts als ein blinder Gefolgsmann), und Teresa Cabarrus unterstützte sie aktiv. Sie bereitete sich bereits darauf vor, sich den Beinamen »Notre-Dame de Thermidor« zu verdienen, den man ihr nach dem Sturz Robespierres verleihen sollte.

Marc-Antoine war den Plänen des Paares ziemlich schnell auf die Spur gekommen und hatte geglaubt, ihre Verwirklichung dadurch verhindern zu können, daß er wiederholt Gefängnishaft für Teresa forderte. Er erkannte nicht, wie leichtfertig und unklug es war, Teresa festzusetzen, Tallien aber die Freiheit zu lassen. Marc-Antoine war ein unschuldiger, junger Mann, hatte vielleicht zu der Zeit noch gar keine Erfahrung mit Frauen, und er konnte sich die Kraft einer solchen leidenschaftlichen Liebe kaum vorstellen. Tallien war bereit zu sterben – im Verlauf eines Staatsstreichs oder bei einem Attentatsversuch auf Robespierre –, um Teresa zu retten. Marc-Antoine hätte den Liebhaber und die Geliebte konsequenterweise zusammen ins Gefängnis werfen müssen, sie aburteilen und auf die Guillotine führen lassen müssen. Und wiederum war es Marc-Antoine allein, der für dieses Vorgehen die Gründe hätte liefern können, indem er die Beweise für Vergehen Talliens in Bordeaux dem Wohlfahrtsausschuß überlieferte.

Er hat diese Beweise nicht geliefert, und nun triumphieren, in den Worten Robespierres, die Briganten. In Wahrheit hat Robespierre kaum Grund, sich darüber zu beklagen, daß sich unter den Männern, die ihn von dem Thron gestoßen haben, auf den er sich selbst gesetzt hat, nur verächtliche Kreaturen befinden. Jene, die auch in seinen Augen vielleicht würdig gewesen wären, ihn zu stürzen, hat er töten lassen. Und Marc-Antoine hat ihm dabei geholfen, indem er die Gefangennahme der letzten Girondisten ermöglichte oder indem er Männer wie Pétion zum Selbstmord trieb. Die »Briganten« neigen eher zur Rache als zur Gerechtigkeit. Nach einem Trugbild von einem Prozeß werden alle Robespierristen auf das Schafott geschickt: einhundertacht Personen in wenigen Tagen. Marc-Antoine, der Benjamin, die Hoffnung der jakobinischen Familie, ist nicht dabei.

Damit er nicht beim Eintritt in die Stadt von der Wache festgenommen wird – die Posten haben eine Liste von gesuchten Personen –, hat Clément de Ris, der Vater seiner Verlobten, die Hauptstadt verlassen und erwartet ihn in Bourg-la-Reine in einer Leihkutsche, die die Aufmerksamkeit der Wachtposten nicht so auf sich zieht wie ein privater Reisewagen. Im übrigen besitzt Clément de Ris, der ein hoher Beamter der Stadtverwaltung ist, einen Passierschein, der zugleich für die Person in seiner Begleitung gültig ist. Die beiden Männer fahren in die Rue Saint-Jacques, wo die ganze Familie und Clémentine sich zusammengefunden hat. Marc-Antoine wird sich in Paris nicht verstecken, das ist die einhellige Meinung: Er ist gekommen, um sich seinen Anklägern zu stellen, unter denen sich – kaum zu glauben – auch Carrier befindet. Alle Freunde und Verwandten von Marc-Antoine stimmen seiner Absicht zu, sich dem Wohlfahrtsausschuß zu stellen. Es gibt für ihn keine bessere Art, zu beweisen, daß er sich nichts vorzuwerfen hat.

Ein lakonischer Satz von Rosalie Jullien auf einer Seite ihres Tagebuchs, die zufällig der Vernichtung entgangen ist, gibt den besten Eindruck von der Atmosphäre in der Rue Saint-Jacques an diesem Abend. Es ist eine Atmosphäre der Traurigkeit, die aber zugleich geprägt ist von Entschlossenheit: »Jules ist aus Bordeaux gekommen. In zwei Stunden wird er sich dem Wohlfahrtsausschuß stellen.« Kein weiteres Wort. Der einzige Hinweis auf die tiefe Bewegung Rosalie Julliens ist der Vorname Jules, heraufgeholt aus einer glücklichen Vergangenheit, ein Name wie erleuchtet von der Helligkeit der Kindheit, dem Sommer von Pizançon. Aber aus der Wahl des Vornamens spricht auch etwas Schreckliches: Der Tod ruft uns immer bei unserem Kindheitsnamen.

Der Tod? In dem kleinen Salon in der Rue Saint-Jacques scheint niemand an ihn zu denken. Seit zwei Stunden wiederholen sich die Anwesenden immer wieder die Gründe, weshalb Marc-Antoine nicht nur von den Anklagen, die gegen ihn erhoben werden, freigesprochen, sondern im Gegenteil für seine Handlungsweise in Bordeaux beglückwünscht werden wird. Ist ihm etwa nicht die Verhaftung der geächteten Girondisten zu danken? (Rosalie hat dieses Vorgehen ihres Sohnes sicher nicht sehr geschätzt, aber sie wagt das nicht zu sagen. Seit zwei Jahren ist das Mitleid zu oft in die Nähe des Verrats gerückt worden.) Kann der Wohlfahrtsausschuß all das, was Marc-Antoine getan hat, vergessen, seine Verdienste wie die Stärkung der Volksgesellschaften im Westen oder den

Aufbau des republikanischen Theaters in Bordeaux? Sicher nicht! Alle sind sich einig. Dann wird es wieder still im Salon; eine Stille, die anhält und in der jeder es vermeidet, seinem Gegenüber in die Augen zu sehen.

Marc-Antoine hat seine Uhr hervorgezogen: Es ist Zeit, »dort hinzugehen«. Einige schnelle Umarmungen, die Zähne zusammengebissen. Dann ist er schon im Wohlfahrtsausschuß im Hôtel d'Elbœuf an der Place du Carrousel, wo er sich durch den Türhüter beim geschäftsführenden Präsidenten anmelden läßt. Das ist Jean-Baptiste Treilhard, ein Magistratsbeamter von großer Umsicht, der erst unter dem Ersten Empire hochgeehrt sterben sollte. Er läßt Marc-Antoine eine Stunde warten. Schließlich wird er in den Ausschußsaal geführt, in dem sich neben dem Präsidenten noch Billaud-Varenne und Collot d'Herbois, die bald darauf verhaftet und deportiert werden, sowie Tallien, der Mann der Stunde, befinden. Marc-Antoine erklärt, daß er gekommen sei, um auf die Anklagen gegen ihn zu antworten. Der Präsident fordert ihn auf, in einen benachbarten Raum zu gehen und dort zu warten, bis der Ausschuß eine Entscheidung gefällt hat. Wenig später kommen die Gendarmen und verhaften ihn.

Er wird in das Gefängnis von Carmes an der Rue de Vaugirard geführt, eines der Gefängnisse, das von den Septembermorden betroffen war. Es ist ein altes Klostergebäude, dessen Zellen sich als Gefängnisse anboten. Marc-Antoine erfährt bald von seinen Gefängniswärtern, daß seine Nachbarn Madame Pétion und ihr Sohn sowie Madame de La Fayette sind. Die ganze Geschichte der Revolution ist hier in drei oder vier Zellen zusammengefaßt: die konstitutionelle Monarchie mit der Frau des alten Kommandanten der Nationalgarde, der Girondismus mit der Witwe des früheren Bürgermeisters von Paris, der Robespierrismus mit Marc-Antoine. »Bizarre und schreckliche Wechselfälle der Revolution!« schreibt er an den Rand jenes Heftes, in dem die Briefe seiner Mutter abgeschrieben sind. Wie hätte er in der Tatsache, daß Madame Pétion und ihr Sohn sich mit ihm im selben Gefängnis befanden, nicht eine weitere Äußerung jener Schicksalhaftigkeit sehen können, die seit einigen Jahren sein Los an das Pétions band? Über diesen Mann schrieb Rosalie Jullien ein wenig früher, das heißt in der ersten Periode der Revolution: »Alles, was man mir über Pétion berichtet, erhöht meine Hochachtung und meine Bewunderung für ihn.« Und auf diesen Mann hat er, Marc-Antoine, die Hunde gehetzt? Wie hätte dieses zufällige Zusammentreffen im Gefängnis nicht jenes mythische Bild vom Geist des Opfers in ihm wecken sollen, der unermüdlich den Täter verfolgt? Diese alte manichäische Moral muß zumindestens für einen Augenblick im Geiste Marc-Antoines die feste revolutionäre Logik, die jede Reue ausschloß, verdunkelt haben.

Solche irrationalen Gedanken sind immer das Anzeichen einer gewissen Verwirrung. Seit dem 9. Thermidor ist für die Mehrheit der Männer der Revolution der Tod wieder furchtbarer geworden. Er ist nicht mehr einfach nur ein Teil der Gefahren jedes Kampfes; er beherrscht seitdem die trüben Begleichungen alter Rechnungen, er ist Teil jener hastigen und summarischen Liquidation dessen, was in den letzten vier oder fünf Jahren geschehen ist. Plötzlich entblößt vom Blendwerk der antiken Tragödie, in das ihn die revolutionäre Rhetorik kleidete, hat der Tod seine alte, grauenvolle Gestalt wieder angenommen. Man beobachtet jetzt an den Revolutionären Zeichen der Schwäche, die noch wenige Monate vorher unvorstellbar gewesen sind. Coffinhal vom Revolutionstribunal versteckt sich fünf Tage auf der Schwaneninsel, die damals ganz von Schilf bedeckt war, und taucht erst wieder auf, als der Hunger ihn in die Stadt zurücktreibt. Andere verkriechen sich, verkleiden sich als Lastenträger, um zu entfliehen . . .

Marc-Antoine bereitet sich im Kerker kraftlos auf seine Verteidigung vor. Wessen klagt man ihn an? Hat er etwas anderes getan, als mit Sorgfalt die Gesetze der Republik anzuwenden? Er ist für keine Hinrichtung direkt verantwortlich. Seine Verbindungen zu Robespierre? Sie waren nicht so gut, wie man jetzt vorgibt. Sicher, er hat ihm oft geschrieben, aber das geschah auf Befehl Robespierres. Und der freundschaftliche Ton seiner Briefe ging nur auf die Bitte Robespierres zurück. »Damit Deine Korrespondenz mit mir freier und herzlicher ist, unterdrücke bitte ganz die offiziellen Begriffe des abgeordneten Bürgers; schreib mir mit Vertrauen und ohne Etikette oder Zeremonie, nenn mich ›Bruder und Freund‹ oder ›mein Freund‹.« Diese Zeilen stehen in einem der ersten Briefe, die Robespierre an ihn richtete. Der »Unbestechliche« war ein guter Psychologe, der wußte, wie man die Freundschaft eines jungen Mannes gewann und sich seiner Aufrichtigkeit versicherte. Marc-Antoine hat nichts anderes getan, als dieser liebenswürdigen Einladung zu folgen. Aber hat er die Herzlichkeit nicht doch etwas übertrieben? In diesem Punkt gibt es in Marc-Antoines Niederschrift eine erkennbare Verlegenheit: »Noch sehr jung, in jenem Alter, in dem die Unerfahrenheit und die Unwissenheit dem Mißtrauen und dem Widerstandswillen wenig Raum lassen, konnte ich als einziger unverführt bleiben von seiner falschen Tugend?« schrieb er in den Notizen für seine Verteidigung. »Konnte ich die heuchlerische Maske durchschauen, mit der er das Verbrechen bedeckte? Ich war angeekelt vom Hochmut Robespierres, von seiner schamlosen und despotischen Sprache, und ich habe im geheimen einigen Patrioten aus Bordeaux gegenüber davon gesprochen, daß wir uns eines Tages der Notwendigkeit gegenüber sehen könnten, ihn zu erdolchen.«

Will man ihm glauben, so hat Tallien ihm am 9. Thermidor diese Idee gestohlen ... Man möchte über den Ton dieser Notizen lachen können; er macht einen fassungslos. Es ist wahr, daß Marc-Antoine sich seit seinem letzten Aufenthalt in Paris von Robespierre gelöst hat, daß er sich einige Kritik an bestimmten Punkten von dessen Politik erlaubt hat; es ist auch wahr – und das ist wichtiger –, daß er nicht nach Bordeaux zurückzukehren wünschte, daß er »diesen schwierigen Posten nicht für sich gefordert hat« (das sind seine Worte), daß er an Robespierre geschrieben hat: »Ich ersehne die Macht nicht.« Er hat andererseits bis zum Schluß die Befehle des Wohlfahrtsausschusses mit Eifer ausgeführt und sich selbst glücklich geschätzt, die Köpfe der letzten geächteten Girondisten dem »Unbestechlichen« wie Trophäen zu Füßen zu legen.

Das ist eine Verleugnung, die traurig macht, die aber auch Verständnis verdient: Man stirbt mit neunzehn Jahren mutig in der Schlacht, aber man kann angesichts des Schafotts schwach werden, vor allen Dingen dann, wenn der Tod unter der Guillotine schandhaft geworden ist. Denn die Reaktion des Thermidor, die sich in ihrer Rechtsprechung zunächst gegen die robespierristischen Kreise wandte, sogar antirevolutionäre Urteile fällte, wurde danach differenzierter. Sie richtete die Schlächter der Schreckensherrschaft hin, aber sie fühlte sich bemüßigt, eine gewisse Unterscheidung zwischen den »Schüben« von Opfern herzustellen. Unmittelbar nach dem 9. Thermidor tötete man die Freunde des »Unbestechlichen«; ein wenig später exekutierte man jene, die er eingesetzt hatte, die Gesetze der Schreckensherrschaft anzuwenden, die aber diese Gesetze häufig in größerer Strenge auslegten, als er es gewünscht hatte; unter diesen waren Coffinhal, Herman, Fouquier-Tinville, Carrier ... Marc-Antoine läuft also Gefahr, in sehr schlechter Gesellschaft zu sterben.

Der Prozeß gegen Carrier, der vergeblich versucht hat, die Tatsache, daß er unter Robespierre in Ungnade gefallen war, in den Augen der Thermidorianer zu seinen Gunsten auszubeuten, erlaubt es Marc-Antoine, das Schweigen zu brechen, das seine geheime Verhaftung ihm seit Wochen auferlegt hat. Er wird als Belastungszeuge aufgerufen, denn er war es, der vor einem Jahr die Rückberufung des blutrünstigen Prokonsuls von Nantes nach Paris gefordert hat. »Ich habe die Stadt Nantes seiner blutigen Tyrannei entrissen. Meine damalige Aussage, niedergelegt in meinen Briefen an den Regierungsausschuß, kann unverändert stehenbleiben, um einen Mann zu belasten, der heute nichts anderes verdient hat, als vor das Gericht der Nation gestellt zu werden« – mehr sagt er nicht zum Gegenstand der Affäre selbst. Aber er läßt die Gelegenheit, von seinem eigenen Fall zu sprechen, nicht ungenutzt vorübergehen. In Wahrheit, sagt er, »müßte ich den Platz Carriers einnehmen und er zusammen mit Tallien den meinen, denn diese beiden Männer haben gegen mich schwere Anklagen erhoben. Ich fordere sie auf, sie vor Ihnen zu wiederholen! Seit Monaten werde ich in Haft gehalten, und ich fordere vergeblich meinen Prozeß. Wenn man mich als schuldig erkennt, muß ich sterben; werde ich aber für unschuldig erklärt, soll man mir erlauben, wieder die freie Luft zu atmen!«

Diese kraftvoll vorgetragenen Worte werden im Saal mit zustimmendem Gemurmel begrüßt. Der Gerichtspräsident selbst ist der erste, der an dem Gefühl dieser Zustimmung teilhat. Er verspricht Marc-Antoine, alles ins Werk zu setzen, damit dessen Forderung schnell erfüllt wird. Um ihm sein Wohlwollen zu zeigen, ermächtigt er die zwei Gendarmen, die Marc-Antoine hereingeführt haben, ihn zu seinen Eltern zu bringen, damit er mit ihnen zu Abend essen kann, bevor er in sein Gefängnis zurückgebracht wird.

Jullien der Ältere, der immer noch einen Sitz im Konvent hat, nutzt die bessere Stimmung der Justizbehörden Marc-Antoine gegenüber aus und erreicht, daß sein Sohn aufgrund eines von den Ärzten pflichtschuldig bestätigten Lungenleidens in ein Pariser Hospital überführt wird, wo er allerdings nach wie vor überwacht wird. Noch immer in geheimer Haft, hat er nicht das Recht, dort Besuch zu empfangen. Eines Tages, als Marc-Antoine im Garten des Hospitals spazierengeht, nähert sich ihm eine Frau in der Kleidung einer Wäscherin, den Waschkorb am Arm. Er erkennt sie sofort, obwohl sie ein Kopftuch trägt: Es ist Madame Fenwick, die Frau des amerikanischen Konsuls, der in Bordeaux Dienst tat, als Marc-Antoine sich dort aufhielt. Er war mit dem Paar, das sich schon aus beruflichen Gründen um gute Beziehungen zu den Behörden der Stadt bemühen mußte, freundschaftlich verbunden, und der amerikanische Konsul hatte ihm eine Wärme erwiesen, die über diplomatische Zwänge weit hinausging. Die Fenwicks hatten davor auch Tallien und Teresa häufig besucht, als diese noch in der Stadt herrschten.

Auch jetzt in Paris sehen sie die beiden von Zeit zu Zeit, denn Fenwick ist gerade nach Paris versetzt worden.

»Ich bin in dieser Verkleidung zu Ihnen gekommen, um das zu tun, was mir meine Gerechtigkeitsliebe und meine freundschaftlichen Gefühle für Sie diktieren«, sagt Madame Fenwick zu Marc-Antoine. »Es ist wohl kaum notwendig, daß ich Sie auffordere, die Quelle der Information geheimzuhalten, die ich Ihnen, wie ich glaube, überbringen muß: Mein Gatte ist Diplomat, und seine Karriere wäre ruiniert, wenn man jemals herausfände, daß ich Sie besucht habe, um Ihnen den Plan Ihrer Feinde zu enthüllen ... Wir waren vor einigen Tagen bei Tallien, der, wie Sie bestimmt wissen, vor kurzem Teresa Cabarrus geheiratet hat, zum Abendessen geladen. Nach Tisch habe ich mich mit Teresa in einer Ecke des Salons niedergelassen, während die Herren in einiger Entfernung mit lauter Stimme miteinander sprachen. Um Tallien herum standen lauter Politiker, vor allem Journalisten: Fréron, Dumont, Courtois, Bentabolle, Méhée, der *L'Ami des citoyens** leitet, die Zeitung Talliens.

Tallien sagte zu den anderen: ›Wir alle sind in höherem oder geringerem Maße, unfreiwillig oder freiwillig die Agenten der Schreckensherrschaft gewesen, die jetzt beendet ist; die Abgeordneten der Gironde, die der Ächtung entgangen sind, werden in den Nationalkonvent zurückkehren; es darf nicht geschehen, daß sie dort unter ihren Kollegen, die Robespierre gestürzt haben, die Verfolger und Mörder ihrer Freunde wiedersehen, denn daraus würden schnell neue endlose Anklagen und innere Zerreißproben folgen, die sich nach draußen fortpflanzen würden. Es ist wichtig, zumindest den Anschein von Einigkeit zu erwecken und unseren Kollegen, jenen, die zurückgekehrt sind, und jenen, die noch in den Konvent zurückkehren werden, jeden Vorwand, uns anzuklagen, zu nehmen. Das ist unser gemeinsames Interesse und auch das Interesse des Vaterlandes, das jetzt endlich Ruhe finden will.

Die Mission in Bordeaux, die ich mit Ysabeau erfüllt habe,

---

* Der Freund der Bürger.

hat uns mehr als andere in den Augen der Abgeordneten der Gironde kompromittiert; aber ein sehr junger Mann, Agent des Wohlfahrtsausschusses, der jetzt im Gefängnis sitzt und an einer Lungenerkrankung leidet, die ihn bald hinwegraffen wird, traf wenige Tage nach meiner Abreise in Bordeaux ein und hielt sich dort zur gleichen Zeit wie Ysabeau auf; er unterhielt eine Korrespondenz mit dem Wohlfahrtsausschuß und mit Robespierre; er wurde zum Präsidenten des Nationalklubs der Stadt ernannt; es ist leicht, ihm all jene Dinge zur Last zu legen, die am meisten die Empörung der Öffentlichkeit Bordeaux's erregt haben. Das öffentliche Interesse fordert, daß wir als Sündenböcke Männer wählen, die dem Konvent fremd sind, die die Rednertribüne nicht besteigen können, um gegen uns zu sprechen.

Also mußt du, Fréron, in deinem *Orateur du peuple*,* du, Méhée, im *L'Ami des citoyens*, du, Courtois, in deinem *Rapport sur les papiers de Robespierre*** zusammen mit unserem Freund, dem Journalisten Perlet, alle Schuld auf den jungen Jullien schieben. Alles, was in Bordeaux damals geschehen ist und was der jetzigen öffentlichen Meinung so sehr entgegensteht, muß auf ihn zurückgeführt werden. Ich habe meinen Kollegen Ysabeau mit unbegrenzten Vollmachten nach Bordeaux zurückgeschickt, damit er dort darüber wacht, daß keine besondere Abordnung in den Nationalkonvent entsandt wird, die der Untersuchung über die in Frage stehenden Tatsachen neue Erkenntnisse hinzufügen kann. Handelt gemeinschaftlich und verständigt euch, damit in der Versammlung wieder Harmonie einkehrt und neue gewalttätige, haßerfüllte und persönliche Diskussionen verhindert werden: Das öffentliche Interesse und unser persönliches Interesse schreiben uns diese Politik vor.‹ «

Sicherlich hat sich Tallien nicht genauso ausgedrückt; der Zynismus eines Politikers zeigt sich nie so offen. Madame Fenwick hat sein Vorhaben vereinfacht, da sie aus dem Ge-

* Sprecher des Volkes.
** Bericht über die Papiere von Robespierre.

dächtnis zitieren muß. Darüber hinaus hat Marc-Antoine in seinen eigenen Aufzeichnungen über dieses Gespräch Talliens Worte zweifellos noch einmal umgeschrieben, um seinen persönlichen Gegner so schwarz wie nur möglich darstellen zu können, so schwarz, wie Tallien vielleicht auch in der Realität war, ohne es aber je offen zu zeigen. Unbewußt hebt Marc-Antoine den entscheidenden und politisch überzeugenden Punkt in Talliens Argumentation gegenüber den Journalisten, deren Hilfe er sich versichern will, hervor: Die 73 Abgeordneten der Gironde, die im Gefängnis saßen, werden ihren Platz in der Nationalversammlung wieder einnehmen; die Republik des Thermidor braucht sie, um sich der Royalisten zu erwehren, die bereits wieder das Haupt erheben. Es ist wichtig, ihnen ein Sühneopfer anzubieten. Wer wäre naheliegender als der kleine Jullien, der für die Festnahme, also auch für die Hinrichtung der letzten Führer der Girondisten verantwortlich war? Sicherlich kann man ihn noch nicht wegen dieser Hinrichtungen anklagen, denn das würde eine zu große Zahl von Konventsmitgliedern zwingen, indirekt auch ihr eigenes Verhalten in der Vergangenheit zu verurteilen. Aber alle Beteiligten werden begreifen, daß die Hinrichtungen zu den »Verbrechen« gehören, deren man ihn anklagen wird und von denen andererseits sich Tallien im ganzen distanzieren kann.

In den folgenden Tagen entfesseln alle Zeitungen der Hauptstadt im abgestimmten Zusammenspiel wilde Angriffe gegen Marc-Antoine. Fast achtzig Broschüren oder Pamphlete, die sich gegen ihn richteten, erschienen in Paris und auch in Bordeaux, um diese Pressekampagne zu unterstützen. Mehrere Schriften werden auf Kosten des Wohlfahrtsausschusses gedruckt, in dem Talliens Wort Gesetz ist. Ein Pamphlet ist sogar von einem seiner Sekretäre redigiert, und Tallien hat alle notwendigen Unterlagen geliefert. Diese Flut von Kampfliteratur hat indessen nur geringe Wirkung auf die Öffentlichkeit, die der politischen Streitereien müde ist. Es gelingt nicht einmal, Tallien in den Augen der Mehrheit seiner Kollegen in der Nationalversammlung reinzuwaschen.

Man kann sich sogar fragen, ob Teresa an dieser Kampagne überhaupt noch interessiert war. Erinnert sie sich an diesen kleinen jungen Mann mit Namen Marc-Antoine Jullien, der ihre Avancen in seiner republikanischen Tugend zurückgewiesen hat? Am 10. Thermidor aus dem Gefängnis entlassen, ist sie die einflußreichste, die gesuchteste Frau der Pariser Gesellschaft geworden. Mit ihrer Freundin Joséphine de Beauharnais, auch sie im letzten Moment aus den Gefängnissen der Schreckensherrschaft befreit, beschäftigt sie sich damit, aus der thermidorianischen Reaktion so etwas wie eine Revanchezeit des Vergnügens, der Frivolität, des Luxus zu machen. Die beiden führen die Mode der »Merveilleuses«* ein, die das griechische Gewand der Revolution auf einen fließenden und durchsichtigen Flor reduziert, der lediglich unter den Brüsten zusammengehalten wird. Sie führen in die weibliche Kleidung (das Wort »Kleidung« wird da fast unangemessen, so sehr dominiert die Nacktheit) auch weniger geglückte Extravaganzen ein, Kothurne, Ringe für die Zehen, Hüte, deren Krempen sich in maßlose Visiere verwandeln.

Die männlichen Entsprechungen der »Merveilleuses«, die »Muscadins« oder »Unglaublichen«, gestärkt durch den Sieg der Klasse, der sie angehören, tragen bei der Jagd auf die Jakobiner jene zynische Grausamkeit zur Schau, die man später bei den Organisatoren der Pogrome wiederfinden wird. Man trifft sich am Abend in den Salons von Tallien oder Barras, wo man neben reuigen Montagnards Adligen begegnet, die den Sturmwinden entgangen sind, Finanziers, Journalisten mit giftiger Feder und Militärs, die begierig auf Beförderung warten; unter ihnen schweigend, als ahne er seine Bestimmung, der junge General Napoleon Bonaparte.

---

* »Die Wunderbaren«.

XVI
Eine letzte Jugend

Was immer Marc-Antoine und seine Verwandten auch geglaubt haben mögen – die Erlaubnis, sich für einige Zeit in einem städtischen Hospital aufzuhalten, bedeutete nicht, daß seine Freilassung direkt bevorstand. Sobald sie glauben, eine gewisse Wirkung der Kur voraussetzen zu können, lassen die Justizbehörden Marc-Antoine wieder ins Gefängnis zurückbringen. Das ist diesmal das Plessis in der Rue Saint-Jacques im Gebäudekomplex seiner alten Schule und nur wenige Schritte von der Wohnung seiner Eltern entfernt. Dieses Gefängnis betritt er nicht mehr mit der Unruhe dessen, der auf seinen baldigen Prozeß wartet, wie vor einem Jahr, als man ihn im Gefängnis von Carmes festgesetzt hat, sondern eher mit der Resignation und Niedergeschlagenheit eines zu einer langen Strafe Verurteilten; noch dazu einer Strafe, deren Ende unbestimmt blieb.

Von nun an ist er fast sicher, daß er niemals vor einem Tribunal aussagen wird, denn das Ermittlungsverfahren in seinem Fall wäre seit langem abgeschlossen, wenn es jemals wirklich in Gang gesetzt worden wäre. Tallien muß bei längerer Überlegung zu dem Schluß gekommen sein, daß es gefährlich wäre, Marc-Antoine einen öffentlichen Auftritt zu ermöglichen. Man hat sich darauf beschränkt, ihn »aus dem Verkehr zu ziehen«, um in der Sprache der Polizei zu sprechen, und man scheint nicht vorzuhaben, ihn so bald wieder freizugeben. Bis zu diesem Zeitpunkt hat sich der geborene Literat Marc-Antoine damit zufriedengegeben, sich Notizen für ein Plädoyer zu machen, das er im Laufe seines Prozesses halten wollte. Nun in Plessis, das eher ein Ort der dauernden Internierung als ein Untersuchungsgefängnis ist, beginnt er, ein Tagebuch zu führen. Das zeigt bereits, daß er sich auf eine gewisse Routine einstellt, eine einsame Alltäglichkeit.

Aber die wird bald unterbrochen. Drei Tage, nachdem er die ersten Eintragungen in sein Tagebuch gemacht hat – sie tragen das Datum des 391. Tages seiner Haft, des 21. Fructidor des Jahres IV (des 9. September 1795) –, wird Marc-Antoine durch die Ankunft von einigen Häftlingen, die aus dem Gefängnis von Arras überführt worden sind, aus seinen Träumereien gerissen. Unter ihnen befindet sich ein Mann, dem er noch niemals begegnet ist, dessen Reden und Schriften er aber kennt und der vielleicht der Politiker ist, dem er sich in seinem Leben am nächsten fühlen sollte: Gracchus Babeuf. Die Distanz zwischen den politischen Ansichten der beiden wird durch die Brüderschaft des Kerkers bald überwunden sein. Die Solidarität, die im Verlaufe verschiedener Ereignisse die Häftlinge von Plessis miteinander verbinden wird, begründet Marc-Antoines Nähe zu Babeuf, die ihn schließlich veranlaßt, sich vorübergehend auch der politischen Sicht des anderen anzunähern.

Sehr groß ist der Abstand nicht, der die beiden trennt. Die Eintragungen in seinem Tagebuch, selbst bevor Babeuf beginnt, seine Haft zu teilen, nehmen die Argumentation des kommunistischen Theoretikers vorweg: »Man muß das Volk für die Revolution interessieren und es mit ihr identifizieren«, schreibt Marc-Antoine. »Die Revolution ist der Kriegszustand zwischen dem Großbürgertum und den Plebejern: Die Verteilung der vom Plebejertum eroberten Güter darf nicht aufgeschoben werden.« Später nimmt er diese Idee wieder auf: »Die Revolution ist ein Kampf bis zum Tode zwischen den Reichen und den Armen.«

Es entgeht Marc-Antoine nicht, daß die legitimen Ansprüche des Volkes geschickt von seinen Ausbeutern genutzt werden können, um das Volk gegen die republikanischen Institutionen, die es sich selbst gegeben hat, aufzuhetzen. Genau dies, glaubt er, ist am Beginn des Prairial geschehen, als die Royalisten eine Erhebung in jenen Pariser Vorstädten, in denen Brotmangel herrschte, entweder selbst auslösten oder zumindest begünstigten. Ihr Ziel war es, die Bürger und den Konvent gegeneinander auszuspielen und so die Republik zu schwächen. Obwohl er in seinem politischen Denken oft große Strenge zeigt, verirrt sich Marc-Antoine nicht im Sektierertum. Er träumt von einer Vereinigung der Republikaner verschiedener Richtungen, einer Sammlungsbewegung, die sich nach seiner Meinung gegen die immer aktiver werdenden Umtriebe der Royalisten durchsetzen könnte.

»Vergessen wir die unheilvollen Spaltungen! Sammeln wir uns alle! Möge es in Zukunft nur noch zwei Parteien geben, die Royalisten und die Republikaner. Einigkeit, und das Vaterland ist gerettet.« Unter denen, die er damit zu einer Sammlungsbewegung einlädt, finden sich – und das ist eine etwas überraschende Großmut – auch die überlebenden Girondisten, Repräsentanten einer Partei, deren Mitglieder, darunter einige der besten Köpfe der Gironde, er fünfzehn Monate früher in Bordeaux festnehmen ließ und für deren Hinrichtung er indirekt verantwortlich war. Muß man darin einen Beweis der »Schwäche, Unsicherheit und des Vertrauens in die Bourgeoisie« sehen, wie Lenin dieses Verhalten ein Jahrhundert später verdammen wird, oder im Gegenteil ein Zeichen von politischem Realismus?

Trotz seines reaktionären Geistes und trotz der Konzessionen, die er seit dem Sturz Robespierres den Feinden der Republik fast unablässig macht, ist der Konvent der Thermidorianer zunehmend durch die royalistische Gegenbewegung bedroht. Diese agiert seit Monaten entweder in ihrer terroristischen Form mit Morden an Jakobinern in der Provinz, besonders im Süden und in der Gegend von Lyon, oder in ihrer militärischen Form wie mit der Expedition von Quiberon*, die in einer blutigen Niederlage endet, oder schließlich in ihrer gefährlichsten Form durch die Eroberung gewisser Bezirke von Paris. Die Emigranten kehren in großer Zahl und unter verschiedenen Namen und in verschiedenen Verklei-

* Halbinsel an der bretonischen Küste. Dort landeten ausländische Truppen, um sich mit den Royalisten zu vereinigen.

dungen nach Frankreich zurück und beginnen, eine wahre »Schattenarmee« zu formen, die unendlich viel gefährlicher ist als jene in den roten Uniformen, die damals an der bretonischen Küste von den Truppen Hoches vernichtet worden ist.

Marc-Antoine, der die Zeitungen liest, der Briefe empfangen darf und der zahlreiche Kontakte nach draußen hat, ist sich dieser Situation bewußt und kann das Ausmaß der Gefahr einschätzen. Hat er unrecht, wenn er glaubt, daß einzig eine republikanische Koalition die Gefahr bannen kann? Erweist er sich wirklich als »schwach und unsicher«, wenn er schreibt: »Wir haben der Gironde nichts anderes vorzuwerfen als Meinungsverschiedenheiten zu einem bestimmten Zeitpunkt. Im entscheidenden Punkt, dem einer unteilbaren und demokratischen Republik, muß die Gironde jetzt mit uns übereinstimmen. Hören wir endlich auf, uns gegenseitig zu verfolgen und anzuklagen. Die Royalisten jubeln über unsere Streitigkeiten und bereiten sich darauf vor, uns auf dem Schafott zu vereinigen.«

Die Frage, die uns interessiert, ist allerdings anderer Natur. Sucht Marc-Antoine, wenn er wünscht, daß sich die Girondisten mit den anderen Republikanern vereinigen, nur eine taktische Einheit, also eine vorübergehende, oder gehorcht er einem ehrlichen Bedürfnis auf Versöhnung? Eine Versöhnung, in der – und das ist der entscheidende Punkt – er selbst so etwas wie eine Rehabilitation für sich selbst findet, einen Freibrief seiner Unschuld. Denn die Erinnerung an einige seiner Handlungen in Bordeaux, besonders seine Anstrengungen, Pétion und seine in Saint-Emilion verborgenen Freunde aufzustöbern, scheinen immer noch einen Schatten auf sein Leben zu werfen. Er bereut keineswegs, diese Dinge getan zu haben, und wäre er in dieselben Umstände zurückversetzt, er würde sie nochmals tun. Er bereut lediglich – und mit welcher Bitterkeit! –, daß er es ist, der sich einer so grausamen Pflicht hat beugen müssen. Er versucht deshalb, sich selbst zu überreden, daß die Girondisten nicht mehr das sind, was sie damals waren, nämlich Föderalisten. Sezessionisten, damit er sich nicht von seiner eigenen Vergangenheit lossagen muß, um jetzt eine neue Einheit mit ihnen zu erreichen.

Babeuf dagegen, überzeugt von der unvermeidlichen Notwendigkeit des Klassenkampfes, der diesen Namen noch gar nicht trägt, glaubt nicht einen Augenblick an die Vorzüge einer Einheit, die die Verteidiger des Privateigentums, besonders die Girondisten, denen nahebringt, die nichts besitzen und deren Arbeit von den Besitzenden ausgebeutet wird. In dieser widernatürlichen Allianz würde das Volk einmal mehr getäuscht werden, glaubt Babeuf. Er hätte das Marc-Antoine sicherlich leicht nachgewiesen, wenn nicht die Ereignisse der Stunde die beiden Männer und ihre Gefährten von ihren theoretischen Diskussionen abgelenkt hätten.

Zwei Pariser Bezirke, die für die royalistische Sache gewonnen sind, Le Peletier und der Bezirk von Butte-des-Moulins, haben sich entschlossen, einen Aufstand in der Hauptstadt zu entfesseln, obwohl die Bevölkerung der Vorstädte, im Prairial noch mit Erfolg manipuliert, dieses Mal nicht bereit ist, ihnen zu folgen. Das erste Ziel der Royalisten und ihrer Verbündeten, unter denen sich einige jener Girondisten finden, denen Marc-Antoine, voll der Gedanken an die Einheit, entschieden zuviel republikanische Gesinnung zugemutet hat, ist die Bildung eines Zentralausschusses, in dem Repräsentanten der 48 Pariser Bezirke sitzen sollen. Dieses angebliche Organ des Volkswillens könnte sich dann gegen den Konvent des Thermidor wenden und ihn ersetzen. Aber keine der beiden streitenden Parteien hat Paris hinter sich; der Aufstand des 13. Vendémiaire verläuft ebenso wie die Widerstandsbewegung, die er auslöst, im Herzen der Hauptstadt, aber inmitten einer großen Leere, wie in einer politischen Wüste.

Der Geist der Revanche, der Rache, herrscht unter den Royalisten und ihren Verbündeten, und es sind die politischen Häftlinge in den Pariser Gefängnissen, die ihn am meisten zu fürchten haben. Sie wissen das. Die kürzlich von den Gefährten des Jéhu in der Region von Lyon begangenen

Morde – teils nach gewaltsamen Einbrüchen in Gefängnisse, teils durch Überfälle auf Konvois von Häftlingen, die von einem Gefängnis in ein anderes überführt wurden – rechtfertigen ihre Befürchtungen ebenso wie die Erinnerung an die Septembermorde von 1792. Vielen erscheint dies wie eine fast natürliche Umkehrung der Lage von 1792. Die Männer in den Gefängnissen, tief geprägt vom legalistischen Geist der Revolution, würden, selbst betroffen von einem ungerechten Urteil, mit Festigkeit auf dem Schafott sterben, aber sie zittern vor Schrecken bei dem Gedanken an einen Tod ohne juristische Form in der Dunkelheit einer Zelle. Es ist, als hätten sie das Gefühl, daß die Würdelosigkeit ihrer Mörder und die Illegalität des Meuchelmords ihren Tod besudeln würden.

»Den ganzen Tag über hörte man Trommeln in Paris, Signale zum Sammeln. Am Abend schwieg die Kanone, und die Signale und die Kampfrufe verloren sich in der Ferne. Plötzlich herrschte eine schreckliche Stille. Eine tiefe und düstere Unruhe zeigte sich in den Gesichtern der Häftlinge. Sie wagten es nicht, einander zu befragen und von ihren unheimlichen Befürchtungen zu sprechen.« Auch diese Sätze stammen von Marc-Antoine. Er versucht nicht einmal, seine Furcht zu verbergen. Er, der zehnmal ohne Eskorte die Bretagne durchquert hat, wo jeder Bauer, dem er begegnete, ein Feind sein konnte, er, der sich gegen Carrier gestellt hat, schreckt im Geiste davor zurück, nichts tun zu können, als sich gegen die Wand seiner Zelle zu drücken, wenn die Säuberer der Gefängnisse das Tor aufbrechen. Er schreckt vor dem ruhmlosen, fast schändlichen Tod zurück, der ihn bedroht. Er stellt sich die Gruppe brüllender Männer vor, die sich in die Gänge des Gefängnisses wirft, die Schreie der Gefangenen, die Aufseher, die niedergeschlagen werden. Vielleicht erinnert er sich in diesem Augenblick an die Zeilen, die er am Tag nach den Septembermorden an seine Mutter gesandt hat: ». . . Wenn das Volk die Schurken, die in den Gefängnissen saßen, nicht von dieser Erde getilgt hätte, hätten die Schurken die Erde mit dem Blut des Volkes getränkt.« Morgen werden die Pariser vielleicht dasselbe über ihn und die anderen Gefangenen sagen – im besten Glauben.

Babeuf ist nicht der Mann, der lange in bitteren Betrachtungen über jene ausgleichende Gerechtigkeit verharrt, die jede Schreckensherrschaft heraufbeschwört. Er beschließt, vom Konvent die Befreiung, selbst eine vorläufige, der Gefangenen von Plessis zu fordern, damit sie am Kampf zur Verteidigung der Republik teilnehmen können. Marc-Antoine stellt sich sofort hinter diesen Plan und tritt in Gesellschaft von Babeuf und Turreau, jenem alten Kommandanten der »teuflischen Kolonnen«, die in der Vendée operiert haben, vor den Gefängnisdirektor. Die drei Männer übergeben ihm eine schriftliche Petition mit der Bitte, sie an die übergeordneten Behörden weiterzuleiten. Das geschieht am späten Abend. Die drei werden von dem Direktor sehr kühl empfangen. Er weiß bereits, daß die Aufständischen einige Stunden zuvor im Gebiet um die Kirche Saint-Roch von den Kanonieren Bonapartes zusammengeschossen worden sind und daß ihr Coup anscheinend gescheitert ist. Aber der Aufstand kann sich durchaus an anderen Orten von Paris erneuern, und es ist unmöglich, eine Entscheidung vorherzusehen. Also hütet sich Haly, das ist der Name des Gefängnisdirektors, vor jedem Schritt, der ihm später vorgeworfen werden könnte. Er informiert die Gefangenen nicht einmal über den Ausgang der Schlacht am Nachmittag und läßt sie in ihre Zellen zurückführen, überläßt sie ihrer Todesangst.

»Was geschieht? Was ist geschehen? Wo stehen wir? Der Konvent und die Republik – existieren sie überhaupt noch? Schreckliche Unsicherheit! Unsere Bewacher haben uns sogar die Zeitungen verboten. Was bedeuten diese außerordentlichen Maßnahmen? Was ist uns bestimmt?« schreibt Babeuf in einem Brief an den Konvent, den dieser nie erhalten wird. Schließlich, am 14. Vendémiaire, erfahren die Gefangenen, daß der Aufstand niedergeschlagen ist und wieder Ruhe in der Hauptstadt herrscht. Eine Woche später wird Marc-Antoine vorläufig freigelassen. Sein Vater bürgt für ihn. Trotz seiner bedeutenden und brillanten – zu brillanten – politischen Vergangenheit behandelt man ihn immer noch wie einen Minderjährigen.

Seine Befreiung bringt ihn nicht dazu, seiner Vergangenheit den Rücken zu wenden. Da er wie durch Vorsehung der Guillotine entkommen ist (denn wie viele Robespierristen, die unendlich weniger kompromittiert waren als er, sind im Laufe der letzten Monate hingerichtet worden!), könnte er durchaus versuchen, die Vergangenheit zu vergessen, der Politik zu entsagen und den Männern auszuweichen, die aus der Politik ihren Beruf oder sogar ihren Lebenszweck gemacht haben. Zu seiner Ehre tut er das Gegenteil und macht sich sofort daran, für die Befreiung der Gefährten zu kämpfen, die noch im Gefängnis sitzen. Er besucht Abgeordnete, schreibt, agitiert und trifft in einem Café in der Rue Nicaise die Anhänger Babeufs, die in den Augen der Polizei und der Agenten des berühmten allgemeinen Sicherheitsausschusses Verschwörern bereits sehr ähnlich sehen.

Aber sein Handeln ist vor allem von einer Solidarität diktiert, die ihn weiterhin an jene bindet, mit denen er eine Zeit der Todesfurcht hinter den Mauern von Plessis verbracht hat. Er hat ihnen versprochen, sobald er entlassen ist, den Skandal, das Verbrechen bloßzustellen, daß Republikaner ohne Tadel weiterhin in Haft gehalten werden. Er hält sein Versprechen mit der Leidenschaft, die ihm eigen ist. Seine Bemühungen sind indessen schon fast überflüssig: Der Konvent des Thermidor, der die Lektion des 13. Vendémiaire gut gelernt hat – das heißt die Notwendigkeit einer Vereinigung aller Republikaner –, entläßt von sich aus Babeuf und seine Gefährten aus der Haft. Sie treffen Marc-Antoine wieder, und ihre Begrüßung ist von jenem Gefühlsüberschwang, den zu dieser Zeit selbst die härtesten und grausamsten Revolutionäre zeigen. Babeuf und seine Freunde wollen sofort den Kampf für eine wahre Demokratie wiederaufnehmen, für eine Gesellschaft, in der die maßlosen Privilegien der Besitzenden abgeschafft sind, in der die Erde denen gehört, die sie bearbeiten ... Teilt Marc-Antoine diese Auffassung? Seine

Reaktion auf solche Worte scheint eher ein Stirnrunzeln gewesen zu sein. Er gibt das offen zu: Er hält die Pläne seiner Freunde für überstürzt, unüberlegt und zum Teil sogar der republikanischen Legalität entgegenstehend. Er kann sie nicht zu den seinen machen.

Nach mehreren Unterhaltungen mit Babeuf schreibt er in sein Tagebuch: »Ich muß einen Grund zur Abreise finden und mich von den Revolutionären trennen, die mich von neuem in ihre Phalanx einreihen wollen.« Er flüchtet nicht nur vor Babeuf, er flüchtet auch vor der Polizei, denn er ist sich bewußt, daß die Freiheit, die man ihm zugebilligt hat, ständig gefährdet ist. Tallien und Teresa sind noch immer allmächtig in Paris. Aber kaum ist Marc-Antoine aufs Land abgereist (»Ich will Kühe und Milch«, hat er ein wenig früher geschrieben, Anhänger Rousseaus, der er geblieben ist), als der Konvent eine Generalamnestie verkündet. Sofort verabschiedet Marc-Antoine sich von den Kühen und der frischen Milch und findet sich in Paris wieder ein.

Nach Art eines wichtigen und ernsthaften Politikers macht er sich nun daran, in einer gewaltigen Gesprächsrunde mit allen wichtigen Männern die Lage zu besprechen. Wenn man seinen Aufzeichnungen glauben kann, hat er in etwa vier Monaten mehr als vierhundert Menschen gesprochen, die in der Politik des Landes eine Rolle spielen, von Carnot bis Rovère, von Barras bis Fouché, von Jean-Joseph Chénier bis Sieyès, und dabei – wer hätte das voraussehen können – sogar seinen Todfeind Tallien nicht ausgelassen. Es sind indessen die Anhänger Babeufs, die den größten Teil der Politiker ausmachen, die er trifft: Babeuf selbst, Buonarroti, beide begleitet von ihren Frauen, die an ihrer politischen Arbeit teilnehmen, Mittois, Antonelle, Révol, Turreau usw. In seinen Memoiren deutet Buonarroti (ein Nachkomme Michelangelos) an, daß Marc-Antoine für eine kurze Zeit sogar dem Leitungsausschuß der babouvistischen Bewegung angehört hat. Aber sein Engagement war von kurzer Dauer. Sehr bald, nachdem sie das Gefängnis verlassen haben, streiten sich Marc-Antoine und Babeuf über die Taktik, die sie einschlagen wollen. Während Babeuf für eine klare Opposition gegen den Konvent eintritt, sogar, wenn möglich, für einen bewaffneten Widerstand, wünscht Marc-Antoine weiterhin ein Zusammengehen, eine sicherlich wachsame, aber ehrliche Zusammenarbeit mit einigen der Männer, die in der Versammlung sitzen. Bevor man die großen gesellschaftlichen Ungerechtigkeiten angreift, muß man, glaubt Marc-Antoine, die Republik durch die Vereinigung aller wahren Patrioten verteidigen und stärken.

Im übrigen sind Babeuf und Marc-Antoine, auch was ihre politische Überzeugung angeht, weit voneinander entfernt. Die allgemeine Bodenreform, die Babeuf fordert, würde nach Marc-Antoine zur »totalen Auflösung der Gesellschaft« führen. »Man muß«, sagt er, »das Los der Armen verbessern, aber mit realistischen und klugen Mitteln.« Er wird in dem Blatt *L'Orateur plébéien*,* das er herausgibt, von »der unerklärlichen Torheit Babeufs« sprechen. Der läßt es sich nicht nehmen, ihm in einem anderen Blatt zu antworten. »Ich habe wenig Lust, geistig zu verkümmern, nur um Sie zu erfreuen«, schreibt er. »Meine Feder ist niemals nur republikanisch gewesen; sie war und sie wird immer demokratisch und plebejisch sein, und das ist etwas anderes, verstehen Sie? Die Demokraten und die Plebejer müssen fest zusammenstehen; was die einfachen Republikaner angeht, so gehören sie genaugenommen nicht gerade zur Familie: Das ist eine Bastardrasse, deren Dogmen sich zu tausend Kompromissen hergeben.« Die Polemik zwischen den Maximalisten und den Reformisten, die bis in unsere Tage hinein anhält, ist eröffnet.

Daraus folgte noch kein wirklicher Bruch zwischen den Babouvisten und Marc-Antoine. Als dieser im März 1796, aufgefordert von Merlin de Douai, der gerade Polizeichef geworden ist, ins Polizeiministerium eintritt, umgibt er sich mit Mitarbeitern aus den Reihen der babouvistischen Partei, in der er doch seit einiger Zeit bereits eher den Zweifler, wenn

---

* Die Stimme der Plebejer.

nicht sogar den Dissidenten spielt. Er glaubt, daß diese Männer am besten dazu geeignet sind, ihm bei der Aufgabe zu helfen, die Merlin ihm anvertraut hat. Es geht darum, die Liste der Emigranten zu überprüfen, eine Liste, die seit Jahren zahlreiche Ungenauigkeiten enthält, die zur Quelle ständiger Ungerechtigkeiten geworden sind. Denn jeder, der auf dieser Liste eingetragen ist, verliert als Emigrant oder Pseudoemigrant seine Besitztümer. Stellt man nun fest, daß er sich zu Unrecht auf der Liste befindet, müssen ihm seine Güter zurückerstattet werden. Aber wie soll das geschehen, wenn sie bereits als nationales Eigentum verkauft worden sind? Sollte man außerdem nicht unter dem Schirm dieser Rückerstattungsmaßnahmen eine gleiche und gerechte Verteilung der Güter im Geiste der demokratischen Republik durchführen? Kommunisten haben für diese Arbeit eine angemessene Strenge, glaubt Marc-Antoine.

Indessen wird deren Partei, der babouvistische Clan, immer unruhiger und ist bereits dabei, einen Aufstand zu entwerfen, einen Staatsstreich, der darauf abzielt, den Konvent zu entmachten. Babeufs Anhänger machen daraus kein Geheimnis, sondern schlagen im Gegenteil laut die Trommel in ihren Zeitungen, um die »wahren Patrioten« zu sammeln. Marc-Antoine beurteilt diesen Plan in einer jener schmalen Broschüren, die in der Zeit praktisch jeden Tag erscheinen, als absurd und sogar selbstmörderisch. »Ihr bekämpft den falschen Feind«, sagt er im wesentlichen. »Im übrigen, öffnet die Augen! Ihr marschiert in den Tod!« Obwohl er auf diese Weise öffentlich seine Opposition gegen die Pläne seiner Freunde von gestern bekanntgemacht hat, gibt er aus Vorsichtsgründen seinen Posten im Polizeiministerium auf und verläßt Paris, als er sieht, daß der Aufstand der Babouvisten direkt bevorsteht. Den allgemeinen Sicherheitsausschuß wird es wenig kümmern, soviel weiß er, daß er sich mit Babeuf über gewisse Punkte der Lehre und der Strategie gestritten hat, und er wird ihn in die Reihen der Verschwörer einordnen. Das geschieht auch wirklich. Am 19. Prairial im Jahre V (am 8. Mai 1796) läßt das Direktorium, von der Verschwörung unterrichtet, Babeuf und seine wichtigsten Helfer verhaften und führt den Namen Marc-Antoines auf der Liste der zu ergreifenden Personen auf. Er versteckt sich in der Gegend von Versailles und entgeht den Nachforschungen, die offenbar nicht besonders energisch durchgeführt wurden.

Marc-Antoines Eltern wenden sich sofort an die Direktoren und besonders an Carnot. Sie legen die Schriften vor, in denen Marc-Antoine den Aufstand Babeufs verurteilt und den Geist der Einheit aller Republikaner gepredigt hat. Marc-Antoine selbst schickt aus seinem Versteck unaufhörlich Briefe an die Behörden, in denen er seine Unschuld nachzuweisen sucht. An höherer Stelle bezweifelt dies auch niemand, aber es ist nicht vergessen, daß er noch vor kurzer Zeit der private Agent Robespierres gewesen ist, sein Freund, dann der Gefährte Babeufs und eines der Mitglieder des Leitungsausschusses der Partei, die Babeuf gegründet hat. Den ganzen Sommer hindurch bemühen sich Marc-Antoines Vater und Rosalie Jullien vergeblich, etwas für Marc-Antoine zu erreichen. Schließlich ist es Rosalie – die wieder zu der unermüdlichen Frau geworden ist, die sie in den großen Stunden der Revolution war, als sie den ganzen Tag zwischen den Tuilerien und der Place de Grève und zwischen dem Palais Royal und ihrer Wohnung im Quartier Latin hin und her lief –, der die gute Nachricht mitgeteilt wird. An einem Tag im Vendémiaire, als sie vielleicht zum zwanzigstenmal zum Polizeiministerium gegangen ist, um zu fragen, ob der Haftbefehl gegen Marc-Antoine noch rechtskräftig ist, wird ihr ohne jede Erklärung, und als ob es sich um etwas handele, das niemanden mehr interessiert, mitgeteilt, daß der Haftbefehl nicht mehr bestehe.

Für die Julliens vollendet sich die Revolution hier – in dem Bild dieser etwas früh gealterten Frau, die langsam das Polizeiministerium verläßt, das Gesicht von Freude verklärt, aber zugleich plötzlich schrecklich müde, so als habe das Glück die Beharrlichkeit beiseite geschoben und Raum gemacht für die Erschöpfung, die sich seit Jahren in ihr angesammelt hat.

Marc-Antoine wird nach Paris zurückkehren. Er hat dem General Bonaparte geschrieben, um ihm seine Dienste anzubieten, denn er braucht zum Überleben eine Anstellung. Bonaparte hat von Marc-Antoine gehört, und er wird ihn nach Italien mitnehmen, wo Marc-Antoine auf Forderung des Generals *Le Journal de l'Armée d'Italie** gründen und leiten wird. Er wird danach dem Sieger von Arcole nach Ägypten folgen, aber aufgrund seiner Lungenkrankheit sehr schnell nach Hause zurückkehren. Er wird heiraten, nicht Clémentine, die Tochter von Clément de Ris, mit der er verlobt war – denn nach seiner Entlassung aus dem Gefängnis hat er diese Verlobung aufgekündigt, die offenbar auch von dem jungen Mädchen nicht mehr gewünscht wurde –, sondern die Tochter des Deputierten Nioche. Später ... aber bleiben wir hier für einen Moment stehen. An diesem Tag im Oktober 1796 kehrt die Familie Jullien, der Vater, die Mutter und der älteste Sohn Marc-Antoine (der jüngere, Auguste-Etienne, wird kaum von sich reden machen), in die Anonymität zurück. Zusammen mit Frankreich – ist man versucht zu sagen, obwohl diese Gleichsetzung ungerechtfertigt erscheinen mag. Man kann dagegen die französischen Feldzüge in Europa anführen, die Siege unter dem Direktorium und dem Konsulat, wenn man nicht sogar bis zum Kaiserreich gehen will. Aber kann man den großen Traum der Revolution in einem militärischen Epos fortschreiben?

Diesen großen Traum der Revolution (das ist eine vielleicht übersteigerte Formulierung, aber sie trifft mit Genauigkeit ein kollektives moralisches Phänomen, das in Frankreich vorher und nachher keine Parallele hat) haben die drei Julliens, jeder auf seine Art, gelebt, und jetzt, da sie sich von ihm zurückziehen, treten sie in die Bedeutungslosigkeit zurück. Rosalie Jullien und ihr Gatte Marc-Antoine Jullien, man kann auch sagen Jullien de la Drôme, werden sich ganz in ein zurückgezogenes Privatleben verschließen. Rosalie wird um 1820 sterben, ihr Gatte 1822 in Pizançon. Marc-Antoine, der Sohn, hat ein lan-

* Zeitung der Italienarmee.

ges und aktives Leben vor sich, ein Leben aber auch voller Kummer und Verdruß, das in den Augen gewisser Leute ein wenig einer langen Buße ähneln wird.

Nach dem 18. Brumaire,* dem 9. November 1799, den er in dem Moment nicht verurteilt hat, den er aber wenig später schon als den ersten Schritt zur absoluten Macht bezeichnet, läßt er seine Mißbilligung der Politik Bonapartes spürbar werden. Napoleon, der in Wirklichkeit die Republikaner nie geliebt hat, auch wenn er vor der Kirche Saint-Roch ihre Gegner zusammenschießen ließ, versetzt Marc-Antoine in die Heeresverwaltung. Dort trifft er Henry Beyle, der noch nicht den Namen Stendhal angenommen hat und der sich in seinem Tagebuch über Marc-Antoine lustig machen wird: »In Ermenonville [dem letzten Wohnsitz Jean-Jacques Rousseaus] befindet sich ein Album, auf dessen ersten Seiten Monsieur Jullien, Unterinspektor der Legionsverwaltung, eine sentimentale Geschichte niedergeschrieben hat, die uns vom Tod seiner Mademoiselle Tochter erzählt, die zwei Jahre alt geworden ist.« Stendhal, der wie die Familie Jullien aus der Dauphiné stammt, kannte alle Taten seines Kollegen, auch die auf dem Tiefpunkt der Schreckensherrschaft. Daher sein Sarkasmus, der ohne diesen Hintergrund widerwärtig wäre.

Die Terroristenvergangenheit Marc-Antoines, seine Nähe zu Robespierre und die Verhaftung und der Tod der letzten girondistischen Führer – die wesentlichen Fakten seiner »Herrschaft« in Bordeaux – reichen nicht hin, um zu erklären, warum Bonaparte, der inzwischen Napoleon I. geworden ist, diesen intelligenten und in der Politik erfahrenen jungen Mann in relativ subalterner Stellung beläßt. Immerhin hat er Fouché große Aufgaben anvertraut, einem Mann, der sich vor den Augen ganz Frankreichs im Dezember 1792 in Lyon wie ein Schlächter aufgeführt hat. Wenn der Name Marc-Antoines von der Hand Napoleons systematisch aus allen ihm vorgelegten Beförderungslisten gestrichen wird,

* Staatsstreich Napoléon Bonapartes.

dann, weil der Kaiser weiß, daß sich seine politischen Vorstellungen seit 1794 kaum geändert haben und er in ihm einen immer noch gefährlichen Opponenten sieht.

Das ist allerdings eine übertriebene Einschätzung: Es ist wahr, daß Marc-Antoine Republikaner geblieben ist, der Freiheit und selbst der gesellschaftlichen Gerechtigkeit, die jener allein ihre ganze Bedeutung geben kann, verbunden. Aber der Schrecken, den er gegenüber dem Gedanken der Gewalt jetzt empfindet, gegenüber dem Gedanken, in seiner Jugend Gewalt angewandt zu haben, die Gewissensbisse, die ihn seit seinem Prokonsulat in Bordeaux verfolgen, auch wenn er ihre Existenz leugnet, haben ihn zu einer gemäßigten Richtung geführt oder auch zu einer sentimentalen Sicht der Geschichte, die seinen Überzeugungen die Spitze genommen hat. Napoleon irrt, wenn er Marc-Antoine mißtraut. Sicher – niemand könnte dieses alte Wunderkind des Jakobinismus jemals dazu bringen, seinen republikanischen Glauben zu verleugnen. Aber seine unheilbare Melancholie hätte den Kaiser beruhigen müssen.

Vielleicht um den Erinnerungen, die ihn verfolgten, und der Bitterkeit, die er angesichts seiner öden Arbeit in der Militärverwaltung empfand, zu entkommen, stürzt Marc-Antoine sich in Erziehungstheorien. Er hält Verbindung mit Pestalozzi in der Schweiz, läßt dort auch seine sechs Kinder nach den Methoden des Meisters erziehen, wird ein Jünger und Verbreiter von dessen Ideen in Frankreich. 1813 veröffentlicht er *Esprit de la méthode d'éducation de Pestalozzi*,* dem verschiedene Arbeiten derselben Natur folgen.

Nach dem Sturz Napoleons und nachdem er seine Arbeit in der Militärverwaltung aufgegeben hat, gründet und leitet er etwa zehn Jahre lang *La Revue encyclopédique*,** ein Blatt, das dank seiner intelligenten Konzeption und der Qualität seiner Mitarbeiter in ganz Europa schnell zu einem großen Erfolg wird. Der alte Goethe, der es eifrig liest, schreibt

* Geist der Erziehungsmethode Pestalozzis.

** Enzyklopädische Rundschau.

Marc-Antoine sehr freundliche Briefe. Zu jener Zeit wird der junge, Arbeit suchende Michelet von Marc-Antoine empfangen: »Ich sehe einen recht kleinen Mann von traurigem Gesichtsausdruck vor mir, sanft und fade«, erzählt Michelet. »Wir saßen an seinem Kamin. Er blickte immer aufs Feuer und sah mich niemals an. Er sprach weitläufig, in didaktischem Ton und mit monotoner Stimme ...«

Ein wenig später wendet sich Marc-Antoine, nachdem er seine Revue anscheinend aus reiner Müdigkeit eingestellt hat, plötzlich sich selber, seiner Vergangenheit zu. Er schließt sich in seiner Pariser Wohnung ein und gräbt die Briefe aus, die seine Mutter, Rosalie Jullien, ihm fünfunddreißig oder vierzig Jahre früher geschrieben hat. Er denkt daran, sie in einem Band zu veröffentlichen. Ist das die Pietät des Sohnes? Rosalie besaß sehr viel Esprit und Stil (vielleicht sogar ein wenig zuviel), und es wäre bedauerlich, wenn der Öffentlichkeit diese Briefe vorenthalten blieben. Ist das die Sorgfalt des Historikers? Diese leidenschaftliche und unruhige Frau war, könnte man sagen, ein lebhafter Spiegel der vier ersten Jahre der Revolution; es war sicherlich naheliegend, ihre Briefe der Jugend und zukünftigen Generationen zu vermitteln.

Dies sind »gute Gründe«, von denen sich sicherlich auch Marc-Antoine selbst überzeugen möchte, als er die Briefe seiner Mutter von einem Berufsschreiber in ein dickes grünes Registerheft übertragen läßt, das er in der Rue de la Harpe gekauft hat. Seine wirklichen Beweggründe sind anderer Art, aber er macht sie sich in dem Augenblick, als er die Entscheidung trifft, die Schriften Rosalie Julliens verewigen zu lassen, nicht klar. Wie ich weiter oben schon gesagt habe, bemerkt er erst, als er sie in der unpersönlichen Schrift des Abschreibers noch einmal liest, daß er zu ihr und den Ereignissen, die sie erzählt, ein neues Verhältnis gewonnen hat.

Er hat vielleicht unbewußt vorhergesehen, daß diese Transkription seine Sicht der Dinge verändern würde, eine Distanz zwischen ihn und den Gegenstand seiner geheimen Gewissensbisse legen und es ihm vielleicht erlauben würde, die Verantwortlichkeit seiner Mutter in diesen Schriften aufzudecken. Er hat sie zwar niemals direkt angeklagt, ihn durch ihren Einfluß zu jenen Taten verführt zu haben, deren Erinnerung ihn belastet; er klagt die Revolution an, aber mit der Revolution identifiziert er sie. Eine Gleichsetzung, die vollkommen legitim ist: Rosalie Jullien – mit ihrer Leidenschaft, ihrer Großzügigkeit, aber auch ihren Widersprüchen, ihren obskuren Triebkräften, ihrer Blindheit – ist die vollkommene Repräsentantin des revolutionären Frankreichs. Marc-Antoine hat diesem Frankreich fast seit seiner Geburt, zumindestens seit er zu Bewußtsein kam, angehört; es hat ihn geformt, und es ist für sein Schicksal verantwortlich. Er ist das Kind dieses Frankreichs und dieser Frau und zur selben Zeit auch ein wenig deren Opfer.

In den Notizen, die Marc-Antoine als Kommentar zu den Briefen seiner Mutter und seltener jenen seines Vaters in die Randspalten des großen grünen Hefts einträgt, sieht er sich selber als sehr früh von der Geschichte gefangen und von da an als jungen unschuldigen Menschen, der sich fügsam allen Prüfungen der Geschichte unterwirft, ohne selbst die geringste Verantwortung zu tragen. »Mit zuviel Eifer für das Wohl der Menschheit zu arbeiten heißt häufig, nur an seinem eigenen Unheil zu arbeiten«, hat ihm sein Vater geschrieben. Kommentar Marc-Antoines: »Schreckliche Prophezeiung, die von sechsunddreißig Jahren unerhörter Schicksalsschläge, grausamer Verfolgungen, gewaltigen Unheils jeder Art von 1793 bis 1829 erfüllt wurde.« An anderer Stelle schreibt Rosalie Jullien über ihren ältesten Sohn an ihren Gatten: »Ich bitte Dich, mein Freund, diesem vom Himmel geliebten Kind zu sagen, daß ich in meinem Herzen alle Spuren seiner Tugend sammle und daß ich ihn mit tiefer Begeisterung als einen Menschen sehe, dem die größten und kostbarsten Dinge bestimmt sind.« Kommentar von Marc-Antoine: »Eine Bestimmung, die durch die Umstände durchkreuzt und verraten wurde, durch Menschen, durch mich selbst ...« Diese letzten Worte sind der einzige Hinweis, daß er Schuld auch in sich selbst fand, der einzige Ausdruck eines *mea culpa,* den man in den vielen Seiten des grünen Heftes findet.

Überall sonst begleitet Marc-Antoine die Briefe seiner Mutter und manchmal die seines Vaters mit strengen Kommentaren oder zensiert sie, um sie seinen späteren politischen Meinungen anzupassen. Man muß sehen, daß er hier versucht, das Bild von sich selber, das die Korrespondenz seiner Eltern widerspiegelt, zu verändern. Ihre Briefe sind die von Robespierristen an einen jungen Robespierristen. Sicher sind es die Julliens, die hier schreiben, Eltern an ihren Sohn, aber durch sie hindurch spricht die Revolution zu einem ihrer Kinder. Die Revolution, so wie sie war, so wie Marc-Antoine sie gelebt hat. Die Revolution, der er das Wesentliche in seiner Vergangenheit schuldet, ja, das Wesen seiner Existenz. Er weigert sich jetzt, sich in ihr wiederzuerkennen, so wie er sich weigert, sich in seiner Mutter, dieser überschwenglichen Jakobinerin, wiederzuerkennen. Aber die Streichungen, die er in dieser Sammlung von Briefen anbringt, die Veränderungen des Textes werden nichts dieser Art ausrichten: Er wird es nicht schaffen, seiner Familie und sich selber ein neues Antlitz zu geben; er wird es nicht schaffen, das Antlitz der Geschichte zu verändern.

Er streicht, aber mit einem Strich, der nicht dick genug ist, um zu verhindern, daß man das, was er unterdrücken möchte, noch lesen kann: all die unfreundlichen Bemerkungen über Lafayette, in dem er einst einen Verräter sah; an die Stelle der maßlosen Sätze seiner Mutter über Ludwig XVI. setzt er gemilderte Formulierungen: Aus »der fette Ludwig, getreu seinem perfiden Charakter« wird »dieser Prinz, den seine Schwäche in die Irre führte«; an anderer Stelle wird aus »die blutdürstige königliche Familie« unter der Feder Marc-Antoines »der Spielball einer blutdürstigen Fraktion am Hofe«. Hat Rosalie geschrieben, daß »die Priester ein unheilbares Übel« sind? Er streicht es durch. Erfährt er, daß sie mit seinem jüngeren Bruder *Ça ira* gesungen hat? Er streicht auch das. Dann sind es die Girondisten, die von einer Nachsicht profitieren, die er ihnen zu Lebzeiten verweigert hat: »Die Girondisten werden in den Staub zurückstürzen«, prophezeite sein Vater, der Montagnard, 1793. Ausgestrichen. »Roland, mit seinem Mangel an Tugend . . .«, schrieb seine Mutter: Ein Strich; sie soll es nie gesagt haben.

Diese Streichungen nehmen an Häufigkeit in dem Maße zu, wie sich die Briefe der Schreckensherrschaft nähern. Marc-Antoine, der trotz allem nicht alles verschwinden lassen kann, was sich auf Hinrichtungen bezieht, mildert den Bericht über die Verurteilung Ludwigs XVI. in einem der Briefe seiner Mutter beträchtlich ab, und – bewunderungswürdiges Detail! – er, der für die Enthauptung der letzten Girondistenführer verantwortlich war, ersetzt immer wieder das Wort »Guillotine« durch »Schafott«; eine kraftlose Abschwächung, wird man sagen, aber die Sache selbst bietet keine große Auswahl an Euphemismen . . .

Bald scheint es so, daß Marc-Antoine vor dem Umfang der Aufgabe, die er auf sich genommen hat, entmutigt ist. Eine Aufgabe, die in nichts weniger besteht, als die Geschichte ein wenig anders zu machen, als sie gewesen ist, so daß sie ihm nicht länger als anklagender Spiegel sein wahres Gesicht zeigt. Die Worte seiner Mutter und selbst die seines Vaters, hier und dort eingeschoben, irritieren ihn: Das sind auch seine Worte von gestern, fast im gleichen Stil: »Es ist seltsam und schmerzlich«, notiert er am Rand einer Seite des grünen Heftes, »zu sehen, in welchem Maße der Geist der Parteilichkeit, die Überschwenglichkeit eines wenig aufgeklärten und fehlgerichteten Patriotismus, die Lebhaftigkeit einer nicht immer vom Verstand begleiteten Vorstellungskraft selbst eine Person, die mit den edelsten Eigenschaften des Geistes und des Herzens begabt und von den gerechtesten und reinsten Absichten getrieben ist, in ihrem Urteil verwirren und ihr die Menschen und ihre Handlungen, auch die ehrenhaftesten, aus einer verzerrten Perspektive ganz verkehrt erscheinen lassen; der Mut wird zur Unverschämtheit, die Treue zum Verrat, die Tugend zum Verbrechen . . .«

Von wem spricht er? Von seiner Mutter, von seinem Vater, von sich selbst? Er weiß es selbst nicht mehr. Dann beschließt er, daß er von irgend jemandem spricht: Er wird die

Briefe anonym machen. Von Seite 5 des Heftes an streicht er den Namen Jullien aus, den seine Mutter in der Beschreibung einer Landpartie in Pizançon erwähnt (»... alle haben auf die Gesundheit von M. Jullien, M. Servan und M. Jules angestoßen«, schreibt sie in gehobener Stimmung). Auf die Art verschwindet jede Erwähnung des Namens Jullien ebenso wie die Namen Verwandter und manchmal auch die von Freunden. Er nimmt so dem Leser jedes Mittel der Identifikation. Lediglich die Namen von bekannten Politikern bleiben stehen.

»Eine Vorsichtsmaßnahme« (dies geschieht zur Zeit der Herrschaft Karls X.), wird sich Marc-Antoine gesagt haben, der immer noch daran denkt, die Briefe zu veröffentlichen. Sind nicht auch die Milderungen und Veränderungen im Text von der gleichen Sorge getragen? Nein! Dieses Geschäft der Verbesserung geht viel tiefer, es verrät einen Kampf gegen die Vergangenheit. Die Suche nach Anonymität ist ein extremes Mittel. Marc-Antoine versucht, alle Julliens – und sich selbst zuerst – dem Nichts anheimzugeben. Er hat bereits vor einiger Zeit die Abfassung seiner Memoiren unterbrochen und wird diese Arbeit nie wiederaufnehmen. Jetzt schließt er das grüne Heft, dessen Deckel von zwei Bändern solide zusammengehalten werden, und schiebt es in eine Schublade. Die Vergangenheit ist entschieden zu rebellisch. Es ist besser, sie zu begraben.

Von diesem Zeitpunkt an wendet sich Marc-Antoine, der noch nicht vierundfünfzig Jahre alt ist, ganz der Gegenwart zu oder versucht dieses zumindest. Er wird Mitglied zahlreicher französischer und ausländischer Gelehrtengesellschaften und übt sogar für eine gewisse Zeit die Funktion des Vizepräsidenten von wissenschaftlichen Kongressen aus. Er veröffentlicht viele Artikel und kleine Arbeiten über extrem unterschiedliche Themen: über die Erziehung, die Kommunalverwaltung, über die Befestigung der Hauptstadt, über die transatlantische Dampfschiffahrt usw. Zwischen diese nüchternen Werke schiebt er sogar Verse ein: *Les Deux Polonaises*. Er vertraut seine politischen Reflexionen dem Papier an, und er hält es für wichtig, sie seinen Zeitgenossen mitzuteilen. Die Titel dieser Broschüren, deren Auflage sehr bescheiden ist, deuten die Mäßigung der politischen Meinungen, die sich darin finden, bereits an: *Appel au bon sens national,* La Voix de la France*** (wohlverstanden die Stimme jenes Bevölkerungsteils, den man später die schweigende Mehrheit nennen wird).

Marc-Antoine Jullien, der nicht so weit gegangen ist, seinen Namen zu ändern, erscheint wie der vollkommene Bürger der Herrschaft Louis-Philippes: ein hinreichendes Auskommen, das von dem Besitztum der Familie in der Dauphiné kommt und dem er seine Rente als früherer Verwaltungsbeamter des Heeres hinzufügen kann; zwei Söhne, die die technische Fachschule absolviert haben und von denen der eine Chefingenieur des Straßenbauwesens ist, eine Tochter, die mit einem bekannten Dramatiker verheiratet ist, diverse Ehrentitel, darunter die eines korrespondierenden Mitglieds der Philosophischen Gesellschaft von Philadelphia, der Schwedischen Akademie, der Gesellschaft für Agrikultur in Bourg-en-Bresse usw. Ihm fehlt nicht einmal die Ehrenlegion beziehungsweise das Ehrenkreuz, wie man zu jener Zeit sagte. Napoleon hat es ihm trotz allem verliehen, in Anerkennung seiner guten und treuen Dienste in der Heeresverwaltung.

Aber seine revolutionäre Vergangenheit holt ihn immer wieder ein, und ein Nichts kann die alten Erinnerungen wieder heraufbeschwören, ein unerwartetes Treffen, ein unglückliches Wort ... Bei der ersten Sitzung eines wissenschaftlichen Kongresses in Mans, dem er präsidiert, gibt es Schwierigkeiten bei der Besetzung der verschiedenen Ausschüsse. Es wäre einfacher, wenn ein Ausschußmitglied jeweils seinen Ausschuß repräsentieren würde. »Messieurs, wir brauchen einen Kopf pro Ausschuß!« ruft der Präsident. Seine Stimme ist noch nie sehr laut gewesen. Nicht alle haben ihn verstanden. Einer der Teilnehmer des Kongresses wiederholt mit

* Appell an die nationale Vernunft.
** Die Stimme Frankreichs.

Sarkasmus und sehr viel lauterer Stimme die Forderung des Präsidenten: »Bitte herhören! Monsieur Jullien fordert Köpfe!« Die unfreundliche Anspielung entgeht niemandem, denn unter den Intellektuellen kennt jeder die Vergangenheit Marc-Antoines. Ein verlegenes Schweigen entsteht. Aber Marc-Antoine zeigt nicht die geringste Unruhe. Er benimmt sich, als ginge die Sitzung einfach weiter, und der kleine Zwischenfall ist bald vergessen.

Die Reue ist im allgemeinen ein zweischneidiges Gefühl. Zusammengesetzt zugleich aus wirklicher Zerknirschung und aus dem Bewußtsein der öffentlichen Mißbilligung. Keiner, der Reue empfindet, weiß jemals, ob er sich in seiner Haut unwohl fühlt oder nur in Gesellschaft. Marc-Antoine trägt um so schwerer an der Last des Todes Pétions und seiner Gefährten, als andere Girondisten sie überlebt haben und die Erinnerung an die Geächteten von Saint-Emilion hochhalten. Der Mensch glaubt nicht von Natur aus an Geister. Häufiger sind es die anderen, die sich bemühen, ihn an Gespenster glauben zu lassen. Die Epoche der Restauration war eine wahrhaftig moralische Hölle für die alten Jakobiner. Der weiße Terror, den die Muscadins des Direktoriums mit ihren schweren gedrechselten Knüppeln in die Straßen trugen, war, nimmt man alles zusammen, leichter zu ertragen; man lief Gefahr, abends an einer Straßenecke erschlagen zu werden, aber ansonsten war man nicht einer so unerbittlichen und so subtilen Verfemung ausgesetzt. Als Marc-Antoine 1829 die Briefsammlung seiner Mutter wieder in die Hand nimmt, hat er fünfzehn Jahre der Demütigung hinter sich, fünfzehn Jahre, in denen man ihm sicherlich erlaubt hat, die *Revue encyclopédique* zu veröffentlichen, aber nicht aufgehört hat, hinter seinem Rücken über die Guillotine zu sprechen. Dies um so mehr, als die neue Ausgabe der *Papiers trouvés chez Robespierre** von 1824 aufs neue seine Vertrautheit mit dem »Unbestechlichen« an die Öffentlichkeit gebracht hat.

---

* Bei Robespierre aufgefundene Papiere.

Auch seine beruflichen Beziehungen haben nicht ausgereicht, ihn aus jener sozialen Isolation herauszuholen, in der ihn seine robespierristische Vergangenheit hält. Er hat versucht, sich zu befreien, jener Art des moralischen Banns zu entgehen, die schließlich auch ihn selbst dazu gebracht hat, die eigene Schuld anzuerkennen. Er hat ein für allemal seine jakobinischen Eltern ins Nichts verbannt, als er endgültig darauf verzichtete, ihre Briefe zu veröffentlichen. Andererseits hat er auch nicht den Mut gehabt, diese Briefe zu vernichten. Als die Julirevolution von 1830 ausbricht, geht er so weit, Lafayette seine Dienste anzubieten. Kurz, er hat seine gemäßigten politischen Auffassungen und seine bürgerliche Würde bis zum Punkt der Karikatur getrieben.

Als die Jahre vergehen, wird Marc-Antoine indessen zu einem der wenigen Überlebenden der Revolution. Als Wunderkind der Politik, dessen entscheidende revolutionäre Jahre in ein Alter von noch nicht einmal achtzehn oder neunzehn Jahren fielen, ist er schon jetzt der einzige Überlebende, der damals eine wichtige Rolle gespielt hat. Keine alten Jakobiner mehr, aber auch keine Royalisten der Epoche Ludwigs XVI. mehr, keine alten Lafayettisten mehr, keine alten Girondisten mehr, mit einem Wort, keine schweigenden oder redseligen Ankläger mehr, wobei die letzten für Marc-Antoine lange die gefährlichsten gewesen sind. Die öffentliche Mißbilligung, die er im übrigen in seiner melancholischen Art wahrscheinlich überschätzt hat, ist verschwunden, und er findet sich jetzt im Alter allein seiner Vergangenheit gegenüber – ohne die schrecklichen Gemälde, die andere über die Wirklichkeit gelegt haben. Er entdeckt die Vergangenheit in ihrer Wahrheit wieder, beurteilt sie bedächtig, und seine Reuegefühle verschwinden wie durch Zauber. Sicher, die Verhaftung und dann die Hinrichtung der geächteten Girondisten, die sich in Saint-Emilion verkrochen hatten, waren ohne Zweifel unsinnig; diese Männer waren nicht damit beschäftigt, irgendein Komplott zu schmieden, sie schrieben nicht, sie verschafften sich kaum noch Gehör. Aber man darf andererseits nicht vergessen, daß nur wenige Monate früher sich eine aufrührerische Armee von der Normandie aus gegen Paris und den Konvent in Marsch gesetzt hatte, eine Armee, an deren Spitze zusammen mit dem General Wimpfen Puisaye stand, der, von den Engländern gekauft, der politische Berater der Chouannerie* werden sollte.

Marc-Antoine ist jetzt über siebzig Jahre alt. Es ist selten, daß sich in einem Menschen dieses Alters die Vergangenheit noch einmal behauptet. Genau das aber geschieht hier. Nun, da er sich von einem großen Teil seiner diffusen Gewissensbisse befreit hat, die ihn über mehr als ein halbes Jahrhundert, vor allem aufgrund der indirekten Vorwürfe in seiner Umgebung, aufgrund einer stillschweigenden gesellschaftlichen Ächtung, verfolgt haben, findet er zu den Hoffnungen und Sehnsüchten seiner Jugend zurück, zur Gerechtigkeitsliebe, zum Gefühl der Brüderlichkeit. Diese Empfindungen entreißen ihn seiner mürrischen Selbstbeschauung, seinen Gewissensbissen. Zur selben Zeit wie Marc-Antoine erwacht der bessere Teil Frankreichs aus dem schlechten Gewissen oder den mittelmäßigen Träumen, in denen es seine Herrscher – von Napoleon bis Louis-Philippe – mehr als fünfzig Jahre gefangengehalten haben.

Im Jahre 1848, nach den Tagen des Februar, schreibt und unterzeichnet Marc-Antoine, der bald dreiundsiebzig Jahre alt wird, einen Handzettel, der eine demokratische Versammlung im 1. Arrondissement ankündigt. Darauf ist zu lesen: »Die Republik war das einzige Heilmittel gegen so große Übel. Durch sie gewinnt das Land seine Rechte, seine Würde, seinen legitimen und traditionellen Einfluß auf die Zivilisation der Welt zurück.«

Eine zweite Revolution, eine zweite Republik, eine zweite Jugend ... Aber das ist ohne Zweifel zuviel für ein einziges Leben. Marc-Antoine Jullien stirbt im Oktober dieses Jahres.

* Royalistische Gegner der Revolution in der Bretagne und auf dem rechten Ufer der unteren Loire.

Nachwort

Marc-Antoine Jullien ist bis heute von den Historikern, denen nur sehr wenige schriftliche oder mündliche Zeugnisse zur Verfügung standen, fast vollkommen vergessen worden. Seine Absicht, die von ihm während der Revolution ausgeübte politische Tätigkeit möglichst stillschweigend zu übergehen, ist von seinen Nachkommen nach Kräften unterstützt worden. Durch äußerste Diskretion bei der Weitergabe von Informationen haben sie sich bemüht, die Erinnerung an ihn auszulöschen – allerdings weniger, wie ich annehme, um seinen Willen zu respektieren, als vielmehr mit Rücksicht auf den guten Ruf der Familie. Alle seine Söhne und Enkel erreichten bedeutende gesellschaftliche Stellungen; sie wußten von der politischen Vergangenheit ihres Großvaters, aber sie vermieden es, davon zu sprechen. Die Tatsache, daß man einen Jakobiner als Vorfahren hatte, wurde von der Bourgeoisie – die doch in vielen Bereichen der Revolution alles verdankte – gerne verdrängt; sie schämte sich ihrer blutigen Ursprünge.

Als der französische Historiker Michelet in der Mitte des 19. Jahrhunderts seine »Geschichte der Französischen Revolution« schrieb, beklagte er, daß viele Nachkommen ehemals bekannter Politiker nicht bereit waren, irgendwelche »Familienerinnerungen« preiszugeben. Schriftliche Dokumente waren oft vernichtet und mündliche Überlieferungen einfach nicht an die nachfolgenden Generationen weitergegeben worden. Aus der Sicht der Zeitgenossen Napoleons III. waren damals tatsächlich schwerwiegende politische Verfehlungen begangen worden, die die Familien der Beteiligten mit einem Makel behafteten. Aber auch die 1875 errichtete Dritte Republik konnte an dieser Einstellung nicht viel ändern.

Eine Tochter Marc-Antoines hatte einen seinerzeit bekannten, heute vergessenen Bühnenautor geheiratet, Joseph-Philippe Simon, genannt Lockroy. Ihr Sohn, Edouard Lockroy, wurde der Schwiegersohn Victor Hugos und durchlief eine glänzende politische Karriere. Obwohl er von seinen Aufgaben stark in Anspruch genommen war – er wurde schon sehr jung zum Abgeordneten gewählt und bekleidete verschiedene Ministerposten –, entsprangen einer starken Neigung zur Literatur umfangreiche Werke. In einem Jahr, in dem er kein eigenes Buch verfaßte, veröffentlichte er unter dem Titel *Journal d'une bourgeoise pendant la Révolution** einige Briefe seiner Urgroßmutter Rosalie Jullien. Aber er wahrte den anonymen Charakter, den Marc-Antoine ihnen gegeben hatte, und beachtete die Änderungen, die dieser angebracht hatte. Den namenlosen, unvollständigen und zum Teil verfälschten Briefen fehlte damit ein wesentliches Element: Sie sagten nichts aus über die Persönlichkeit des jungen Marc-Antoine Jullien, einer der ergreifenden Gestalten der Revolution, und verloren jeglichen Reiz. So blieb auch das Buch fast unbemerkt.

Edouard Lockroy wird darüber vielleicht sogar ganz froh gewesen sein. Für ihn als herausragenden Vertreter der Dritten Republik wäre es wahrscheinlich nicht angenehm gewesen, wenn man die Autorin der Briefe als seine Urgroßmutter identifiziert und damit Marc-Antoine Jullien, das »andere Ich« Robespierres, unter seinen Vorfahren entdeckt hätte. Obwohl die französische Republik Ende des 19. Jahrhunderts ihre Ursprünge nicht verleugnete, hatte sie doch Schwierigkeiten, auch die Schreckensherrschaft zu akzeptieren. Clemenceau versuchte, diese »bedauerliche« Zeitspanne unter alldem zu verstecken, was man damals als Fortschritt feierte: die bewundernswerte Erklärung der Menschenrechte, die Verfassung, der Sieg von Valmy usw. Seine eingängige Formulierung »Die Revolution ist ein Ganzes«, war jedoch zum damaligen Zeitpunkt verfrüht. Es ist richtig, daß die Zeit

* Tagebuch einer Bürgerin während der Revolution.

schließlich die verschiedenen Elemente einer Epoche miteinander verschweißt; heute beginnen wir, die Revolution in dieser monolithischen Weise zu sehen, die auch die Terrorherrschaft vollständig integriert. Als Edouard Lockroy jedoch 1880 mit den angegebenen Vorsichtsmaßnahmen einige Briefe seiner Urgroßmutter veröffentlichte, trennten gerade zwei Generationen seine Leser vom Zeitalter der Guillotine, und die politische Tätigkeit von Marc-Antoine Jullien gehörte bei den Lockroys ganz selbstverständlich zu den Familiengeheimnissen.

Marc-Antoine Jullien hat zahlreiche Papiere hinterlassen, die von Erbe zu Erbe weitergegeben wurden; einer von ihnen, der vielleicht Sympathien für die Sowjetunion, ganz sicher aber für den Geschichtsprofessor Georges Bourgin hatte, vermachte sie auf dessen Anraten hin dem Institut für Marxismus-Leninismus in Moskau. Es ist zumindest diskutabel, ob die an der allgemeinen Gleichheit orientierten Ideen Marc-Antoines und seine Verbindung zu Babeuf diese Schenkung rechtfertigen – die französischen Historiker jedenfalls müssen auf diese für die Kenntnis der Revolution wertvollen Dokumente verzichten. Die von einigen sowjetischen Historikern, darunter V. M. Dalin, veröffentlichten Studien behandeln lediglich die Entwicklung der »sozialistischen« Ideen Marc-Antoines; dem Beispiel Lenins folgend, fällen die meisten dieser Autoren ein recht strenges Urteil über ihn. Die einzige bis heute über Marc-Antoine Jullien publizierte bedeutende Arbeit, die allerdings oft im umgekehrten Sinne tendenziös wirkt, ist eine an der philosophischen Fakultät der Universität Zürich erstellte Doktorarbeit mit dem Titel: »Marc-Antoine Jullien de Paris. Der geistige Werdegang eines Revolutionärs« von Helmut Goetz (Universität Zürich 1954).

Das grüne Buch indes war in Frankreich geblieben. Edouard Lockroy hatte es von seinem Onkel, dem Ingenieur Pierre-Adolphe Jullien, zusammen mit einem stattlichen Vermögen geerbt. Georges Payelle, der eine Zeitlang der Sekretär Lockroys gewesen war und später erster Honorarpräsident des Rechnungshofes wurde, erhielt das Buch wahrscheinlich von dessen Erben. Georges Payelle war der Vater des Romanschriftstellers Philippe Hériat (ein Pseudonym für Raymond Payelle), dessen Freund und Testamentsvollstrecker ich war. Nach seinem Tod überließen seine Erben mir unter anderem dieses grüne Buch, dessen Herkunft ich ebensowenig kannte wie sie. Mit seinen vom Gebrauch abgenutzten Ecken und dem abgegriffenen Einband war es für mich eher als kostbares Andenken und Antiquität wertvoll denn als historisches Dokument. Ich sah es flüchtig durch, ärgerte mich über die Streichungen und Korrekturen und beschäftigte mich wenig mit den namen- und gesichtslosen Personen, von denen die Rede war. Das grüne Buch verschwand für fünf oder sechs Jahre in einem entlegenen Winkel meiner Bibliothek.

Dem Buch hatte ein versiegelter Umschlag beigelegen, der aus der gleichen Epoche stammte wie die Briefe von Rosalie Jullien. Ein Notariatsangestellter hatte ihn aus einem für die Erben wertlosem Stapel von Dokumenten herausgezogen, die verbrannt werden sollten. Es handelt sich um ein Testament. Der Umschlag trägt die Unterschriften der Personen, vor denen es versiegelt worden ist. Im Gegenlicht betrachtet, erkennt man im Innern ein gefaltetes Blatt Papier, das wahrscheinlich den Letzten Willen des Erblassers enthält. Ich werde diesen Umschlag niemals öffnen, denn ich hätte das Gefühl, einen Einbruch zu begehen.

Aus einem ganz ähnlichen Grund hatte ich auch das grüne Buch nur flüchtig durchgesehen. Ich schämte mich, das Briefgeheimnis zu verletzen. Mein Unbehagen rührte seltsamerweise daher, daß ich die Namen der Schreiberin und der Adressaten nicht kannte. Die Anonymität machte sie zu Privatpersonen. Mit Namen versehen und in den geschichtlichen Rahmen eingebunden, hätten die Personen eine historische Funktion besessen; unter solchen Umständen wäre meine Neugierde völlig legitim gewesen.

Beim Umräumen der Bibliothek hielt ich eines Tages zufällig das grüne Buch wieder in der Hand. Es öffnete sich an einer Stelle, an der ein bedrucktes Blatt, dem ich beim ersten Durchsehen keine große Aufmerksamkeit geschenkt hatte, offensichtlich als Lesezeichen gedient hatte. Es handelte sich um den Anhang zu einem Sitzungsbericht der Abgeordnetenkammer vom 10. Juni 1880, der eine von Edouard Lockroy eingebrachte Gesetzesvorlage betraf. Ich fragte mich, warum Georges Payelle dieses Dokument wohl zwischen die Seiten des Buches gelegt haben mochte.

Dann kam mir der Gedanke, daß es vielleicht Lockroy selbst gewesen war, der es dorthin gelegt hatte. Das Buch hätte also ihm gehört und wäre nach seinem Tod in die Hände seines ehemaligen Sekretärs übergegangen. Meine Hypothese fand sich bestätigt, als ich einen Teil des grünen Buches im *Journal d'une bourgeoise pendant la Révolution* wiederfand. Die Spur ahnend, hatte ich nämlich seine Werke durchgesehen. Ich studierte nun auch seine Herkunft und stellte fest, daß Marc-Antoine Jullien, genannt Jullien de Paris, sein Großvater gewesen war. Endlich hatte ich den Namen gefunden, den ich mit der Lupe in der Hand sooft unter den Tintenflecken zu entziffern gesucht hatte.

Von diesem Moment an wurde ich von der Familie Jullien – ich meine der des 18. Jahrhunderts – nicht als Eindringling aufgenommen, sondern als ein Vertrauter, der sie nach ihrer langen Existenz im Verborgenen, zu der sie sich ganz zu Unrecht verdammt hatte, der Vergessenheit entriß. Sie empfing mich zunächst in der Dauphiné, aus der sie stammte, dann in Paris. Der Zufall wollte es, daß ich während der Zeit, in der ich dieses Buch schrieb, an den gleichen Orten wohnte, an denen sich einige der Hauptereignisse der Revolution abgespielt hatten. Ich lebte damals in der Wohnung eines Freundes in der Rue Richepanse, die nach hinten auf das kleine Gebäude hinausging, das Robespierre im Hof des Tischlermeisters Duplay bewohnt hatte. Oft hörte ich abends das Klopfen eines Hammers – wahrscheinlich ein Bastler, der, ohne es zu wollen, die Vergangenheit heraufbeschwor.

Dazu kommt, daß ich in diesem Viertel, vom Palais Royal bis zur Place de la Concorde, einen Großteil meiner Jugend verbracht habe. Jeder Winkel hier ist mir seit mehr als vierzig Jahren vertraut, denn die Häuser und Straßen haben die Zeit ohne Veränderung überstanden. Die Rue Saint-Honoré erscheint, sobald man einen Blick über die Läden im Erdgeschoß wirft, so, wie sie vor zweihundert Jahren gewesen sein muß. An diesen Fenstern, auf diesen Balkonen, vor allem in den oberen Etagen, in denen die Leute aus dem Volk wohnten, drängten sich die Neugierigen, um die Karren auf dem Weg zum Schafott zu beobachten. Da die Sonne fast genau in der Achse der Straße aufgeht, ist man fast blind, wenn man morgens zum Palais Royal hinunterschaut. Ich stelle mir oft die langsam fahrenden Wagen mit den Verurteilten vor, die sich, selbst schon Bewohner des Schattenreiches, schwarz gegen die gleißende Morgensonne abheben, diese gesichtslosen Männer und Frauen, die gegen den Tag in den Tod gehen ... Aber das ist nur ein flüchtiges Bild. Schon bei der Kirche Saint-Roch belebt sich die Straße, und in Höhe der Rue du Marché-Saint-Honoré, wo früher das Jakobinerkloster stand, ist man mitten im Treiben der Hauptstadt. Durch einige kleine Nebenstraßen schimmert, nur für Augenblicke sichtbar, das silbrig flirrende Licht des Gartens der Tuilerien.

In meiner Jugend liebte ich es, aus der Enge meiner Wohnung in die öffentlichen Gärten von Paris zu entfliehen. Sie sind von der Revolution ebensowenig zu trennen wie von einigen meiner besten Jahre, als die Welt mir noch voller Versprechungen erschien. Die Vertrautheit mit den Mauern, dem Himmel und dem Licht von Paris schuf in mir eine sehr enge Beziehung zur Geschichte dieser Stadt. Sie verbindet sich mit meiner Vergangenheit und berührt noch die Gegenwart. Fast körperlich lebe ich diese heimlich fortbestehende Wirklichkeit; ich schöpfe dabei aus einem Wissen, das die Anhänger der Seelenwanderung gern mit einer Präexistenz in Verbindung bringen, das aber vielleicht auch nur die stumme Sprache der Orte oder das Ergebnis eines unbewußten Kultes mit der Revolution ist. Es war anfangs schon notwendig, daß ich mich mit der Revolution beschäftigte und bis zu einem gewissen Grad begeistert war von den Ideen, die zu ihr geführt hatten. Diese Begeisterung ließ mich ihre Spuren, ihren Geist und ihre Geschichte zwischen der Rue Saint-Honoré, dem

Palais Royal und den Tuilerien wiederfinden und hat dafür gesorgt, daß sie heute von einem Teil meiner Jugend nicht mehr zu trennen ist.

Immer wieder neu bin ich von der Französischen Revolution wie von einem Tagtraum ergriffen. Ein schrecklicher und herrlicher Traum. Marc-Antoine Jullien, genannt Jullien de Paris, würde mir sicher nicht widersprechen.

Personen- und Sachregister